明、清、民國時期珍稀老北京話歷史文獻整理與研究

京音字彙

主　編　周建設
副主編　冯蒸　于潤琦

首都師範大學出版社
CAPITAL NORMAL UNIVERSITY PRESS

圖書在版編目(CIP)數據

京音字彙/周建設主編．—北京：首都師範大學
出版社，2015.11
（明、清、民國時期珍稀老北京話歷史文獻整理與研究）
ISBN 978-7-5656-2642-5

Ⅰ.①京… Ⅱ.①周… Ⅲ.①北京話—文獻—匯編—
中國 Ⅳ.①H172.1

中國版本圖書館 CIP 數據核字(2015)第 282326 號

京音字彙
周建設◎主編
責任編輯：趙自然　封面設計：劉銀霜
首都師範大學出版社出版
（北京西三環北路 105 號　郵政編碼 100048）
（1）68418523（總編室）68982468（發行部）
（2）www.cnupn.com.cn
全國新華書店發行
湘潭市風帆印務有限公司印刷
710mm×1000mm　1/16　印張：32.25
2015 年 11 月第 1 版
2015 年 11 月第 1 次印刷
印數 1－3000
ISBN 978-7-5656-2642-5
定價：98.00 元

出版説明

北京是千年古都，在其歷史發展過程中，融合了多民族的文化習俗，尤其在語言方面，形成了極富特色的京腔、京韻，是北京文化中不可或缺的部分。隨着時代發展，人口流動頻繁，語言交互影響，老北京話中的精粹如京味兒小説、民謡童謡、方音字彙等，日漸淡出，已趨消亡之勢。

爲了更好地挖掘、保護和研究老北京話這一珍貴非物質文化遺産，首都師範大學北京話研究中心啓動了『明、清、民國時期珍稀老北京話歷史文獻整理與研究』項目。本項目是國家社科基金重點項目（編號：10AYY005）『三百年來北京話的歷史演變和現狀研究』、北京市社科重點項目（編號：12WYA002）『北京話的歷史與現狀研究』的學術成果，受到多方關注，同時得到了國家出版基金資助，及北京市教委科研基地建設項目、首都師範大學

文化研究院的支持。該項目以對明、清、民國時期珍稀老北京話歷史文獻的整理與研究爲主要目的，并將之集結成册。本套叢書的編輯出版以『調查、整理、傳承、研究』爲基本方針，分小説、音韻、歌謡三大部分。編纂工作繁難復雜，兹將有關事宜略述如次：

一、小説部分。以明、清、民國時期京味兒小説爲主，涵蓋損公、徐劍膽、冷佛、文康等人的代表作品，主要介紹當時北京社會生活狀態、風俗文化、人情世故，同時保留了當時的北京話，反映了北京話的歷史變化。

二、音韻部分。包括記録明、清、民國時期北京語音的《音韻逢源》《京音字彙》和《南北方音》等韻書、字典。

三、歌謡部分。包括《一歲货聲》《孺子歌圖》和《北京歌謡》等歌謡、吆喝。

四、每種圖書均由今人撰寫導讀一篇，主要簡述原作者生平、成書過程，該書思想内容、語言特色、學術價值、版本源流等，采用繁體竪排形式，置於該圖書之前，一并出版。爲方便閲讀，導讀中所引原書部分均進行標點。

五、本套書全部據原書影印出版。有些資料因年代久遠，珍貴難尋，或有個别頁碼缺失、字迹脱落現象，實難求全，謹以歷史文獻原貌呈現。

六、在部分圖書中，後来學者直接在書上作了校勘或標注，影印出版時亦予保留，以存原貌。

七、爲方便閱讀，保留了原書的扉頁、版權頁等。又每册之首均新編了目録，以便檢閲。

八、因當時印刷技術所限或人爲抄寫等原因，原書中會出現錯、脱、衍、乙字等情况，請注意辨别。

《明、清、民國時期珍稀老北京話歷史文獻整理與研究》文獻卷帙浩繁，時間倉促，難免出現缺失疏漏，誠望社會各界批評指正。

二〇一五年十一月

編　者

目录

《京音字彙》評介……馮蒸
京音字彙……七

《京音字彙》評介

馮　蒸

《京音字彙》是王璞於民國二年（一九一三年）編寫出版的一部以當時的老北京話爲描寫對象的同音字典。王璞，字潤山，師從王照。王照（一八五九—一九三三年），字小航，號蘆中窮士，又號水東，直隸寧河縣（今屬天津市）人。王照是近代拼音文字提倡者、『官話字母』方案的制訂人，是清末漢語拼音運動的領袖之一。他推廣的官話合聲字母，開中國拼音文字的先河。

《京音字彙》是『統一讀音會』在醞釀期間的王璞的個人著作，出版於經大會討論投票的《國音檢字》之前。他的老師王照在統一讀音會上堅持『言語必歸統一，宜取京話』的正確主張。王璞作爲統一讀音會中的北京地區代表，《京音字彙》代表了他對『京話』字音的詳細意見。

《京音字彙》，顧名思義，就是一部北京音的字典。但是由於它出版於一百多年前，收録的字彙頗爲豐富，而且基本上所録都是當時的口語讀音，所以在北京話的研究史上，自有其無可替代的音韻學價值。音系方面雖與今北京話已經幾無差别，其中聲母二十一個，韵母三十八個；但《京音字彙》自有其特點。該書采用的標音方式是雙拼法，即聲介合母，也就是説 i（丨）、u（ㄨ）、ü（ㄩ）這三個介音與聲母合在一起，由此，在

《京音字彙》反映的音系的聲母中多了拼有i（丨）、u（ㄨ）、ü（ㄩ）的複合聲母，而『喉音』，即少了以i（丨）、u（ㄨ）、ü（ㄩ）開頭的複合韻母。《國音字典》反映的是老國音，《國音常用字彙》反映的是新國音，而《京音字彙》的音系系統體現的是新國音，與今天的北京音系一致。

《京音字彙》在北京話語音史上的價值主要反映在兩個方面：

一、古入聲字的聲調今讀問題

《京音字彙》最值得注意的就是關於古入聲字的聲調問題。翁希典二〇一一年曾分別將《京音字彙》與《國音常用字彙》進行比較、《京音字彙》與《現代漢語詞典》進行比較，以及入聲字在《京音字彙》中有兩讀、且有去聲又讀的字的讀音，與在《國音常用字彙》和《現代漢語詞典》中的讀音進行窮盡式的分類比較，這項工作很有意義。相較於《國音常用字彙》《現代漢語詞典》，《京音字彙》多出來的『又讀』多數都有中古音的依據，而這些中古音多數是舊讀書音，在口語中並不使用。我們知道，普通話審音原則很重要的一點是『從俗、從衆』的原則，從而破除了以讀書音爲正音的觀念，由此在編撰《國音常用字彙》和《現代漢語詞典》，特別是《現代漢語詞典》的時候，删除了大量舊的讀書音，這是造成《京音字彙》中的多音字在這兩本辭書中被大量壓縮的主要原因。

二、北京話的異讀問題

有人説，《京音字彙》簡直就是北京口語大集合，惟其如此，該書對北京話的異讀研究極有幫助。對此，翁希典二〇一一年亦做了系統探討，她做了兩個方面的工作：

首先，將《京音字彙》與《國音常用字彙》作比較。羅列了《京音字彙》與《國音常用字彙》的比對情況。分爲《京音字彙》單音而《國音常用字彙》多音和《京音字彙》多音而《國音常用字彙》單音兩個部分，從聲、韻、調三個方面對異讀情況進行窮盡式的分類比較。

其次，進行了《京音字彙》與《現代漢語詞典》比較。羅列了《京音字彙》與《現代漢語詞典》修訂本的對比情況。分爲單音字《京音字彙》與《現代漢語詞典》有別和多音字比較兩個部分，從聲、韻、調三個方面對異讀情況進行窮盡式的分類比較。

這些都是很有意義的工作，也是研究《京音字彙》所必須要做的工作。

此外，關於中古知莊章三組聲母在當時北京話中的反映問題，亦有值得注意之處，恕不多贅。

除了語音上的價值，《京音字彙》的釋義也有值得注意之處。該書以『謂之』『曰』『爲』『謂』『之謂』『貌』『之貌』『猶』『同』『與……同』『通作』『與……通』這些方式來釋義。此外，該書又以『讀』『又音』『本音』『叶音』來註明音義關係。這些部

分也很有參考價值，但是我們翻檢該書後發現，對這方面的處理還不太統一和規範。

王璞的《京音字彙》就是以個人之力開始做這項規範工作的，當然該書體現的也就是他個人對北京字音的規範意見。《國音常用字彙》已經是官方行爲，代表了以黎錦熙爲首的一批專家學者的集體意見。新中國建立以後，政府非常重視審音工作，國務院專門成立了『文字改革委員會』『普通話審音委員會』從事這方面的工作。《現代漢語詞典》也適時修訂再版。從這個角度重新審視《京音字彙》時代的北京話字音面貌，和北京話語音的變化，實在是一項很有意義的工作。對北京話語音史的研究和漢語字音規範化工作，都不無裨益和啓發。

關於該書的研究成果不多，最早涉及《京音字彙》研究的是陸志韋在一九四八年，但只是部分提及，專門對該書進行研究的只有陳澤平在一九九六年和翁希典在二〇一一年。對該書材料進行專題研究的還有高曉虹的系列論文等。

根據以上所述可知，影印該書，對研究北京話的歷史與現狀有很大的參考價值。

本文主要參考陳澤平教授的論文和翁希典的碩士學位論文寫成。特此説明，並致謝意。

參考文獻：

一、陳澤平：《京音字彙的價值》，《辭書研究》，一九九六第四期。
二、陸志韋：《國語入聲演變小註》，《燕京學報》三十四期，一九四八年。
三、耿振生主編：《近代官話語音研究》，北京：語文出版社，二〇〇七年。
四、胡明揚：《北京話初探》，北京：商務印書館，一九八七年。
五、黃伯榮、廖序東主編：《現代漢語》（增訂四版），北京：高等教育出版社，二〇〇七年。
六、黎錦熙：《國語運動史綱》，上海：商務印書館，一九三四年。
七、王璞：《京音字彙》，北京：民國書局，一九一二年。
八、王力：《漢語史稿（上册）》（修訂本），北京：科學出版社，一九五八年。
九、［美］薛鳳生：《北京音系解析》，北京：北京語言學院出版社，一九八六年。
十、［美］趙元任：《語言問題》，北京：商務印書館，一九八〇年。
十一、教育部國語統一籌備委員會編：《國音常用字彙》，上海：商務印書館，一九三二年。

十二、中國社會科學院語言研究所詞典編輯室編：《現代漢語詞典》，北京：商務印書館，二〇〇五年修訂版。
十三、陳剛：《北京人口頭不規範字音分析》，《文字改革》一九八五年第六期。
十四、崔希亮：《普通話字音異讀現象分析》，《第四届國際漢語教學討論會論文選》，一九九三年。
十五、高曉虹：《北京話入聲字文白異讀的歷史層次》《語文研究》，二〇〇一年第二期。
十六、高曉虹：《北京話莊組字分化現象試析》，《中國語文》，二〇〇二年第三期。
十七、高曉虹：《北京話古清入字歸調歷史及成因考察》，《語言教學與研究》，二〇〇三年第四期。
十八、林燾：《北京話研究四十年概述》，《中國語文研究四十年紀念文集》，北京：北京語言大學出版社，一九九三年。
十九、林燾：《從官話、國語到普通話》，《語文建設》，一九八八年第十期。
二十、潘悟雲：《漢語詞典的審音原則》，《辭書研究》，一九八四年第五期。

京音字彙

戠窳先生序文

附音表

宛平潤山王　璞撰

大興善庭王慶祥校

大興子軒魏丕治校

頭

民國二年
五月初版

每部定價大
洋貳元肆角

注音字母略說及讀法

注音字母係由讀音統一會所審定經教育部於民國八年公布定為國音計聲母二十四介母三韻母十二都為字母三十九所取字母均以我國文字之獨體字或部首為之其與常字易混者略變其體或採用小篆以便分別所定之音與反切大致相同茲將各字母之淵源及讀法擇要說明如下

(一)聲母

(甲)唇音

ㄅ字典部首同包字裹也布交切今讀若「撥」ㄅㄛ

攵字典部首同攴字小擊也普木切今讀若「潑」ㄆ

冂字典部首覆也莫狄切今讀若「墨」ㄇ

匚字典部首受物之器府良切今讀若「芾」ㄈ

万字典在一部同萬無敗切今讀若「物」ㄪ

（乙）舌音（舌頭音）

勹字典部首篆文刀字兵也都勞切今讀若「德」ㄉ

𠫓字典在厶部不順忽出也他骨切今讀若「忒」ㄊ、

乃字典在丿部篆文乃字曳詞之難也奴靄切讀若「訥」ㄋ

力字典部首即力字筋也林直切今讀若「勒」ㄌ

（丙）牙音（舌根音）

巜字典在巛部古澮字水流聲也古外切今讀若「格」K
丂字典在一部古巧字氣舒被阻也苦浩切今讀若「克」K'
兀字典在几部高而上平也五忽切今讀若「傲」NG
厂字典部首山側厓也呼旱切今讀若「黑」H

以上十三聲母皆收聲於歌韻者為甲團按八年四月教育部三十二號部令音類說明法音序由外入內先唇音進為舌頭音「舌尖音」以舌頭之邊音附焉再進為舌根音以舌根後之淺喉音坿焉

(丁)牙齒合音牙舌合音　(舌前音)

ㄐ字典在丨部相糾繞也居尤切今讀若「基」CH(I)

ㄙ字典在厶部古畎字水小流也苦泫切今讀若「斯」CH(I)
ㄒ字典在一部篆文下字底也胡雅切今讀若「西」HS(I)
ㄏ字典部首因ㄏ為屋也疑檢切今讀若「膩」Z(I)

（戊）齒舌合音（舌葉音）

ㄓ字典在屮部篆文之字出也眞而切今仍讀「之」CH
ㄔ字典部首小步也丑亦切今讀若「凝」CH'
ㄕ字典部首即尸字陳也式脂切今仍讀「尸」SH
ㄖ字典部首即日字實也人質切今仍讀「日」G

（己）齒音（齒頭音）

ㄗ字典部首古節字瑞信也子結切今讀若「子」TS

七字典在一部即七字陽之正也親吉切今讀若「此」T'S

ㄙ字典部首私奔字奸衺也相恣切今仍讀「私」S

以上十一聲母皆收聲干支韻者為乙圖音序由內向外先敘與舌根相關之牙音喉音稍出為舌葉音即「正齒音」而以舌葉之邊音即「半齒音」坿焉再出而為「齒頭音」

(二)介母　介母有合敘於韻母中者茲為便利分析起視為獨立字母述之如下

一字典部首數之始也於悉切今讀若「衣」I、Y讀時齊齒為齊齒字之介母

ㄨ字典在丿部古五字疑古切今讀若「烏」U;W讀時合口為合口字之介母

ㄩ字典在ㄩ部飯器也丘魚切今讀若「迂」Ü;YU讀時撮口為撮口字之介母

以上三介母常用於聲母韻母之間故稱介母但有時亦能獨立注音并可代聲母韻母之用如衣烏迂及「ㄨㄥ」翁及「ㄒㄩ」揟之類

(三)韻母

ㄚ字典在丨部物之岐頭也於加切今讀若「阿」A:

ㄛ字典在一部虎何切今讀若「痾」O

此二韻母為直喉音合一乂ㄩ三介母為生聲之元猶英文之「AEIOU」也

丗字典在乚部古也字羊者切今仍讀也「EH」

𠀅字典在亠部古亥字胡改切今讀若「愛」AI

乀字典在丿部流也余支切今讀若「危」EI

幺字典部首小也於堯切今讀若「傲」AO

又字典部首手也于救切今讀若「歐」OU

以上四韻母收聲於喉為了乙兩元音合成故名複母

𢎘字典在弓部卩部嘾也呼感切今讀若「安」AN

ㄣ字典在乙部古隐字匿也於謹切今讀若「恩」EN

ㄤ字典部首𡯁曲脛也烏光切今讀若「昂」ANG

ㄥ字典在厶部古肱字古薨切今讀若「哼」ENG

以上四韻母收聲於鼻或唇齒與聲母之分部相似故稱為附屬聲母之韻母

ㄦ字典部首同八字而鄰切今讀若「兒」ER

ㄦ為東方持有之音且為獨立韻母最近國語統一籌備會議決此母亦得用作聲母加於聲母「ㄗㄘㄙ」之末拼英文「R」及日文「ラ」行字用之

北京向無入聲茲依平水韻韻部凡入聲之字均加

○為記藉為研究四聲之助倂誌於此
本書所輯聲韻中之「上平下平」者即今國語統一籌備會所定「陽平陰平」通行於世閱者注意焉

北京發音表

德三	進二四	之二五	詩二九	日四一	題四二	低四三	洛四五	訥四六	呢四六	離四七	趨五十	居五二	須五四	于五五	其五九	基六三	希六七	衣七十	刳七五	孤七六	乎七八	科八十	戈八一	禾八三
大	叉	扎	沙	○	○	○	拉	拏	○	倆	○	○	○	○	恰	加	鰕	鴉	誇	瓜	花	卡	嘎	哈
歹	釵	齋	曬	○	○	○	來	乃	○	○	○	○	○	○	○	○	○	捱	快	乖	懷	開	該	孩
刀	超	昭	燒	繞	挑	刁	撈	撓	鳥	僚	○	○	○	○	敲	交	宵	夭	○	○	○	尻	高	蒿
當	昌	章	商	壤	○	○	榔	囊	娘	凉	○	○	○	○	戕	江	湘	央	匡	光	荒	康	剛	杭
丹	嬋	瞻	山	然	天	顛	蘭	男	年	廉	全	捐	喧	鳶	千	兼	先	淹	寬	官	歡	堪	甘	邯
登	稱	征	生	扔	聽	丁	冷	能	凝	伶	惇	窘	兄	庸	卿	京	星	英	空	工	薨	坑	庚	恆
○	抻	真	身	人	○	○	○	嫩	您	林	群	君	勳	雲	親	今	心	因	坤	棍	昏	肯	根	痕
得	○	○	○	○	○	○	雷	內	○	○	○	○	○	○	○	○	○	○	虧	規	灰	○	給	黑
○	○	○	○	○	帖	疊	○	○	涅	列	缺	厥	靴	約	切	街	些	噎	○	○	○	○	○	○
○	硨	遮	奢	熱	○	○	○	○	○	○	○	○	○	○	○	○	○	○	闊	果	活	○	○	○
兜	抽	周	收	柔	○	丟	樓	耨	牛	留	○	○	○	○	秋	咎	修	優	○	○	○	摳	溝	侯
○	○	○	○	○	○	○	○	○	○	○	○	○	○	○	○	○	○	○	○	○	○	○	○	○

	撲一	卜二	木二	五三	夫六	皮九	必十一	米十三	辭十四	姿十六	絲十七	麤十九	租十九	蘇二十	土二二	都二三	初二三	朱二五	書二六	入二八	盧二九	奴三二	女三二	呂三二	特三三
阿八四	怕	巴	馬	瓦	伐	○	○	○	擦	雜	洒	○	○	○	○	○	欻	抓	刷	○	○	○	○	○	他
愛八五	派	拜	買	外	○	○	○	○	才	在	賽	○	○	○	○	○	揣	拽	衰	○	○	○	○	○	胎
傲八六	拋	包	毛	○	○	票	表	苗	曹	早	掃	○	○	○	○	○	○	○	○	○	○	○	○	○	滔
昂八七	旁	幫	忙	往	方	○	○	○	倉	臧	桑	○	○	○	○	○	窗	莊	雙	○	○	○	○	○	湯
安八七	潘	班	顢	完	帆	偏	編	棉	慚	贊	傘	竄	鑽	算	團	短	穿	專	拴	軟	亂	暖	○	孿	貪
哼八八	朋	迸	蒙	翁	封	娉	兵	名	層	增	僧	蔥	宗	松	通	冬	充	中	○	榮	龍	濃	○	○	疼
恩八八	盆	本	門	文	分	貧	賓	民	岑	怎	森	寸	尊	孫	吞	敦	春	准	順	潤	倫	嫩	○	掄	○
危八九	陪	悲	美	威	非	○	○	○	○	賊	○	催	罪	碎	推	對	吹	追	水	瑞	○	○	○	○	○
耶八九	○	○	○	○	○	撇	別	咩	○	○	○	○	○	○	○	○	○	○	○	○	○	○	虐	略	○
俄八九	頗	波	摩	窩	佛	○	○	○	策	則	嗇	錯	作	索	託	多	綽	卓	說	若	羅	挪	○	○	○
嘔九一	剖	○	謀	○	紑	○	○	○	湊	鄒	搜	○	○	○	○	○	○	○	○	○	○	○	○	○	頭
兒九九	○	○	○	○	○	○	○	○	○	○	○	○	○	○	○	○	○	○	○	○	○	○	○	○	○

說明

一此音表專備知音不知字時之用

一音表中從撲字横讀至禾字五十字為母音從阿字直讀至兒字十二字為喉音

一以一撲字拼一阿字即成怕字以一卜字拼一阿字即成巴字餘可類推

一音表中〇處皆有音無字者

一喉音中哼危耶三字讀法詳後八八頁與八九頁

國語通音字典總目

一畫
一部 丨部 丶部 丿部 乚部 亅部
二畫
二部 亠部 人部 儿部 入部 八部 冂部 冖部
冫部 几部 凵部 刀部（同刂） 力部 勹部 匕部 匚部 匸部 十部 卜部 卩部 厂部 厶部 又部
三畫
口部 囗部 土部 士部 夂部 夊部 夕部 大部 女部 子部 宀部 寸部 小部 尢部（同尣） 尸部 屮部
山部 巛部 工部 己部 巾部 干部 幺部 广部 廴部 廾部 弋部 弓部 彐部（同彑） 彡部 彳部
四畫
心部（同忄） 戈部 戶部 手部 支部 攴部（同攵） 文部 斗部 斤部 方部 无部 日部 曰部 月部 木部 欠部
止部 歹部 殳部 毋部 比部 毛部 氏部 气部 水部 火部（同灬） 爪部（同爫） 父部 爻部 爿部 片部 牙部
牛部 犬部
五畫
玄部 玉部 瓜部 瓦部 甘部 生部 用部 田部 疋部 疒部 癶部 白部 皮部
皿部 目部（同罒） 矛部 矢部 石部 示部 禸部 禾部 穴部 立部
六畫
竹部 米部 糸部 缶部 网部

羊部 羽部 老部 而部 耒部 耳部 聿部 肉部 臣部 自部 至部 臼部 舌部

舛部 舟部 艮部 色部 艸部 虍部 虫部 血部 行部 衣部 西部 七畫 見部

角部 言部 谷部 豆部 豕部 豸部 貝部 赤部 走部 足部 身部 隶部 隹部

辰部 辵部 邑部 酉部 釆部 里部 八畫 金部 長部 門部 阜部 車部 辛部

雨部 青部 非部 九畫 面部 革部 韋部 韭部 音部 頁部 風部 飛部 食部

首部 香部 十畫 馬部 骨部 高部 髟部 鬥部 鬯部 鬲部 鬼部 十一畫 魚部

鳥部 鹵部 鹿部 麥部 麻部 十二畫 黃部 黍部 黑部 黹部 十三畫 十七畫 黽部

鼎部 鼓部 鼠部 鼻部 齊部 齒部 龍部 龜部 龠部

附收各部

忄同心 扌同手 氵同水 犭同犬 阝在左同阜 阝在右同邑 兀同尢 王同玉 罒 㓁 冈 网並同 月同肉 艹同艸 辶同辵 兀同尢 氺同水 罒同网 歺同歹

京音字彙檢字

一丨丶丿乙亅二部

一部

一	七十
丁	二五十
丂	二九五
七	五九
万	一一三　一一八
丈	二二十
三	一五二　一五四
上	二三五
下	三一七
不	二
丏	一三九
丐	三六四
丑	二三一
且	五二　三一一
丕	九　一〇二
世	四十
世	四十
丘	一一四
丙	一三四
西	二四七
丞	二二三
丟	二五二
並	一三五

丨部

丨	三五十
丩	三一五
了	三二八
个	八二
中	一八一
丯	三一三
丰	一二五
丱	三四七
串	一七九

丶部

丶	二五
丸	二一七
丹	二〇八
主	二五

丿部

丿	一三七
乂	七三
乃	二六十
久	三一六
久	三一六
之	三五
乍	二一四
乎	七八
乏	一二三
𠂤	一七二
乖	三四四
乖	三四四
乘	二二三　二三八

乙部

乙	七十
乚	三三八
乜	一四十　二六六
九	三一六
乞	六一
也	三三九
乩	六二
乱	一九三
乳	二九　二六十
乾	三零一　三六八　一九三
亂	二五六

亅部

了	二六九
予	五五
事	四十

二部

二	九二
亍	二四
于	五五
云	二九十
互	七九
五	四
井	三零七
亘	二八三
亙	三七一
况	三四五
此	三二五
亞	三二九
亟	六四

筆畫	字及頁數
亠部一至十九	亠部　亠 二二一　亡 四、一一六　亢 三六六、三六七　交 二九五　亥 三七四　亦 七三　亨 三七七　享 三二十　京 三零六　亭 二四九　亮 二七十　亳 一零五　亶 二零九　亹 一一一、一二十
人部一至二	人部　人 二四二　亼 六四　什 三九　仁 二四二　仂 二七四　仃 二五十　仄 一五十、二一六、二三十　仆 一八　仇 二三十、三一四　仉 二二十　令 三零九　介 三一三　仍 二四二
二至三	从 一五九　仕 四十　仔 一六　他 一七三、一九九　仗 二二十　仒 二二八　付 八　仛 一七三　仙 三二一　仝 一六九　仞 二四三　仟 三百　仡 七二　伕 二百
三至四	仢 一八九　代 二零二　令 二七二　以 七二　仉 五　仰 三三三　仲 一八二　仳 十　仡 七二　仵 四　件 三零四　价 三一三　伙 三六二　任 二四二
四畫	仿 一二三　企 六二　伃 五五　伟 二四六　伤 一一九　伈 三零九　伉 三六六　伋 六四　伊 七十　伍 四　伎 六五　伏 七　伐 一二三　休 三二七
四至五	伙 一八二　伯 九四、一零五　估 七六　伱 四六　伲 四六　伴 九九　伷 二三二　伶 二七二　伸 二三八　伺 一五、一八　伻 一百　似 一八　伽 三一一　伾 一零一
五畫	佁 七二　佃 二四八　但 二零九　佇 二五　佈 二　侮 四　佋 二三五　佌 一五　位 一二一　低 四三　住 二五　佐 一六三　佑 三四二　体 一零一
五至六	何 八三　佔 二一二　佗 一七三　佘 二三九　余 五五　佚 七三　佛 一二九　作 一六三　佞 二六六　佟 一六九　佩 一零二　佪 三六十　佭 三百　佮 八二

人二

佯 三三一	佰 一零五	佳 二九二	佴 九二	併 一三五	信 六四	佸 三五三 三六二	佻 二四四	佼 二九六	佽 一五	侑 七三	使 四十	例 三二三	侊 三二四
侄 三六	侃 三六八	侅 三六四	來 二五三	来 二五三	侈 三四	侹 一一六	侉 三四二	例 四八	侍 四十	侎 一四	侏 二五	侐 五四	侑 三四二
侕 九二	侖 一九四	侗 一六九	侚 二八五	侜 三三一	供 三四八	依 七十	侻 一九十	侮 四	侯 三七八	侵 三零八	侶 三二	侷 五三	郷 一九七
俁 五七	係 六七	促 一九	俄 八九	俺 一零九	俅 三一四	俊 一六一 二八十	俋 七三	俎 一九	俏 二九五	俐 四八	俑 二八九	俓 三零八	俔 三二二
俘 七	俙 六七	俚 四八	俛 八 一三八	俜 一三三	保 九五	俟 一八 六十	俠 二九二	信 三一五	修 三二七	俯 八	俱 五二	俳 九二	俴 三零二
偒 七三	倣 二八	俸 一二六	俺 八七	俾 一二 一零二	倀 二二五 二一八	倂 一三五	倅 一六一	倆 二六八 二七十	倈 二五三	倉 一四五	個 八二	倌 三四六	雩 一零三
倏 二八	們 一一一	倒 二零四	倰 二零七	偃 二八一	倕 一八三	倖 三二四	倘 二零五	候 三七九	倚 七二	倜 四二	借 三一三	倠 一六六	倡 二一八
倣 一二三	值 三六	倥 三四八	倦 二七七	倨 五三	倩 三零三	倪 四六 七一	倬 一八六	倫 一九四	倭 一一九 一二二	倰 二五七	倳 一七	倀 一三五	偷 三零三

乘 一三二

俗 二

八

倢 三一四

匽 二三四

三

人部

九畫 偅一八一 假二九三 偉一二十 偈六三 三一二 偕二四三 偎一一九 偏一三一 偐三三五 偓五 偺三三五 做一六四 停二四九 偟三五五 健三零四 倭三三九

九至十 偪一二 偭一三八 偲一七 偺一四一 一四七 側一五十 二一五 偵二二三 偶九一 偷二一一 傀三五一 傁一五七 傢二十 傅八 傌一零七 傍九六 傎二四八

十至十一 ⿰亻能二零一 傏二零五 傑三一二 傒六七 傕二八二 俜二八五 傖一四五 傘一五四 備一零三 傚三一九 傛一九十 傢二九二 傻二三三 催一六一 傭二八八

十一畫 傯一五九 傲八六 傳一七九 傴五七 債二一六 傣一七八 傷二三五 修一四六 傽二一九 傾三零五 僳二一六 僂二五八 僄一三十 僅三一十 傪三一

十一至十二 僈一一十 僉三百 僊三一一 僎一八十 像三二十 ⿰亻戠九二 僐二三六 僕一 僑二九四 僔一六一 僖六七 僚二六八 僘五九 僜二一十 僞一二十

十二至十三 僱七八 僥二九六 三三十 僦三一六 僧一五五 僨一二七 僩三三二 僭三零四 ⿲亻亍斤一七 僮一六九 僵二九九 價二九三 僻一二一 一零三 ⿰亻啚一五六 儍八五

十三至十四 儀七一 儃二三六 儁一六四 二八十 儂一九六 億七三 健一九九 儆三零七 儇三五七 儈三四四 儉三零四 儋二零八 儌二九六 儐一三六 儒二九 ⿰亻㥯一一九

十四至十七 儓二百 儔二三十 儕二一五 儗七二 儘三一十 儜二六六 儥二一八 儡二五八 儢三二一 儹一四七 優三四十 儭二二六 儱一九三 儲二一四 ⿰亻遷三零四

人儿入八冂冖部

十七至二十一

儳 一四六 二二十　僼 一二五　儡 二八五　儷 四八　[illegible] 四九　儸 一九五　[illegible] 二四八　儺 一九七　儹 一四七　儻 二零五　儼 三三四　[illegible] 二五八　儴 二六二

儿部一至六、六至十二

儿部

兀 五　允 一九一 二九十　元 二八七　兄 二八四　充 一八十　兆 二一七　兇 二八四　先 三三一　光 三四五　克 八一　兑 一七二　免 一三八　兎 二二　兒 九一

兔 二二　兕 一八　兗 三三四　党 二零六　兜 二二一　兢 三零六

入部一至七

入部

入 二九　亾 一一六　内 二六三　仝 二七六　全 二七六　合 一四二　夋 一三二　兩 二七十　两 二七十　両 二七十　俞 五五

八部二至十六

八部

八 九一　公 三四八　六 三二一 二七五　兮 六七　共 三四九　兵 一三四　其 六十　具 五三　典 二四八　兼 三零三　異 六五　冀 六五

冂部一至七

冂部

冂 二七八　冃 一零八　冐 一零八　冄 二四二　冉 二四二　册 一五十 二一五　同 二七八　冓 一四三　冊 一五十　再 一四三　冏 二七八　冎 三四三　冒 一零八　冑 二三二

七至九

冒 一零八　冓 三七三　冔 五四　冕 一三九

冖部六至十四

冖部

冞 一四　冠 三四六　冡 一八二　冤 二八七　冥 一三九　恖 一八　冪 一口

四

冫部

冬 一六九
冰 一三四
冱 七九
冲 一八十
决 二八一
況 三四五
治 三四十
冷 二五七
泮 九八
冽 二七四
凄 五九
凋 七七
准 一八三
淨 三零八

凉 二六九
凊 三零六 三零八
凋 二四六
凌 二七二
凍 一七十
浼 一一二
減 三零四
湊 一五一
凓 四九
凚 三一十
凜 二七三
凝 二六五

几部

几 六二
凡 一二四
凢 一二四
凭 一三四
凰 三五五
凱 三六三
凳 二一十
凴 一二三

凵部

凵 三六八
凶 二八四
凸 二二二 七六
凹 八六 一一五 三二九
出 二一三
函 三七六
凾 三七六

刀部

刀 二零三
刁 二四六
刃 二四三
办 一七七
分 一二六
切 三一一
刈 七三
刋 三六七
扐 一六十
刎 一一九
刨 三七二
刭 二三五
炒 二三三
刑 三二四

判 六二
划 三五四
刓 一一七
刔 二八二
刖 二九一
列 二七四
刨 三七二
制 八
初 二三
劇 九
删 二三五
剐 一四十
刷 三四三
判 九八

別 一三七
刲 三一二
刦 三一二
刨 九四 九六
刮 二四八
利 四九
刮 三四三
刵 二四四
到 二零四
㔟 一七七
刲 三五十
刳 七五
剁 一七四
制 三八

刻 八十
刵 九二
剑 二九二
刷 一八六
券 二七六
刹 二一三
刺 一五
刻 八十
剃 四二
剄 三零七
則 一五十
剉 一六三
削 二八六 三一八
剋 八十

七至八：剌 二五二　前 三零一　剆 九　剔 四二　剕 一二八　剖 一零六　刻 二二一　荆 一七七　剚 一七　剛 三六七　剜 一一七　剝 九五 一零四　剮 二九二　剞 六二　剢 一七四

八至十：剡 三三四　剮 二四六　割 三五四　剩 二三八　刷 一三二　剪 三零四　剛 三四三　副 八　𠝹 七三　剴 二百　剄 一八五　割 八一　剴 三六三　剮 二百　創 一七七

十至十三：剷 二一二　劇 二二一　剧 三四　剸 二五九　剽 一三十　剺 一七八　剾 三七二　剿 二九六　劊 一四八　勞 一三七　劂 二八一　劃 三五四　劇 二七一　劇 五三 六四　𠠜 二三六

十三至十九：劈 九 一十　劉 二七五　劊 三五二　劌 三五二　劍 三零四　劐 三六一　劄 二一四　劑 六五　劒 三零四　劓 七三　𠠚 四九　劙 二二十　劗 一五八

力部三至六：力部　力 四九　功 三四八　加 二九二　劣 二七四　劶 三一十　助 二六　努 三一　劫 三一二　劬 五十　劭 二三四　劵 二七六　効 三一九　劻 三四九　劼 六五

六至九：劾 八三　勁 三零八 三一十　勃 一零五　勄 一四十　勅 三五　勑 三五　勇 二八九　勈 二八九　勉 一三八　勍 三零六　勏 一零六　勑 二五三　勒 二五七 四五　勔 一三九

九至十一：動 一七十　勖 五五　勗 五五　勘 三六八　務 五　勛 二八五　勝 二三七　勞 二五四　募 三　勠 三一　勡 一三十　勢 四十　勣 六二　勤 三零九

十一至十八：勦 二一七　勥 二九八　𠢕 二八二　勩 七三　𠢒 二八一　勰 三二五　勤 一零七　勳 二八五　勵 四九　勷 二四一　勸 二七六

勹部

勹 一八九 二三四
匀 二九十
勾 三七二
勿 五
匆 一五八
匌 三六四
匃 三六四
包 九五
匈 二八四
匍 九九
匊 五二
匋 二零三
匐 一
匏 九四
匐 八

匕部

匕 二一
化 三五四
北 一零三 一零五
匙 三四 四十

匚部

匚 二二三
匜 七一
匝 一四一 三一七
匠 三百
匡 三四五
匣 三一七
匧 三一一
匪 一二八
匭 三五二
匯 三六十
匱 三五一 三五二
匲 二七十
匳 二七十
匵 二一三
匶 三一五

匸部

匸 六九
匹 一十
匽 三三四
匾 一三三
匿 四六
區 五十

十部

十 三九
千 三百
卅 一五二 一五四
升 二三七
午 五
半 九九
卉 三六十
卑 一零二
卓 一八五
卒 一九
協 三三六
南 二六二
博 一零四

卜部

卜 二
卞 一三三
占 二二二
卡 二九二 三六二
卣 三四一
卦 三四三

勹乙匚匕十卜卩厂厶又口部

卩部二至六　六至八

部	字	頁
卩部	卩	三一二
	卯	八七
	卮	三五
	卯	一零八
	印	三三九
	危	一二十
	卲	二三五
	即	六四
	却	二八十
	卵	一九三
	卷	二七七
	卻	二八十
	卺	三一十
	卸	三二六
	卹	五四
	卻	二八十
	卽	六四
	卿	三零五

厂部二至十　十至十三

部	字	頁
厂部	厂	三七六
	历	四九
	厄	九十
	厎	三六　四四
	厓	三二九　三三三
	厔	三八
	厖	一零九
	厙	二二九
	厚	三七九
	厝	一九　一六三
	原	二八七
	厠	一五
	厨	二四
	厥	二八一
	厦	二三三
	厩	三一六
	厪	三一十
	厭	三三五
	厮	一七
	厰	一一
	厲	四九

厶部二至十

部	字	頁
厶部	厶	一一八　一一四
	厹	三一四
	去	五一
	參	一四六　一四九　一五四　二三八
	叅	一四六　一四九

又部一至七　七至十六

部	字	頁
又部	又	三四二
	叉	二一二
	及	六四
	友	三四二
	双	一八七
	反	一二五
	叒	一九二
	叔	二七
	叚	一八六
	叕	一八五
	取	五一
	受	二四十
	叙	五四
	叛	九八
	叜	一五七
	叟	一五七
	叠	二五一
	叡	一九二
	叢	一五八

口部二畫

部	字	頁
口部	口	三七二
	古	七六
	句	五三
	另	二七二
	叨	二零二
	叼	二四六
	叩	三七二
	只	三六
	叫	二九七
	名	二一七
	叭	九二
	叮	二五十
	可	八一
	台	二百

畫數	字及頁數
二至三	叱 三五　史 四十　右 三四二　夻 三一四　吮 三一四　叵 一零四　叶 三三六　司 一七　叿 三五八　吁 五四　吃 三四、五九　各 八二　吆 三三九　合 八二、八三　吉 六四
三至四	吊 二四六　同 一六九　名 一三九　后 三七九　吏 四九　吐 二二　向 三三十　吒 二一三　吚 七十　君 二七九　吝 二七三　吞 二七三　呑 一七十　吟 三三八　吠 一二八
四畫	㕣 三零九　吣 三零九　呅 九　吥 一零六　否 一十、一三十　吧 九二　吩 一二六　吪 八九　含 三七六、三七七　听 三三八　吭 三七五　吮 三零二、三三四　呈 三二三　吲 二三八　吳 四
四畫	吵 二一六　冏 四六　呐 四六　吱 三六　吸 六七　吹 一八三　吺 二八　吻 一一九　吼 三七九　吾 四　告 三六六　咘 一四一　呀 三二八　呂 三三　呃 八五、九十
五畫	呠 一零一　呡 一一九　呢 四六　吰 三五八　呦 三四十　周 二三一　呪 二三二　呭 七三、三四十　呰 一六　咐 八　呱 七六、一一五　味 一一四　味 一二一　呴 五五　呵 八三
五畫	呶 二五九、二六一　呷 三一七　呸 一零二　哇 二六　呺 三一八　呻 二三八　呼 八　命 一三九　呿 五一、二九二　咀 五二　哂 一四一　咄 一七五　咆 九四　咇 一二　咈 八、一二九
五至六	咉 三三一　咋 二一四　和 八三、三七四　咎 三一五、三六五　咠 五九　咢 九十　咏 二八九　咤 二一三　咥 六九　咦 七二　咧 二七四　洛 一六　咩 一四十　咫 三六　咮 二三二
六畫	咬 八六、二九六、三三一　哎 八五　咯 四五、八一　咱 一四一、一四七　咶 三七八　咲 三一九　咳 八十、三七四　响 三二十　咵 三四三　咷 二零三　咸 三二一　咺 二八三　咻 三二七　咼 一一五、三四三

畫數	字及頁數
六至七	咽 三三五　咿 七十　哀 八五　品 一三五　哂 二三八　哦 五五　哃 一六九　哄 三五八　哆 二二九　哇 一一五　哈 三六二 三七三　哉 一四三　員 二八七 二九十　哢 一九四　唬 一零九
七畫	哥 八一　哦 八九　哧 八四　哨 二三五　哩 四七　哪 一九七 二五九　哭 七五　哮 三一八　哱 二五四　哲 二三十　哏 二七十　哵 九二　哶 一四十　哺 二七　哻 三七七
七畫	哼 三七七　哽 三七十　哿 八一　唻 二八　唁 三三五　唂 七六　唄 九四　唅 三七七　唆 一六七　唇 一八二　唈 七三　唉 八五　唎 四九　唏 六七　唻 三五八
七至八	唐 二零五　啣 三二一　啘 三四六　唪 一百　唫 一二六 三三八　唬 七八　唋 二六十　售 二四十　唯 一二十　唰 一八六　噉 一八六　唱 二一九　唲 一一五　唳 四九　唵 八七 二六二
八畫	唴 二九八　啘 三四十　嚷 二三三 三一一　啦 二五二　唾 二二　啁 一七四 二一六　啼 一五四　啄 一八六　啅 一八六　商 四三　啇 二三五　啊 八四　啌 二九八　啍 一七十　問 一一九
八至九	啐 一六一　啑 二三三　啟 六一　啓 六一　啕 二零三　啖 二零九　啗 二零九　嵒 一六　啜 一八六　啞 三二九　啻 三五 四二　啼 四二　啑 四二　啾 三一四 三一五　喀 八十
九畫	喁 二八九　喂 一二一　喃 二六二　善 二三六　喤 五七　喇 二五二　喒 三一二　喉 三七八　𡂶 八三　喊 三七六　喋 二五一　喎 一一五　喏 二四三　嗲 一五六　喑 三三七
九畫	咯 一四七　喓 三二九　喔 四　喖 七六　喘 一七九　喙 三六十　喚 三五七　喜 六九　喝 八三　喞 六二　喇 六二　喟 三五一　喡 一二一　喢 二一二 二三三　喣 五四

七

九畫
喤 三五五　喧 二八三　喨 二七十　喻 五七　喳 二二三　喪 一五四　喲 二九一　㗊 一五四　卷 一五四　喫 三四　喬 二九四　喭 三三五　單 二零八 二三六　喵 一三八　嗤 三四

十畫
喿 一四四 一五三　嗁 四二　嗏 一一五　嗊 二三三　嗅 三二七　嗆 二九八　罣 一九七　嗇 一五六　嗈 二八八　嗪 二一　嗊 三四九 三五八　嗌 七三　嗍 二八 一八九　嗎 一零六　嗏 二一三

十一畫
嗃 三七四　嗑 八三　嗒 一九九　嗓 一五四　嗠 一四四　嗔 二三五　嗚 三　嗖 一五六　嗙 九六　嗛 三百　嗜 四十　嗞 一六　嗝 八二　嗟 二八一 三二二　嗡 一一八

十至十一
嗢 五　嗣 一八　嗷 八六　嗸 八六　嗺 一六二　嘛 二三九　嗼 一一二　暮 一一三　嗽 一五七　嗾 一五七　嗿 二零八　嘅 三六三　嘆 二零八　嘈 一四三　嘉 二九三

十一至十二
喞 二五四　嘍 二五八　嘎 二九二 三六三　嘏 二九三 七七　嘈 三六十　嘐 二五四 二九五　嘑 七八　嘓 三五三　嘔 九一　嘖 一五十　嘗 二一八　嘩 三五四　嘬 一六三 一七六　嚖 三六一　嘮 二五四

十二畫
嘯 三一九　嘲 二一七　嘴 一六二　嘵 三一八　嘶 六七　嗒 一九九　嘷 三七四　嘹 二六八　嘘 五四　嘻 六七　嘽 二零七　嘿 一一三 三七八　噀 二八五　噂 一六十　噘 二八一

十二至十三
噴 一零一 一二七　噍 二九六　噎 三三九　噏 六七　噤 三一十　噣 二三二　噥 一九六 二六二　噦 二九一 三六十　器 六二　噩 九十　噪 一四四 一五三　噫 七十　噬 四十　噶 三十 四五　噭 二九七

十三至十四
嚷 二八八　噯 八五　噰 二八八　噱 五三 二八二　噲 三四四　嚭 一十　嚧 二六五　㘅 三二一　嚀 二零一　嚄 三六二　嚎 三七四　嚅 二九　嚆 三七四　嚇 八三 三一七　嚌 六

十五畫
嚏 四二　嚕 三十　嘞 二八二　嚖 三六十　嚘 三四十　嚣 三三七　嚐 七三　嚜 一一三　嘸 三三五　嚦 四九　嚨 一九三　噭 五四　⿰口賴 一三五　嚭 一一　嚮 三二十

十七至十九
嚱 六七　嚷 二四一　嚳 七五　嚴 三三三　嚵 二二一　嚶 三三六　嚻 八六　嚼 二八一 二九六　嚬 三三三　囀 一八十　囂 三一八六　嚾 二八八　囅 二二一　囈 七三　囉 一九五

十九至二十二
囊 二六一　囑 二五　囔 二六一

口部二至四
口 一二十　囚 三一五　四 一八　囝 三零四　回 三六十　田 三六十　囘 三六十　囱 三二五　因 三三七　囮 一七一　囪 一七七　囫 七八　园 一一七　囵 八九 三四一

四至十
困 三五十　国 三五三　囲 二七九　囹 二七二　固 七七　囿 三四二　圂 三五七　圃 一　圄 五七　圇 一九四　圏 二七六 二七七　圉 五二　國 三五三　圍 一二十

十至十九
園 二八七　圓 二八七　⿴囗鳥 三四一　圖 二二　團 一六七　圜 二八七 三五七　圝 一九三

土部一至四
土 二二　壬 二四九　圢 二四九　圣 七六　圩 五五　圬 三　圭 三五二　圯 一千　圮 七一　地 四四　圻 六十　圾 六五　址 三六　坂 一二五

四至五
坄 七三　坆 一二七　均 二七九　⿰土予 五五　坊 一二三　坋 一二七　坌 一二七　坰 二零七　坎 三六八　坏 一零二 九　坐 一六四　坑 三六九　坡 一零三　坤 三四九

五畫　坦二零七　坪一三四　坫二四八　坭四六　坯一十 一零二　坰二七八　坱三三一　坳八六　坵三一四　坶三　坷八一　坑二八六　坻三四 四四　坼一五十　坿九

六畫　垂一八三　型三二四　垍六五　垓三六四　垔三三七　垗二一七　垚三三十　垛一七四　垜一七四　垝三五二　垠三三八　垡一二三　垢三七三　垣二八七　垤二五一

七至八　垻九三　⿰土亨五五　埂三七十　埃八五　埄九九　埇二八九　埋一零七　埌二五五　城二二三　埏三三三　埒二七四　埜三四十　⿱非土一二八　域五七　埠二

八畫　⿰土於五五　埤一十　埧五三　⿰土沓一九九　埯三三四　埲九九　埳三六八　埶七五　執三六　培一零二　基六三　埸七三　埽一五三　埿四六　堀七五

八至九　⿸方至三四九　堁八一　堂二零五　堅三零三　堆一六二　堇三一十　堈三六七　堊九十　堗二二　埁二二三 二三七　堙三三七　堞二五一　堠三七九　堡一 一九五　堔一

九畫　⿰土复九　堤四三　堦三一二　⿰土奐一九十　⿰土恆三七一　堪三六七　堮九十　堭三五五　堯三三十　堿三零四　堰三三五　報九六　堲六五　場二一八　堷八七

九至十　堵二三一　堉一七三　塉六四　塊三四四　塋三三六　塌一九九　塍二二三　⿰土胥二八六　塏三六三　⿰土袁二一　塑二一　塒三九　塔一九九　埨一九九　墀三四

十　塖二二三　塗二二　塘二零五　塚一八二　塞一五三 一五六　塟一四六　塡二四七　塢四　塤二八三　塲二一八　塵二二六　墍七十　塹三零二　⿰土從一五九　塻一一三

土士夂夊部

畫數	字 頁數
十一畫	塾 二七　塿 二五九　墀 三四　墁 一一十　境 三零八　墇 二三十　墅 二八　墆 二五二　塼 三一八　墇 二二十　墈 三六八　墉 二八八　墊 二四八　墋 二二六　墍 六五
十一至十二	墐 三一十　墒 四三　墓 三　墜 一八四　墝 二九四　增 一四八　墟 五四　墠 二三六　壹 七十　墡 二三六　墣 一　墦 一二四　墨 一一三　墩 一七一　墫 一六十
十二至十三	墮 一七五　墯 一七五　[illegible] 一七五　墰 二零七　墳 一二七　墺 五七 八六　墻 二九八　[illegible] 一六六　墾 三七一　壀 一一　壁 一三　[illegible] 三五七　壅 二八八　[illegible] 二八八　[illegible] 三六八
十三至十六	壇 二零七　壍 三零二　壎 二八三　壆 五七　壐 六九　壑 八三　壓 三三八　壔 二零四　壕 三七四　壖 一九十　壘 二五八　壙 三四五　壚 三十　壜 二零七　壝 一二十
十六至二十一	壞 三五五　壟 一九四　壠 一九四　壤 二四一　[illegible] 二三一　壩 九三　[illegible] 二六二　[illegible] 二九五
士部一至十一	士 四十　壬 二四三　壳 二八十 八十　壯 一七八　声 二三七　壼 七八　壺 七八　壹 七十　壻 五五　壴 三五十　壽 二四十　壽 二四十
夂部三四畫	夂 三八　夅 三百　夆 一二五
夊部四至十八	夋 二六十 一八十　夎 一五九　夏 三一七　复 二八四　夔 三五一

夕部

夕 六九 二一六　外 二八七　夗 二八七　夘 二一　夙 一七四　多 三四十　夜 三七三　夠 七三　够 一一一　夢 一一一　夣 三三八　夤 三六一　夥

大部

大 二百　天 二四七　太 二零一　夫 六　央 三四四　夭 三二九　夬 三三一　夯 三七五　夰 三六五　失 三九　夲 二零二　夷 七一　夸 七一　夸 三四二

夾 二九三　奄 三三四　奇 六十 六三　奈 二六十　奉 一二六　奎 三五十　奏 一五二　奐 三五七　契 六二 三二六　奓 二一四　奔 一零一　奕 七三　奁 二零三　奘 一七八

奚 六七　奜 一二八　套 二零三　奠 二四八　奡 八六　奢 二三九　奧 八六　奩 二七十　奪 一七四　奬 二九九　奭 四十　奮 一二七　獎 一三　奰 一三

女部

女 二九 三二　她 一一　奴 三一　奶 二六十　奸 三零三　妄 二九六　奼 二一三　好 三七四　妁 一八六 一八九　如 二八　妃 一二八　安 一一七　妊 二四三　妍 三三三

妒 二三　妓 六五　妖 三三十　妗 三一十　妙 一三八　妝 一七八　妞 二六七　妣 一一　妤 五五　妥 一七四　妨 一二三　妬 二三　妮 四六　妯 二三二

妲 二百　妺 一一二　妹 一一三　妻 五九　妾 三一一　姃 二三四　姆 二 二五四　妳 二六十　姊 一七　姉 一七　始 四十　姍 二三五　姐 三一三　姑 七六

姒 一八　姓 三二四　委 一二一　姙 二四三　姚 三三十　姜 二九九　姝 二七　姞 六四　姣 二九六　姤 三七三　姥 三 二五四　姦 三零三　姨 七一　姪 三六

六至七	㛒	六三一
	姮	三七七
	姱	三四二
	姶	八三
	姸	三三三
	姹	二一三
	姻	三三七
	姿	一六
	娀	一六四
	威	二一九
	娃	二一五
	娉	一三三
	娌	四八
	娑	一六七
	娓	一二十
七至八	娘	二六四
	娙	三二四
	娛	五五
	㛤	六五
	娜	一九七
	娟	二七七
	娠	二二八 二三八
	㛛	二二八 二三八
	娣	四四
	娥	八九
	娩	一一七 一三九
	娭	六七
	婜	五一
	娼	二一八
	娽	三一
八畫	姘	三二九
	娿	九十
	婀	九十
	婁	二五九
	婁	二五九
	婆	一零三
	婉	一一七
	婊	一三一
	婓	一二八
	婕	三一二
	婙	三零八
	婚	三五九
	婢	一一二 一零三
	婥	一八四
	婣	三三七
八至九	婦	九
	婧	三零八
	婩	八八
	婪	二五六
	婭	三二九
	婷	二四九
	婺	五
	婼	一八四
	嫪	一五三
	媮	五五
	媀	五八
	婿	五五
	媆	一九七 二六三
	媈	三五九
	媮	三零一
九至十	媜	九
	媟	一一二
	媓	三五五
	媕	三三四
	媚	一一二
	媛	二八七
	婄	八七
	媟	三二六
	媢	一零八
	媧	一一五
	媱	三三十
	媲	一一
	嫠	三
	媳	六七
	媴	二八七
十畫	媵	三三九
	嬦	二九
	嫈	三四
	媻	九七
	媼	八六
	媽	一零六
	媾	三七三
	媿	三五一
	嫁	二九三
	嫂	一五三
	嫄	二八七
	嫉	六五
	嫋	二六四
	嫨	六七
	嫌	三二一
十一畫	嫖	一三十
	嫗	五七
	嫚	一一十
	嫜	二一九
	嫡	四三
	嫠	四七
	嫣	三三三
	嫥	一七九
	嫦	二一八
	嫩	一九七 二六三
	嫪	二五四
	嫫	一一三
	嫫	一一三
	嫯	八六
	嫯	八六
十二至十三	嫵	五
	嫺	三二一
	嫻	二二一
	嫽	二六八
	嬀	三五二
	嬆	六七
	嬇	三五一
	嬈	二四一
	嬉	六七
	嬋	二二十
	嬌	二九五
	嬖	一二
	嬗	二二十
	嬴	三三六
	嬙	二九八

十三至十九
嬛 二八三
嬒 二六六
孃 一一三
嬪 一三六
嬭 二六十
嬰 三三六
嬲 二六一
嬸 二三九
嬾 二五六
嬬 一八七
孌 二六七
孃 二六四
孅 三三一
孄 二五六
孋 四七

孌 一九三 一九八

子部一至五
子部
子 一六
孑 三一二
孔 三四七
孖 一六
字 一七
存 一六十
孚 七
孛 一零五
孝 一零五
孜 一六
孝 三一九
孟 一一一
季 六五
孤 七六

五至十九
孥 三一
孩 三七四
孫 一六五
孨 一三九
孰 二七
孱 一七九
孳 一六
孵 六
學 二八六 三一九
孺 二九
孽 二六七
孼 二六七
孾 三三六
孿 一八八 一九三

宀部二至四
宀部
宀 一三八
宁 二六
宂 一九一
宄 三五二
它 一七三
宅 一五一 二一五 二三十
宇 五七
守 二四十
安 八七
宋 一六五
完 一一七
宏 三五八
宎 七一

五至六
宓 八
宕 二零六
宗 一五九
官 三四六
宙 二三二
宛 一一七
定 二五十
宜 七一
客 八一
宣 二八三
室 四十
宥 三四二
宦 三五七
宧 七一

七至八
宮 三四八
宰 一四三
害 三七四
宴 三三五
宵 三一八
家 二九三
宸 二三六
容 一九十 二八九
宿 二一 五四 三二七
宿 二一
寀 一四二
寁 一四七
寂 六五

八至十一
寇 二八七
寄 六五
寅 三三八
密 一四
寇 三七二
富 八
寐 一一二
寒 三七六
寓 五七
寓 五七
寔 三九
寖 三零九 三一十
寘 三七
寞 一一三

十一至十六

察 二一三　寖 三零九　寡 三四三　寢 三零九　寤 五　寥 二六八　實 三九　寍 二六五　寨 二一六　審 二三八　寫 三二六　寬 三四六　寮 二六八　寰 三五七　寶 九五

十七畫

寶 九五　寵 一八一

寸部二至十三畫

寸部

寸 一六十　寺 一八　衬 一一七　封 一二五　射 三九 七三 二三九　赳 八十　將 二九九　專 一七九　尉 五七 一二一　尊 一六十　尋 二八五 三二五　對 一七二　對 一七二

導 二零四

小部一至十二

小部

小 三一九　少 二三四　尓 四十　尒 九一　尔 九一　尖 三零三　尚 二三五　尗 六九　乳 二六四　尞 二六八　尟 三二二　尠 三二二　尠 一四三 一四四

尢部一至十四

尢部

尢 二一九　尣 二一九　尤 三四一　尥 二六九　尨 一零九　尪 一一大　尫 一一六　尩 一一六　尶 三一三　就 三一六　尲 三零五　尵 一七一　尷 三零五

尸部一至五

尸部

尸 三九　尹 三三八　尺 三四、二二九、　尻 三六四　尼 四六　尾 七二 一二一　尿 一六六 二六四　屃 六五　屁 一一　局 五二　屄 一二　居 五二　㞳 五二　屆 三一三

五至八

屈 五十　㞘 一七十　屉 四二　屋 四　屍 三九　屎 四十　屛 一三四　屐 六五　屑 二八六 三二六　㞒 三一五　展 二二二　屚 二五九　屏 一三四　屜 四二

尸部八至十八

屝 一二九　屜 四二　屬 二七　屢 三三　屣 六九　層 一四八　履 三二二 四八　屧 三二六　屨 五二　屩 二九六　屪 二六八　屬 二七

屮部一至三

屮部

屮 二三九　屯 一七十 一八三　屰 四六

山部三至五

山部

山 二三五　屺 六一　屻 二四三　岏 五　岌 六五　岏 一一七　岐 六十　岔 二一三　岑 一四九 二二六　岡 三六七　岢 八一　岣 三七二　岆 二八六　岦 四九

五至六

岨 五二　岩 三三三　峇 二四五　岫 三二七　岱 二零二　岳 二九一　岵 七九　岷 一四十　岸 八八　峉 八九　峋 二八五　峒 一六九　岍 三百　峙 三八

七畫

峨 八九　峪 五七　峭 二九五　峯 一二五　峰 一二五　峱 二六一　峴 三三二　峵 三五八　島 二零四　峹 二三　峹 二三　峻 二八十　峽 三一七　峿 四

八畫

崆 三四七　𡹎 一三六　崇 一八一　崈 一八一　崋 三五四　崎 六十　崐 三四九　崑 三四九　崒 一六二　崪 一六二　崔 一六一　崖 八五 三二九 三三三　崘 一九四

八至九

崙 一九四　崗 三六七　崚 二五七　崛 七五 二八一　崟 三三八　崢 二二四　崤 三三十　崧 一六四　崩 一百　崴 一一六　嵗 一六六　崵 三三一　⿱山對 一二五　崽 一四三

九至十

崿 九十　嶴 九十　嵁 三六七　嵇 六八　嵋 一一二　嵌 三零二　嵎 五五　嵐 二五六　嵒 三三三　嵃 一八二　嵾 五九 六七　嵩 一六四　嵬 一一九　嵬 一一九

十至十二	嵯 一四　一六三　嵾 一四九　嶁 二五九　嶲 二五九　嶂 二二十　嶄 二二一　嶇 五十　嶒 一四八　嶓 一零四　嶡 三零八　嶕 二九四　嶲 二八十　嶙 二七三　嶛 二六八　嶚 二六八	
十二至十五	嶝 二一十　隱 一七五　嶠 二九七　嶟 一六十　嶢 三三十　嶧 七三　嶬 七一　嶭 三四十　嶷 七一　嶸 一九十　三五八　嶺 二七二　嶼 五四　五七　嶽 二九一　巇 六七　巇 六七	
十七至二十	巇 六七　巉 二二一　巍 一一九　巒 一九三　巔 二四八　巖 三三三　巗 三三三　巘 三三四	
巛部三至十二	巛部　巛 一七九　川 一七九　州 二三一　巟 三五五　巠 三零六　巡 二八五　巢 二一六　巤 二七四	
工部二至七	工部　工 三四八　左 一六三　巧 二九五　巨 五三　巫 四　差 一四　二一二　二一五	
己部一至九	己部　己 六五　已 七二　巳 一八　巴 九二　巵 三六　巷 三二十　巽 二八五	
巾部一至五	巾部　巾 三零九　帀 一四一　三一七　市 四十　布 二　帆 一二四　帉 一二六　帋 一二六　帊 九二　帤 三六　希 六七　希 六七　帍 七九　帆 二一七　帑 三二　二零五	十二
五至六	帒 二零二　帔 一零二　帕 九二　帖 二五十　帘 二七十　帙 三七　帛 一九四　一零五　帚 二三二　帝 四四　帤 九七　帓 四十　帨 三五六　帤 二九　師 一八七	

七至九　幌一八九　師三九　帬二七九　帺二七九　席六八　帽二一八　帲一百　帳二三十　帨二一七　帶二零二　帷一二十　常二一八　幕六十　帽一零八　帣二九四

九至十二　幃一三十　幄二五二　幅七　幫九七　幏二七十　幌三五六　幒三五六　幔一一十　幕三　幖一三一　幗三五三　幘一五十　幮三五四　幓二六八　幝三三一

十二至十五　幞一　幟三七　幟四七　幡一二四　幩一二七　幢一七七　幣一三　幦一四　幨二七十　幧二九四　幪一一十　幫九七　幬二零四　幭一四　幮二四

十五至十七　幯三一四　幰三二二　幱二五六　幨二二五　幭三零一

干部二至十　干部　干三六八　平一三四　幷一三五　年二六五　幵三零一　开三零一　并一三五　幸三三四　幹三六九

幺部一至九　幺部　幺三三十　么三三十　幻三五七　幼三四二　㓜六三　幽三四十　䌛三四六　幾六三

广部二至六　广部　广三三四　庀一十　庁二三三　庄一七八　庇一二　床一七七　序五五　底四四　庖九四　店二四八　庙一三八　庚三七十　府七　庠三三十

六至八　庛二四五　庤三八　庥三二七　度二三、一七五　座一六四　庫七六　庬一零九　庭二四九　庳一二、一零二　庯一二　庵八七　庶二八　庹一七四　康三六六

巾干幺广廴廾弋弓部

畫數	字及頁數
八至十一	庸 二八八　庚 五七　庿 一三八　廖 一五六　廁 一五　廂 三一九　廈 二三三 三一七　廉 二七十　廊 二五五　廋 一五六　廐 三一六　廏 三一六　廛 三一十　廒 八六　廓 三五三
十二至十八	廕 三三九　廖 二六九　廚 二四　廛 二二十　廝 一七　廟 一三八　廠 二一九　廡 四　廢 一二八　廣 三四五　廨 三一三　廩 二七三　廬 二九　廯 三二二　廱 二八九
二十二畫	廳 二四九
廴部至六畫	廴部　廴 三三八　延 三三三　廹 一零四　廷 二四九　建 三零五　廻 三六十
廾部一至十一	廾部　廾 三四八　卄 三四八　廿 二九 二六五　弁 一三三　异 七二　弄 一九四 一九六 二六三　弈 七三　弇 三三四　弉 二九九　弊 一三
弋部至九畫	弋部　弋 七三　弍 九二　式 四十　弑 四十
弓部一至五	弓部　弓 三四八　弔 二四六　引 三三八　弘 三三八　弗 六　弘 三五八　弛 四十　弝 九三　弞 二八一　弟 四四　弢 二零三　弤 四四　弦 三二一　弧 七八
五至九	弨 二一六　弩 三二　弭 一四　弰 二三四　弱 一九二　折弓 一三七　弓爭 二二四　弓并 一百　張 二一九　弶 二九九　強 二九八　弓甫 一三七　弸 一百　强 二九八

十三

九至十九 彐部至十二 彡部四至十二 彳部二至六 六至八 八至十二 十二至十七 心部一至三

弜 一三 弱 一三 弻 一三 彀 三七三 彃 一三 弸 一百 彄 三七二 彆 一三七 彈 二零七 二零九 彊 二九八 彆 三零六 彌 一三 彍 一三 彃 一三 彎 一一七

彐部 彐 三一三 彖 一六八 彔 三一 彗 一六六 三六一 彘 三八 彙 三六一 彝 七一

彡部 彡 二三五 形 三二四 彤 一六九 彥 三三五 彧 五七 彩 一四二 彪 一三一 彫 二四六 彬 一三六 彭 九九 彯 一三十 彰 二一九 影 三三七

彳部 彳 三五 彴 二五十 彴 一八九 彷 一二三 彸 一八一 役 七三 徃 一一六 彼 一一一 彽 三四 四四 彿 六 往 一一六 征 二二四 徂 一九 待 二零二

徇 二八五 徉 三三一 很 三七八 徊 三六十 律 三三 後 三七九 徎 二二三 徐 五四 徑 三零八 徒 二二 得 三三 二二 徘 九三 徙 六九 徟 二三一

從 一五九 徠 二五三 御 五七 徧 一三三 徨 三五五 復 九 循 二八五 徬 九六 徭 三三十 徵 二二十 徯 六七 徶 二八四 徽 一二十 徵 三六 二二四

德 三三 徹 二二九 徼 二九七 三二九 𢕼 二六五 徽 三六十 𢖬 三一九

心部 心 三二四 必 一三 忉 二零四 忌 六五 忍 二四三 忉 二四三 忎 二四三 忐 二零七 忑 二二 三三 忒 三三 忓 三六八 忕 二零一 忖 一六十 志 三七

弓彐彡彳心部

三至四	忘 一一六	忙 一零九	忝 二四七	忝 二四七	忠 一八一	忡 一八十	忢 五	忣 六五	[及心] 六五	忥 七十	忤 五	忪 一八一	[忄巴] 九二	快 二四四	忭 一三三
四至五	[忄反] 一二五	忮 三七	忲 二零一	忱 二二六	忳 一七一	念 二六五	忸 二六七	忹 一一六	快 三二一	忻 三三四	忼 三六六	忽 七八	忿 一三七	怇 五三	恪 二一六
五畫	怌 一零二	怍 一六四	怎 一四九	怏 三三三	怑 九九	怒 三二	悠 三二	怓 二六一	怔 二二四	怕 九二	怖 二	怗 二五十	怘 七九	怙 七九	怛 二零九
五畫	怛 二零九	思 一八	怞 二三十	[忄本] 一零一	怡 七一	怠 二零二	急 六四	怦 九九	[忄出] 二六	怨 二八八	性 三二四	怩 四六	怪 三四四	悲 六	怫 六
五至六	怮 三四一	怯 三一一	[忄宁] 二六	怱 一五八	怳 三五六	怵 二四	恁 二四三	[忄任] 二四三	恦 二八五	恃 四十	恆 三七七	恇 三四五	[忄夅] 三百	恍 一八十	恊 三二六
六畫	恌 二四四	恝 二七四	[忄列] 二七四	恍 三五六	恐 三四七	恑 三五二	恓 六七	恒 三七七	恔 三一九	恕 二八	恗 三四二	恙 三三二	[忄衰] 七一	恚 三六一	恛 三六十
六畫	恝 三一四	恟 二八四	恠 三四四	[忄去] 二七三	[忄亥] 三七四	恢 三六十	恣 一六	恤 五五	耻 三四	恨 三七八	恩 八八	恪 八一	恫 一六八	[同心] 一六八	恬 二四七
六至七	恭 三四八	恭 三四八	[忄共] 三四九	息 六七	恰 二九二	恾 一零九	恵 二八九	悁 二七七	悃 三五十	悊 三四五	悄 二九五	悕 一九四	悅 二九一	悉 六八	悠 二六六

十四

七畫	恪	二七三
	悋	二七三
	悌	四二
	悍	三七六
	悎	三七四
	⿰忄狄	四二
	悐	四二
	悒	七三
	悔	三六十
	悕	六七
	悖	一零三
	悗	二一一
	悆	一五
	悚	一六五
	悛	二七六
七至八	悜	二二三
	悝	四八
	悞	五
	悟	五
	悠	三四一
	悢	二六九
	患	三五七
	悤	一五八
	悰	一五八
	悱	一二八
	悲	一零二
	⿰忄奄	三三二
	悳	三三
	惪	三三
	悴	一六一
八畫	悵	二一九
	⿰忄㝵	三三
	悶	一一一
	⿰忄門	一一一
	悸	六五
	悹	三四六
	悺	三四六
	悻	三二四
	悼	二零四
	息	二零四
	悽	五九
	悾	三四七
	悿	二四七
	柝	六七
	惄	四七
八畫	情	三零六
	惆	二三十
	⿸厂⿱因心	二三十
	惇	一七一
	滤	二二十
	虑	二三十
	惊	二六九
	惋	一一八
	惎	六五
	⿰忄其	六五
	惑	三六二
	⿰忄典	二四七
	惓	二七六
	惔	二零七
	惕	四二
八至九	惘	一一六
	惙	一八六
	惚	七八
	惛	三五九
	惜	六七
	惝	二一九
	惟	一二十
	惠	三六一
	惡	九十 四
	惦	二四八
	悏	五六
	惰	一七五
	惱	二六一
	惲	二九十
	想	三二十
九畫	⿰忄胃	一二一
	惴	一八四
	惵	二五二
	惶	三五五
	愽	二七七
	惹	二四三
	惺	三二三
	⿰忄者	三三四
	惻	一五十
	⿰忄叟	一七五
	惼	一三三
	惽	三五九
	愀	二九五
	愁	二三十
	愄	一二一
九畫	愆	三零一
	愈	五六
	愉	五六
	⿰忄訇	三五八
	愊	一三
	愋	二八三
	愌	三五七
	愍	一四十
	愎	一一 一三
	意	七三
	愐	一三九
	愒	三一二
	愓	二零六
	愔	三三七
	愕	九十
九至十	⿰忄冒	一零八
	愗	一零八
	⿰忄敄	一零八
	愘	八一
	愙	八一
	⿰忄禺	五五
	愚	五六
	愛	八五
	愢	一五三
	愜	三一一
	⿰忄匽	三三四
	愞	一九十
	感	三六九
	愧	三五一
	愬	二八十

心部

十畫	慣 二九十	慍 一一九 二九十	慅 二十	愬 二十	愮 三三十	愫 九六	愰 三五六	慆 二零一	愴 一七八	慉 三二六	愷 三六三	慈 二八五	愼 二三九	息 二二五
	慱 一零四													
十畫	愾 六九 三六三	愿 二八八	慷 二八八	恩 三五九	慖 三五九	慂 二八九	慄 四九	慆 二零二	慅 一五三	慇 三三七	慈 一五	慉 二四	慊 三零二 三一一	態 二零一
	悁 一九九													
十至十一	悠 二八	慕 三	慘 一四六	慙 一四六	慚 一四六	慌 三五五	慝 三三	慪 四七	慞 二一九	慟 一六九	慠 八六	慠 八六	慢 一一十	慣 三四七
	懿 二八十													
十一畫	慥 一四四	慧 三六一	慳 三六一	惏 一零九	慨 三六三	慪 九一	慫 一五九	慮 三三	慰 一二一	慰 一二一	慱 一六七	慳 三零三	慶 三零六	慴 二三十
	慵 一九十													
十一至十二	慷 三六六	慹 三七	慺 二五九	慻 二七七	慼 五九	慽 五九	慾 五七	憀 二六九	憂 三四一	惷 一七八 一八十	憒 九四	憋 一三七	憋 一三七	憍 二九五
	憎 一四八													
十二畫	憐 二七十	慹 二七十	憿 二一九	憑 一三四	憒 三五一	憓 三六一	憔 二九四	憝 三三九	憝 三三九	憘 六九	憙 六九	憚 二零九	憚 二零九	憛 二零八
	憨 一七二													
十二畫	憿 一七二	慓 二十	㩺 六七	懕 二八二	憒 一二七	憥 二五四	憦 二五五	憧 一八十	懇 三七六	懇 六二	態 六二	憪 三三三	憫 一四十	憑 二零六
	憬 三零七													
十二至十三	憭 二六九	憮 五	憯 一四六	憯 一四六	憰 二八一	憲 三三三	憶 七三	懝 二四	憸 三三一	懷 一九六	憺 二零九	懲 一六四	憷 三一十	憾 三七六
	憿 二九七													

十五

十三至十四

懁 二七七
慬 一七十
懃 三零九
㦬 三零九
懆 一四四
懈 三二六
懇 三七一
應 三三六
懊 八六
懋 一一五
懌 七、三
懍 二七三
懔 一五六
懎 一六一 二八十 八五

十四畫

懕 三三二
㦜 三一八
懛 二零一
懜 一一十
懝 八五
懝 八五
懞 一一十
懟 一七二 一八四
懠 六十
懢 二五六
懇 一三八
懣 二一一
懥 三七
憯 一四六
懦 一九七

十五至十七

懩 三三二
懫 三七
懬 三四五
懭 三四五 三四九
懮 一六四
㦭 四九
懰 二七五
懲 二二三
懿 七三
懵 一一一
懶 二五六
懶 二五四
懷 三五五
懸 二八三
懺 二二一

十七至二十四

懙 六五
懼 五三
懽 三四七 三五六
懾 二三十
戀 一九三 二七一
戁 二六二
戇 一七八

戈部一至八

戈部
戈 八一
戌 二九二
戊 五
戍 五四
戎 二八
戒 一九十
成 二三三
我 九十 一二二
戕 三一三
戔 三零三
戕 二九八
或 三六二
戙 一七十
戟 六五

八至十二

戚 五九
戛 二九三 三六三
戞 二九三
戟 六五
戡 三六七
戥 二一十
戢 六二
戣 三五一
戧 一七七 二九九
戩 三零四
截 三一二
戮 三一
戰 二三三
戱 六九

十三至十四

戲 六九
戳 一八四
戴 二零二

户部一至八

户部
户 七九
戹 九十
戽 七九
戾 四九
房 一三三
所 一六七
扁 一三三 一三二
扃 二七八
扃 二三三
扅 七一
扆 七二
扇 二三六
扈 七九
扉 一二八

八畫 戾 三三四

手部一至三 手部 手 二四十 扎 二一四 才 一四二 朴 一 扑 九三 打 二百 扔 二四二 扗 一四三 托 一七三 扛 三六六 扦 三七六 扠 二一二 扞 三零一 扡 一七三

三至四 扣 三七二 抗 五 扭 二六七 扮 九九 扯 二二八 扱 二一三 扶 六 批 九 抵 三七 抆 三六八 扼 九十 找 二一七 承 二二三 技 六五

四畫 拝 一百 抃 一三三 抄 二一六 抅 三七二 技 一一九 抉 二八一 把 九三 捋 三三九 拼 二二四 二二五 扳 九七 抐 二六十 抑 七三 抒 二七 抓 一七六

四至五 投 二一一 抖 二一一 抗 三六六 折 二二九 二三九 拂 三四六 抨 一五 抬 三四 抪 二 披 九 一零二 抮 二二八 抱 九六 抴 七三 抵 四四 抹 一一三

五畫 抹 一一二 押 三二八 抽 二三十 抵 一四十 拂 六 拃 二一四 拄 二五 担 二零九 拆 一五十 二一五 抗 九十 拇 二 一一四 拈 二六五 拉 二五二 拊 八

五畫 拋 九四 一零六 拌 九九 拍 九二 一零四 拏 三五九 拑 三零一 拐 三四四 拒 五三 拓 三五 一七三 拔 九三 拘 二六一 拕 一七三 拖 一七三 拗 八六 二六七 三三一

五至六 拘 五二 三七二 抋 一三七 拙 一八五 拚 九八 一二四 一三三 招 二一七 拜 九四 拫 三七七 拭 四十 括 三五三 拮 六五 三一二 拯 二二四 二二五 拱 三四九 拳 三四九

十六

六畫　拳 二七六　掏 二六一　拴 一八八　拶 一四七　拷 三六四　拸 三四　拼 一三五　拽 七三 一七七 三四十　拾 三九　拿 二六十　持 三四　挂 三四三　挠 一八一　挄 三二二

六至七　採 一七四　探 一七四　拘 二八四　指 三六　挈 三三六　挓 二一四　按 八八　挖 二一五　格 八二　挍 二九七　挐 二六十　挑 二四四　挨 八五　挪 一九七　挫 一六

七畫　挭 三七十　摯 九三　振 二二八　抄 一五二 一六七 二三三　挙 一五二 一六七 二三三　挼 一五二 一六七 二三三　挳 三六九　挵 一九四　挪 九七　挹 七三　挺 二四九　授 一九七

七畫　挽 一一七　挾 二九三 三二六　捂 四一　捄 三一五　捅 一六九　捆 三五十　捉 一八五　捋 四五 二七四 九三　揻 三三六　捍 三七六　捏 二六六　捎 二三四　捐 二七七　挪 三三九

七至八　掏 二八二　捕 二　捘 一六一 二八十　捠 二三十　捦 三零九　掾 一八五　捧 六十　捨 二三九　捩 二七四　揔 七六 七八　捫 二一一　掮 八　捭 九三 九四　捭 九三　据 五二

八畫　捱 三二九　換 二二五　捶 一八三　捷 三一二　掎 一零一　捻 二六五 二六六　捺 二六十　捼 一九二 一九七　捽 二十　捲 二七七　掀 三二一　掅 三七一　据 二四八　拼 一三五　掃 一五三

八畫　掄 一九五 一九八　掇 一七五 一八五　授 二四十　掉 二四六　掊 一零六　掌 二二十　掍 三五九　掏 二零二　掎 七二　掐 二九二　掾 三二一　排 九三　掔 三零三　捭 一八三　掖 三四十

八畫　掙 二二五　掘 二八二　掛 三四三　掝 三六三　挨 二三六 三三四　掟 二五十　掠 一九九 二六九　採 一四二　探 二零七　掣 二二九　接 三一二　控 三四七　推 一七一　掩 三三四　措 一六三

部手

畫數	字	頁
八至九	掫	一五一
	掬	五二
	掟	一百
	揀	三零四
	捪	一四十
	揃	三零四
	揄	五六
	捴	一五九
	⿰扌則	一五十
	揆	三五一
	揇	二六二
	⿰扌匈	三五八
	⿰扌希	二一十
	揉	二四四
	揌	一五三
九畫	揎	二八三
	描	一三八
	挈	九七
	提	四二 四三
	揘	二六六
	插	二一二
	揔	一五九
	揖	六二 七十
	揗	一八八 二八五
	揚	三三一
	⿰扌奐	一九十
	搒	一五六
	換	三五七
	揜	三三四
	揩	一五八
九畫	揞	八七
	揠	三三九
	握	一二二 四
	揣	一七六
	揥	四二
	揦	二五二
	指	三一一
	揪	三一五
	揫	三一五
	揭	三一二
	揮	三六十
	捐	一零八
	揰	一八一
	揳	三三五
	捺	二一三
九至十	援	二八七
	揶	三三九
	撽	三八
	搆	三七三
	捈	三零九
	搉	二八十
	搊	二三十
	撊	二二六
	搋	一七六
	搌	二二二
	損	一六五
	摜	一六七
	搰	三二五
	⿰扌索	一六七
	搎	一六五
十畫	搏	一零四
	⿰扌𠜱	四三
	搒	九七
	搓	一六三
	搔	一五三
	搕	八十
	搖	三三十
	搗	二零四
	⿰扌耆	三五
	搙	二六一
	⿰扌脊	二五二
	搛	三零三
	⿰扌鬼	九
	搜	一五六
	搠	一八九
十畫	搡	一五四
	搢	三一十
	搣	一四十
	⿰扌监	九十
	搥	一八三
	搦	四七
	搧	二三六
	搨	一九九
	搪	二零五
	擊	九八
	⿰扌毄	九八
	搭	二百
	搯	二零二
	⿰扌流	一一五
	⿰扌納	二六十
十至十一	搴	三零一
	搵	一八八 一一九
	搶	二九八
	搷	二四七
	携	三三六 六七
	摌	二二一
	搯	一六七
	撟	一七八 一八十
	攪	二一一
	摑	三五三
	⿰扌羿	一三四
	摓	一二六
	摔	一八七
	擬	三三一
	摘	一五十 二一五
十一畫	摙	二七一
	摛	四七
	⿰扌卤	三十
	搽	二一三
	摜	三四七
	掎	六三
	摝	三一
	摟	二五八
	摞	一九六
	⿰扌息	一五九
	摣	一七六 二一三
	撈	三零四
	摧	一六一
	摩	一一三
	摭	三五

十七

十一畫
摯 八六　撇 八六　摯 三七　摳 三七二　摢 二七　摶 一六七　摸 一一三　摹 二　一一三　掾 三三二　摺 二二九　擎 二六九　摻 一四六　二三六　摼 三六九　摽 一三十　一三一　擐 三零一

十二畫
撅 二八一　撆 一三七　撒 一三七　撈 二五四　撖 三七　撊 三二二　撋 一九十　撎 七五　撍 一四七　一五八　⿰扌曾 一四八　⿰扌棠 二二三　撑 二二三　撐 二二三　⿰扌悳 二三四　撤 一五二

十二畫
撓 二六一　⿰扌畫 三五四　撕 一七　撙 一六一　撚 二六五　撝 三六十　撞 一七八　撟 二九六　撢 二零八　撣 二零七　二零九　撤 二二九　撥 一零四　撦 二二八　撩 二六八　撫 八

十二至十三
⿰扌萊 一五十　撏 二零四　播 一零五　撬 二九五　撮 一六三　撰 一八十　擕 一六四　撲 一　撻 一九九　撼 三七六　撖 二九五　撾 一七六　擠 三六九　撿 三零四　擁 二八八

十三畫
擂 二五七　擄 三十　一九五　擅 二三六　擡 一五三　擇 一五十　二一六　擛 一　擉 一八四　擊 六三　擋 二零六　操 一四三　擎 三零六　⿰扌敬 三零六　擒 三零九　⿰扌匯 三四四　擔 二零八

十三至十四
撜 二五一　擖 八二　擗 十　擘 九四　一零五　據 五三　擠 六五　擡 二零一　擱 八一　擢 一八五　擣 二零四　擤 三二四　擊 二五六　擥 二五六　⿰扌韋 二六五　擦 一四一

十四至十五
擻 三三九　擩 二九　擪 三三九　擫 三三九　擬 四六　擭 三五四　三六二　擯 一三六　擲 三五　擴 三五三　擷 三二六　⿰扌亂 二五三　二七四　擺 九四　撽 一五七　擼 二六六　擾 二四一

十五至十七
攀 九七　⿰扌畾 二五七　⿰扌暴 九六　攄 二六　攃 一四二　一五二　攢 一四七　攥 一五七　攉 三六二　攋 二五二　⿱龍手 一九四　攏 一九四　攬 二三五　攓 三零一　攔 二五六　攖 三三六

十七至二十
攘 二四一　攙 二二十　攛 一五七　擻 一六五　攜 六七、三二六　攝 二三九　攞 一九五　攎 二七九　攡 四七　攢 一四七、一五七　攍 一九三　攣 一九八、二七一　攤 二零七　攥 一五八　攩 二零六

二十一至二十二
攪 二九六　攫 二八一、三六二　攬 二五六　擐 二五七　攂 二五一　攮 二六一

支部
支 三五

文部（八至十七）
文 二一九　斌 一三六　斐 一二八　斑 九八　斒 九八　斔 三五七　斕 二五六

攴部（四至六）
攴 一　收 二四十　収 二四十　攷 三六四　攸 三四一　改 三六四　攻 三四八　放 一二四　政 二三五　㪅 八一　故 二四八　敏 二七二　敁 七七　效 三一九

六至八
敉 一四　敍 五四　教 二九五　敏 一四十　救 三一六　敔 五七　敕 三五　敎 八六　敗 九四　敞 一三　敲 二一九　敠 一七五　敛 三零一　敢 三六九

八至十二
散 一五五　敜 六三　敘 三一　敦 一七一　敬 三零八　敲 二九四　整 二二五　敵 四三　敷 六　數 二七、一八九　敹 二六八　毆 五十　斅 二六九　敿 二九七

十三至十六
斂 二七一　斁 二三三、七三　斀 一八四　斃 一三　斅 三一九

斗部（六至十）
斗 二一一　料 二六九　𣂑 二九三　斛 七九　斜 三一七、三二六　斝 二九三　斟 二二七　斡 三四六

十八

斤部

斤 三零九　斥 三五　斧 八　斨 二九八　斫 一八六 二三十　斬 二二二　[虒斤] 三三八　斮 二三十　斯 一七　新 三二五　斲 一八五　斵 一八五　斷 一六八

方部

方 一二三　㫄 九六　於 四 五六　施 三九　旆 一零二　斿 三四一　旁 九六　旂 六十　旃 三三二　旋 一零七　旅 三三　旅 三三　旆 一零二　旒 二七五

旋 二八三　旌 三零七　族 十九　旈 二一七　旒 二七五　旓 二三四　旖 七二　旗 六十　旘 三八　旛 一二四　旜 二二三　旟 五六

无部

无 四　旡 六六　旣 六六　既 六六

日部

日 四一　旦 二零九　旨 三七　早 一四四　旬 二八五　旭 五四　旮 五四　旰 三六九　旱 三七六　旹 三九　昉 一二三　旻 一四十　旼 一四十　昂 八七

昃 一五十　昄 九八　昆 三四九　昇 二三七　旺 一一七　昊 三七四　昌 二一八　明 一三九　昏 三五九　易 七三　昔 六九　昕 三二四　昜 三三一　昝 一四七

昺 一三五　昞 一三五　星 三二三　映 三三七　昡 三二二　昣 二二八　春 一八二　昨 一六三　昧 一一二　昩 一一三　昭 二一七　是 四十　昱 五八　昴 一零八

昵 四七　祖 二一九　晒 二三四　晁 二一六　時 三九　晃 三五六　晄 三五六　晅 二八三　晉 三一十　晋 三一十　晌 二三五　晏 三三五　晐 三六四　晚 一一七

七畫：晚 一一八　晛 三二二　晟 二三八　晠 二三八　晝 二三二　晞 六七　晢 三七　昕 三七　晡 二　晤 五　晥 一一七 三五七　晦 三六一　晨 二二六　昬 二二六　晧 三七五

七至九：晌 一三七　普 一　景 三零七　晢 六七　晳 六七　晰 六八　晴 三零六　晶 三零七　最 二二五　智 三七　晻 三三四　晾 二七十　晚 一一七　暄 二八三　暇 三一七

九至十：暈 二九十　暉 三六十　暋 一四十　暌 三五一　暍 三四十　暎 三三七　暏 二三　暑 二七　暐 一二一　暖 一九六　㬉 一九六　暗 八八　暘 三三一　暚 三三十　暝 一三九

十至十一：暠 三六五　暢 二一九　㬎 三二二　[illegible] 一零九　暪 一零九　暫 二二二　暬 三三六　暮 三　暱 四七　暴 一九六　暵 三七六　暸 二六九　暹 三二一　暽 二七三　暡 六八

十二至十四：暿 六八　曒 一七十　曀 七十　暨 六六　曄 三四十　曓 三四十　曆 四九　曇 二零七　㬎 三二二　曈 一六九　曉 三一九　曏 三三十　[illegible] 五八　曖 八五　[illegible] 八五

十四至十九：曙 二七　曚 一一十　曛 二八五　曜 二九一 三三一　曝 一九六　曞 四九　曠 三四五　曦 六八　曨 一九三　曩 二六一　曫 一九三　曬 二五四

曰部二至十：曰部　曰 二九一　曲 五十　曳 七四 一七七　更 三零七 三七十　曷 八三　書 二六　曹 一四三　曼 一零九　曾 一四八　替 四二　最 一六二　曁 一四六　會 三六一　朅 三一三

月部一至十：月部　月 二九一　有 三四二　朋 九九　服 七　朔 一八九　朕 二二八　朗 二五五　朖 二五五　朙 一三九　望 一一六　朝 二一六　朞 六三　期 六十 六三一　朢 二一七

十九

十四至十七

朦 一一十
朧 一九三

木部一至二

木部

木 三
未 一二一
末 一一三
本 一零一
札 二一四
朮 二五 二七
朱 二五
朴 一 一零四
朵 一七四
朶 一七四
机 六三
枓 三一六
朽 三三七
朾 二四九

二至三

朿 一五
杄 三零一
杅 五六
杆 三六八
杇 三
杈 二一三
杉 二二三 二三六
杌 五
李 四八
杏 三二四
村 一六十
材 一四二
杓 一三一 一八九
杔 二三四 一七三

三至四

杕 四四
杖 二二十
呆 八五
杜 二三
杝 一七三
杞 六一
東 二八 一八九
杠 三六七
杪 一三八
杭 三七五
杯 一零二
杰 三一二
東 一六九
臬 三六五

四

杳 一三八 三三十
枚 三二一
杵 二四
杷 九三
杸 二七
杼 二六 二七
杻 二三一 二六七
松 一六四
板 九八
枸 三七二
枇 十
枉 一一六
柳 八七
枋 一二三

四畫

枌 一二七
枎 七
枂 二六二
析 六八
枒 三三八
枓 二一一
枕 三三八
杬 三三八
林 二七三
枘 一九一
枙 九十
枚 一一二
果 三五三
枝 三五

五畫

枯 七五
枰 一三四
枲 六九
枳 三七
枴 三四四
枵 三一八
架 二九四
枷 二九三
枹 七
枻 七四 三二六
枼 三四十
桒 三四十
柿 四一
柹 四一

五畫

柁 一七三 一七五
柂 一七三
柄 一三五
栢 一九四 一零五
某 三 一一四
柑 三六八
柒 六十
染 二四二
柔 二四四
柘 二三十
柙 三一七
柚 三四二
柜 五二
柝 一七四

五至六
柞 一六四　柢 四四　查 二一三　柩 三一五　東 三零四　柯 八十　柰 二六十　柱 二六　柳 二七五　柴 二一五　柵 二一四　柷 二六　栓 一八八　栖 六八 六十　栗 四九

六畫
栛 四九　栞 三六七　枅 六三　栟 六三　校 二九七 三一九　栢 九四 一零五　栩 五四　栖 三一六　株 二五　橯 二七四　栰 一二三　栱 三四九　栲 三六四　栳 二五四　栴 二二二

六畫
栵 二七四　核 七八 八三　根 三七一　格 八二　栽 一四三　桀 三一二　桁 三七五 三七七　桂 三五二　桃 二零三　桄 三四五　桅 一二十　框 三四五　案 八八　桉 八八　桌 一八五

六至七
桎 三七　桐 一六九　桑 一五四　桓 三五七　桔 三一三　浗 二三三　桮 一零二　梛 三三九　桯 二四九　桱 三零八　桴 七　桶 一六九　桷 二八二　桼 六十　椓 二五

七畫
桿 三六九　梁 二六九　梂 三一五　梃 二四九　梄 三四一　梅 一一二　梆 九七　梏 七七　⿰木坐 一三　梓 一七　梔 三五　梗 三七十　⿰木夢 一四七　梜 二九四　條 二四五

七畫
梹 一三四 一三六　梟 三一八　梢 二三四　梦 一一一　梧 四　梨 四七　梩 四七　梪 二一二　梫 三零九　梭 一六七　梯 四二　械 三二六　梱 三五十　梲 一八五　梳 二六

七至八
梴 三二十　梵 一二五　棃 四七　棄 六二　棆 一九五　棉 一三八　棊 六十　棋 六十　棍 三五十　棐 一二八　棒 九七　棕 一五九　棖 二二四　棗 一四四　棘 六六

八畫
棚 九九　棛 五七　棟 一七十　棠 二零五　⿰木尚 二零五　棡 一一六　棣 四四　棥 一二四　棧 二三二　棨 六一　棫 五七　棬 二七六　森 一五五 二三八　棰 一八三　棱 二五七

畫數															
八畫	樓 六十	椵 一八六	棹 一八五 二一七	棺 三四六	荼 一二七	棼 一二七	椀 一一七	棹 三五三	棉 八七	棱 三一二	椅 七二	椌 二九八	植 三六	椎 一八三	椏 三二八
八至九	榜 九七	椒 二九六	栟 二九六	椓 一八六 二三十	椰 三三九	椳 一二十	椴 一六八	椷 三零四	椶 一五九	椸 七一	椹 二二七 二三九	椽 一七九	椿 一八二	楂 二一四	楄 一三二
九畫	楅 一三	楫 一零八	楉 一九二	楊 三三一	榫 三六八	楓 一二五	椟 一九十	楔 三二五	栁 一零四	楗 三零五	楘 三	楙 一一五	楚 二四	棒 二一十	楀 五七
九畫	楛 七九	楝 二七一	楞 二五七	楠 二六二	榆 五六	楣 一一二	楥 二八四	楦 二八四	楨 二二七	楩 一三二	楫 六六	楬 三一二	業 三四十	楮 二四	楯 一八八
九至十	楔 五七	槭 一一九	極 六四	楷 三六三	楸 三一四	榼 三三六	榔 二五五	榕 一九十	榖 七七	槓 三六七	榛 二二七	榜 九七	橡 一六七	榣 三三十	樸 三一二
十畫	榦 三六九	榧 一二八	榨 二一四	榪 一零七	榫 一六五	榭 三二六	榮 一九十	榯 三九	榰 三五	榱 一六一	榴 二七五	榶 二零五	榷 二九七	榻 一九九	榼 八十
十至十一	槢 七七	豪 三六五	槁 三六五	槃 九七	槅 八二	槊 一八九	構 三七三	槌 一八三	槍 二九八	槎 二一二	槐 三五五	椅 六三	槥 一六六	槨 三五三	槩 三六四
十一畫	概 三六四	榷 一六一	槮 二三八	樞 四七	標 三四一	槳 三百	槵 三五七	槹 三六五	𣛧 二零三	槽 一四三	槾 一零九	槿 三一十	㯃 六十	樇 一七八	樂 四五 二九 三三一

畫數	字
十一畫	樅 一五八　樆 四七　橝 三零一　樊 一二四　頛 三三七　樐 三十　樑 二六九　樓 二五九　樗 二七　標 一三一　樚 三一　樛 三一六　樝 二一四　樞 二六　樟 二一九
十一至十二	構 一一一　模 一二、一一三　樣 三三三　樲 九二　樵 二九四　蓛 一五八　樸 一　樹 二八　樨 五四　樺 三五四　樽 一六十　樾 二九一　樗 二九一　橄 三六九　橇 二九四
十二畫	橈 二四一、二六一　檑 二七五　橋 二九四　橎 一二四　橐 一七三　橑 二五四　橓 一八八　檄 一七一　橕 二二三　檽 一九十　橘 五二　橙 二二六　橛 二八二　橜 二八二　機 六三
十二至十三	橡 三二十　樠 二六六　橧 一四八　橫 三七七　橿 二九九　檀 二零七　檁 二七三　檄 六三　檇 一六二　檉 二二三　檎 三零九　檐 三三三　檔 二零六　檖 一六六　檗 一零五
十三至十四	檘 一零五　檛 一七六　檜 三四四、三五二　檟 二九三　蘗 三零六　檄 三零六　檢 三零四　檣 二九八　檥 七二　檮 二零三　檯 二零一　檳 一三四、一三六　櫌 三六二　檕 五八　橈 二一十
十四至十五	檸 二六六　檻 三零五、三六八　檾 三零六　檿 三三四　𣟴 三三四　櫂 一八五、二一七　櫃 三五二　櫌 三四一　櫏 三零一　櫐 二五七　櫑 二五七　櫓 三十　櫔 四九　櫛 三一一　櫜 三六五
十六至十八	櫞 二八七　櫟 四九　櫡 二五　櫪 四九　櫬 二二六　櫇 一三五　櫱 二六七　櫳 一九三　龔 一九三　櫻 三三六　櫺 二七二　櫶 一八八　欖 二二十　欄 二五六　欇 二三十
十八至二十四	櫫 二三十　欋 二七六　欐 四九　欑 一五七　欒 一九三　欓 二零六　欖 二五六　欙 二五七　𣡈 一一七　鬱 五八　櫨 二七二

二十二

欠部二至八　八至十二　十二至十八　止部一至十四　歹部一至五　五至十　十一至廿七　殳部四至十二

欠部

欠 三零二　次 十五　欣 三二四　⿰可欠 八三　⿰交欠 八十　欲 五八　欵 三四六　欷 六八　⿰糸欠 八五　欹 七十　欺 六十　欻 七八 一七五　歠 一八六　欽 三零八

款 三四六　欿 三六八　歃 二三三　歈 五六　歆 三二五　歇 三二五　歉 三零二 三零五　歊 三一八　⿰盍欠 八三　⿰叚欠 二三三　歌 八一　歎 二零八　歐 九一　⿰庸欠 七八

歔 五四　歕 一零一　歗 三一九　歘 七八 一七五　歛 六九 二三九　歜 二四　歟 五六　⿰醫欠 一八六　歡 三五六

止部

止 三六　正 二二五　此 一五　步 二　歧 六十　武 四　歪 二一六　⿱登止 一五六　歱 一八二　歲 一六六　歷 四九　歸 三五二

歹部

歹 二零一　歺 二零一　⿰歹丂 三三七　⿰歹人 一八　死 一八　⿰歹人 一八　歾 二　殁 二 一一三　殀 三三一　殂 一九　殃 三三一　殄 二四七　⿰歹介 二四七　⿰歹尔 二四七

殆 二零二　殉 二八五　殊 二七　殍 一三十　⿰歹委 一二一　⿰歹卒 二十　殖 三六　殘 一四六　殙 三五九　⿰歹昬 三五九　殛 六四　殞 二九十　⿰歹盍 八十　⿰歹盈 七四

殤 二三五　殨 三五一 三六二　⿰歹登 二一十　殪 七四　殫 二零八　殭 二九九　殮 二七一　殯 一三六　⿰歹盧 八十　殲 三零三

殳部

殳 二七　段 一六八　殸 八十　殷 三三七　殺 二三三 二三四　殼 八十 二八十　殽 三三十　殿 二四八　毀 三六十　轂 一四三　毅 七四　毆 九一

毋部一至九　比部五至十三　毛部五至十八　八至十三　十三至十五　氏部一至四　气部四至九　水部一至二

毋部

毋 四　毋 三四七　母 二　每 一一三　毎 一一三　毒 八五　毒 二三　毓 五八

比部

比 二　毖 一二　毘 一八六　毗 十　毗 十　毘 十　毚 二三一

毛部

毛 一零七　毹 九六　毡 二二三　毦 九二　毪 九二　毧 一九十　毲 三二三　耄 三二三　毫 三七四　毹 一九一　毬 三一五　耗 三一五　毿 二三三　毯 二零七

毰 二零七　毱 五三　毳 一六二　毹 一九一　毹 二七　毹 二七　氄 一七三　髦 八三　緝 一九一　氈 四七　氆 四七　氂 一九一　氅 二一九　氇 一

氍 二二三　氇 三十 一九六

氏部

氏 四十　氏 四四　民 一四十　䛉 一一十 一零九

气部

气 六二　氛 一二七　氣 六二　氥 三三七　氳 二九十

水部

水 一八九　氷 一三四　永 二八九　休 四七　氽 四七　㶣 一七十　氾 一二五　氿 三五二　汀 二四九　汁 三五　求 三一五　汲 二一三　沈 一一七　沉 一二五

三至四　汐 六九　沘 一零九　汕 二三六　汘 三七六　汙 三　汚 三　汎 二八六　汜 一八　汝 二九　汞 三五八　江 二九九　池 三四　汨 七七一　汪 一一六　汭 一九一

四畫　汞 三五八　汰 二零一　汲 六三　汳 一二五 一三三　汴 一三三　汶 一一九　決 二八一　汽 六九　汾 一二七　沁 三零九　沃 一二三　沂 七一　沅 二八七　沆 八七　沈 二二六 二三九

四至五　沉 二二六　沌 一七一　沏 六十 三一一　沐 三　㳄 二六五　沒 二一二 一一三　沓 一九九　沔 一三九　沕 五　沖 一八十　沙 二三三　沚 三七　沛 一零二　沫 一一三　沬 一一二

五畫　沭 二八　沮 五二　沰 一七五　沱 一七三　沲 一七三　河 八三　沴 二四七　沵 二四七　沸 一二八　隶 一二八　油 三四一　治 三四　沼 二一七　沽 七六　沾 二二二

五畫　沿 三三三　況 三四五 三五六　泂 二七八　泄 七四 三二六　泅 三一五　泆 七四　泉 二七六　泊 一零四　泌 一二　泑 四五　泓 三五八　泔 三六八　法 一二三　泗 一八　泙 一三四

五畫　泚 一五　泛 一二五　泝 二一　泞 二六　泠 二七二　泡 九五　波 一零四　泣 六二　泥 四六　注 二六　泪 二五八　泫 二八三　泬 二八六　泭 八　泮 九八

五至六　泰 二零一　泯 一四十　泱 三三一　泲 一七　泳 二八九　洅 二三二　洄 三六十　洊 三零五　洋 三三一　洌 二七四　流 一八十　洎 六六　洑 八　洒 一五二　洔 四一

六畫　洗 六九 三二二　洙 二五　洚 三百　洛 四五　洞 一七十　洟 四二 七一　津 三零七 三零九　洧 一二一　洤 二七六　洩 三二六　洪 三五八　洫 五五　沨 二一　洮 二零二　洲 二三二

水部

六至七

字	頁
洱	九一
洳	二八
洼	一一五
洶	二八四
洸	三四五
活	三六一
洵	二八五
洽	三一七
派	九三
洿	三
⿰氵寽	二七四
浙	二三十
浚	二八十
浛	三七六
浞	一八五

七畫

字	頁
浡	一零四
浣	三五七
流	二七五
浥	七四
浦	一
浧	二二四
浩	三七五
浪	二五五
浮	一七 一二九
浯	四
滅	五八
浴	五八
海	三七四
浸	三零九 三一十
浹	三一七

七畫

字	頁
浼	一一二
浿	九三
涂	二一
⿰氵彬	二三九
涅	二六六
涇	三零七
消	三一八
涉	二三九
涌	二八九
涎	三六五 三二一 三三三
涓	二七七
涔	一四九
涕	四二
涖	四九
涘	一八

八畫

字	頁
涪	一二九
涬	三二四
涮	一八八
涯	八五 三二九
涰	一八五
液	七四 三四十
涵	三七六
涶	一七四
涷	一六九
涸	八三 三七五
溜	七九
涼	二七十
涿	一八五
淀	二四八
淄	一六

八畫

字	頁
淅	六八
淆	三三十
淇	六十
淋	一九八 二七三
淑	二八
淒	六十
淖	二六一
淘	二零三
淙	一五九 一七七
淚	二五八
淍	九九
淝	一二八
淞	一六四
淟	二四七
淠	一二

八畫

字	頁
涓	七九
淡	二零九
淢	五八
淤	五五
淦	三六九
淥	三十
淨	三零八
淩	二七二
淪	一九五
淫	三三八
淬	一六一
淮	三五五
淯	五八
深	二三八
淵	二八七

八至九

字	頁
淵	二八七
淲	一八二
淶	二五三
混	三五九
清	三零六
淹	三二二
淺	三零二
添	二四七
淼	一三八
渙	三五七
渚	二五
減	三零四
渝	五六
渟	二四九
渠	五一

九畫

字	頁
渢	一二六
渣	二一四
渤	一零四
渥	五 一二二
渦	一二二
渧	四四
渨	一二十
温	一一九
溤	一三九
測	一五十
渭	一二一
港	二九九
渰	三三三
渲	二八三
渴	八一

二十三

九畫　游三四一　洶三五八　渺一三八　渾三五九　湃九三　湄一一二　湉二四七　湊一五一　湍一六七　湎一三九　湏五四　湘一零五　湑五四　盜一零一　湔三零三

九畫　湖七八　澍一二六　滂一五六　湘三一九　湛二二二　湜四一　湝三一二　湞二二七　涽一四十　潑一零三　湒一零八　湧二八九　湫三一六　湬三一六　湭三一六

九至十　湮三三七　湯二零四　湲二八七 三五七　溏二零五　源二八七　溓二七十　溕一八二　準一八三　溘八十　溳三六九　溾二八七　浴二百　溜二七五　溝三七二　溞一五三

十畫　溟一三九　溠二一四　溡三九　溢七四　溼一五六　溥一　溧四九　溪六十 六八　溫一一九　溯一八九　溮三三七　溱二二七　溲一五六　溶一九十　溷三五九

十畫　滙三六十　滆一九九　溺四七 二六四　涇三九　溽二九　淵九八　滂九六　滃一一八　滄一四五 一七七　滅一四一　淼二七五　滇二四八　滉三五六　滋一六　滌四三

十一畫　漄二八一　滎一九十　潤二三六　滑七七 三五四　滓一七　滔二零三　滕二零九　淆三二七　滬七九　滮一三一　滯三八　滲二三九　滴四三　滶八六　滷三十

十一畫　滸七九　潯七八　漎三四一　滾三五十　滿一一十　漁五六　漂一三十　漃六六　漅二一六　漆五十 六十　漉三十　漏二五九　漑六六 三六四　漓四七　湷一七八

十一畫　演三三四　漕一四三　淆一八二　漙一六七　溡四一　漚九一　漠一一三　漢三七六　漣二七十　潁三三七　漊二五六　漆四七　漩二八三　漪七十　漫二一十

水部

十一畫
漬一七　漭一零九　漰九九　漱二八、一五七　漲二二十　漳二一九　漴一八一　漵五五　漷三六二　漸三零三　滲二六八　漼一六二　漾三三二　漿二九九　漖一三七

十二畫
潘九七　潐二九六　潑一零三　潓三六一　潪三六二　潔三一三　潕四　潛三零二　潜三零二　潞三十　潩二八六　潢三五五　澗三零五　潤一九一　潦二五四、二六八

十二畫
潨一五八　潬二零七　潭二零七　潰一二八　濆一二七　潰三五一、三六一　潯二八五　潲二三五　潴二五　潸二三六　潺一七九、二三十　潹一七九　潼一六九　澀一五六、二四十　澁一五六

十二至十三
澂二三四　澄二一十、二二六　澆二九六　澇二五五　澈二二九　澌一七　澍二六　澎九九　澐二九十　澒三五八　澓八　潮二一六　澠一三九、二三七　澡一四四　澢二零六

十三畫
澣三五七　澤一五十、二一六　澥三二六　澦五八　澧四八　澫一一十　澮三四四、三五二　澰二七一　澳五八、八六　澶二三六　澹二零七、二零九　瀡一六六　澾一九九　激六三　濁一八五

十三至十四
漌一七十　濂二七十　濃一九六、二六二　澟二七三　濇一五六、二四十　濈六二　濊三六一　濕三九　濘二六三　濛一一十　濟六五　濠三七四　潕四　濡二九　濤二零二

十四至十五
濩三六二　濫二五六　濬二八十　濮一　濯一八五　濰一二十　濱一三六　濺三零五　濽一四七　濾三三　濿四九　瀅三三六　瀆二三　瀉三二六　瀋二三九

十五至十六
瀌一三一　瀍二三一　瀏二七五　瀑一九六　瀕一三六　瀦二四　瀘二九　瀚三七六　瀛三三六　瀜一九一、二八九　瀝四九　瀟三一八　瀣三二六　瀧一九三　瀨二五三

二十四

十六至十九	瀅三三六 瀰一四 瀲二七一 瀸三零三 瀹二九一 瀺二二一 瀼二四一 澄二一十 瀾二五六 灃一二五 瀘一二三 灌三四七 瀟三一八 灑一五二 灤一九三
十九至二十八	灒一四七 灧三三五 灘二零七 灝三七五 灞九三 灠二五六 灢二六二 灣一一七 灩三三五 灪一八八 灧三三五 灨三六九 灩三三五
火部一至三	火部 火三六二 灮二一四 灯二一十 灰三六十 灴三五八 灶一四四 灸三一六 灹二一五 灻三五 灷三五 灼一八六 一八九 災一四三 灾一四三 炔一四三
四至五	炁六二 炉三十 炊一八三 炎三三三 炐九六 炒二一六 炕三六六 炖一七一 炘三三五 炙三八 炸二一四 炤二一七 炧一七五 炨一七五
五至六	炫二八四 炬五三 炭二零八 炯二七八 炮九五 炰九五 炱二零一 点二四八 烚二零一 炳一三五 烓二六 烈二七四 烊三三三 烋三一八 三三七
六至七	烏三 烖一四三 烕一四一 烤三六五 烘三五八 烙二五五 四五 烜二八三 烝二三四 烟三三三 烰一二九 烔二七八 烹九九 烺二五五 烽一二五
七至八	焂一二五 焀七八 焅七六 三六五 焉三三三 焊三七六 焙一零三 焚一二七 焜三五九 焝三五九 焠一六二 無四 焦二九六 焩一百 焯一八六
八至九	焰三三五 焱三三五 然二四二 煄一八二 煆一六八 煆三一七 煇三六十 煉二七一 煋三三三 煌三五五 煍二九五 煎三零三 煏一一 煑二五

九畫　煒一二一　煓一六七　熙六八　煖一九六　煩一九六　煙三三三　螢三三三　煜五八　煝一一二　煞二三三　煠二一四　煢二七七　煣二四四　煤一一二　煥三五七

九畫　煦五四　照二一七　煨一二十　猷三一四　煪三一四　煩一二四　煬三三二　㷟一七二　煺一七二　煻二零五　煽二三六　熀三五六　發五　熄六八　熅二九十

十至十一　熇三六五　熈六八　熊二八四　燜二三六　熏二八五　熒三三六　熟二七　二四十　熠七四　熲三三七　槱三四一　熤七四　熨一二一　二九十　熬八六　熮二七五　熰九一

十二畫　熯二七六　熱二四四　熹六八　熺六八　燴六八　熾三八　燀二三六　燂二零七　燃二四二　燄三三五　燈二一十　燉一七一　燋二九六　燍一七　燎二六八

十二至十三　燐二七三　燒二三四　燓一二四　𤏿一五八　燔一二四　燕三三三　燜一一一　燙二零五　營三三六　燠五八　八六　㸅一八六　二一七　燥一四四　燦一四六　燧一六六　燹一六六

十三至十五　燬三六十　燭二五　燮三二六　爕三二二　燻二八五　爈三一十　燽二三十　燾二零四　燿二九一　三三一　爁二五六　爆九六　爇二四四　爇二四四　𤓺二五三　爍一八九

十六至二十五　爐三十　覽二五六　爔六八　爖一九三　爛二五六　爟三四七　三五六　爤二五六　爨一五七

爪部二至十三　爪部　爪二一七　一七六　爬九二　爭二二四　争二二四　受二零四　爮九五　爰二八七　爲一二十　為一二十　爵二八二

二十五

父部

父 九
爸 九三
爹 二五一
爺 三三九

爻部

爻 三三十
爽 一八七
爾 九一

爿部

㸦 二九九
㸧 二九九
牀 一七七
牂 一四五
牃 二五一
牄 二九八
牆 二九八

片部

片 一三二
版 九八
牋 三零三
牌 九三
[illegible] 九三
牐 二一四
牒 二五一
牓 九七
牕 一七七
牗 三四二
[illegible] 二零一
牘 二三

牙部

牙 三三八
犽 三三八
牚 二二三

牛部

牛 二六七
牝 一三五
牟 二一四
㸨 三七二
牡 三 一一四
牢 二五四
牣 二四三
牧 三
物 五
牯 七七
牲 二三七
牴 四四
牶 二七六
牷 二七六
[illegible] 三七二
特 三三
[illegible] 一零九
牼 三六九
牽 三零一
牾 五
牿 七七
犀 六八
犁 四七
犂 四七
犄 六三
犇 一零一
犉 一八二
犍 三零三
犒 三六五
犖 四五
[illegible] 二二一
犝 一六九
犧 六八
犨 二三十
犢 二三

犬部

犬部三至五	犬 二七六	犯 一二五	犲 二一五	犴 八七、三七六	犺 三七九	狀 一七八	⿰犭夬 三四四	犹 二九十	狂 三四五	狃 二六七	狄 四三	狎 三一七	狐 七八	狗 三七三
五至七	狙 五二	狠 三七八	狡 二九七	狢 八四	狥 二八六	狨 一九十	⿰犭甾 二六一	⿰犭寺 二四十	⿰犭坐 一十	狵 一零九	狷 二七七	狸 四七	狹 三一七	狻 一六四
七至九	狺 三三八	狼 二五五	狽 一零三	猇 三一八	猊 四六、七一	猋 一三三	猓 三五三	猖 二一八	猗 七十	猙 二二四	猛 一一一	猜 一四二	猝 一九	猢 七八
九畫	⿰犭𡿺 二六一	猥 一二一	猨 二八七	⿰犭貞 二八七	猩 三二三	猪 二五	猫 一零七	猬 一二十	献 三二二	猱 二六一	猲 三二六	猴 三七八	猶 三四一	猷 三四一
十至十一	猺 三三十	猻 一六五	⿰犭留 二七五	猾 三五四	猿 二八七	⿰犭員 二八七	獂 二八七	⿰犭豈 八五、二零一	獄 五八	獅 三九	獌 一一十	獍 三零八	獏 一一三	獐 二一九
十一至十四	⿱埶犬 八六	獎 一三	獠 二六八	⿰犭然 二四二	獧 二七七	獨 二三	⿰犭戠 三六一	獪 三四四	獫 三二二	獬 三二六	獮 三二二	獯 二八五	獰 二六六	獱 一三六
十四至十九	獲 三六二	獵 二四七	獠 二六八	獷 三四九	獸 二四十	獺 一九九	獻 三二二	⿰犭覺 二二一	獾 三五六	玁 三二二				

玉部

四至五	玉 五八　王 一一六　玎 二五十　玔 一七九　玕 三六九　玖 三一六　玞 六　玠 三一三　玦 二八二　玨 二八二　玩 一一八　玫 一一二　玲 二七二　玳 二零二
五至六	玵 三六九　玷 二四八　玻 一零四　玼 一五　珀 一零四　珂 八十　珈 二九三　珉 一四十　珊 二三六　珍 二二七　珎 二二七　珓 二九七　珙 三四九　珞 四五
六至七	珠 二五　珢 三三八　珣 二八五　珥 九一　珧 三三十　珩 三七七　珪 三五二　班 九八　班 九八　珮 一零二　琙 四　珸 四　珼 一零三　珽 二四九
七至八	現 三二三　琅 二五五　琀 三七六　珸 四　球 三一五　琄 二七七　理 三一三 四八　琇 三二八　琉 二七五　琊 三三九　琖 二二二　琚 五二　琛 二二六　琠 二四七
八畫	琢 一八五　琤 二二四　琥 七九　琦 六十　琨 三四九　琺 一二三　琪 六十　琫 一百　琬 一一七　琮 一五八　琯 三四六　琰 三三四　琱 二四六　琲 一零二 一二八
八至九	琳 二七三　琴 三零九　琵 一十　琶 九二 九三　琿 三五九　瑁 一零八　瑄 二八三　瑇 二零二　瑋 一二一　瑍 一九十　瑑 一八十　瑕 三一七　瑗 二八八　瑙 二六一
九至十	瑚 七九　瑛 三三六　瑜 五六　瑞 一九二　瑟 一五六 二四十　瑠 二七五　瑢 一九十　瑣 一六七　瑤 三三十　瑩 三三六　瑪 一零六　瑯 二五五　瑰 三五二　瑱 二四七
十至十一	瑲 一四五　瑳 一六三　瑽 一五八　瑾 三一十　璀 一六二　璂 六十　璃 四七　璄 三零七　璅 一六七　璇 二八三　璈 八六　璉 二七二　璊 一一一　璋 二一九

二十七

十二至十三

璐三十
璘二七三
璜三五五
璞一
璟三零七
璠一二四
璢二七五
𤩽一八十
璣六三
璧一一
璨一四七
璩五三
璪一四四
璫二零六
環三五七

十四至十九

璵五六
璺一一九
璽六九
璿二八三
瓅四九
瓈四七
瓚一四七
瓊二七七
瓏一九三
瓔三三六
瓖三一九
瓘三四七
瓚一四七

玄部五至六

玄部
玄二八三
玅一三八
率一八七
玈二九

瓜部五至十七

瓜部
瓜三四三
瓞二五二
瓝七九
瓢一三十
瓣九九
瓤二四一

瓦部五至十七

瓦部
瓦一一五
瓮一一八
瓶一三四
瓷一五
瓿二
甁一三四
甄二二七
甌九一
甎一七九
甑一四八 三零八
甓一一
甕一一八
甖三三六
𤮶一九三
甗二二一
甕一一八

甘部五至八

甘部
甘三六八
甚二三九
甛二四七
甞二一八

生部三至七

生部
生二三七
㞷二三七
甡二三七 二三五
產二二一
甤一六六
甥二三七
甦二十

用部一至七畫

用部 用 二八九　甩 一八七　甫 七　甬 二八九　甯 二六五

田部一至三畫

田部 田 二四七　由 三四一　甲 二九三　申 二三八　甴 七　男 二六二　画 三五四　甸 二四八　町 二四九　甽 二七六　畂 二七六　甾 一六　甿 一零九 一一十　畀 一零三

三至四畫

畁 一二　卑 一二　畆 三 一一四　畇 二九十　畈 一二五　畉 九　畃 二一七　畊 三七十　畋 二四七　界 三一四　畍 三一四　畎 二七六　畏 一二一　畟 六四

五至六畫

畇 三七二　畔 九八　畗 九　留 二七五　畚 一零一　畛 二二八　畭 二三八　畜 二四　畡 三一四　畝 三一四　畟 六四　畢 一二　時 三七　略 一九九 二六九

六至八畫

畧 一九九 二六九　畦 六十 六八　番 一二四　畤 二七四　畫 三五四　畲 五六　畭 五六　畯 一六一 二八十　異 七四　畱 二七五　𤳉 二五三　𤳒 五八　當 二零六　畸 六三

八至十八

畹 一一八　畺 二九九　𤳵 二二三 二三七　畽 一六八　畾 二五八　畿 六十 六三　疃 一六八　疆 二九九　疇 二三一　疊 二五一　疉 二五一

疋部至九畫

疋部 疋 一十　疎 二十 二七　疏 二十　疐 三八　疑 七一

疒部二至五

疒部 疒 四七　疠 二六十　疞 三一六　疔 二五十　疕 二九七　疙 七四 八一　疚 三一六　疝 二三六　疢 二二六　疾 三四一　疤 九三　疥 三一三　疫 七四　疱 九五

五畫
⿸疒古 七七 · 痁 三六九 · 疲 一十 · 疴 八一 · 疵 一四 · 疶 三二六 · 疸 二零九 · 疹 二二八 · 疱 一七三 · 疣 一七三 · 疺 一二三 · 疼 二零九 · 疽 五二 · 症 二二五 · 疾 六四

五至六
疿 一二八 · 痁 二四八 · 痂 二九三 · 痤 三二一 · 痄 二一四 · 病 一三五 · 痊 二七六 · 痌 一六八 · 痍 七一 · ⿸疒而 二六十 · 痐 三六十 · 痒 三二十、三三三 · 痔 三八 · 痕 三七七 · 痗 一一二

七至八
痘 二一二 · 痚 三一八 · 痛 一六九 · ⿸疒虎 二一 · 痧 二三三 · ⿸疒延 三二六 · 痞 一十 · 痟 三一八 · 痠 一六四 · 痡 一 · 痢 四九 · 痣 三八 · ⿸疒來 二五三 · 痭 一百 · 痮 二二十

八畫
痰 二零七 · 痯 三四六 · 痱 一二九 · ⿸疒肥 一二九 · 痳 一零六 · 痲 二七二 · 痴 三四 · 痵 六六 · 痙 二九八 · 痹 一二 · 痿 一二一 · 痼 七七 · 痎 五五 · 瘁 一六二 · 瘂 三二九

九至十
瘇 一八二 · 瘉 五八 · 瘊 三七八 · 瘋 一二五 · 瘏 二二 · 瘍 三三二 · 瘮 一五七 · ⿸疒果 三四六 · 瘐 五七 · 瘷 三一六 · 瘓 三五七 · 瘕 二九三 · 瘖 三三七 · ⿸疒禺 五八 · 瘙 一五三

十畫
⿸疒衰 一六六 · ⿸疒高 三六五 · ⿸疒班 九八 · 瘚 二八二 · ⿸疒桑 一五四 · 瘜 六八 · 瘩 二百 · 瘞 七四 · 瘟 一一九 · ⿸疒焉 二三四 · 瘠 六四 · 瘡 一七七 · 瘢 九八 · 瘣 三六一 · 瘤 二七五

十至十一
⿸疒除 二四 · 瘥 一六三、二二二、二一五 · 瘦 一五七、二四十 · 瘧 一九八、三三一 · 瘨 二四八 · ⿸疒帶 二零二 · 瘰 二九五 · 瘳 二三十、二六八 · 瘴 二二十 · 瘵 二一六 · 瘷 一五七 · ⿸疒禹 二八十 · ⿸疒扁 二五九 · 瘻 一五九

十二至十三
瘼 一一三 · 癃 三二一 · ⿸疒連 二七一 · ⿸疒童 一八二 · ⿸疒賣 一七一 · 癀 三五五 · 療 二六八 · 癄 二九六 · ⿸疒爲 三三六 · ⿸疒畱 二七五 · 癆 二五四 · ⿸疒責 一二七 · ⿸疒敝 一三七 · 癇 三二一 · ⿸疒賣 一二九

癈 一二九
癉 二零八
𤺺 二零八
癑 二六三
癖 一十
𤸪 二五八
癘 四九
癲 二八
癔 三三九
癟 一三七
癡 三四
癤 三一二
癢 三三三
癌 一五八
𤺥 二二四

癩 一七一
癧 四九
瀘 三六二
癩 二五四
癰 一九四
癬 二八四 三二二
癭 三三七
癮 三三九
癯 五十
癱 二八八
癱 二零七
癲 二四八
癵 九三
癴 一九三
癵 一九三

癶部
癶 一零五
癸 三五二
登 二一十
發 一二二

白部
白 一九四 一零五
百 一九四 一零五 一四五
皁 一四五
皂 一零八
皃 四四
的 三一二
皆 三五五
皇 三五二
皈 二九七
皋 三六五
皎 二九七
皓 三七五
皖 三五七

皙 六八
皛 三一九
皚 八五
皜 三六五
皢 三一九
皤 一零四
皞 三七五
皦 二九七
皪 四九
皪 四九

皮部
皮 一十
皰 九五
皴 一六十
皵 二百
皶 二一二
皷 七七
皸 一三二
皻 二一二
皽 二二三
皾 二五二

皿部
皿 一四十
盂 五六
盃 五六
盅 一零三
盅 一八一
盆 一零一
盇 八三
盈 三三六
益 七一
盁 一一九
盌 一一七
盍 八三
盎 八七
盒 八三

盔 三五十
盖 三六四
盝 七
盛 二二四 二三八
盜 二零四
盞 三六四
盝 二二二
盟 一一十
盡 三一一
監 三零三
盤 九七
盨 七七
盥 一四七
盧 二九

十二至十五
盩 二三二　盪 二零六　盬 七七　瀊 二九七　盭 五十

目部二至四
目部
目 三　盯 二五十　盱 五四　盲 一零九　盳 一零九　直 三六　相 三一九　盹 一七一　盼 九八　盻 六九　盾 一七一　旼 一四十　旻 一四十　省 二三八 三二四

四至五
眂 四一　眄 一三九　眆 一二三　眇 一三八　眈 二零八　眉 一一二　曶 七八　眊 一零八　看 三六七　眎 四一　眀 五三　眕 二二八　眖 三四五 三五六　𥄎 二八六

五畫
眙 七一　眚 二三八　眛 一一二　眜 一一四　眝 二六　眮 一七　眞 三三七　真 三三七　眠 一三八　眢 二八七　眥 一六　眦 六六 六六　眨 二一四　眩 二八三

五至七
眪 一三五　衆 一八二　眔 一八二　眯 一四　眵 三四　眶 三四五　眷 二七七　眸 一一四　眺 二四五　眼 三三四　睃 一六一　𥅘 一二五　睅 一一八　睆 一一八

七至八
睇 四四　睊 二七七　睓 三一三　睏 三五十　睍 三三二　睎 六八　睒 二三六　睖 二五七　睘 二七七　𥇣 一一一　𥇖 三一三　睚 八五　睛 三零七　睞 二五四

八畫
睜 二二四　𥆧 二二十　睠 二七七　睟 一六六　睡 一八九　睢 一六六　睤 一二　睥 一二　睦 三　睧 三五九　𥇍 三五九　睬 一四二　睨 七四　睪 七四

八至十
睫 三一三　睖 一五七　瞅 二三一　睺 三七八　睺 三七八　𥈿 二八三　睻 二八三　瞃 一四十　睽 三五一　睿 一九二　督 一一五　瞋 二二六　𥈙 二三一　瞌 八十

十至十二　七至八

瞍 一五七　瞎 三一七　瞏 二七七　瞑 一三九、一四十　瞕 二二十　曆 一零六　瞖 七四　[illegible] 四七　瞘 九一、三七二　瞞 一零九　瞟 一三十　瞪 二一十　瞢 一一一　瞥 一三七　贈 一四八

十二至十三　八至九

曒 一三一　照 二九四　瞪 二一十　瞬 一八八　曉 三七二　瞭 二六九　瞯 三二二　瞰 三六八　瞳 一六九　瞶 三五一、三六一　瞛 二三一　瞹 八五　[illegible] 二二二　瞻 二二二　[illegible] 七七

十三至二十一　九至十

瞿 五一、五三　矇 一一一　瞜 一一一　矉 一三五　矍 二八一　矖 四七　矗 二四　矙 三六八　矚 二五

矛部至七畫

矛部：矛 一零八　矜 三零七、三一十　矞 五八

矢部二至十四

矢部：矢 四十　矣 七二　知 三五　矧 二三九　[illegible] 二三九　矩 五二　矬 一六三　短 一六八　[illegible] 二八二　矮 八五　矯 二九七　矰 一四八　矱 三六二

石部二至四

石部：石 三九、二零九　矴 二五十　矸 三七六　[illegible] 一零九　矼 二九九　矻 七五　砂 二三三　砅 四九　砆 六　砓 一四十　砉 三六二　砋 三七　砌 六二　砍 三六八

四至五

砎 三一三　研 三二九　砒 九　砠 五二　砢 一九六　砸 一四二　砣 一七三　硊 一七三　砥 三七　砦 二一六　砧 二二七　砥 一四十　破 二六五　硅 二五

五至七

硁 一三二　[illegible] 三二　砐 三二　䂻 一三三　砰 九九、一三三　砲 九五　破 一零四　硃 二五　硇 二六一　硍 三七一　硎 三二四　研 三三三　硜 三六九　硝 三一八

字	頁
硠	二五五
[illegible]	一六三
硥	一零九
硨	二二八
硪	八九
硫	二七五
硬	三三七
硭	一零九
硯	三三五
硼	九九
硾	一八四
碁	六十
碗	一一七
碇	二五十
碌	三一
碍	八五
碎	一六六
碏	二八一
碐	二七二
碑	一零三
碑	一零三
碒	三三八
碓	一七二
碔	四
碞	三三三
碟	二五一
[illegible]	五一
碡	二三
碈	一四十
碈	一七三
碣	三一三
碻	三五八
碧	一三
碮	二六七
碪	二二七
碩	一八九 四一
碫	一六八
碰	一百
碭	二零六
磘	二六一
確	二八一
碼	一零六
碾	二六五
碥	二三六
磁	一五
磅	九六
磆	三五四
磈	九
磈	一二一
磔	一五四
磊	二五八
磋	一六三
磌	二四七
磙	五九
磐	九七
磒	二九十
磓	一七二
磕	八十
磚	一七九
磛	二二一
硜	三六九
磠	三十
磌	一一四
磡	三六八
礇	一七七
磣	二二六
𥕉	七十
磥	二五八
磧	六四
磨	一一三
磬	三零六
[illegible]	九九
磯	六三
磲	五一
磳	一四八
磴	二一十
磷	二七三
磺	三四九
磻	三五五 九七
磼	一四二
磽	二九四
礞	一一一
礌	二五七
礕	二零九
礎	二四
礑	二零六
礙	八五
礤	一四一
礦	三四九
礧	二五七
礨	二五八
礩	三八
礪	四九
礫	四九
礬	一二四
礮	九五
礱	一九三
礴	一零五
礶	三四七
[illegible]	一八七

示部

字	頁
示	四十 六十
礼	四八
礽	二四二
社	二四十
礿	二九一
祀	一八
祁	六十
祉	三六
祇	六十
祈	六十
祊	一百
祄	六十
祋	二零二
祏	三九

石示内禾部

五畫：祐 三四二　祓 七　𥙊 七　𥙉 二五　祔 九　祕 一二　祖 二十　祇 三七　祚 一六四　袂 三三一　祜 七九　祝 二五　神 二三八　祟 一六六　祠 一四

五至八：祡 二一五　祣 三三　祥 三二十　祧 二四五　票 一三十　祩 二五　祫 三一七　祭 六六　祲 三一十　䄍 二一四　祺 六十　祼 三四七　祿 三一　稟 一三五　禁 三一一

八至十二：禂 二零四　禊 六九　禋 三三七　禍 三六二　禎 二二七　福 七　禓 三三二　禔 四二　禕 七十　禖 一一二　禘 四四　禛 二二七　禡 一零七　禦 五八　禧 六八

十二至十七：禨 六三　禪 二二一、二三六　禫 二零七　禶 二三六　禮 四八　禰 四六　禱 二零四　禳 二四一　禴 二九一

内部至八畫：内部　内 二四四　禹 五七　禺 五六　离 四七　禽 二零九

禾部二至四：禾部　禾 八三　禿 二一　秀 三二八　私 一七　秄 一六　秆 三六九　秈 三二一　秉 一三四　秋 三一四　秌 三一四　种 一八一　秐 二九十　科 八十　秒 一三八

四至六：秔 三零七、三七十　秖 一一　[illegible] 二九三　秘 一二　租 一九　秣 一一四　秤 二二四　秦 三零九　秧 三三一　秩 三八　秬 五二　秼 二七　秭 一六　稄 四二

六至七：稌 一七五　秸 三一二　秹 二四三　移 七一　稀 六八　稂 二五五　稃 六　稅 一八九　粱 二七十　稈 三六九　稉 三零七、三七十　稊 四二　稍 二三四　程 二二四

二十一

七至八

稔	二三九 二四九
稗	九四
稗	九四
稘	六三
稙	三八
稚	三八
稒	三五十
稜	二五七
稞	八一
稾	二七三
稠	二三十
稡	一六二
稨	一三三
䅬	三一六
稉	一九七

九至十一

稭	三一二
種	一八二
稱	二二三 二二六
稍	七七
穏	二一九
稷	六四
稗	三八
稻	二零四
稼	二九三
稽	六一 六三
稁	三六五
稿	三六五
穀	七七
穅	三六六
穆	三

十一至十四

穈	一一一 一一二
稺	三一八
穊	六六
穌	二十
積	六三
穎	三三七
穗	一六六
穟	一六六
穠	一九六
嗇	一五六
穡	一五六
穖	三六一
穤	一九七
穧	六六
穩	一一九

十四至二十一

穪	二二三
穫	三六一
穬	三四九
𥤚	一九四
穰	二四一
穮	三一四

穴部一至五

穴部

穴	二八六
穵	一一五
究	三一六
穸	六九
穹	二七八
空	三四七
穽	三零七
穿	一七九
窀	一八三
突	二二
窄	一五一 二一六
窅	三三一
窆	一三三
窌	三三一

五至八

窊	一一五
窋	七六
𥦗	一七十
窒	三七
窓	一七七
窕	二四五
𥦭	一六九
窖	二九七
窗	一七七
窘	二七八
窗	二零七
窟	七五
窠	八十 一二二
窣	二一

九至十一

窨	三三九
窩	一二三
窪	一一五
窬	五六
窮	二七八
窯	三三十
窰	三三十
窱	二四五
窴	二四七
窳	五七
𥨺	一一
窶	五二
窵	二四六
窺	三五一

十一至十八

窻	一七七
窾	三四六
窿	一九四
竁	一七九
竄	一五七
竅	二九五
竆	二七八
竈	一四四
竇	二一二
竈	一四四
竉	一九三
竊	三一一

立部

立 四九　站 二二三　竚 二六　竒 六十　竝 一三五　竟 三零八　章 二一九　竢 一八　童 一六九　竣 一六二　二八十　竦 一六五　竪 二八　竫 三零八　竭 三一三

竮 一三四　端 一六八

立部五至九　九畫

竹部

竹 二五　竺 二五　笂 九九　竽 五六　竿 三六九　笆 九三　笈 六四　笊 二一七　笋 一六五　笏 七八　笑 三一九　笓 一三　笔 一一　笸 一零四

笙 二三七　笛 四三　笝 二六十　笞 三四　笠 四九　笯 二四五　笴 一八　符 六　笨 一零一　第 一七　第 四四　笱 三七三　笲 一二四　笳 二九三

竹部二至五　五畫

筐 六三　筣 二七四　筂 二五四　筅 三二二　筆 一一　筇 二七八　等 二一十　筋 三一十　筌 二七六　筍 一六五　筎 二九　筏 一二三　筪 三四五　筑 二五

六畫

筒 一六九　筓 六三　答 二　筕 三七五　策 一五十　筞 一五十　筢 九二　筝 九九　筷 三四四　筥 五三　筸 二一二　筦 三四六　筩 一六九　筭 一六四

六至七

筮 四十　筯 二六　筱 三一九　筩 二三四　筵 三三三　筞 一零三　箇 八二　箋 三零三　箄 二一七　箍 七六　箏 二二四　箐 三零二　三零七　箎 二三三　箒 二三二　二四

七畫

箕 六十　六三　箔 一零五　算 一六四　箘 二七九　箚 二一四　箛 七六　箜 三四七　箝 三零一　箠 一八三　管 三四六　箬 一九二　箭 三零五　箱 三一九　箲 三二二

八至九

三十二

九至十　箴二二七　箸二六　箭三一八　箹二三二　節三一三　篁三五六　範一二五　篆一八十　篇一三一　築二五　篋三一一　篌三七八　篙三六五　篚一二八　篛一九二

十至十一　篝三七二　篠三一九　篡一五七　篤二三　篛一九九　篦一二　篨二四　篩二九　篪三四　二三四　篶四七　篲一六六　篘七九　篳一二　篷九九　篼二一一

十一至十二　篾一四一　二六七　簀一五一　簁二三四　簄七九　簆三七二　簇一九　簋三五二　簌二一　簍二五九　簏三一　簛二三四　簜二零六　簝二六八　簞二零八　簟二零八

十二至十三　簽二七八　簠七　簡三零四　簣三五一　簦二一十　簪一二四　簧三五六　簑一六二　簮一四七　簉四三　簫三一八　簬三一　簳三六九　簷三三三　簸一零五

十三至十六　簹二零六　簽三零一　簾二七一　簿二　籃二五六　籉二零一　籗四四　籌二三一　籍六四　六六　籐二零九　𥶄一二四　籀二三二　籓一二四　籔一五七　籋五一

十六至十八　籑二八四　籙三一　籛三零三　籜一七四　籯三三六　籞五八　籟二五四　籠一零四　籣二五六　籤三零一　籥二九一　籧五一　五三　䉶一八七　籩一三二　籬四七

十八至二十六　籭二三四　籮一九五　籯三三六　籰二八一　籲五八　二九一

米部三至六　米部　米一四　籼三二一　籸二三八　籽一六　粃一一　粆二三三　粉一二七　粒四九　粕一零四　粘二二二　二六五　粗一九　粟二一　粢一六　粤二九一

竹米糸部

六至八：粥 二六、二三六　粧 一七八　粦 二七三　粮 二七十　粱 二七十　粳 三零七、三七十　粲 一四七　糉 二七二　粹 一六二　粺 九四　⿰米冊 九四　粻 二一九　粼 二七三　粽 一六十　粡 二三三

八至十：精 三零七　糂 一五五　糒 三一六　糇 三七八　糉 一六十　糈 五四　糊 七九　⿰米追 一八四　⿰米屑 二八六　⿰米冓 三　糓 七七　糕 三六五　糖 二零五　糗 三一五　糙 一四三

十一至十二：糚 一七八　⿰米离 三四　糐 一六七　⿰米堯 三百　糛 二零五　糜 一四　糝 一五四　糞 一二七　糟 一四四　糠 三六六　⿰米戠 一五五　⿰米遙 三百　糯 一九七　⿰米耆 三八　糧 二七十

十四至十九：糰 一六七　糯 一九七　⿰米樂 四九　糲 四九　⿰米羅 四三　⿰米襄 二六四　糵 二六七　⿰米䜌 一九三　糴 二四五

糸部一至三：糸 一四　糺 三二六　系 六八　⿰糹九 三一五　紏 三一六　紀 六五、六六　紂 二三二　⿰糹口 三七二　紃 二八五　約 二九一　紅 三五八　紆 五五　紇 八一、八四　紈 一一七

三至四：級 二四三　紊 一一九　紋 一一九　納 二六十　紐 二六七　⿰糹巿 二四六　紑 一二九　⿰糹丂 一三九　紓 二七　純 一八二　紡 一二四　紖 二二六　紗 二三三　紘 三五八

四至五：絅 二四二　紙 三六　級 六四　紜 二九十　紛 一二七　紝 二四二　素 二十、一六七　索 一六七　紩 三八　紫 一六　紬 二三一　⿰糹氐 一四十　紮 一四一、二一四　累 二五七

五畫：細 六九　絃 六　紲 三二七　紳 二三八　紵 二六　紸 二六　紹 二三五　紺 三六九　紼 六　紽 一七三　紾 二二八　紿 二零一　絀 二三　終 二八七

三十三

畫	字	頁
五至六	紘	三二一
	組	二十
	絅	二七八
	絆	九九
	紝	二四三
	絏	三二七
	結	三一二
	絓	三四三
	絕	二八二
	絖	三四五
	絛	二零二
	絜	三一三 三二七
	絝	七六
	絞	二九七
	絟	二七六
六至七	絡	四五 二五五
	絢	二八四
	絣	一百
	給	六五
	絨	三七一 一九一
	絪	三三七
	絮	五五
	絰	二五一
	統	一六九
	絲	一七
	綘	三百
	絹	二七七
	絺	三四
	絻	一一九
	絿	三一五
七至八	綀	二七
	綁	九七
	綃	三一八
	綄	一一八
	綆	三七十
	綅	三零八
	綈	四二
	綉	三二八
	綋	三五八
	綌	六九
	綍	七
	綏	一六六
	綑	三五十
	經	三零七
	綜	一六十
八畫	綠	三一 三三
	緫	二六五
	綡	二七十
	綢	二三一
	緁	三一二
	綣	二七六
	綦	六十
	綩	一一八
	綨	六十
	綼	六十
	綪	三零二
	綪	五八
	綫	三二三
	綬	二四十
	維	一二十
八畫	綮	六一 三零六
	綮	六一
	絣	一百
	綯	二零三
	綰	一一八
	綱	三六七
	網	一一六
	綳	一百
	綴	一八四 一八六
	綵	一四二
	綷	一六二
	綸	一九五
	綹	三四六 二七五
	綺	六二
	綻	二二三
八至九	綽	一八四 二一六
	綾	二七二
	綿	一三八
	縱	一六十
	緄	三五十
	緅	一五一
	緇	一六
	緉	二七十
	緊	三一十
	緋	一二八
	緌	一六六
	緍	一四十
	緎	五八
	緒	五五
	[illegible]	三二十
九畫	緘	三零三 三二一
	緺	三四十
	線	三二三
	緜	一三八
	緝	六十
	緞	一六八
	緟	一八二
	締	四四
	緡	一四十
	緣	二八八
	緤	三二七
	緥	九五
	緦	一七
	緧	三一四
	[illegible]	三一四
九至十	編	一三二
	緩	三五七
	緬	一三九
	緯	一二一
	緱	三七二
	緲	一三八
	練	二七一
	緶	一三三
	緻	三八
	縈	一九
	縉	三一
	縊	七四
	縋	一八
	繒	二零二
	縍	九七

糸缶部

十至十一

緅 二三二　縑 三零三　緼 二九十　縗 一六一　縩 一六七　縚 二零二　縛 六　縝 二二八　縞 三六五　縟 二九　縠 七九　縡 一四三　縢 二零九　縣 三二三　縈 一四二

十一畫

縫 一二六　縭 四七　縮 一六七　縯 三三九　縱 一六十　縲 二五八　縳 一八十　縴 三零二　䌑 二零二　縵 一一十　縻 一四　縶 三八　縷 三三　縹 一三十　總 一五九

十一至十二

績 六三　繿 一六六　維 一六六　繁 一二四　繁 一二四　繃 一百　緊 七·十　繅 一五三　繆 一三八 二六七　繇 三四一　繈 三百　綦 一五八　繐 一六六　繒 一四八　緣 一六三

十二至十三

織 三六　繕 二三七　繳 一五四　繙 一二四　繚 二六八　繞 二四一　繟 二三七　繡 三二八　繩 二三七　繖 一六六　繪 三六一　繫 六六 六九　繭 三零四　縫 二百　繮 二九九 三六一

十三至十四

繰 一四四　繯 三五七　繳 二九七　繫 二九七　繶 七四　繸 一六六　繹 七四　縑 二七一　辮 一三三　繼 六六　繽 一三六　繶 三三九　緣 一一一　繾 三零二　纁 二八五

十四至十九

纂 一五八　縩 一四二　纇 二五八　纈 三一三　纏 二二一　纘 一五八　纊 三四五　續 五五　纍 二五七　纖 三二一　纑 二九　纓 三三六　纜 一四二　纖 三二一　纘 一五八

十九至二十一

纚 四八 六九　纛 二二　纜 二五六

缶部三至十三

缶部

缶 一三十　缸 三六七　䍃 三三十　缺 二八十　缻 一三十　缾 一三四　缾 一三四　缶查 二一三　罁 三六七　罃 三三六　罄 三零六　罅 三一七　罇 一六十　罋 一一八

三十四

十四至十八

罌 三三六　罍 二五七　罎 二零七　罋 一一八　罐 三四七

网部

三至八

网 一一六　罔 一一六　罕 三七六　罕 七 三七六　罘 一二九　罛 七 六　[罒包] 七　罟 七 七　罡 三六七　罣 三四三　罦 七　[罒孤] 七 六　罩 二一八　罩 二一八

八至十二

[罒雇] 二一七　罪 一六二　罭 五八　置 三八　罰 一二三　署 二七　罳 一八　罵 一零七　罶 二七五　罷 九三　罹 四八　罽 三一三　罾 一四八　罿 一八十

十四至十七

羃 六五　羅 一九五　羆 一十　羇 六三　羈 六三

羊部

二至五

羊 三三二　芈 三三二　羌 二九八　美 一一二　羑 三四二　羓 九三　羔 三六五　羙 三六五　羗 三三二　羕 二九八　羖 七七　羚 二七二　羜 二六　[羊占] 七七

五至十三

羝 四三　羞 三二七　羣 二七九　群 二七九　羨 三二三　義 七四　羫 二九八　[羊戔] 二二三　羯 三一三　[羊臭] 二三六　[羊肙] 七七　羲 六八　羴 二三六　羵 一二七

十三至十五

羶 二三六　羸 二五七　羹 三七十　羼 二二一

羽部

三至六

羽 五七　[禾羽] 七四　羿 七四　[羽弓] 七四　翀 一八十　翁 一一八　翁 一二七　翃 三五八　翅 三五　翍 三五　[羽氏] 三五　翊 七四　翌 七四　翎 二七二

五至十

習 六九　翔 三二十　翕 六九　翎 六九　翟 四三 二一六　翠 一六二　翡 一二八　翣 二三三　翥 二五　翦 三零四　翩 一三一　翫 一一八　翬 三六十　翮 八二　翯 八四

十至十四

翰 三七六　蓊 七四　翳 七十　翹 二九四　翺 八六　翯 二九五　翻 一二四　䎘 二一　翼 七四　翽 三六一　翿 二零四　耀 二九一 三三一

老部二至十一

老 二五四　考 三六五　耄 一零八　者 二二九　耆 六一　耇 三七三　耊 二五一　耋 二五一　薹 一零八

而部三畫

而 九一　耍 一八六　耎 一九十　耐 二六十　耑 一六八 一七九　耏 二六十

耒部三至十

耒 二五八　耔 一六　耙 一八　耕 三零七 三七十　耗 三七五　耙 九二 九三　耘 二九十　耜 一八　耖 一八　耞 二九三　䎭 一六　耤 六四　耦 九一　耨 二六四

十至十六

耩 三百　耬 二五九　䎱 九二　耰 三四一

耳部三至七

耳 九一　耶 三二八 三三九　耷 二百　耻 三四　聃 二零八　耽 二零八　耾 三五八　耿 三零七 三七十　聄 二二八　聆 二七二　聊 二六八　聒 三四三 三五三　聖 二三八　聘 一三四 一三六

八至十三

聚 五三　聝 三五四　聞 一一九　聰 一五八　聯 二七一　聦 一五八　聱 八六　𦗉 二六八　聲 二三七　聳 一六五　聶 二六七　職 三六　聸 二零六　𦗿 二六六

聿部七至八　肉部二至三　三至四　四至五　五畫　五至六　六畫　六至七

聻 六四 三零五　聽 二四九　聾 一九四

聿部

聿 五八　肄 七四　肅 二一　肆 一八　肇 二一八　肈 二一八

肉部

肉 二九 二四四　月 二四四　肋 二五八　肌 六三　肊 一二八　肐 七四 八一　肓 三五五　肕 二四三　肖 三一九　肘 二三二　肙 二八七　肚 二三　肛 三六七　彤 二八八

肝 三六九　股 七七　肢 三六　肥 一二八　肚 二四三　豚 一十 一零二　肨 九六　肩 三零三　肫 一八三　肬 三四一　肯 三七一　肻 三七一　肱 三四八 三五八　育 五八

肦 一一九　肴 三三十　肵 六一　肹 六九　胏 一二九　胃 一二一　胄 二三二　胅 一一四　胚 二二五　胆 二零九　胇 一二九　胈 一零五　朐 三一　背 一零三

胎 二百　胑 三六　䏼 二三六　胔 一七　胖 九六 九八　胗 二三八　胨 二二八　胘 三二八　胙 一六四　胥 一一八　胚 一十 一零二　胝 三六　胞 九四 九五　胠 五一

胡 七九　胋 七七　胤 三三九　胥 五四　胦 三三一　胭 三三三　胮 九六　胯 三四三　胰 七一　胅 三四五　胲 三六四　胳 八二　胵 三七　胷 二八四

胸 二八四　能 二六二　胾 一七　脅 二五五　脛 二五五　脁 二四五　脂 三六　脆 一六二　脃 一六二　脋 三二六　脇 三二六　脈 一一四　脉 一一四　脊 六四

胼 一三二　脖 一零四　脗 一一九 一四十　脘 三四七　脚 二八二 二九七　脛 三零六 三二四　脞 一六三　脡 二四十　脣 一八二　脧 二八三　脩 三二七　脫 一七三　脬 九四　脯 七

耳聿肉部

筆畫	字	頁
七至八	脰	二一二
	脹	二二十
	脽	一八九
	脾	一十
	脾	一十
	腀	一九五
	腄	一八三
	脘	三四七
	䏹	二二五
	腆	二四七
	脊	二四七
	腈	三零七
	脫	一四一
	腊	六八
	腋	七四、三四十
八至九	腌	三三三
	腍	二四三
	腎	二三九
	腶	一八五
	腐	七
	腑	七
	腒	五二
	腓	一二八
	腔	二九八
	腕	一一八
	腛	一二三
	腜	一一二
	腝	一九十
	腠	一五一
	腡	一九五
九畫	腥	三二三
	腦	二六一
	䐔	一三六
	腪	三五九
	腫	一八二
	䐗	一二一
	腭	九十
	腮	一五三
	䐈	三三三
	腯	一七一
	腰	三三十
	胥	三三十
	腳	二八二、二九七
	胦	五六
	䐓	八二
九至十	腸	二一八
	腹	七
	腿	一七二
	膀	九六
	膁	三零一
	膂	三三
	膅	二零五
	膝	二一
	膈	八二
	膊	一零四
	膙	一五三
	殼	七八
	背	二六八
	膍	一十
	膏	三六五
十一至十二	膉	三二七
	膗	一七六
	膌	三二七
	膙	三百
	膚	六
	膛	二零五
	膜	一一四
	膝	六九
	膠	二九六
	䐗	二三七
	膱	四七
	膨	九九
	膪	一七六
	膫	二六八
	膭	三五一
十二至十三	膬	一六二
	䐁	一五八
	膰	一二四
	膳	二三七
	膴	五、七八
	膸	一六六
	膭	一二七
	膺	三三六
	膻	二零七、二三六
	䐋	一七六
	膽	二零九
	膝	六九
	䐴	二零六
	膾	三四四
	膿	一九六、二六二
十三至十五	臋	一七十
	臌	七七
	臁	二七一
	臂	六三
	臄	五三
	臆	七四
	臃	二八九
	臈	二五三
	臉	二七一
	臊	一五三
	臍	六一
	臏	一三六
	𦢊	一一一
	臑	二六一
	臕	一三一
十五至十九	臀	三二四
	臘	二五八
	膱	二五三
	臙	三三三
	臚	三十
	朧	一九四
	臞	五一
	臟	一四六
	臠	一九三、一九八

三十六

臣部

臣 二二六　臥 一二二　臧 一四五　臨 二七三

自部

自 一七　臬 二六七　臭 二三一 三二八　臯 三六五　䶑 二六七

至部

至 三七　致 三七　厔 三七　⿰至巠 三七　臺 二零一　臺 二零一　臻 二二七　⿱埶至 三七　⿱至臸 三七

臼部

臼 三一六　臾 五六　臽 三二三　臿 二一三　舀 一一六 三三一　舀 一一六　舁 五六　舂 一七八 一八十　舃 六九　舅 三一六　與 五六　興 三二三　舉 五三　舊 三一六

舌部

舌 二三九　舍 二三九　舐 四十　舒 二六　舔 二四七　舘 三四七　⿰舌盧 二四七

舛部

舛 一七九　舜 一八八　舝 三一七　舞 四

舟部

舟 二三二　舠 二零四　舨 二一三　⿰舟𠬝 七　⿰舟少 二一六　舩 一七九　航 三七五　舫 一二四　般 九八　舲 二七二　舳 二三二 二五　舴 一五一　舵 一七五　舶 一零五

⿰舟空 三二一　舸 八一　船 一七九　⿰舟同 一六九　艄 二三四　艇 二四九　艋 一一一　艌 二六五 一五三　艘 一五六　艕 九七　艙 一四五　艖 一六三 二一三　艦 七四　艘 一五六 一五三

十一至十八	艚 一四三　艟 一六九　艢 二九八　艕 三十　艤 七二　艦 三零五　艨 一一一　艙 三十　艫 三十　艭 一八七
艮部十一畫	艮部　艮 三七一　良 二七十　艱 三零三
色部至十八	色部　色 一五六 二三四 二四十　艴 一二九　艶 三三五　艷 三三五
艸部二至三	艸部　艸 一四三　艻 四五　芀 二四五　艽 二九六 三一五　艾 八五　芃 九九　芄 一一七　芊 三零一　芋 五八　芍 一八九 二三四　芎 二七八　芑 六二　芒 一零九　迖 二零九
四畫	芙 六　芝 三五　芞 六二　芟 二三六　芉 二六七　芡 三零二　苿 一二九　芤 三七二　芥 三一四　芨 六三　芣 一　芩 三零九　芪 六一　芫 二八八 三三三
四至五	芬 一二七　芭 九三　芮 一九一　芰 六六　花 三五四　苍 三五四　芳 一二三　芷 三六　芸 二九十　芹 三零九　芻 二四　芼 一零八　芽 三二八　芾 一二九
五畫	苒 二四二　苑 一一八 二八八　苒 二四二　苓 二七二　苔 二零一　苕 二四五　苗 一三八　苘 二七八　苙 五十　苛 八 八一　苜 三三　苞 九五　苟 三七三　苡 七二
五畫	苣 七二　苣 五三　苿 一三七　若 一九二　苦 七五　苧 二六　苫 二二二　英 三三六　苲 二一四　苳 一六九　苴 五二　苵 二五二　苷 二六九　苹 一三四

六畫	苻 六、一三十	葳 七六	苾 一一	茀 六	茁 一七六、一八六、二一四	茂 一零八	茄 三二一	范 一二五	茆 一零八	茇 一零五	茅 一零八	茉 一一四	茗 一三九	荔 五十
六畫	茚 二七八	茛 三七二	茜 三零二	莿 二七四	等 二一十	茦 一五十	茨 一五	茫 一零九	茭 二九六	茯 六	茱 二五	茲 一六	茳 二九九	茴 三六十	茵 三三七
六畫	茶 二一三	茷 一二九	茸 一九二	茹 二九	茻 三六一	茼 一六九	荀 二八五	荃 二七六	荄 三六四	荅 二百	荆 三零七	荇 三二四	荈 一七九	草 一四四	荍 二九五
六至七畫	茎 三八	茬 二四三	荐 三零五	荑 四二	荒 三五五	荳 二一二	荷 八三	荸 一一、一零四	荹 一	葯 二九十	荻 四三	荽 一六六	荼 二二	莀 一九六	莅 四九
七畫	莉 四九	莊 一七八	莎 一六七	莏 一六七	莑 九九	莒 五三	莓 一一二	莕 三二四	菙 三零七	莣 三八	莘 三二五	莙 二七九	莚 三三三	莛 二四九	莜 二四五
七至八畫	莝 一六三	莞 一一七、三四六	莠 三四二	莢 二九四	莦 二三四	莧 三二三	莩 六、一三十	莪 八九	莫 三、一一四	莽 一零九	莾 一零九	莿 一五	菀 五八、一一八	菁 三零七	菅 三零三
八畫	菆 一五一	菇 七六	菉 三一、三三	菊 五二	菌 二八十	菑 一六、一四三	菓 三五三	菔 九	葛 二一八	菘 一六四	菜 一四二	菟 二二	菠 一零四	荓 一三四	菡 三七六
八畫	菢 九六	菩 一	菫 三一十	華 三五四	葢 五六	菰 七六	菱 二七二	菲 一二八	菴 八七	菶 一百	菸 五六、三三三	菹 五二	菺 三零三	菼 二零七	菽 二八

艸部

八畫
萁 六一、六三　萃 一六二　萄 二零三　萆 一零三　萇 二一八　萊 二五三　萋 六十　萌 一一一　萍 一三四　茹 三五　萋 一二十　菑 二零九　莛 二三三　萑 一八四、三五七　蔚 九

九畫
萬 一一八　萮 五六　萱 二八三　萵 一二二　萸 五六　萼 九十、四五　落 二五三、二五五　葽 二九九　蒩 五二　葅 五二　蓧 九五　葉 二一五　葉 二四十、三四十　葊 八七　葌 三零三

九畫
葍 七　葢 一零一　葑 一二六　葒 三五八　葓 三五八　著 二六、一八五　着 一八五　蒂 四四　葙 三二十　葚 二三九、二四三　葛 八二　葠 二三八　葡 一　董 一七十　葦 一二一

九畫
葨 一二十　葩 九二　葫 七九　葬 一四六　葭 二九三　葮 一六八　葯 二九一、三三一　葱 一五八　葳 一二十　葴 二二七　葵 三五一　葶 二四九　葷 三五九　葸 六九　葺 六二

九至十
葼 一五九　葽 三三十　蔞 一六七　蒐 一五六　蒓 一八八　蒔 四十　蒙 一一十　蒜 一六四　蒞 四九　蒡 九六　蒦 三六二　蒑 三零七、三七十　蒨 三零二　蒯 三四四　蒱 一

十畫
蒲 一　蒸 二[illegible]五　蓋 二二五　蒹 三零三　蒻 一九二　蒼 一四五　蒺 六四　蒠 八八　荳 六二　蒿 三七四　蓀 一六五　蓁 二二七　蓂 一三九　蓄 五五　蓆 六九

十至十一
蓉 一九一　蓊 一一八　蓋 三六四　蓍 三九　蓎 二零五　蓏 一九六　蓐 二九　蓑 一六七　蓓 一零三　蓨 二四五　蓬 九九　蓮 二七一　蓰 一五八　蓗 六九　蓴 一八八

十一畫
蓷 一七一　蓹 五八　蔻 三七二　蓺 七四　蔘 二六九　蕐 一一　蓿 二一、五五　蔀 二、一零六　蕰 三百　蔆 二七二　蔇 六六　蔌 二一　蔑 一四一　蔓 一四一　蔯 二二六

二十八

十一畫
蔓 一零九 一一八　帶 四四　蔎 二二九　蓼 二三八　蔴 一零六　蔚 五八 一二一　葥 七九　蔞 三二 二五九　蔟 一九　蔡 一四二　蔣 三百　蔦 二六四　蔫 三三三　蔬 二十 二七　蔭 三三九

十一至十二
蔽 一一　蔿 一二一　⿱艹當 八　蕃 一二四　蒸 二四二　蕆 二二一　蕉 二九六　蕊 一九二　蕋 一九二　蕎 二九五　蕑 三零三　蕒 一零七　蕓 二九十　蕕 三四一　蕖 五一

十二至十三
蕘 二四一　蕙 三六一　蕞 一六二　蕡 一二七　蕢 三五一　蕣 一八八　⿱艹雞 一六六　⿱艹卿 二六九　蕨 二八二　蕩 二零六　蕪 四　蕬 一七　蕭 三一八　蕷 五八　蓄 二五八

十三畫
蕾 二零六　薄 九五 一零四　⿱艹嬦 三七四　薆 八五　薇 一二十　薈 三六一　薉 三六一　薊 六六　薌 三二十　薏 七四　薑 二九九　薔 二九八　薖 八十　薘 二百　薙 四二

十三至十四
薜 二八六 三二五　薛 一一　⿱艹獻 三四一　薟 二七一　蕹 三二七　薥 二七　薦 三零五　薨 三五八　薩 一五二　薪 三二五　薯 二七　薰 二八五　薀 二六六　薷 二九　薸 一三十

十四至十五
薹 二零一　薺 六一 六六　薽 二二七　薿 七二　藁 三六五　蓁 六一　藇 五五　藉 六四 三一四　藊 一三三　藍 二五六　藎 三一一　藏 一四五　藐 一三八　藕 九一　菑 三四

十五至十六
藘 三二　⿱艹興 一二四　藚 二一　藜 四八　藝 七四　藟 二五八　藤 二零九　藥 二九一 三三一　藦 一一三　⿱艹遊 二二九　藩 一二四　藪 一五七　藭 二七八　藷 二六　藹 八五

十六至十七
藺 二七三　藻 一四四　藿 三六二　蘀 一七四　蘂 一九二　蘄 六一　蘅 三七七　蘆 三十　蘇 二十　⿱艹優 一零九　蘊 二九十　蘋 一三五　蘖 一零五　蘙 七十　蘚 三二二

十七至十九

蘞 二七一　蘞 二七一　蘧 五一　蘇 三四一　蘩 一二四　藍 二五六　蘭 二五六　蘳 三一二　蘋 二五八　蘢 二五七　蘿 一四二　蘸 二二三　蘼 四八　蘹 三五五　蘺 四八

十九至二十一

虆 六六　蘼 一四　蘲 二五八　蘿 一九五　蘺 六三　虋 二五七

虍部 二至十一

虍 七九　虎 七九　虐 一九八　虓 三一八　虔 三零二　處 二四　豦 二四　虖 七八　虛 五四　虜 三十 一九六　虞 五六　號 三七四　虢 三五三　虧 三五十

十二畫

虧 三五十　虤 七十　虦 七十

虫部 一至四

虫 三六十　虬 三一五　蚪 三一五　虰 二五十　虱 三九　虼 一八二　虹 三百 三五八　虺 三六十　虻 一一一　虿 一一一　蚋 一九二　蚊 一一九　蚌 九七　蚑 六一 一百

四至五

蚓 三三八　蚖 二八八　蚘 三六十　蚚 六一　蚝 一五　蚡 一二七　蚣 三四八　蚤 一四四　蚸 一四四　蚧 三一四　蚨 六　蚩 三四　蚌 二一一　蚯 三一四

五畫

蚰 三四一　蚱 二一四　蚳 三四　蚵 八三　蚹 九　蛋 二零九　蛰 二一四　蚿 三二一　蛀 二六　蚔 一一九　蛄 七六　蛆 五一　蛇 二三九　蛉 二七二

六畫

蛐 五一　蛒 八二　蛓 一五　蛔 三六十　蛸 三六十　蛙 一一五　蛚 二七四　蛛 二五　蛟 二九六　蛤 八二 三七三　蛦 九十　蛇 二一三　蚰 三四九　蛩 二七八

畫數	字 頁
六至七	蛩 二七八　蛭 三七　蜹 三零一　蛵 三二四　蛛 三一五　蛸 三一八　蛹 二八九　蛺 三一四　蛻 一七四　蛾 八九　蝅 二七　蜀 一二六　蜂 一二六　蚤 二二六 二三九　蜆 三二二
七至八	蜂 二四五　蜇 二二九　蜥 二二九　蜈 四　蜉 一九 六　蜊 四二八　蜋 二五五　蜍 二四　蜎 二七七　蜒 三三四　蜑 二零九　蜓 二四九　蜘 三五　蜚 一二八　蜜 一四
八畫	蜝 六一　蜞 六一　蜻 五八　蜡 二一四　蜷 二九八　蜢 一一一　蜥 六九　蜦 一九五　蝭 二五一　䗂 七九　蜩 二四五　蜫 三四九　蝹 五一　蜮 五八　蜮 五八
八至九	蜱 一三十　蜲 一二一　蟐 二一八　蝪 七四　蜵 二八七　蜽 一九二　蜺 四六　蜻 三零七　蜾 三五四　蜎 二一八　蜿 二八七　蝀 一六九　蛋 九十　蝃 四四　蝌 八十
九畫	蝍 六四　蝎 八三　蝕 三九　蝖 二八三　蝗 三五六　蝘 三三四　蝙 一三二　蝻 二六二 八六　蝟 一二十　蝠 六十　蝡 一九一 一九十　蝣 三四一　蝤 三四一　蝥 一零八　蝦 三一七 八二三
九至十	蝨 一五六 三九　蝪 二零四　蝮 七　蝟 一二十　蝛 三二一　蝯 二八八　蝁 一一一　蝴 七九　蝸 三四三　螂 二五五　螃 九六　螄 三九　蝶 二五一　螆 一五　蝳 一九一
十畫	螇 六八　螈 二八八　螌 九八　融 二八九 一九一　螎 一九一　蠤 八三　蝨 一四四　螓 三零九　蜇 二二九　螗 二零五　螘 七二　蟲 二三　螞 一零六　螟 一三九　螢 三三六
十至十一	螣 二一十　蟄 二八三　蜁 二八三　蟢 一四四　螫 二二九　螬 一四三 四一　螭 三四　螮 四四　螯 八六　螳 二零五　螺 一九五　螻 二五九　蝨 一八一　螾 三三八　蟀 一八七

虫血行部

筆畫	字及頁碼
十一至十二	蝨 一一九　蟄 三六 二二九　螟 一零六 一一四　蟇 一零六 一一四　⿰虫麻 一零六 一一四　蟈 三五三　䗩 七十　⿱蚤虫 一零八　蟋 七十　⿰虫連 二七一　蟒 一零九　蟦 三三　⿰虫貳 四七　蟛 九九　⿱髟虫 九九
十二畫	蟜 二九七　蟞 一三七　蟟 二六九　蟠 九七　蟢 六九　蟣 六五　蟥 三五六　蟨 二八二　蟩 二八二　蟪 三六一　蟫 三三八　蟬 二二一　⿰虫菐 一　蟮 二三七　蟯 二四一
十二至十三	⿱湯虫 二零六　蟲 一八一　蟶 二二三　蟷 二零六　⿰虫畺 二九九　蟹 三二七　蟺 二三七　蟻 七七　⿰虫葛 二五三　蟾 二二一　蠁 三二十　⿱壴䖵 一九五　蠄 三零九　蠅 三三六　蠆 二一五 一四二
十三至十五	⿱監虫 一五一　蠋 二八　蠍 三二五　蠐 六一　⿱齊虫 六一　蠙 一三六　蠓 一一一　⿱臬虫 一三十　蠔 三七四　蠕 一九十 一九一　蠖 七九　蠟 二五三　蠡 四八　蠢 一八二　⿱罍虫 五十
十五至二十	蠣 五十　⿰虫歷 四九　⿱壺䖵 二三　蠨 三一八　蠪 一九四　蠭 一二六　蠱 七七　蠲 二七七　蠶 一四六　蠹 二三　蠻 一一十　蠺 一四六　蠼 二八一
血部三至十八	血部：血 二八六 三二六　䘏 五五　衄 二六七　衇 一一四　衅 三二五　⿰血辰 一一四　衊 一四一　衋 六九
行部三至九	行部：行 三二四 三七五　衎 三三四　衍 三六八　衏 三七五　衐 二八八　街 二八四　術 二八　衕 一六九　衖 三五九　街 三一二　衙 三二一　衛 二八九　衙 三二八　衛 七九
九至十八	衛 一二一　衜 二零四　衝 七八十　衞 一二一　⿲彳⿱𡿧田亍 二零四　衡 三七七　衝 一八十　衢 五一

四十

衣部

畫數	字（頁數）
衣部二至四	衣 七十；卒 二十；表 一三一；衩 二一三；衫 二三六；袂 六；科 二一二；衮 三五十；衰 一八七；衱 六六；衲 二六十；衷 一八一；衸 三一四；衺 三二六
四至五	衻 二四二；衽 二四三；衾 三零九；衿 三一十；袁 二八八；袂 一一二；袈 二九三；袊 二七二；袋 二零二；袍 九五；袌 九五；袎 三三一；⿰衤弗 八；袒 二零七
五至六	袖 三二八；袗 二二八；袚 八；袞 三五十；袟 三八；袤 三八；⿰衤世 七四；袠 一一五；袪 五一；被 一零三；袱 八；袴 七六；袵 二四三；袷 二九三
六至七	袣 七四；袺 三一四；袼 八二；⿰衤加 二九；袾 二五；袿 三五二；裀 三三七；裁 一四二；裂 二七四；裊 二六四；裡 四八；裌 二九三；裎 二二四；裏 四八
七至八	裒 一零六；裔 七一；裕 五八；裘 三一五；⿰衤夋 二七九；裙 二七九；裛 二七九；裦 七四；補 二；裝 一七八；裵 一七八；裟 二三三；裨 一零三 一十；⿰衤彔 三一
八畫	裮 二一八；裯 二三一；裰 一七五；裱 一三一；⿰衤夜 七四；裳 二一八 二三五；裴 一零二；⿰衤青 三七一；褂 三四三；⿰衤定 二二三；裸 一九六；裹 三五四；裼 六八；製 三八
八至九	裾 五二；褆 四一；複 九；褉 三二七；褊 一三三；⿰衤要 三三十；⿰衤胃 一零八；褌 三四九；褮 三四二；褢 三四二；褐 八三；褒 九五；褓 九五；襖 一九十
九至十	褘 一二十；⿰衤肖 一零三；褚 二四；褟 二百；褲 七六；褡 二百；褱 三五五；褥 二九；⿰衤能 二五三；褧 二七八；褪 一七十；褫 三四；褭 二六四；褯 三一四

衣西見角部

部首	字	數
十至十二	褰	三零一
	裹	三五五
	褵	四八
	褶	二五一
	褸	三三
	褳	二七一
	褻	三二七
	襁	三百
	褭	九五
	𧜖	一七八
	襄	三二十
	襆	一
	襉	三零四
	襌	二零八
	襍	一四二
十二至十四	襏	一零五
	襓	二四一
	襑	二零八
	襖	八六
	襘	三四四、三六一
	襜	二二二
	襝	二二二、二七一
	襂	二七二
	襞	一一
	襟	三一十
	襠	二零六
	襢	二零六
	襤	二五六
	襦	二八
	禨	一一五
十五至二十四	襶	三一三
	襭	三一三
	襬	二五三
	襫	三二一
	襮	一零五
	襯	二二六
	襲	六九
	襳	三二一
	襵	二三十
	襶	二零三
	襻	九八
	襺	二七二
西部三至十八	西	六七
	要	三三十
	覃	二零七
	覆	七
	覈	八四
	覉	六六
	覊	六六
見部四至十	見	三零五、三二三
	規	三五二
	覓	一四
	覔	一四
	視	四一
	覗	一七
	覘	二二十
	覙	二四五
	覛	六六
	覜	二四七
	覝	五六
	覧	二五六
	親	三零八
	覬	六六
十至十八	覯	三七三
	覷	五一
	覵	一三一
	覲	三一十
	覸	三零五
	覹	一九五
	覺	二八二、二九七
	覼	一九五
	覽	二五六
	覿	四三
	觀	三四六
角部一至七	角	二八二、二九七
	觓	三一五
	觔	三一五
	觕	三零九
	觖	一九
	觚	二八二
	觝	七六
	觜	七六
	觗	一六二、四四
	解	三一三、三二七
	觥	三四五
	觩	三一五
	觪	三二三
七至十八	觫	二一
	觭	六一
	觱	六三、一三七
	觲	一九二
	觳	七八
	觴	二三五
	觵	三四五
	觷	二八二
	觶	三八
	觸	二四、一八五
	𧥇	三零五
	觿	六八

四十一

言部

言部二至三

言 三三四　訂 二五十　訃 九　計 三五八　訇 六六　訊 二八六　訌 三五九　討 二零三　訏 五四　訐 三一三　訑 七一　[illegible] 七二　訒 二四三　訓 二八六

三至四

訕 二三七　訖 六二 六六　託 一七一　記 六六　訛 八九　訝 三二九　訟 一六五　訠 二三九　訢 三二五　訣 二八二　訥 四六　訦 二二六　訧 三四一　訨 三七

四至五

訩 二八四　訪 一二四　訬 二一七　設 二四十　訰 一八三　許 五四　訴 二一　訶 八三　[illegible] 二二二　訷 二三八　訹 五五　診 二二七　註 二六　証 二二五

五畫

詗 三七三　訾 一六　詄 一六　詀 二二二　詁 七七　詆 四四　詈 五十　詌 三六九　詋 二三二　詍 七四 三四十　詎 五三　詐 二一五　詒 七一　詔 二一八

五至六

評 一三四　詖 一二　詘 五一　詛 二十　詝 二六　詞 一五　詠 二八九　詡 五四　詢 二八五　詣 七四　詤 三五六　試 四十　[illegible] 七四　[illegible] 一一七

六畫

詧 二一三　詩 三九　詪 三七一　詫 二一三　詬 三七三　詭 三五二　詮 二七六　詰 三一四　話 三五四　該 三六四　詳 三二十　詵 三二五　誎 一五　詶 二三一

六至七

[illegible] 三六十　詹 二二二　詾 二八四　說 二八四　詿 三四三　誂 二四六　誃 三四　誄 二五八　誅 二五　誆 三四五　誇 三四二　誌 三八　認 二四三　誡 八九

七畫

誑 三四五　誒 六八　誓 四一　誕 二零九　誖 一零三 一零四　誘 三四二　誸 七二　誚 二九五　語 五七　誠 二二四　誠 三一四　誣 三　誤 五　誥 三六六

部言

七至八	誦 一六五	誧 二	誨 三六十	誩 三零八	說 一八九、二九一	誰 一八九	課 八一	誺 二四七	誶 一六六	調 一一六	誹 一二八	誼 七二	⿰言居 五三	誾 三三八	詷 二四五
八畫	諁 一八五	諂 二二一	諄 一八三	諆 六一	⿰言卓 一八五	談 二零七	諉 一二一	⿰言匋 五二	請 三零六	諍 二二五	諎 一六三	諏 一五一	詠 一八五	諒 二七十	諕 三一八
八至九	論 一九五	諗 二三九	詾 二六一	詇 五六	諜 二五一	諝 五四	諞 一三二	諟 四一	諠 二八三	謚 四十	誃 一五七	諤 九·十	諦 四四	諳 三二六	諫 三零五
九畫	諭 五八	詻 一六	諻 三六十	諱 三六一	諲 三三八	諳 八七	諴 三二二	諵 二六二	諶 二二六	諷 一二六	諸 二五	諺 八八、三三五	諼 二八三	諾 四六	謀 一一四
九至十	諿 六一	⿰言臿 二一三	謁 三四十	⿰言奏 一五一	謂 一二二	譫 二一十	謅 一五一、二三二	謊 三五六	⿰言差 二八一	諞 二三七	謇 三零四	詞 八二	謎 一三	諛 一五七、三一九	諡 一四
十至十一	謒 二九八	謓 二二五	謔 一九八	謗 九七	謏 二一	謙 三零一	謚 七四	講 三百	謝 三二七	⿰言素 二十	謟 二零三	謠 三三十	謑 三三十	謦 三零六	誶 三一八
十一畫	謨 二、一一三	謷 二	謪 三三五	謫 一五一、二一五	謬 一三八、二六七	謭 三零四	謆 二五九	謱 二五九	謲 一四七	謳 九一	譇 六九	譟 二一七	謶 二二九	⿰言曹 一四三	謹 三一十
十一至十二	謣 七八	謾 一一十	譁 三五四	譄 一四八	譆 六八	䜌 二七一	譤 一七一	證 二二五	譊 二六一	⿰言尞 二六九	譌 八九	⿱麻言 三三六	譎 二八二	譅 二五四	譏 六三

十二畫

譐 一六十
譑 二九七
譒 一零五
譓 三六一
譔 一八十
譖 一四六
識 三八 四十
譙 二九五
譚 二零七
譜 一
譟 一四五 一五四
講 一零七
譏 三六一
譡 二零六
譤 六三

十三至十四

警 三零七
謙 一五八
譩 七一
譫 二二二
譭 三六十
譬 一一
譮 三五四
譯 七五
議 七五
譱 二三七
譴 三零三
護 七九
譸 二三一
譽 五八
⿰言達 二零一

十五至十七

⿰言慮 三三
譾 三零四
讀 三一二 二一二
讁 一五一
⿰言暴 九六
讇 二二一
變 一三三
讋 二三十
讌 三三五
諲 九十
讎 二三一
讐 二三一
讒 一四六
讓 二四
讕 二五六

十七至二十二

⿰言𨘙 三零四
讖 二二一 三零一
讘 二三十
讙 三五六
讚 一四七
讛 二零六 七三
讞 三三五
譆 二一二

谷部四至十

谷部

谷 七七
谺 三一七
谿 五九 六七
豀 五九
豁 三六二

豆部四至十

豆部

豆 二一二
豇 二九九
豈 六二 三六三
豉 三五
䜴 二九九
登 二一十
豌 一一七
豎 二八
豐 一二六
豔 三三五
豓 三三五

豕部一至七

豕部

豕 四十
豖 二五
豗 三六十
⿰豕土 三六十
豘 一七十
豚 一七十
豝 九三
象 三二十
豛 八五
豢 三五七
豣 三零三
⿸广豕 五三
⿰豕宋 一五九
豨 六八

七至十三

豪 三七四
⿰豕宗 一五九
豫 五九
豬 二五
⿰豕發 一五九
豭 二九三
豳 一三六
豴 四三
豵 一五九
⿰豕婁 二五九
豶 一二七

豸部三至七　九至二十　貝部二至五　五至六　六至七　七至八　八至九　十三畫

豸部

豸 二一六　豹 九六　豺 二一五　豻 八八　貂 二四六 三七七　貅 三二七　貆 二八三　貊 一一三　貉 一一三 八四　貐 八四　貉 八四　貌 一零八　貕 一六四　貍 四八

貓 一零七　貎 一十　貘 一一三　貙 五一　⿰豸樂 五一　⿰豸尞 二六九　貛 三五六　貜 二八一

貝部

貝 一零三　貞 二二七　負 八　財 一四二　貢 三四九　貤 七二　貧 一三五　販 一二五　貨 三六二　貪 二零七　貫 三四七　責 一五十　貯 二六 二一六　貰 四一

⿰貝皮 一三　貲 一六　貳 九二　貴 三五二　貶 一三三　買 一零七　貸 二零一　貺 三四五　費 三五六 一二九　貼 二五十　貽 七二　貿 一零八　賀 八四　賁 一三 一零一

賂 三一　賃 二七三　賄 三六一　賅 三六四　資 一六　賈 七七　賍 二九三 一四五　䞘 五五　賊 一四九 一五一　⿰貝月 三三六　賣 六四　賬 二二八　賖 二三九　⿰貝甫 二

賓 一三六　賔 一三六　賕 三一五　賙 二三二　賚 二五四　⿰貝來 二五四　贅 一四七　賜 一五 一八　賝 二二六　賞 二三五　賠 一零二　賡 三七十　賢 三二二　賬 二二十

賣 一零七　賎 三零五　⿰貝青 三零六　賦 八　賓 一五九　⿰貝宗 一五九　質 三八　賣 三一一　⿰買反 一二五　⿰貝區 三三五　賴 二五四　⿰貝戢 三一八　賵 一二六　賴 二五四

賸 二三八　賺 一八十　賻 八　購 三七三　賽 一五三　賾 一五一　⿰貝悤 一八十　贖 一五一　贄 三八　贅 一八四　贈 一四八　贊 一四七　贗 三三五　贍 二三七

十三至十八

賺 一八十　贏 三三六　贐 三一一　⿱賣貝 三二二　贓 一四五　贔 一三　贖 二七　贗 三三五　⿰貝親 二二六　贛 三四九 三六九

赤部 四至九

赤部

赤 三五　赦 二四十　赧 二六二　赫 八四　赬 二二七　赭 二三十　赮 三一七

走部 二至五 六至十四

走部

走 一五二　赴 三一六　赳 九　赶 三六九　⿺走乞 六二　起 六二　⿺走气 六二　趁 二二七　⿺走忽 二二七　趄 五二 三一一　超 二一六　⿺走占 二二三　⿺走句 五一　越 二九一

趔 二七四　趒 二四五　趕 三六九　趧 二十　趙 二一八　趜 五三　⿺走悤 二六五　趣 五一　⿺走昜 二零四　⿺走眞 二四八　趨 五一　趫 二九五　趮 一四五　趯 二九一

十九畫

趲 一四七

足部 二至五 五至六

足部

足 一九　趴 九二　趷 三六三 八二　趺 六　趾 三七　趿 一五二　跂 六一　跇 七五　跈 二六五　⿰足尔 二六五　跋 一零五　跛 一零五　跌 一四三 二五一　跎 一七三

⿰足也 一七三　跏 二九三　跐 一四 一四二　跑 二一五 九五　跔 五二　跕 二五十　⿱龸足 二二三　跖 三六　跗 六　跙 五二 三一一　跚 二三六　跛 一零五　距 五三　跟 三七一

六畫

跡 六六　跢 一七五　跣 三二二　跨 三四三　跺 一七五　跤 二九六　跦 二五　跧 二七六　⿰足叕 一九二　跩 四 一七七　跪 三五二　跴 一四二　⿺足几 二七八　跬 三五一

	踁	路	跰	跱	跲	跳	跼	跽	跿	跬	踆	跡	䟰	踉	踊
六至七	三七	三十	一百	三八	二九二	二四五	五	六六	二八四	一六三	二七九	一九七	一零三	二五五	二七十 二八九
	踏	𨂁	踐	踑	踩	踒	踔	踖	踘	踪	踛	跰	踞	踝	跏
八畫	一九九	三一	三零五	六一	五十	一二二	八四	六三	五三	一五九	三一	一百	五三	三四三	三五五 三四
	踡	踼	踣	踤	踦	蹴	踰	踱	踺	踵	踹	踼	踽	蹀	蹁
八至九	二七六	四三	一零二	一九	六一	二十	四四 五六	一七五	一二二	一八二	一七六	二零五	五三	二五一	一三二
	蹂	踶	蹄	蹏	𨄌	蹇	蹈	蹉	蹊	蹋	𨆓	蹳	蹌	䠗	蹎
九至十	二四四	四二	四二	四二	九六	三零四	二零四	一六三	六八	一九九	九七	九七	二九八	六六	二四八
	蹓	蹐	蹕	蹙	𨄣	躂	蹧	蹜	蹝	蹟	蹠	蹡	蹣	蹢	蹤
十至十一	四二	六六	一二	一九	一九	二二一	一四四	一六七	六九	六六	三六	二九九	九七	一一十 四三	一五九
	蹨	蹬	𨆪	踏	蹭	蹮	蹯	蹱	蹲	蹴	蹵	蹶	躄	蹸	蹺
十二畫	二六五	二一十	一四六	一四六	一四八	三二一	一二四	一八一	一六十	七一 一九	一九	二八二	三五二 二八二	二七三	二九四
	蹻	蹼	躁	躂	躃	躄	躅	躉	𨇝	𨇄	躇	躊	躋	躍	躐
十三至十四	二九四	二	一四五	一九九	一二	一二	二六	一七一	二二一	一二四	二四	二三一	六三	二九一	二七四
	躑	蹟	躒	躓	躔	躕	躘	躝	躚	躧	躞	躡	躤	躪	躥
十五至十八	三七	一五八	五十	三七	二二一	二四	一九四	二七三	三二一	五十	三二七	二六七	六四	二七三	一五七

四十四

蹟 一五八
躩 二八一

身部

身 二三八
躬 三四八
䠶 三六
䠲 一十
躭 二零八
䠹 三六
䠷 二四五
躱 一七四
躲 一七四
䠵 二四九
䠻 三四八
躴 二五五
䠀 一十
躶 一九六

躷 八五
躺 二零五
𨉷 一八
𨊊 三六六
軀 五一
軃 一七四

車部

車 五二 二二八
軋 三二九
軌 三五二
軍 二七九
軏 二九一
軒 二八三
軔 二四三
軛 九十
軟 一九十
軝 六一
軨 二七二
軫 二二八
𨋍 二二八
𨋌 二二八

輂 一零三
輩 三四九
軲 七六
軱 七六
軳 九五
𨌀 四六
軸 二三二
𨊻 二六五
軹 三七
輅 三三十
軻 八十
軼 七五
軾 四一
𨍁 一三二

輀 九一
較 二九七
輅 三十
輚 七五
輈 二三二
載 一四三
輊 三七
輒 二三十
輓 一一八
輔 七
輕 三零六
輙 二三十
輗 四六
輘 二七二 七五

輛 二七十
輜 一六
輝 三六十
輞 一一六
輟 一八四
𨍏 二零五
輥 三五十
輦 二六五
輧 一三二
輩 一零三
輪 一九五
輭 一九十
𨍭 三一四
𨏈 二四四

輯 六六
輳 一五一
輵 八二
輶 三四一
𨍰 三五八
輸 二七
輹 七
𨏤 六
輻 七
𨎥 八十
輾 二二二
輿 五六
䡟 三三十
𨎆 二零五

足身車辛辰辵部

十至十四

轂 七七　轄 三一七　轅 二八八　轆 三十　轇 二九六　轢 二一六　轉 一八十　轍 二二九　轎 二九七　轔 二七三　[illegible] 二零六　轕 八二　轗 三六八　轘 三五七　轞 三二二

十四至二十四

轞 三二二　轟 三五八　轢 五十　轡 一零二　轣 五十　轤 三十　[illegible] 一九四　[illegible] 二七二　轜 二七二

辛部五至十二

辛部

辛 三二五　辜 七六　辝 一五　辞 一五　[illegible] 二五　辟 一　辠 一六二　辣 一三三　辢 二五三　辤 一五　辦 九九　辨 一三三　辧 一三三　辭 一五

十四畫

辯 九九

辰部三至六

辰部

辰 二二六　辱 二九　農 一九六　二六二

辵部三至四

辵部

辵 一八六　辶 一八六　达 二二　迂 三零一　迁 五五　迄 六二　迅 二八六　三二五　迆 七二　迊 一四一　迋 一一七　[illegible] 五　迍 一七十　迎 三三六　近 三一一

四至五

迓 三二九　返 一二五　迕 五　迨 二四五　[illegible] 七三　迴 二七八　迦 二九三　迫 二零二　迡 四五　迪 四三　迫 一零四　一零五　迭 二五一　迯 二零三　述 二八

五至六

迴 三六十　迷 一一三　迸 一百　迹 六六　迺 二六十　迻 七二　追 一八四　退 一七二　送 一六五　适 三五三　逃 二零三　逢 九六　逅 三七九　逐 四七

七畫
退 九四　逋 二　逍 三一八　透 二一一　逐 二五　逑 三一五　途 二二　逓 四五　逕 三零八　逖 四二　逗 二一二　這 一五一 二三十　通 一六八　逛 三四五　逝 四一

七至八
逞 二二四　速 二一　造 一四五　逡 二七九　逢 一二六　連 二七一　逩 一零一　逯 三一　逬 一百　逭 三五七　逮 四四 二零二　週 二三二　進 三一一　逴 一八四　逵 三五一

八至九
逶 一二十　逷 四二　逸 七五　逼 一一　逾 五六　逿 二零五　遁 一七一　遂 一六六　遄 一七九　遇 五九　遊 三四一　運 二九十　遌 九十　遍 一三三　過 三五三

九至十
遏 九十　遐 三一七　遑 三五六　遒 三一四　道 二零四　達 二百　違 一二十　遘 三七三　遛 二七五　遜 二八六　遝 一九九　遞 四四　遡 二一　遠 二八八　遢 一九九

十至十二
遣 三零二　遨 八六　適 四一　遬 二一　遭 一四四　遮 二二九　遯 一七一　遰 四五　遱 二五九　遲 三四　遴 二七三　遵 一六十　遶 二四一　遷 三零一　選 二八四

十二至十九
遹 五八　遺 七二 一二二　遼 二六九　遽 五三　避 一一　邀 三三十　邃 一六二　邁 一零七　邂 三二七　還 三五七 三七四　邅 二二二　邇 九一　邈 一三八、　邊 一三二　邋 二五二

十九畫
邏 一九五　邐 四八

邑部

三至五
邑 七五　邕 二八九　邘 三七六　邙 一零九　邛 二七八　邠 一三六　邢 三二四　那 一九七 二五九　邦 九七　邨 一六十　邪 三二六　邯 三七六　邵 二零一　邱 三一四

辵邑酉部

畫數	字	頁
五至六	邲	一二
	邳	一零二
	邴	一三五
	邵	二三五
	邶	一零三
	郎	一一五
	邸	四四
	邽	三五二
	邾	二五
	郁	五九
	郃	八四
	郝	七十
	郅	三七
	郇	二八五
	郈	三七九
六至八	郊	二九六
	郕	二二四
	郗	六八
	𨛖	二八十
	郜	三六五
	郝	三七四；八四
	郎	二五五
	郟	二九三
	郡	二八十
	郢	三三七
	郤	七十
	部	二
	郫	十
	郭	三五三
	郏	二零七
八至十一	郰	一五一
	郲	二五三
	郵	三四一
	都	二一一；二二
	郿	一一二
	鄂	九十
	鄆	二九十
	鄈	三五一
	鄒	一五一
	鄔	五
	鄉	三二十
	鄗	一一
	鄘	二八八
	鄴	二一六
	鄜	三一
十一至十九	鄣	七九
	鄢	三三三
	鄣	二一九
	鄧	二一十
	鄭	二二五
	鄰	二七三
	鄱	一零四
	鄲	二零八
	鄯	三四十
	鄶	三四四
	鄹	一五一
	鄼	二六五
	郾	五十
	酆	一二六
	酈	五十

酉部

畫數	字	頁
酉部二至五	酉	三四二
	酊	二五十
	酋	三一六
	酌	一八五
	配	一零五
	酏	七一
	酒	三一六
	酕	一八二
	酖	二零八；二二六
	酗	五五
	𨠖	七六
	酡	一七三
	䣣	一七三
	酢	一六四
五至七	酣	三七六
	酤	七六
	酥	二十
	酧	二三一
	酩	一三九
	酪	二五五；四五
	酬	二三一
	酲	二二四
	酴	二二
	酵	二九七
	酷	七六
	酸	一六四
	酹	二五四
	酺	一
八至九	醃	三三三
	醄	二零三
	醅	一零二
	醆	二二二
	醇	一八二
	醉	一六二
	醊	一八五
	醋	一九
	䤃	三三八
	醍	四二
	醐	七九
	醑	五四
	醒	三二三
	醢	二零八
十至十二	醜	二三一
	醝	一六三
	醞	二九十
	醡	二一五
	醘	三七四
	醨	四八
	醩	一四四
	醪	二五四
	醫	七一
	醬	三百
	醹	二八
	醭	二；一
	醮	二九六
	醯	六八

十二至十九

醰 二零七　醲 一九六　醴 四八　醵 五三　醶 三三五　⿰酉與 五四　醹 二八　醺 二八五　醻 二三一　醼 三三五　醾 一四　醿 一四　釀 二六四　釁 三二五　釂 二九六

十九畫

釃 三九　二三四　釅 三三五

釆部十三畫

釆部

釆 一三三　采 一四二　釋 四一

里部三至十一

里部

里 四八　重 一八一　一八二　野 三四十　量 二七十　𨤲 四八　釐 四八

金部二至四

金部

金 三一十　釗 二一七　釘 二五十　釜 八　針 二二七　釣 二四六　釤 二三七　釦 三七二　釧 一七九　釬 三七七　釭 三六七　釵 二一五　釿 三一十　三三八　鈀 九二　九三

四至五

鈄 二一二　鈇 六　鈍 一七一　鈎 三七二　鈐 三零一　鈒 一五二　鈔 二一七　鈕 二六七　鈞 二七九　鈽 二四六　鈴 二七二　鈷 七七　鈸 一零五　鈺 五九

五畫

鈿 二四八　鉄 二五一　鉅 五三　鉇 一七三　鉈 一七三　鉉 二八四　鉋 九六　鉎 三二三　鉏 二四　鉑 一零四　鉒 一六　鉗 三零二　鉛 三零一　鉞 二九一

五至六

鉢 一零四　鉤 三七三　鉦 二二五　鉸 二九七　鉼 一三五　銀 三三八　鉤 二七九　銃 一八一　銅 一六九　銉 五九　銍 三七　銎 二七八　銑 三二二　銕 二五一

酉采里金部

銓 二七六	銖 二六	銘 一三九	銜 三二一	銲 三七七	鋭 一九二	銷 三一八	銹 三二八	銼 一六三	鋂 一一二	鋆 二七九	鋈 五	鋏 二九三	鋑 三零三	鋒 一二五
鋕 三七	鋙 四	鋜 一八五	鋟 三零一	鋤 二四	鋧 三二三	鋋 一零九	鋪 一	鋸 五二	鋼 三六七	錁 八一	錄 三一	錡 一九二	錧 二零五	錎 三二三
錳 三七六	錐 一八四	錔 一九九	錕 三四九	鉼 一三五	錘 一八三	錙 一六	錚 二二五	錛 一零一	錞 一七二	錠 二五十	錡 六六	錢 三零二	錣 一八五	錤 六三
錦 三一十	錨 一零八	錫 六八	錮 七八	錯 一六三	鍋 三五三	錬 二七一	鍘 二一四	鍚 三三二	鍛 一六八	鍟 三二三	鍔 九十	鍥 一九十	鍍 二三	鍐 一五九
鍠 三五六	鍤 二一三	鋾 三五八 三七七	鍪 一零八 一一四	鍫 二九四	鍬 二九四	鍭 三七八	鍰 三五七	鍱 三四十	鍵 三零五	鍼 二二七	鍾 一八一	鎊 九六	鍻 二百	鎌 二七一
鎋 三一七	鎵 一六七	鎎 三六三	鎏 二七五	鎒 二六四	鎔 一九一	鎖 一九七	鎗 二九八	鎰 二二一	鎙 一八九	鎚 一八三	鎡 一六	鎧 三六三	鎩 二三三	鎪 一五六
鎬 三七五	鎭 二二八	鏄 三一八	鎮 二二八	鎾 七五	鏁 一六七	鏃 一九	鏈 二七一	鏇 二八四	鏊 八六	鏋 一一十	鏑 四三	鍽 二五九	鏓 三五七	鐪 三十
鏖 八六	鐙 三七十	鏘 二九八	鏜 二零四	鏝 一一十	鏞 二八九	鏟 二二一	鏡 三零八	鏢 一三十	鏤 二五九	鏨 一四七	鏴 三十	鏵 三五四	鏗 三百	鏽 三二八

四十七

筆畫	字
十二至十三	鐾二八二 鐃二六一 鐇一二四 鐊三三二 鐋二零五 鐗一九十 鐏一六十 鐐二六十 鐟一四七 鐖六三 鐧三零五 鐘一八一 鐙二一十 鑢八六 鐫三零三
十三至十四	鐮二七一 鐓二九七 鐲一八五 鐦一三一 鐵二五一 鐶三五七 鐸一七四 鐺二零六 鑂二八六 鑄二六 鑊三六二 鑌一三六 鑑三零五 鑒三零五 鐕一四七
十五至十八	鑕三七 鑚一五八 鑛三四九 鑯二五三 鑠一八九 鑪三三 鑣一三一 鑨一九四 鑪三十 鑯三零三 鑰二九一 三三一 鑱二二十 鑲三二十 鑹二一四 鑵三四七
十八至二十	鑷二六七 鑹一五七 鑼一九五 鑾一九三 鑽一五八 鑿一四四 一六四 钁二八一
長部至十二	長部 長二一八 镸二一九 長二一九 𨱿二六九
門部一至四	門部 門二一一 閂一八八 閃二三六 閆三三四 閈三七七 閉一二 開三六三 閌三六六 閎三五八 閏一九一 閑三二二 閒三零三 三二二 間三零三 閔一四十
五至六	閘二一四 閙二六一 閛一三三 閜五一 閟一三 閭三四五 閣八二 閤八四二 閥三二三 閐四一 閦一二三 閧三五九 閨三五二 閩一四十
七至九	閶三四九 閬二五五 閭三二 閱二九二 閶二一八 閹三三三 閻三三四 闀八九 闃五九 閿一一九 闂三二十 闆五六 闇八八 闈一二十

金長門阜部

九至十	闉 三三八	闊 三五三	濶 三五三	闋 二八一	闌 二五六	闍 二三九	闐 二四七	闃 二六七	闒 一九九	闓 三六三	闔 八三	闕 二八一	闖 一七七	闚 三五一	關 三四六
十至十三	闞 三六八 三七六	闠 七十	闡 二二一 二三七	闢 一一	闤 三五七	闥 一九九									
阜部二至四	阜部	阜 八 一三十	皀 九	防 二七四	阡 三零一	陁 三五	阪 六四	阧 二一二	阨 九十	阪 九八 一二五	阬 三七十	阮 一九十 二八八	阯 三七	阱 三零七	防 一二三
五至六	陷 二一八	陣 二二六	院 九十	阹 五一	阻 二十	阼 一六四	阿 八四 八九	陀 一七三	陂 一零三	附 八	陁 一七三	陋 二五九	陌 一一四	降 三百 三二十	
六至七	限 三二三	陔 三六四	陗 二九五	陘 三零八 三二四	陙 二二六	陞 一三	陜 三一七	陝 二三六	陛 二三七	陟 三八	陡 二一二	院 二八八	陣 二二八	除 二四	
八至九	陪 一零二	陧 二一八	陬 一五一	陰 三三八	陲 一八三	陳 二二六	陴 一十	陵 二七二	陶 二零三	陷 三二三	陸 三一 二七五	陻 三三八	陼 二五	陽 三三二	
九畫	陾 三四二	隂 三三八	隐 三三九	隄 四三	隅 五六	隆 一九四	隇 一二十	隈 一二十	隉 二六六	隊 一七二	隋 一六六 一七五	隌 八八	隍 三五六	階 三一二	
十至十三	隕 二九十	隲 一零七	隔 八二 三一二	隖 四	隗 一二一	隘 八五	隙 六二 七十	隃 三一八	際 六六	障 二二十	隣 二七三	隤 一七二	隧 一六六	隨 一六六	

隩 五九 八六 三二二　險 六三　隮 六九　隰 三三九　隱 三六十　隳 三六十　隴 一九四

隶部

隶 二零二　隸 五十　隷 五十

隹部

佳 一八四　隻 三六　隼 一六五 一八八　雀 二八一 二九五　雁 三三五　雄 二八四　雅 三二九　集 六五　雇 七八　雉 三八　雊 三七三　雋 一六一 二八十　雍 二八九　雌 一五

雎 五二　雒 四五　雔 二四五　雕 二四六　雖 一六六　雘 七九　雙 一八七　雛 二四　雜 一四二　雝 二八九　雞 六四　雟 六八　離 四八　難 二六二

雨部

雨 五七　雩 五六　𩁹 二三六　雪 二八六　雯 一一九　雰 一二七　雱 九六　雲 二九十　零 二七二　雷 二五七　雸 三六九　雹 九五　電 二四八　需 五四

霃 二二六　霂 三　覓 三二三　霄 三一九　䨮 二一四　霆 二四九　震 二二八　霈 一零二　霉 一一三　霖 一七七　霍 三六二　霋 二三三　霏 一二八　霑 二二二

霓 四六　霖 二七三　霙 三三六　雰 一二七　霜 一八七　霝 二七二　霞 三一七　霡 一零七 一一四　霢 一零七 一一四　雱 九六　䨨 一八四　霤 二七五　霎 一一四　䨸 一一四

霧 五　霪 三三八　霰 三二三　雨嵩 五九　露 三十 二五九　霳 一九四　霴 二零二　䨶 二六三　霶 九六　霸 九三　霹 九　䬙 七十　霽 六六　𩆡 一六四

阜隶隹雨青非面革部

十四至三十一
霾 一零七
靁 二五七
靂 五十
靄 八五
靆 二零二
靈 二七二
靉 八五
靃 一八六
靐 一三四

青部三至十
青部
青 三零六
彰 三零八
靖 三零八
靚 三零八
靛 二四八
靜 三零八
靝 二四七

非部三至十二
非部
非 一二八
⿱非巴 一二八
⿱大非 一二九
⿱非巾 一二八
⿸广非 一二八
⿱非子 一二八
奜 一二八
⿱非手 一二九
靟 一二八
⿱非巴 一二九
靠 三六五
靡 一四
⿱靟毛 一二八

面部至十四
面部
面 一三九
靦 二四七
靨 三三四 三四十

革部二至六
革部
革 八二
靪 二五十
靸 二一三
靭 二四三
靳 三一一
靴 二八六
靶 九三
靷 三三九
⿰革由 二三二
⿰革幼 三三一
鞁 一一
鞅 三三一
⿰革并 一三五
鞉 二零三

六至八
鞋 三二六
⿱夆革 八七
鞍 八七
鞎 三七七
鞏 三四九
⿰革見 三二七
鞕 三三七
鞘 二三四 二九五
⿰亻⿱夆革 二四五
⿱敝革 二四五
鞙 二七七
⿰革内 一三七
⿰革咼 二二十
鞞 一三五

八至十一
⿰革享 三五三
鞠 五二
鞦 三一四
鞧 三四一 三一四
鞨 八三
⿰革匋 五二
鞬 三零三
⿰革便 一三二
⿰革對 二三一
鞮 四三
鞵 三二六 六八
鞶 九七
韠 一二
⿰革鄉 三五三

十一至十七
⿰革章 二一九
鞽 二九四
⿰革華 二八六
⿰革幾 六三
韁 二九九 三六七
韂 二二一
韃 二百
韆 三零一
⿰革戠 一一五
⿰革龍 一九四

四十九

韋部

韋 一二十　韌 二四三　韎 一一二　韐 二九三　韒 二九五　韓 三七六　韔 二一九　韙 一二一　韚 一二一　韜 二零三　韞 二九十　韡 一二

韭部

韭 三一六　韮 三一六　韱 三零一　鑯 三零一

音部

音 三三八　韶 三五八　韵 二九十　韶 二三四　韸 三五八　韹 二九八　韻 二九十　響 三二十

頁部

頁 三四十　頂 二五十　頃 三零六　項 三二十 三七五　順 一八八　頇 三七六　須 五四　頊 五四　頌 一六五　頍 三五二　頎 六一　頏 三七五　預 五九　頑 一一七

頒 九八　頓 一七一　頖 九八　[illegible] 八三　頋 七八　頗 一零三　頔 一八六　領 二七二　[illegible] 三五二　頞 八九　頟 八九　頠 一二一　頡 三一三　頤 七二

頦 八十 三七四　頪 八　頭 二一一　頳 三六一　頰 二九三　[illegible] 二四九　頲 二七九　頵 二七六　頷 三七六　頼 四二　頸 三七十 三零七　頽 一七二　[illegible] 一七一　頻 一三五

顆 八十　顋 一五三　題 四二　額 八九　顎 九十　顏 三三四　顒 二八九　顓 一七九　顗 七三　願 二八八　顙 一五四　顛 二四八　顚 二四八　類 二五八

顢 一零九　顦 二九五　顧 七八　顫 二二一　[illegible] 三六四　[illegible] 二六六　顯 三二二　顰 一三五　[illegible] 九十　顱 三十　顴 二七六

韋非音頁風飛食部

風部四至九　九至十四　十五至十八　飛部四至九　食部二至五　五至六　六至七　八至九

風部

風	凬	颫	颭	颮	颯	颲	颳	颶	颴	颵	颹	颼	颸
一二六	一二六	六	二二二	一三一	一五二	二七四	三四三	五三	二八四	二三四	二七十	五三	一八

颾	颻	颺	䬙	颼	颽	颿	飀	飄	䬟	飂	飆	飋	飁
一五六	八八	三三二	三三十	一五六	一五三	一二五	二七五	一三十	二七五	二七五	一三一	一三一	二七四

飀	飍
二七五	一三一

飛部

飛	䬨	䬩	䬪
一二八	一二八	一二八	二五

食部

食	飡	飢	飣	飤	飧	飩	飪	飫	飭	飲	飯	飧	䬾
一八 三九	一四六	六三	二五十	一八	一六五	一七一	二四三	五九	三五	三三九	一二五	一六五	三三二

飴	䬯	飶	䬺	飻	餘	飼	飽	飾	餀	餁	餂	餃	餅
七二	二二二	一一	三六九	二五一	二五一	一八	九五	四一	八五	二四三	二四七	二九七	一三五

餉	䭥	養	餌	餐	餑	餒	餓	餔	餕	餖	餗	餇	餘
三二十	三三二	三三二	九一	一四六	一零四	二六三	九十	一	二八十 一六一	二一二	二十	一零八	五六

餚	餛	餳	餜	餺	餞	餟	餣	餡	餤	餅	餧	館	餫
三三十	三五九	三二二	三五二 三五四	四一	三零五	一八六	二七七	三二三	二零七	一二七	一二二 二六三	三四七	一九六

五十

畫	字
九至十	餫 三五九　餬 七八　餕 一五六　餋 二五一　餱 三七八　餲 八五　餳 二零五　餹 二零五　餻 三六五　[illegible] 三六五　餿 三一五　[illegible] 七十　餼 七十　[illegible] 二十　餽 三五一
十至十二	餾 二七五　餿 一五六　饁 三四十　饔 一一三　饅 一一十　饈 三二七　饉 三一十　饊 一五五　饋 三五一　[illegible] 二二三　饌 一八十　饍 二三七　饎 三八　饐 七五　饑 六三
十二至十八	饒 二四一　[illegible] 三四四　饔 二八九　饕 二零三　饗 三二十　饘 二二二　饋 一二七　[illegible] 一一一　饜 三三五　[illegible] 一九四　[illegible] 一一三　[illegible] 一四　饞 二二一　饔 二八九
首部至八畫	首部　首 二四十　[illegible] 二四十　馗 一五一　馘 三五四
香部四至八	香部　香 三二十　馚 一二七　馡 一二三　馥 九　馨 三二三、三二五　馩 一二七　[illegible] 一二二
馬部二至四	馬部　馬 一零六　馭 五九　馵 三五七　馮 一二六、一三四　媽 三五七　馱 一七三、一七五　馲 一七三　馳 三四　馴 二八五　鼻 二六　馹 七六　馺 一五二　馿 三二　駇 一零四
四至五	駃 三四四　駉 二七八　駐 六　駑 三一　駒 五二　駓 一零二　駔 二十、一四五　駕 二九四　[illegible] 五一　駘 二零一　駙 九　駛 四十　駜 一二　駝 一七三
五至七	駞 一七三　駟 一八　駢 一三三　[illegible] 三九八　[illegible] 四十　[illegible] 二一十　[illegible] 三二五　駭 三二七　駮 一零五　駰 三三八　駱 四五、一九六　駴 三二七　駸 三零八　駽 二八四

畫數	字	頁
七至八	駿	一六一、二八十
	騁	二二四
	騂	三二三
	騅	一八四
	騲	一八五
	騈	一三三
	騣	一八五
	騋	二五三
	[illegible]	一零一
	騌	一五九
	騍	八一
	[illegible]	九一
	騎	六一
	騏	六一
	騐	三三五
八至十	騑	一二八
	騣	五
	騖	五
	騗	一三二
	騙	一三二
	騘	一五九
	騠	四二
	[illegible]	四二
	騢	三一七
	駿	一五九
	騤	三五一
	騧	三四三
	[illegible]	四二
	騫	三零一
	騥	二二四
十至十一	隲	三六
	騮	二七五
	騰	二一十
	騿	一四四
	騵	二八八
	騶	一五一
	騷	一五三
	騸	二三七
	驀	一一四
	騻	一八七
	[illegible]	四八
	騾	一九五
	驀	一一四
	驁	八六
	驂	一四六
十一至十三	驃	一三十
	驄	一五九
	驅	五十
	[illegible]	五九
	驊	三五四
	驌	二一
	驍	三一九
	驎	四八
	[illegible]	一二四
	驒	一七四
	驔	二零八
	驕	二九六
	[illegible]	五六
	驖	二五一
	驗	三三五
十三至二十	[illegible]	一九五
	驚	三零七
	驛	七五
	[illegible]	一零一
	驟	一五二
	驢	三二
	驤	三二十
	驥	六六
	[illegible]	三零四
	驦	一八七
	驩	三五六
	驪	四八
	驫	一三一
骨部二至五	骨	七七
	骫	一二一
	骪	一二一
	骰	一二一
	骭	三六九
	骪	一二一
	骫	八七
	骰	二三四
	骳	一零五
	骯	三四六
	[illegible]	一七
	骴	一七
	骶	四四
	[illegible]	七五
六至十	骸	三二六、三七四
	骻	三四三
	骼	八二
	骽	一七二
	骯	一一八
	骾	三七十
	髀	一二
	[illegible]	一二
	骿	一二
	[illegible]	二九八
	髁	八十
	髂	八一、二九二
	髆	一零五
	髈	九七
十一至十九	髏	二五九
	髑	七五
	髒	一四五
	[illegible]	一六六
	髓	一六六
	體	四二
	髕	一三六
	髗	三十
	[illegible]	一九八

高部

高 三六五
⿱髟囟 一五四

髟部

髟 一三一
髠 三四九
髡 三四九
髢 四三
髣 一二三
髤 二四二
髦 一零八
髧 二零八
髫 二四五
髭 一六
髮 一二三
髯 二四二
髴 六
⿱髟囟 一五九

髻 六四
髼 一百
髽 一七六
鬂 一三六
髾 二三四
鬀 四二
鬠 三一六
鬃 一五九
鬄 四三
鬅 一百
鬆 一六五
鬌 一八三
鬉 二二五
鬈 二七六

⿱髟憂 一五九
鬍 七九
鬎 四三
⿱髟般 九八
鬒 二二八
鬒 二二八
鬖 一五四
鬘 一一十
鬚 五四
鬞 三五七
⿱髟監 二五七
⿱髟盧 二六六
鬢 一三六
鬣 二七四

門部

鬥 二一二
鬦 二一二
鬧 二六一
鬨 三五九
鬩 七十
鬮 三一六
鬪 二一二
鬫 三七六
鬭 二一二
鬮 三一六

鬯部

鬯 二一九
鬱 五八

鬲部

鬲 五十 八二
鬴 七
鬵 二八五
鬷 一五九
鬻 五九

鬼部

鬼 三五二
鬽 一一二
魁 三五九
魂 三五九
⿱宀鬼 三五九
魖 一零五 九三
魄 一零四
魅 二二
魈 三一九
夔 三六二
魋 一七二
魍 一一六
魎 二七十
魏 一二二

十一至十四	魑 三四　魔 一一三　魗 二三一　⿺鬼宗 二一三　魘 三三四　魙 六四 三零五
魚部	魚 五六　魛 二零四　魟 三四八　魦 二三三　⿰魚公 三四八　魨 一七十　魪 三一四　魫 二二六　魧 二二六　魯 三十　魴 一二三　魵 一二七　魼 五一　鮀 一七四
二至五	
五至七	⿰魚也 二七四　鮉 二四六　鮎 二六五　鮐 二零一　鮑 九六　鮒 九　鮓 二一四　鮝 三二十　鮪 一二一　鮫 二九六　鮮 三二一　鮹 三一八　鮺 二一四　鯀 三五十
七至八	鯁 三七十　鯇 三五七　鯉 四八　鯊 二三三　鯋 二三三　鰡 一六　鯗 三二十　鯚 六六　鯛 二四六　鯝 七八　鯤 三四九　鯨 三零六 三零七　鯪 二七二　鯫 一五一
九至十	鯹 三二三　鯽 六六　鯾 一三二　鯿 一三二　鰀 三五七　鯯 一五十　鰈 二五二　鰉 三五六　鰌 三一四　鰍 三一四　鰐 九十　鰓 一五三　鰕 三一七　鰜 三零三
十至十二	鰝 三七五　鰠 一五三　鰢 一零六　鰣 三九　鰥 三四六　鰩 三三十　鰱 二七一　鰲 八六　鰷 二四五　鰽 三一五　鰾 一三一　鱄 一八十　鱉 一三七　鱍 一零五
十二至十五	鱑 三五六　鱒 一六一　鱓 二三七　鱘 二八五　鱔 二三七　鱖 三五二　鱗 二七三　鱟 三七九　鱠 三四四　鱣 二二二　鱨 二一九　鱮 五五　鱵 二二七　鱶 三二十
十六至二十二	鱷 九十　鱸 三十　鱻 三二一

五十二

鳥部

鳥部二至四：鳥 二六四　鳧 九　鳩 三一六　鳵 三六九　鳲 三一九　鳳 一二六　鳴 一三九　鳶 二八七　鴆 九八　鳺 二八二　鴎 一一　鳼 二二六　鴉 九六　鴈 三三五

四至六：鴉 三二八　鴒 二七二　鴕 一七四　鴚 八二　鴛 二七八　鴝 五一　鴸 三一九　鴟 三四　鴣 七六　鴥 五九　鴦 三三一　鴨 三二八　鴰 三四三　鴶 四二

六至八：鴻 三五八　鴿 八二　鵁 二九六　鵂 三二七　鵃 二七七　鵅 五九　鵓 一零五　鵜 四二　鵝 九十　鵞 九十　鵲 七七　鵡 四　鵪 八七　鵬 一百

八至九：鵒 三零一　鵰 二四六　鶓 二八一　二九五　鵷 二八七　鵻 一八四　鶽 一八四　鵾 三四九　鵵 七五　鶂 七五　鶉 一八二　鶊 三七十　鶖 三一四　鶗 九十　鶡 八四

九至十：鶵 七九　鶩 三　鶩 三　鶬 一四五　鶯 三三六　鶚 八二　鶱 三二一　鶴 三七四　八四　鶹 二七五　鶺 六六　鶻 七七　鶪 一六五　一八八　鶩 一五　鷀 一五

十至十二：鷁 七五　鶬 三三一　鷄 六四　鷇 三七二　鷊 七五　鷉 二二九　鷕 三三一　鷦 三三一　鷗 九一　鷙 三八　鷂 一八七　鷥 一七　鷦 二九六　鷨 七五

十二至十四：鷓 五九　鷩 一三　鷩 一三　鷫 二一　鷸 二九六　鷮 二六九　鷳 三二二　鷲 三一六　鷸 五九　鷹 三三六　鷺 三十　鷾 七五　鸇 二二二　鸎 三三六

十四至十九：鸐 四三　鸑 二九二　鸕 三十　鸘 一八七　鸚 三三六　鸛 三四七　鸜 五一　鸝 四八　鸞 一九三

鹵部八至十五 鹿部二至七 八至十三 麥部三至十八 十四至二十二 麻部四畫 黃部十二畫 黍部至十一畫

五十三

鹵部

鹵 三十
⿰鹵夫 二零九
鹹 三零四 三二二
鹺 一六三
鹻 三零四
鹼 三零四
鹽 三三四
盐 三三四
⿰鹵翟 四三

鹿部

鹿 三一
麀 三四一
麂 六五
⿰鹿几 六五
麃 一三一
麅 九五
麋 二七九
麈 二五
⿸鹿留 三三八
麄 一四
麇 一四
麌 五九
麏 二七九
麐 二七三

麑 四六
麒 六一
麓 三一
麕 二七九
麖 三零八
⿸鹿豙 一四
麗 五十
⿸鹿香 三二十
麛 一四
⿸鹿逵 一四
麝 二四十
麞 二一九
麟 二七三
麢 三零八

麛 六一
麤 一九

麥部

麥 一零七 一一四
⿰麥毛 一七四
麩 六
麫 一三九
⿰麥它 一七四
⿰麥末 一一四
麯 五一
⿰麥并 一一四
麴 五一
麵 一三九
⿰麥肙 二八六
⿱敖麥 二六七
⿰麥豊 一二六

麻部

麻 一零六
麼 一零六 一一三
麾 三六十

黃部

黃 三五六
⿰黃殳 三五六
黌 三五八

黍部

黍 二七
⿰黍刃 四七
黎 四八
⿰黍日 四七
黏 二二三 二六五
⿰黍垂 四七
⿰黍离 三四

黑部三至八

黑部

黑 八四 三七八　⿰黑千 三六九　黔 三零一　默 一一四　⿰黑太 二零一　黛 二零二　黜 二三 一八五　黝 三四二　點 二四八　⿰黑夾 三六十　黠 三一七　黤 八八　黥 三零六　⿰黑它 三四十

八至十六

⿱敝黑 四八　黨 二零六　黯 一九九　⿰黑弁 八八　⿰黑青 八八 三三四　黶 四八　黲 一四六　黴 一一二　⿰黑曾 一四八　⿰黑睪 二九四　黷 二三　⿰黑騰 二一十

黹部至七畫

黹部

黹 三七　黺 一二七　黻 八　黼 七

黽部四至十二

黽部

黽 一四十　黿 二八八　鼂 二一六　⿺走黽 一一五　鼃 一一五　⿱大黽 二五　鼇 八六　鼈 一三七　鼉 一七四

鼎部至三畫

鼎部

鼎 二五十　⿱目丂 二五十　鼐 二六十　鼒 一六

鼓部至十二畫

鼓部

鼓 七七　鼔 七七　鼕 一六八　鼖 一二七　⿱𡗗鼓 一二七　⿱非鼓 二零三　⿱鼓甫 一六八　⿱鼓丰 一十　鼛 三六五　鼞 二零五　鼟 二零九

鼠部至十畫

鼠部

鼠 二七　鼢 一二七　⿰鼠卯 二七五　鼯 四　⿰鼠吳 四　鼴 三三四　鼹 三三四

鼻部一至二十二

鼻部

鼻 一一　⿰鼻乙 二九五　鼾 三七六　齁 三七八　⿰鼻員 四二　⿰鼻算 四三　⿰鼻帚 四三　齅 三二八　齈 一九六　齇 四三　齉 二六二

黑黹黽鼎鼓鼠鼻齊齒龍龜龠部

齊部至九畫　齒部一至六　六至九　龍部至六畫　龜部　龠部至九畫

齊部
齊 六一　齎 六一　齌 六一　齋 二一五　齍 六一　齎 六一　齏 六四　齏 六一　齏 六四

齒部
齒 三五　齓 二二七　齔 二二七　齕 八四　齗 三三八　齣 二三　齙 九五　⿰齒可 八一　齜 一六　齟 五三　⿰齒名 二四五　齡 二七二　齦 三七一　齧 二六七

齩 三三一　齪 一八五　⿰足齒 一八五　齬 五七　齶 九十　齷 一二二

龍部
龍 一九四　攏 一九四　龐 九六　⿰犭龍 一九四　櫳 一九四　龔 三四八　龕 三六七

龜部
龜 三五二　龜 三五二

龠部
龠 二九二　龡 一八三　龢 八三　⿰龠昌 二九一　龤 三二六　龥 五九　二九二

一

（撲）

（P'U.）

（上平）

撲 手部相撲也又擊

擈 同上

攴 部首小擊也

仆 人即僵也僵也又音赴頓也

鋪 金部陳也設也又音數又去聲買肆也俗作舖

痡 疒部不能行病

墣 土部塊也

苻 艸部草生貌

（下平）

蒲 艸部水草可以為席又藥名又州名又姓

蒱 艸部樗蒱戲也

葡 艸部俗借匍為蒲萄字

菩 艸部菩提樹名又音倍

莩 艸部亂草也

匍 勹部匍匐伏地

手行也

酺 酉部大酺飲酒作樂也又音步

樸 木部木素也又質也又音卜樸木也

朴 木部質朴也又與樸同又音破

僕 人部僕從自稱為僕卑辭也又馭車也又僕僕煩猥貌

蠛 虫部小虫又去聲蛇屬

濮 水部水名又州名

浦 水部瀕也大水有小口別通日浦又姓又上聲

（上聲）

普 日部日無色也又溥也大也徧也

譜 言部籍錄也牒

也又布

也

溥 水部大也徧也

圃 口部種菜處

醭 酉部酒上白又卜下平

堡 土部隄也障也又讀作去聲又音保堡障小城也

（去聲）

堢 同上

舖 正字作鋪

扑 手部小擊也打也杖也或作撲

璞 玉部玉未琢者

餔 食部申時食也又音捕餌也

襆 衣部同幞

幞 巾部帊也又幞頭飾也

暴 日部乾也又音報猛也驟也

瀑 水部又音報疾雨也

（卜）（PU）

（上平）

逋 辵部亡也又欠負財物也

晡 日部申時曰晡

誧 言部大也人相助也又音鋪謀也又諫也

（下平）

醭 酉部詳見第一頁

（上聲）

卜 部首卜筮又與

也

哺 口部食在口也又口飲又去聲

捕 手部擒捉也

補 衣部完衣也又補綴衣也又姓

賻 貝部財相酬也

（去聲）

不 一部非也未也又音弗

佈 人部遍也

埠 土部舶船埠頭

布 巾部布帛也又散也又陳也鋪也又錢別名錢行之曰布藏之曰泉

怖 心部惶恐也

步 止部徐行曰步又姓俗從少誤

抪 手部散也擊也

蔀 艸部草名又障蔽也又音掊

簿 竹部籍也

部 邑部總也統也又衙署曰部

瓿 瓦部瓦罌也

蹼 足部足指相着也

（木）（MU）

（上平）

無

（下平）

模 木部模範也又姓

謨 言部畫計也又定謀曰謨

謩 同上

摹 手部規也有所規倣也亦作摸

没 水部沈也又終也與歿同又音莫又俗讀眉

歾 歹部死也又音忽

歿 同上死也

（上聲）

母 母部即俗所謂孃也母妝也慕也兒所慕也

拇 手部足大指也

姆 女部同姥女師也婦人五十無子出不復嫁以

姥 婦道教人者女部老母也
牡 牛部畜父也
某 木部古梅字又未定之辭也
畝 田部古文畝字六尺為步百步為畝
畒 同上
畆 俗畝字與畮同

去聲

莫 艸部無也勿也又可也又菜也又姓又音寞
墓 土部塚也子孫思慕故曰墓
幕 巾部帷幕在旁曰帷在上曰幕又六合曰幕六軍旅無常居曰幕府又覆棺之具也古幕漠通
同
暮 日部日晚也
慔 俗慕字
募 力部廣求也又招也
木 部首冒也冒地而生也又五行三曰木又姓
苜 艸部苜蓿一名牧蓿
沐 水部濯髮也又治也又姓
睦 目部親也和也又姓也
目 部首人眼象形又視也
牧 牛部守養六畜者又姓
穆 禾部禾也又昭穆也又姓又和也敬也美也
霂 雨部小雨也
鶩 鳥部舒鳧也又音務義同
鶩 俗鶩字
鞪 木部車歷錄束文也
慕 心部思也習也係戀也

(WU)　(五)

(上平)

誣 言部詐也罔也以無為有也
烏 火部黑也又姓
嗚 口部嗚呼歎辭
洿 水部水濁不流
汙 水部行潦之水也又濁也又音于義同
汚 同上
圬 土部同杇泥鏝
杇 木部所以塗也

（五）

(WU.)

上平

喔 口部雜聲又喔咿强笑貌又去聲

握 手部持也又去聲

惡 心部何也又去聲耻也憎也又音我惡心欲歐也又音堊善之反也又醜也

於 方部於手又音逞語辭又即也

居也

巫 工部祝也

屋 尸部舍也

（下平）

吾 口部我自稱也御也

吳 口部大言也又音話諱也又姓

唔 俗字唔呀南音

梧 木部木名又地名又姓又魁梧壯大貌

捂 手部相抵觸也逆也忤也

浯 水部溪名

無 大部有之對也

蕪 蔵也地名湖名

无 古無字易用之

毋 毋部禁止辭猶言莫也又姓

峿 山部岨峿山貌又不安貌

蜈 虫部蜈蚣也或作蜈

鼯 鼠部鼠狀如小狐肉翅似蝙蝠能飛聲如人呼

[illegible] 同上

鋙 金部錕鋙山名或作錕鋘出金作刀可切玉又音語[illegible]鋙也

亡 二部同無又音忘逃也失也又死也

珸 玉部美石也

[illegible] 玉部石次玉者

（上聲）

五 二部數目名

午 十部辰名太歲在午曰敦牂又旁午分布也

伍 人部五人為伍相參伍也又行伍

侮 人部慢也侵也輕也戲弄也

[illegible] 侮古作侮

廡 广部堂下周廊又豐茂也

武 止部威也

鵡 鳥部鸚鵡也

仵 人部偶敵也又仵作檢驗吏也

隖 阜部村隖也又壁壘也

塢 俗隖字

摀 俗字以手摀也

忤 心部逆也違戾也

(WU.) (五)

上聲

碔 石部石次玉

珷 玉部石似玉

潕 水部水名

⿰氵舞 與潕同

舞 舛部舞樂也又足相背也又姓

憮 心部愛也媚也又憮然帳貌

嫵 女部媚也同娬

膴 肉部無骨腊也又肥美也

（去聲）

悟 心部覺也

勿 勹部禁止之辭又勿勿猶免免也又州里所建旂亦曰勿以衆民事貴速也

晤 日部明也又遇也對也

物 牛部事物也

務 力部事務又專力於事也

牾 牛部又同忤

悮 心部與誤同又欺也惑也

誤 言部謬也通作悮

寤 宀部寐覺而有言曰寤一曰晝見而夜寤也

霧 雨部地氣發天不應曰霧與霚雺丝同

⿰亻兀 人部㒵⿰亻兀不安

杌 木部木無枝也

扤 手部動搖也

兀 儿部高而上平又高貌又兀兀不動貌又刖足曰兀

屼 山部⿰山虛屼禿山貌

沕 水部深微貌又音密濁也

婺 女部婺女星名

戊 戈部歲在戊曰著雍又音茂

鄔 邑部縣名又姓

鋈 金部白全也又以鐵為質以他金灌沃其外共名為鋈獨今名鋄也

騖 馬部直騁曰馳亂騁曰騖

⿰馬敄 同上

迕 走部違也逆也

偓 人部偓促拘也又姓又偓佺仙人名

嗢 口部咽也

⿱癹火 火部主大也

迦 走部遠也又音忽義同

⿱吾心 心部恍也

幄 巾部覆帳也以布為之四合象宮室又音卧

渥 水部霑也又厚漬也又音卧

（上平）

夫 大部男子通稱大夫者扶進人者也又有德而可倚仗謂之丈夫又先生曰夫子又庶人在役曰夫又妻之良人曰夫又下平聲

跗 足部足趾也又與拊通

敷 攴部敷也布也陳也从甫从方又下平聲

麩 麥部小麥屑皮

衭 衣部衣前襟也

趺 足部與跗同又跏趺大坐也

鈇 金部莝砍刀也

砆 石部石名

玞 玉部珷玞石次玉者亦作碔砆

稃 禾部穀皮也

膚 肉部皮也膚革外薄皮又音臚

孵 子部孵化也

（下平）

芙 艸部芙蓉也

苻 艸部草名莖似葛又姓

茀 艸部所以引柩又福也又車帷又姓又去聲

莩 艸部麻有子者又葭蘆又通殍

茯 艸部茯苓藥名

颫 風部風自上下謂之颫颫

扶 手部扶持佐助也

拂 手部去也拭也除也擊也驕也逆也又與弼同又去聲

蚨 虫部青蚨

蜉 虫部大蟻也又蜉蝣

蝠 虫部伏翼也又名飛鼠

弗 弓部不可也不然也又矯也違也無也又疾貌

髴 髟部若似也言髣髴似之又音費髮亂貌又去聲

𢘅 與髴同

怫 心部怫鬱又去聲

彿 彳部彷彿與髣髴同義又去聲

紼 糸部繫印組也又引柩索又與紱芾俱通亦音費

紱 糸部綬也又去聲

縛 糸部束也

符 竹部付也信也兩相符合也又姓

罘 网部兎罟也

罦 网部翻車網也

袚 示部除災求福也又去聲

祓 與上同

孚 子部信也

伏 人部偃也匿也潛也又三伏初伏中伏末伏六月火旺金畏於火故庚日必伏

俘 人部取也又因也軍所虜獲者係其人者俘

浮 水部汎也上水曰浮又姓

桴 木部屋棟也又擊鼓杖也又編竹木成舟也

枎 木部木四布也

福 示部祜也祥也又州名又去聲

幅 巾部布帛廣也脩飾邊幅謂若布帛脩飾其邊幅也又去聲

䍖 网部覆車也

枹 木部擊鼓杖也又草名又上平聲

甶 田部鬼頭也又去聲

輹 車部車伏兔也伏於軸以承輻者

輻 車部輪轑也

葍 艸部當也惡菜也又去聲

覆 西部反覆也又敗也窮也又蓋也又去聲

蝮 虫部蝝也又蝮蛇至毒也又姓

服 月部衣服又佩服又去聲

𦨈 服本字

綍 糸部同紼舉棺之索也

(上聲)

甫 用部男子美稱也又始也又姓

鬴 鬲部鑊鬴或作釜

脯 肉部乾肉也

腹 肉部肚也又厚也為五臟之總

腑 肉部臟腑也

腐 肉部爛也敗也

哺 口部詳見第二頁

簠 竹部盛黍稷器

盙 皿部盛黍稷圓器

輔 車部人頰骨也又兩旁夾車木也又助也扶也又姓

黼 黹部斧謂之黼其文白與黑相次也

府 广部藏也又聚也

（夫）（FU.）

上聲

拊 手部拊循也防其驚則拊之又擊也柏也又搏拊樂器也

撫 手部摩也挼也慰勉也安民也持也循也又彈也擊也

捬 古撫字

俯 人部俛也又曲也

斧 斤部斧鉞

俛 即俯字又與勉同

頫 頁部低頭也又音耀大夫衆來曰頫

釜 金部同鬴黄帝始作又量名

（去聲）

咈 口部違也戾也又不然之辭

咐 俗言吩咐或囑咐

刜 刀部斷也砍也

副 刀部貳也佐也稱也又后夫人祭服之首飾編髮為之者又音佛裂也

宊 宀部安也秘也默也又音窊

富 宀部豊也備於財也富於春秋謂年幼後來春秋正富也

傅 人部師傅官名又麗著也又牽合曰傅合與附同

付 人部畀也授也

仆 詳言第一頁

賻 貝部以貨財助喪也

賦 貝部貢稅也又斂也

負 貝部荷也背也擕也一曰受貸不償

澓 水部水洄流也又姓

洑 同澓

泭 水部編木渡水也又下平聲

葍 艸部葍也又下平葍蓄草也

黻 黹部黑與青相次文如兩巳相背又下平聲

袚 衣部蔽膝也

⿰衤弗 衣部蔽膝也同袚

袱 衣部包袱又下平聲

匐 勹部匍匐伏地貌又急遽也

附 阜部依也近也託也又益也又姓

阜 部首大陸曰阜又山無石者又大也盛也長也

𠂤 阜本字又同𠂤
複 衣部重衣也
蝜 虫部蝜嬴即蝸牛也
駙 馬部副馬也又駙馬都尉官名
鮒 魚部魚名績也今作鯽
祔 示部合食於先祖
赴 走部至也趨也俗作訃非

訃 言部告喪也又至也俗與赴通
鳧 鳥部鴨也
婦 女部女子已嫁曰婦人婦之言服也服事於夫也又好貌
媍 女部老母同婦
畐 古福字滿也又下平聲
畉 田部耕田也又下平聲

復 彳部往來也返還也
馥 香部香氣芬馥也
腹 詳見上聲
父 部首父母也又同甫男子美稱
⿱艹附 艸部藥名
蕧 艸部蘆蕧也
⿰土复 土部地窟
坿 土部又下平白石英也又同附

呋 口部咀嚼也

(P'I) (皮)

(上平)

劈 刀部割也裂也破也又劈歷雷之急激者俗作霹靂非
㓟 刀部刀析也又下平義同
剕 刀部削也
霹 雨部霹靂迅雷也
披 手部旁持曰披又開也分也散

也又荷衣曰披
批 手部手擊之也又推也轉也承也
⿰扌毘 手部反手擊之也
磇 石部磇霜也同磇
砒
丕 一部大也又奉也又姓
坏 土部未燒陶瓦又音裴益也又

（皮）（P'I.）

上平

坯 後垣壁也同坏　肧 肉部婦孕一月也　胚 同肧　唔 俗字　哇 俗字

下平

羆 网部獸名似熊而長頭高脚黄白文　禕 衣部晃也又音

陴 備補也益也阜部城上女墻又裨也裨助城之高也　脾 肉部土藏也助胃氣主化穀也俗脾字　郫 邑部晉邑又姓　埤 土部附也增也厚也又田百畝謂之埤又音悲與卑同汚下也

鼙 鼓部騎鼓也　皮 部首剝取獸莖者謂之皮又姓　疲 疒部勞也倦也　仳 人部離別　枇 木部果名又音被　毗 比部輔也又明也　毘 同毗　𣬈 比部毗本字又膍也

琵 玉部胡琴也推手前曰琵却手後曰琶　⿰身比 身部體柔貌　⿰身坒 同⿰身比　膍 肉部厚也又牛肚也　貔 豸部猛獸

（上聲）

擗 手部擘開也又去聲拊心也　痞 疒部氣膈也又腹結痛

癖 疒部腹病又嗜好病也　劈 俗劈柴餘見上平　庀 广部又作庇　仳 見下平　圮 土部覆也又毀也　疋 部首此字本音蔬足也俗借為布匹之匹非

匹 匸部偶也配也合也二人為匹四人為傳又布帛四丈為匹俗作匹非又上平　狴 犬部獸名又音陛牢獄也　否 口部臧否惡也不善也又塞也隔也又音缶不然也　嚭 口部大也

十一 (PI.) (皮)

䛒 即䛒字

（去聲）

辟 辛部偏也邪也又音壁君也法也又明也又姓又與譬避義丛同

譬 言部諭也

僻 人部陋也

廦 厂部仄也陋也又與僻同

甓 瓦部瓴甋也

闢 門部開也又闢也

愎 心部戾也狼也剛愎自用也

媲 女部配也耦也

鴄 鳥部鸊鴄也

屁 尸部氣下泄也

[illegible] 穴部氣下泄也

壀 土部同埤壀堄城垣

煏 火部火乾物也

鞁 革部車駕具也

(PI.) (必)

（上平）

無

（下平）

荸 艸部荸薺即古之鳧茈也

鼻 部首肺之使又引气自畀也又國名又始也

（上聲）

筆 竹部述也述事而書之也秦時蒙恬造

笔 與筆同

鄙 邑部吝也又小邑也都鄙也又陋也又去聲

彼 彳部對此之稱又彼哉外之之辭

比 部首較也相密也又量也及也

妣 女部殁母也父曰考母曰妣

[illegible] 籀文妣字

匕 部首上相與比救也所以用取飯一名柶以棘為匕所以載鼎肉而升之於俎也又匕首劍身長三尺重二斤一兩

粃 米部不成穀也

秕 禾部不成粟也

（去聲）

飶 食部食之香也

薜　艸部香草即薜荔也又音備
苾　艸部馨香也又音蹩菜名
華　艸部豆也
蔽　艸部小草也隱蔽也
避　辵部迴避也
璧　玉部圭璧也又星名
逼　辵部近也迫也驅也

襞　衣部摺襞衣也
僻　人部詳見第十一頁
俾　人部使也從也職也益也一曰門侍人又俾俔不正視之貌
偪　與逼同
躃　足部兩足俱廢也
躄　同上
蹕　足部止行人也

嬖　女部便嬖賤而得幸曰嬖又燮也
畀　田部與也古作畀
畁　同上
畢　田部長柄小網也又宿名又終也竟也
淠　水部水名又皮去聲舟行貌
屄　尸部女子陰俗

婢　讀上平　女部女奴也
睤　目部旁視也
睥　同上
庳　广部下也
庳　同上
庇　广部廕也
痹　疒部濕也
髀　骨部股也
髀　同上
髀　俗髀字
泌　水部水名又流水也

駜　馬部馬肥壯貌
祕　示部神也密也又姓
秘　禾部密也通作秘又音密
邲　邑部好也又音佖地名又姓
毖　比部勞也又謹也
閟　門部閉門也又深也幽也

閉　門部闔也又塞也又藏也
韠　韋部韍也所以蔽前以韋為之
鞸　革部本作韠詳上
篳　竹部籓也又柴門也
篦　竹部竹器又同笓取蝦具也
咇　口部與苾同
詖　言部言不正也

(PI.) (必)

去聲

笓 竹部與篦同取蝦竹器又櫛屬

貱 貝部益也

賁 貝部飾也又文貌又卦名又姓又音奔勇也

贔 貝部用力壯也一曰雎鼇也

敝 攴部敗衣也又弓握處謂之敝也

斃 攴部與弊同踣也

弊 廾部敗也惡也又姦欺也俗弊字

獘

奰 大部壯大也又怒也

獘 犬部困也敗壞也

幣 巾部帛也具也又餞也

鷩 鳥部赤雉也一名錦雞

陛 阜部升高階也又天子稱陛下

愊 心部悃愊至誠也

必 心部定辭審也然也專也又組也

愎 心部詳見一一頁

楅 木部橫木牛角以防觸也又音福義同

糒 米部乾飯也

碧 石部石青美者

弻 弓部輔也助也正也

弼 同上

弻 同上俗字

彃 弓部射也一曰絓也

壁 土部屋壁也

梐 木部牢獄也

(MI.) (米)

(上平) 無

(下平)

迷 辵部惑也

謎 言部言惑也又去聲隱語也

彌 弓部弛弓也又弓張滿也又長也久也大也徧也甚也益也

彌 同彌

瓕 與彌通

（米） (MI.)

瀰 水部水盛貌

縻 糸部繫也又音眉

醿 酉部酴醿酒名又重醸酒

醾 同上

糜 米部粥也又爛也

蘼 艸部薔蘼也

罙 冂部深也冐也

麊 鹿部漢縣名

麋 鹿部鹿屬澤獸也又姓又與眉同

麛 鹿部鹿子也同麛

⿸鹿系

⿸鹿辵 鹿部鹿跡也又曰鹿㜫

（上聲）

米 部首粟實象木實之形又姓

眯 目部物入目也俗讀或作下平

敉 攴部撫也安也

侎 人部同敉

靡 非部披靡也偃也又奢侈也又損也又草名又姓

⿰食麋 食部哺小兒也

弭 弓部止也

去聲

覓 見部求也尋也俗作覔非

覔 同上俗字

宓 宀部安也靜也又秘也綢也近也

蜜 虫部蜂甘飴也

謐 言部靜語也安也慎也

糸 部首細絲也一蠶所吐為忽十忽為絲糸五忽也又微也幺也

幦 巾部覆軾之皮

幭 與幦同

冪 冂部覆也以巾覆物也

（辭） (TZU.)

（上平）

疵 疒部病也

差 工部次也又參差不齊也又音茶上平舛也錯也貳也不相值也又音釵擇也

嵯 山部嵯峨山不齊貌又音磋

（下平）

祠 示部廟也又祭也

詞 言部言也又嗣也文也
玼 玉部玉鮮潔貌
雌 佳部鳥母也牝也
茨 艸部茅茨又蒺蔾也又姓
瓷 瓦部陶器
磁 石部石名可以引鐵俗吸鐵石
鶿 鳥部鸕鶿水鳥
鷀 同上

慈 心部心柔也又愛也又慈姑果名一根歲生十二子歲閏則十三如慈母之乳諸子故以名之
慈 同慈
辭 辛部說也訟詞也不受也謝也
辝 籀文辭字
辞 俗辭字
辤 同上

辤 同辭
(上聲)
此 止部彼之對也
泚 水部水清也又汗出貌
跐 足部蹈也履也
佌 人部佌佌小也
(去聲)
佽 人部便利也又比也又助也又代也遞也及也
伺 人部偵候也又

察也
莿 艸部茦也芒也草木針也
朿 木部木芒也與朿不同
刺 刀部諷刺譏刺又訊也又傷也又君殺大夫曰刺又書姓名於奏白曰刺
誎 言部數誎也
賜 貝部予也錫也

次 又姑又音泗欠部亞也又次舍也又姓又音咨
廁 广部圊也雜也次也又音泗
厠 厂部同廁
蛓 虫部毛蟲有毒
蚝 同蛓斑螌一名龍蚝
螆 同蛓

（孳）　(TZU.)　ㄗ

（上平）

孜 子部力篤愛也勤也又汲汲也
孖 子部雙生子謂之孖亦作滋蕃長也
孳 子部生息也又與孜同又去聲
眥 目部目際又睚眥恐貌又音記
資 貝部貨也取也又給也又姓

貲 貝部財也
髭 髟部口上須也本作頿
觜 角部通作訾又音齜上聲口也
訾 言部不思稱意也又病也毀也又姓
訿 同上
諮 與咨同謀也
齜 齒部開口見齒貌又音柴義同

咨 口部謀也又嗟也
嗞 口部嗞嗟悲歎聲
恣 心部縱肆也又去聲
姿 女部態也
粢 米部稷也
緇 糸部黑也
鯔 魚部魚名
菑 艸部不耕之田又災也又姓又

與椔通
甾 田部與菑同不耕之田也
淄 水部水名波若漆
茲 艸部草木多益也又此也又通滋
⿰耒甾 耒部耕也
輜 車部載輜重臥息其中之車也
輺 輜本字

錙 金部本作錙六銖也
鎡 金部鉏也
滋 水部多也液也
鼒 鼎部鼎之圜掩上者

（下平）

無

（上聲）

子 部首嗣也息也又子者人之嘉稱故凡有德者

稱之曰君子
呰 口部呰窳短力弱才茍且偷生
仔 人部任人克也
秄 禾部壅禾本也
秭 禾部數也
耔 耒部壅苗本也又上平
紫 糸部帛青赤色又姓又水名
呰 口部口毀也
籽 俗字秄粒也

(TZU.) (姿)

上聲

笫　竹部 牀也

泲　水部 酋泲醴酒也 沈也 又古文濟字

滓　水部 汁滓 渣滓

梓　木部 木之王也

姊　女部 女兄也 姐本字

姉　同上

去聲

字　子部 撫也 愛也 養也 孳也 又女子許嫁曰字 又文字形聲相益謂之字

剚　刀部 插刀 又置也

倳　人部 與剚同 東方人以物插地皆為剚

漬　水部 漚也 浸也

自　部首 由也 從也 又已也 躬親也

胔　肉部 肉腐也

胾　肉部 切肉也

骴　骨部 死人骨也

骴　同上

(SZU.) (絲)

（上平）

司　口部 主守也

覗　見部 覷也

眮　目部 與伺同

絲　糸部 蠶所吐也

緦　糸部 三月服也

蕬　艸部 菟蕬藥草

鷥　鳥部 鷺鷥

斯　斤部 此也 則也 即也 又語已辭

廝　广部 養馬者 又取薪者 皆廝役也

厮　厂部 與廝同 廝養卒

[亻廝]　人部 同廝

撕　手部 提撕也

澌　水部 索也 盡也

燍　火部 火焦臭也

偲　人部 相切責也 又音猜 逼力也 又多才力也 又音緦 多鬚之貌

私　禾部 不公也

（絲）（SZU.）

上平

思 心部慮也又語辭又音四意也情緒也又音顋多鬚貌

罳 网部漢宮名

颸 風部涼風也

恖 冂部姓也

厶 部首自營為厶背厶為公又音某

無（下平）

（上聲）

死 歹部殁也又音四

𣦸 同上

𣧎 同上又音厥短也

（去聲）

伺 詳見一五頁

俟 人部待也又音奇万俟姓也

似 人部嗣也又類也又奉也

笥 竹部飯及衣之器也又音思音枲義枲同

食 部首以食食人也又音時一米也又茹也啗也又姓

飤 食部糧也又與飼同以食食人也

飼 同飤

嗣 口部繼又又姓

四 口部儍二為四陰數也

竢 立部待也

涘 水部水涯也

汜 水部水決復入也

泗 水部水名

肆 聿部放恣也又逐也又既刑陳尸曰肆又市鬻之舍也又與剔同又姓

巳 巳部辰名歲在巳曰大荒落又嗣也起也

祀 示部祭也又年也

姒 女部娣姒兄弟之妻相謂曰娣姒蓋娣姒相呼也文王妃太姒又姓

駟 馬部四馬一乘也又姓

寺 寸部將也又官吏之所止也又浮屠所居曰寺

兕 儿部野牛一角青色重千斤皮堅厚可制鎧

耜 耒部臿也耒作梠今作耜亦作耙耛

耙 同耜

𦓤 同耜

賜 詳見一五頁

十九 (T'SU.) (麤)

(上平) 麤 鹿部不精也 粗 米部大也略也疏也 觕 角部略也 (下平) 無 (上聲) 無 (去聲) 猝 犬部犬暴出逐人也又倉遽也

簇 竹部小竹也 蹴 足部蹋也躡也 蹵 同上 蹙 足部迫也促也又音戚 𨆰 同上 促 人部近也窘也短也蹙也迫也速催也又局促小貌 厝 厂部與措同又與錯同

醋 酉部醬醋又音昨客酬主人也 蔟 艸部聚也攢也又蠶蔟 踤 足部觸也又音萃集也

(TSU) (租)

(上平) 租 禾部田賦也 (下平) 卒 十部兵卒又讀去聲又音啐既也盡也終也大也夫死曰卒又忽曰急也速也倉卒曰又叶音卒 足 部首續也言續脛也又湍也又姓又讀去聲

族 方部宗族自高祖至玄孫為九族 鏃 金部利也箭鏃也又讀去聲 (上聲) 殂 歹部死也 俎 人部祭器以机盛牲體者从半肉在且上俗作文非 徂 彳部往也

二十 上聲 (TSU.) (祖)

駔 馬部駿馬也又音粗

阻 阜部險也隔也又止也

詛 言部訓也又呪詛也

組 糸部印綬也亦織也

祖 示部大父也又宗也本也又姓

去聲

捽 手部持頭髮也

𣨛 歹部通作卒

趗 走部行步局促也

蹴 足部行恭謹也又音秋

卒 衣部隷人給事者

(SU.) (蘇)

(上平)

蘇 艸部草名木名又死而復生也又姑蘇地名又姓又音傃

蔬 艸部菜也凡草菜之可食者皆曰蔬

酥 酉部酥屬牛羊乳為之又酴酥酒名

穌 禾部息也死也

甦 更生也通作蘇生部同蘇

疏 足部通也遠也又音數條陳也又同疎又姓

踈 足部同疏稀也

(下平)

俗 人部又讀去聲風俗上所化曰風下所習曰俗

(上聲)

無

(去聲)

素 糸部白鍊曰素又素質又音榡

傃 人部向也大循其常曰傃

愫 心部真情也

憟 心部憟斯承上顏色也

愬 心部與訴同

𩜸 食部繕徹葷也

餗 食部鼎實也

𧩯 言部語也

二 (SU.) (蘇)

去聲

訴 謏 嗉 膆 宿

言部告也頌也言部與趣也口部鳥受食處肉部與嗉同宀部止也安息也一宿為宿再宿為信又星宿各止具所故名宿又音吁俗言莽前一日日伴宿又音休尋宿也又音朽一夙

宿 蓿 萩 藚 粟 肅 鷫

日一宿也古文宿字艸部首蓿也艸部菜謂之萩艸部水鳥也米部嘉穀實也米之有甲也聿部恭敬也歛也又姓　鳥部鷫鷞西方神鳥長頸綠色似雁

驌 䎘 夙 [illegible] 泝　窣　觫

馬部驌驦古之良馬也　羽部鳥飛聲夕部早也敬也水部雨聲水部與溯同逆流而上曰泝洄順流而上曰泝游　穴部穴中卒出也　角部牛觳觫

遫　速　遡　簌 塐 塑

辵部張也通作愁　辵部疾也又與蔌通　辵部同泝逆流而上也　竹部篩也土部埏土象物同上

(T'U.) (土)

(上平) **禿　㾪 鵚** (下平) **圖　涂**

禾部無髮也又姓　疒部謀也鳥部鵚鶖鳥也　口部謀也又圖書文籍也又浮圖塔也　水部十二月為涂又姓又飾也又古塗字

三

（土）（T'U.）

下平

荼 艸部苦菜也

峹 山部禹娶于峹山氏

嵞 同上

峹 同上

途 辵部路也道也又通作涂塗

辻 辵部古文徒字

酴 酉部酒母也

稌 禾部稻利下濕者

塗 土部泥也又污

捸也

徒 彳部徒黨又步行也隸也但也空也衆也又司徒官名主民事故曰司徒

屠 尸部刳也殺也裂也

瘏 疒部困病也

纛 糸部皂纛軍中大旗也又音猶義同

上聲

土 部首五行之中央映於四序各十八日又叶音覩又星名

吐 口部寫也出也歐也舒也又去聲

去聲

唾 口部口液也又託去聲

忑 心部忐忑心虛也怯也懼也又音忒

突 穴部卒相見也

兔 儿部兔口有缺凥有九孔舐雄毫而孕生子從口吐出世謂兔無雄非俗作兎亦非

兎 俗兔字

菟 艸部菟絲草名

裻 衣部衣背縫又音淜新衣聲也

凸 凵部凸出貌高起也又音迭

堗 土部竈窗謂之堗

（都）（TU.）

上平

都 邑部天子所宮曰都又總也又美也盛也又姓

嘟 俗言嘟嚕

督 目部董也責也又姓

下平

毒 母部害也痛也又音育

讀 言部誦書也又姓又去聲又音

豆句讀

讟 也 言部 痛怨也 又咎謗也 又去聲

犢 牛部 牛子 又去聲

牘 片部簡 牘書版 也又公 業曰牘 又去聲

殰 歹部胎 敗也又 去聲

䐢 肉部殰 古作䐢 謂胎敗 瀆也又

獨 去聲 犬部孤也 單也 又姓也

（上聲）

堵 土部垣也 一丈為版 五版為堵

塿 土部填也 塞也

賭 貝部弈 取也

覩 見部古文睹字 覩記也 視也

睹 目部 同覩

肚 肉部腹也 胃也

又去聲 義同

暏 日部明也

篤 竹部厚也 又去聲

（去聲）

杜 木部木名 甘棠也 又姓

櫝 木部匵也

碡 石部碌碡 田器

蠧 同蠹

蠹 虫部木中蝨也 同蠹

𧒒 古文

度 广部法則也又音情量也謀也

渡 水部濟也

瀆 水部溝瀆也

鍍 金部金飾物也 又音徒

妒 女部妒忌 以色曰妒 以行曰忌

妬 女部女無子曰妬

𤢥 犬部𤢥字之譌

斁 攴部斁也又音

匵 亦厭也 終也 匸部匵也函也

黷 黑部黑垢也 又押也

(CHU) (初)

（上平）

初 刀部始也

出 山部入之對也 又退也 見也 遠也 寫也 斥也 又生也

齣 俗字俗言幾齣 即所謂幾揆也

黜 黑部貶下也 又退也 又去聲

絀 糸部絳也 紩也 又退也 又去聲

（初）（CH'U.）

閦 門部衆在門中又去聲

（下平）

廚 广部庖廚

厨 俗廚字

幮 巾部床帳也

鋤 金部耨鋤也本又作鉏

鉏 金部同鋤助也去穢助苗也又姓又音助與耡同藉稅也

耡 耒部稅也又佐助也又音助

瀦 水部水名又音諸

儲 人部偫也副也又貯也積聚以為副貳也太子副君故謂之儲君

蠩 虫部作鮎狀如蠥可食

鶵 鳥部鶵鶵鳥名

雛 隹部雛子也

芻 艸部刈草也

蒭 俗芻字

矗 目部高起也又直也又去聲

篨 竹部籧篨竹席

蜍 虫部蝦蟆也

滁 水部水名又州名

除 阜部殿陛也又去也又拜官曰除又易也

躇 足部躊躇猶豫也又音郡起遽也

躕 足部行不進貌

蹰 俗躕字

上聲

楮 木部木名皮可為紙也

杵 木部舂杵也又砧杵槌衣也

楚 木部叢木也又地名又姓

礎 石部柱下石也

憷 心部痛也

處 虍部居也又止也又處置區處也又去聲又地名又姓又通杵

𩂢 俗字同上

褚 衣部棉絮裝衣曰褚又赤衣也又姓

去聲

慉 心部養也

怵 心部恐也惕也竦懼也悽愴也

箒 俗帚字此俗音

觸 角部牴也犯也又姓又音輟

歜 欠部盛怒也

畜 田部田畜也止也又姓又音旭養也

𤸪 疒部不達也

亍 二部小步也餘詳彳字音

(CHU.) (朱)

(上平)

朱 木部赤色又姓
株 木部木根也
椓 木部木立死也
櫧 木部木名
侏 人部侏儒容貌短小也
洙 水部水名又姓
潴 水部與豬同
茱 艸部茱萸藥名
諸 言部辯也衆也又語辭又姓

誅 言部責也又殺也討也
豬 豕部豕而三毛叢居者豕子豬
鼄 黽部鼄鼄也
猪 犬部俗豬字
袾 示部呪袾祖也
跦 足部行貌又音廚同躕
邾 邑部國名
袾 衣部朱衣也又短衣名

蛛 虫部蜘蛛也
硃 石部丹硃也
珠 玉部珍珠蚌所生者

(下平)

竹 部首冬生青草象形下垂箬箬也又八音之一又姓又去聲
竺 竹部厚也又天竺國名又姓
筑 竹部樂器名

築 竹部擣也
朮 木部藥名
逐 辵部追也驅也又斥也又去聲
豖 豕部豕絆足行也
舳 舟部舟尾也
燭 火部照也又姓

(上聲)

主 丶部君也宰也專也又賓之對也又姓又俗言

翥 主意讀上平飛部飛舉貌或作翥
部首鐙中火也
翥 羽部飛舉也
煮 火部烹也
陼 阜部小洲曰陼
渚 水部小洲曰渚
囑 口部託也付也
矚 目部視之甚也
麈 鹿部麋屬其尾辟塵古之談者揮馬曰拂塵

(去聲)

拄 手部穿也支也又刺也距也
砫 石部宗廟室石
祝 示部祭也又姓
祩 示部宗廟石祏也
佇 人部久立也
住 人部停也止也立也居也

(朱) (CHU.)

澍 水部時雨也
泞 水部澄也
注 水部水流射也又意所嚮曰注
柷 木部樂器
杼 木部機之持緯者
柱 木部楹也又姓也
炷 火部燈炷也
咮 口部雞聲又與咮同鳥喙也

蛀 虫部食木虫也
註 言部訓釋也疏也解也
詝 言部智也
馵 馬部馬後左足白也又馬懸足也
駐 馬部馬立也
鑄 金部銷金成器也又姓
鉒 金部器也送死人具也

宁 宀部辨積物也又門屏之閒
竚 立部久立也
紵 糸部織紵為布也
紸 糸部紸纊聽息之時
苎 艸部草名可以為繩
貯 貝部積也收也
眝 目部張目也
羜 羊部五月羔也

助 力部益也轉也佐也相也藉也
躅 足部蹢躅行貌又迹也亦同躅
筯 竹部與箸同食所用也
箸 竹部飯具也
㤖 心部智也
㤕 心部憂心也
粥 米部糜也又音育賣也俗讀作周

藷 艸部甘蔗也
著 艸部明也紀述也又太歲在戊曰著雍

(書) (SHU.)

(上平)

攄 手部舒也攄也
銖 金部黃金一龠容千二百黍為十二銖二十四銖為兩
舒 舌部伸也又緩也又國名又姓
書 曰部文籍也
梳 木部櫛也所以理髮者
樞 木部户樞也

(書)

上平

樗 木部木名又音話亦木也
疏 詳見二十頁
踈 同上
蔬 同上 〃
輸 車部委輸也又輸贏又音戍送也凡以物送人則讀平聲指所送之物則讀去聲
毹 毛部毛席也又

毹 音俞同上
姝 女部美色
殊 歹部別也又絕也
攄 手部舒也
綀 糸部絡屬
殳 部首兵器又姓
杸 木部軍士所執殳也又音杸木名
紓 糸部緩也同舒

(下平)
贖 貝部質也以財拔罪也
叔 又部季父也叔俶也見嫂俶然部也也又叔世季世也又下平
秫 禾部穀名稷之黏者即糯也
术 詳見二五頁
熟 火部生之反也
塾 土部門側之堂

古者仕老歸教于閭里朝夕坐之也
孰 子部生之反也食餁也又稔也又誰也又何也
(上聲)
暑 日部熱也
屬 尸部隸也附也類也親眷也又官僚部曲也又音祝連也著也

屬 續也付也託也俗屬字
署 网部置也又官衙曰署又讀去聲署任署理
曙 日部旦也曉也
杼 詳見二六頁
抒 手部挹也渫水也又除也
數 殳部計也辨也又去聲枚也算數也又拔也又

⿱艹蜀 音朔煩也窸也艸部草名
薯 艸部薯蕷又俗諸字詳二六頁
蜀 虫部巴蜀地名又葵中虫也
黍 部首禾屬而黏者也以大暑而種故謂之黍可以釀酒
鼠 部首穴蟲總名又小獸善為盜

（書）（SHU.）

（去聲）

- **瘉** 疒部夏病
- **菽** 艸部衆豆之總名
- **淑** 水部善也又清湛也和也
- **沭** 水部水名从朮與沐字不同
- **漱** 水部滌又漱口也又音嗽
- **俶** 人部善也始也作也又音惕與

- 倜同
- **倏** 人部倏忽又犬走疾也
- **倐** 俗倏字
- **恕** 心部以己體人曰恕如心曰恕
- **庶** 广部衆也冀也幸也近也又庶幾近孼又嫡庶又姓
- **嗽** 口部吸也吮也
- **嗍** 口部吮也

- **術** 行部道業也如心術道術是也
- **述** 辵部循也修也著述也又陳也又姓
- **豎** 豆部立也又童僕未冠者之稱又姓
- **竪** 俗竪字
- **戍** 戈部守邊也又逭也舍也
- **樹** 木部木總名又

- 姓又植也
- **束** 木部縛也約也
- **墅** 土部田盧也村也又圃也
- **蠋** 虫部蠋蠋虫名
- **倏** 心部疾也

（入）（JU.）

（上平）

- **無**

（下平）

- **吺** 口部噉吺多言也又音兜與兜同
- **醹** 酉部厚酒也
- **醹** 俗醹字
- **如** 女部似也而也若也又然也
- **襦** 衣部短衣也
- **洳** 水部水侵濕地

茹 艸部草根也又食也又姓
蕠 艸部香蕠又音柔同蕠
筎 竹部竹筎以塞舟也
儒 人部學者之稱儒區也言能區別古今也
濡 水部沾濡也濡滯也
嚅 口部嚅嚅多言

(上聲)
辱 辰部汙也又去聲恥也又屈也又姓
汝 水部州名又水名又姓又通作女女陽女陰竝與汝同
女 部首同汝又尼雨切未嫁謂女又去聲以女嫁人曰女
乳 乚部柔也湩也又俗音奶

(去聲)
入 部首出之對也又進也又納也
帤 巾部巾也又弓中禅也
廿 廾部二十幷也
孺 子部稚也小兒親慕父母謂之孺子又讀下平
溽 水部溼熱也
縟 糸部繁而又細也
蓐 艸部陳草復生也又姓
褥 衣部藉也裀褥也
擩 手部染也搵也又上聲手進物也
衂 衣部衂衣也
肉 部首胾肉象形又柔去聲錢璧之髓又音腴豐肉也
媷 女部懈惰也

(LU) (盧)

(上平)
無

(下平)
盧 皿部盛大器又姓
玈 玄部黑色
廬 广部寄也舍也在野曰廬田中屋也又倚廬喪舍
瀘 水部水名
纑 糸部布縷也

(盧) (LU)

爐 火部大爐也
炉 俗爐字
臚 肉部皮也又腹前曰臚又傳也陳也
鸕 鳥部彖鳥
蘆 艸部蔽也又葦之未秀者又姓
鱸 魚部魚名巨口細鱗產松江四腮者尤美
壚 土部土黑而疏

艫 舟部舳艫也一曰船頭
鑪 金部方鑪也又火牀又酒器或作爐
轤 車部轆轤井上汲水圓轉水也
顱 頁部頭骨也
髗 骨部與顱同

(上聲)

擼 手部強也搖動也
擄 手部與虜同擄掠也又獲也
鹵 部首西方鹽地也天生曰鹵人造曰鹽又鹵莽輕脫苟且也又姓
滷 水部與鹵同
磠 石部沙也
嚧 口部嚧嚧呼猪聲
嚕 口部語也俗言嘟嚕上平聲

虜 虍部掠也獲也又北狄曰虜
櫓 木部大盾也又進船具也
樐 同櫓
艣 舟部所以進船者通作樐櫓艪
艪 同上
魯 魚部愚鈍也又國名又姓
氇 毛部西番羢毛織又去聲

(去聲)

輅 車部大車也
轆 車部車梊也又轆轤也
路 足部道路人各有適也又姓又與輅通
璐 玉部美玉
潞 水部水名又州名又姓
漉 水部滲也

淥 與漉同水名又水清也
露 雨部潤澤也又天之津液下所潤萬物也又見也彰也又姓又俗讀陋
鷺 鳥部白鷺水鳥也
鉻 金部金輅
鏕 金部鉅鹿鄉名俗作鏕

(LU.)（盧） 去聲

録 金部金色也貝文也又謄寫曰録又取也又録取不自興也又姓

賂 貝部遺也贈也以財與人也

六 八部老陰數也又讀留去聲

陸 阜部高平曰陸又道也無水路也

彔 彐部木也

逯 走部行謹也又姓

菉 艸部王芻又通作綠

綠 糸部青黃間色又姓又讀作律

碌 石部小石也

籙 竹部圖書也

祿 示部俸也福也又姓

蹗 足部行也

踛 足部翹足也

鹿 部首仙獸也壯者有角又姓

麓 鹿部山足也又衡麓守山林吏也

簏 竹部竹篋也

樚 木部汲水器

摝 手部振也搖也

㯝 同摝

戮 戈部殺也辱也又併力也

僇 人部辱也又癡行也

勠 力部併力也戮當作勠又音寮又叶音流

𣪊 支部擊也

鄜 邑部地名又音孚州名

祿 衣部去聲

簬 竹部竹可為箭者

娽 女部娽娽又碌碌謂無所建明也

(NU)（奴）

（上平）

無

（下平）

孥 子部妻子也又鳥尾曰孥孥者細弱之稱

奴 女部奴婢古之罪人

駑 馬部最下馬也

（上聲）

努 力部用力也勉也

（奴）（NU）

上聲

- **弩** 弓部黄帝始造弩
- **帑** 巾部妻子也與孥同又音湯上聲國帑
- **砮** 石部石可為矢鏃
- **砮** 同上

去聲

- **怒** 心部恚也憤也
- **悠** 同上

（女）（NÜ）

（上平）無

（下平）無

（上聲）

- **女** 部首未嫁謂女

（去聲）

- **女** 以女嫁人也

（呂）（LÜ）

（上平）無

（下平）

- **蔞** 艸部蒿也又地名又音樓又喪車飾也
- **閭** 門部里閭也又侶也二十五家相羣侶也又姓又音臚
- **驢** 馬部似馬長耳
- **馿** 俗驢字

（上聲）

- **侶** 人部徒也伴也朋也
- **儢** 人部儢儢不欲為也
- **屢** 尸部煩數也疾也
- **履** 尸部履禮也飾足以為禮也又拘也所以拘手足也又踐也
- **藘** 艸部草可染絳

(呂)

(LU.)

上聲

縷 糸部綫也又音柳

褸 衣部襤褸衣敝也又音樓衣襟也

呂 口部陰呂言陰氣旅助陽氣也又長也又姓

旅 方部衆也五百人為旅又客旅

㫛 古文旅字

膂 肉部脊骨也

祣 示部祭山川名通作旅

理 俗言理會用此字

去聲

律 彳部律呂萬法所出故法令謂之律十二律均布節氣也

慮 心部謀思也又憂也疑也

濾 水部濾去滓也

綠 詳見三一頁

菉 詳見三一頁

讈 言部詐也

鑢 金部摩錯器物也又治也又姓

(特)

(T'E)

無（上平）

無（下平）

無（上聲）

（去聲）

特 牛部一牲曰特又匹也獨也又姓

忑 詳見二二頁

忒 心部差也

(德)

(TE.)

慝 心部慝也

⿰忄㝵 心部快也得也又⿰忄㝵⿰忄㝵動心貌

蟘 虫部食苗葉虫

無（上平）

無（下平）

得 彳部獲也又合也又相契合曰相得又去聲

德 彳部恩也又德者得也又去聲

悳 心部與德同

惪 同上

（遲） (CH'IH.)

（上平）

喫 口部食也啗也飲也

吃 口部吃口不便言也俗通作喫非又音其

嗤 口部笑也

蚩 虫部蚩蚩無知也又蚩尤人名

螭 虫部似龍無角又音摛

眵 目部目汁凝也

痴 疒部不達貌又下平聲

癡 疒部不慧也又下平聲

侈 人部奢也奓也張大也又下平聲又上聲

媸 女部醜也滛也侮也癡也

絺 糸部葛布細者曰絺又音郗又姓

褫 衣部奪衣也又上聲

⿰米离 米部米壞也又音離

魑 鬼部鬼屬又音摛

黐 黍部黏膠所以黏鳥又音摛

（下平）

鴟 鳥部惡鳥提鳥子而食者又上平又音摛

⿱竹台 竹部捶擊也又上平

篪 竹部樂器聲如嬰兒啼者

治 水部攻也又音至理也

池 水部沼也穿地通水曰池又咸池黄帝樂名

抬 手部同笞擊也

坻 土部小渚也又音邸隴坻也

紙乇也

墀 土部階上地也

⿰土屖 與墀同

匙 匕部匙子即俗所謂調羹也又音是鑰匙

⿰屖刂 刀部傷皮也

彽 彳部彽徊又徘徊也又音低

踟 足部行不進也

蚳 虫部蚍蜉子也又獸名

持 手部執也

遲 辵部徐行也又久也緩也又姓

馳 馬部走奔也疾驅也又姓

（上聲）

尺 尸部度名

恥 心部慚也辱也俗恥字

耻

拸 手部拍也搜也

誃 言部離別也

⿱艹齒 艸部馬⿱艹齒草名

齒 部首口斷骨也象口齒之形牙壯齒也上曰齒下曰牙又壽也列也又年也

致 豆部與敊同尗豆也

陁 阜部小崩也或作陊陁又音迤又音陀

(去聲)

彳 部首彳亍少步也左步為彳右步為亍合則為行

叱 口部呵叱又叱咤發怒也

勅 力部天子制書

勑 同上俗字

敕 攴部天子制書曰敕又戒敕又試也止也固也理也急也

翅 羽部同啻翼也

翄 羽部翼也

[illegible] 同翄

斥 斤部大也開拓也又指斥又黜也擯也又斥候又斥鹵鹹地東方謂之斥西方謂之鹵

飭 食部謹飭又修治也又與敕同命令也

赤 部首南方朱色也又空盡無物曰赤又姓

灻 赤本字

[illegible] 同赤

啻 詳後四二頁

(CHIH) (之)

(上平)

蜘 虫部蜘蛛也

芝 艸部瑞草也

茹 艸部茹毋藥名

知 矢部識也覺也又主也又去聲

枝 木部木條也

卮 卩部酒器也

梔 木部黃梔子其實可以桼色也

之 丿部往也又語助辭也

榰 木部柱砥也

汁 水部液也

摭 手部拾也

拓 手部拾也又音託手承物也又推也斥開也又拓落不耦也

搘 手部搘拄也

擲 手部投也拋也

支 部首度也持也出也分也庶也又十二支辰名

（之）(CHIH.)

上平

脂 肉部禽獸腴也

肢 肉部體四胑也或作⿰身只⿰身支通作肢

胑 與肢同

⿰身只 與胑同

⿰身支 身部與胑同

織 糸部作布帛之總名又去聲亦作幟

隻 隹部一枚鳥也又物單曰隻

吱 口部行喘息貌

卮 巳部飲酒器

跖 足部足下又與蹠同又去聲

蹠 足部踐也又足下曰蹠又音灼跡也

（下平）

隲 馬部壯馬也又定也又陰隲

隲 俗隲字

侄 人部堅也又癡

也侄佇不前也

值 人部遇也逢也當也又持也又去聲

姪 女部兄之女也凡兄弟之子皆曰姪俗作侄非

植 木部立也栽也又姓又去聲蠶器也

殖 歹部滋生也又培也

直 目部正也不曲也又姓

職 耳部主也常也品秩也執掌也又姓

執 土部持也守也拘也留也又父之友曰執

蟄 虫部虫藏也又音哲

胝 肉部睡也又皮厚也又音底

（上聲）

指 手部與脂同又歸去也又示也斥也指點也又指麾也手指大巨指二食指中將指四無名指小五指也又上平聲

厎 厂部柔石也又音即

徵 彳部大也又音

征名也驗也證也

址 土部基也

止 部首停也

只 口部起語辭

咫 口部八尺曰咫

紙 糸部砥也平滑如砥石也東漢蔡倫造

帋 巾部與紙同

祉 示部福也

芷 艸部白芷藥名

旨 日部美味也又意向也又去聲
抵 手部側手擊也抵掌而詆也
祇 示部敬也與祇通
阯 阜部基也或作址
沚 水部渚也
訨 言部許也
跐 足部足指也
砋 石部礪石

砥 石部磨石也又平也又音即
軹 車部轂末輪所穿處
枳 木部木有刺者
畤 田部祭天地帝王處五時也
黹 部首紩也鐵縷所紩衣也

去聲

帙 巾部書衣又書卷編次也
幟 巾部旂也幡也
志 心部心之所之謂之志又記也
忮 心部恨也又害也
慹 心部怖也
懫 心部忿也怨也又恨也
懥 心部怒也
智 日部心之知也又姓也
晢 日部明也又音浙

晣 同哲
至 部首來也善也又極也
致 至部極也識也送詣也又委也又招致也又密也又與緻通
庢 至部牴牾也一日不循理
臸 至部到也
⿱執至 至部同輊車前也

⿱至輊 至部窒也
輊 車部車前重也
跮 足部作前作郤也又蹠也
躑 足部住足也
躓 足部路也
寘 宀部與置同又止也廢也
窒 穴部塞也
郅 邑部至也又古縣名又姓

胵 肉部烏胃也又五藏總名
桎 木部足械
銍 金部短鎌也
鋕 金部銘也
鑕 金部斧鑕椹也
蛭 虫部水虫今名螞蟥
擳 手部持物使相當也
摯 手部握持也解也至也

去聲

（之）(CHIH.)

摯 手部刺也刲也又至也
緻 糸部密也
縶 糸部絆馬足也
紩 糸部縫也
識 言部記也又音式知也又姓
誌 言部記誌也或作識同志
熾 火部火盛也
炙 火部炙肉也又音蔗

旘 方部同幟
觶 角部鄉飲酒角也實曰觴虛曰觶
稙 禾部早種禾也
秩 禾部職也序也
稚 禾部幼稚亦小也晚也同穉
稺 禾部幼禾也
穉 同稺
置 罔部措也立也
峙 山部峻峙也屹

立也又供峙具也
庤 广部儲庤屋下也又具也
痔 疒部後病也
痣 疒部黑子也
滯 水部凝積也
彘 彐部豕也
夂 部首從後至也
雉 佳部野雞也有十四種又姓又音雉

制 刀部節也裁也斷也立也御也檢也法禁也造也又叶音哲又叶音支
袟 衣部劍衣也又與袟同
袠 衣部書衣也
製 衣部裁也造也又雨衣也
贄 貝部執贄以相見也謂玉帛禽

鳥等亦作摯
䞃 貝部賬也
質 貝部樸也證也體也實也又下平聲以物相質也
厔 厂部水曲曰盩山曲曰厔
陟 阜部陛也登也又高也
礩 石部柱下石
鷙 鳥部猛鳥鷹鷙

之類也
蒠 艸部遠蒠藥名
饎 食部酒食也
糦 米部黍稷也與饎同
疐 足部頓也又跆也
跱 足部止也
荎 艸部即五味子也又音跌
騭 馬部馬肥壯也

三九 (SHIH) (詩)

(上平)

詩 言部志也之也志之所之也又樂章也又姓

師 巾部法也人之模範也又學習也又衆也

尸 部首陳也又主也古者祭祀皆有尸以主神又與屍同

屍 尸部在牀曰屍

施 方部用也加也設也又去聲布也散也惠也與也又音移

溼 水部陂下曰溼

濕 水部借作乾溼之溼本音沓水名也

獅 犬部狻猊也能食虎貌

蝨 虫部嗌人虫也俗蝨字

虱 此俗音

螄 虫部螺螄

失 大部錯也縱也逸也遺也過也亡失也

篩 詳後二三四頁

蓍 艸部蓍草也用之以筮

釃 酉部下酒也

鳲 鳥部鳲鳩布穀也

(下平)

十 部首數生於一

成於十也

什 人部十人為什又古者師行二五為什凡食器之類必十共之故曰什物什具

實 宀部滿也充也又誠也是也

寔 宀部止也實也是也又去聲

時 日部十二時又是也

昔 古時字

拾 手部掇也收也斂也又射韝曰拾以皮為之者於左臂以遂絃

石 部首山骨也又樂器八音之一也又俗話讀作但量名十斗也

食 詳見一八頁

蝕 虫部敗創也又日月虧曰蝕如

虫食草木葉也

射 寸部以弓矢射物也俗曰射箭又音亦又音赦

塒 土部鑿垣而棲雞

榯 木部樹木立也

祏 示部廟中藏主石室也

溡 水部水名

鰣 魚部似鮬肥美

鯡 同鰣

（詩）（SHIH.）

蒔 艸部種植也

（上聲）

使 人部令也役也又治民克盡曰使又遣人聘問曰使

史 口部籍也記事者也又史官

始 女部初也

屎 尸部糞也

弛 弓部弓解去弦也又釋也

矢 部首弓弩矢也黃帝臣夷牟所作又弛也誓也

舐 舌部以舌取物

豕 部首彘也豬豨之總名也

駛 馬部疾也又馬行疾也

駛 馬部馬行疾也

（去聲）

世 一部王者易姓受命為世又父子相代為一世

世 同上三十年為一世故字从世

事 丨部營為也又奉也載也職也

仕 人部仕官又初日筮仕

侍 人部近也從也承也

士 部首儒者學以居位曰仕又士事也本作杢又與仕通

奭 大部盛也又赤也又怒也

勢 力部勢力威勢權勢形勢又氣燄也

室 宀部房也實也人物實其中也又夫以婦為室又營室北方宿名

市 巾部買賣之所市恃也養贍老以不匱也

⿰巾式 同拭

拭 手部拭刷揩也潔也

匙 詳見三四頁

式 弋部則也度也制也敬也又取法也

弑 弋部下殺上也

恃 心部依也賴也

是 日部正也非之反也又此也

示 部首告也號令也又姓

𥘅 古文示字

氏 部首氏族也

嗜 口部欲也好也

噬 口部齧也

試 言部嘗也揉也軗也一曰用也

識 詳見三八頁

諡 言部行之跡也

筮 竹部易卦用也

湜 水部水清貌

褆 衣部美衣服貌又音啼衣厚也

誓 言部約信也又戒謹也

諟 言部理也是也審也諦也正也

柹 木部赤賓果也

柿 俗柹字

洔 同沚

溡 水部水中小渚

眎 目部古文視字

視 見部瞻也又看待也

碩 石部大也又音朔義同

軾 車部車前也又式也又散軼也

逝 辵部往也亡也

適 辵部往也自得也又音的與嫡同

釋 釆部解也又放也又釋迦佛號今僧家皆稱釋氏又姓

眡 目部與視同又眡猶比也

闍 門部寺人奄官本作寺

貰 貝部貸也又賒也又音赦義同

飾 食部修飾也

⿰飠聿 食部嗜食也

⿰𧾷殳 足部越也超踰也

螫 虫部虫行毒也又音遮俗話蠍子螫手

(JIH.) (日)

(上平) 無

(下平) 無

(上聲) 無

(去聲) **日** 部首太陽也

（題）（T'I.）

（上平）

剔 刀部解骨也

倜 人部倜儻不羈貌又高遠貌

梯 木部木梯也

踢 足部獸名

䫏 頁部頭不正也

⿰馬虒 馬部駿馬名

（下平）

啼 口部號也泣也嗚也

⿰口是 同上

嗁 口部號也

提 手部挈也舉也舉四封之內而計之曰提封

禔 示部福也安也又音支義同

稊 木部穢草也

⿰禾夷 同稊

綈 糸部厚繒也

荑 艸部草名又音荑芰草也

蹄 足部獸足也

蹏 足部足也又赫蹏紙名

蹄 俗蹏字

醍 酉部醍醐又上聲清酒也

題 頁部額也又品題也又題目又視也又雕題南蠻也

騠 馬部良馬

⿰馬帝 俗騠字

鷈 鳥部山鷉也

鵜 鳥部洿澤水鳥俗呼淘河亦名鵜鶘

踶 足部獸足也又音弟蹋也

（上聲）

體 骨部總十二屬也

（去聲）

鬀 髟部剃髮也

剃 俗鬀字

屜 尸部鞍屜

屉 尸部履中薦也

屟 尸部履中薦也

嚏 口部噴嚏也

啻 口部猶止也不啻猶言何止也又不但已也

惕 心部敬也又怵惕憂懼也

⿰忄狄 心部勞也同惕

悐 同上

悌 心部愷悌樂也易也

替 曰部代也衰也

涕 水部淚也自目出曰涕

洟 水部鼻液曰洟又音夷

揥 手部象揥所以摘髮者

薙 艸部芟草也

逖 辵部遠也

逷 古文逖字又與狄同

⿰至鼻 鼻部鼻噴氣也

⿰弟鼻　鼻部鼻⿰弟鼻也又鼻上聲去涕也本作涕

⿰鼻弟　鼻部薄貌

⿰鼻遆　鼻部鼻噴氣又鼻疾

髢　髟部與鬄同髲也益髮也

鬄　髟部髮也又剃也文與剔同

⿰鬄刂　髟部鬀髮也

⿰扌剔　手部批也代⿰扌剔

也

(T'I.)（低）

（上平）

低　人部高之反也卑也下也俯也垂也

墒　土部階謂之墒又射的也

堤　土部壅也塞也

提　詳見四二頁

滴　水部水瀝下也

羝　羊部牡芊三歲

隄　阜部防也岸也又同堤又音題

鞮　革部革履也

（下平）

啇　口部本也本根果蒂歟蹢啻曰啇

嫡　女部正室曰嫡嫡者敵也

滌　水部洗也除也淨也

狄　犬部夷人北曰狄又姓

敵　攴部匹也當也拒也抵也對也仇也

笛　竹部樂管漢武帝時邱仲所作笛滌也亦作篴與笛同

篴

荻　艸部萑也

糴　米部買穀也又去聲又姓

蹢　足部蹢也又音擲住足也又足踖也

鏑　金部矢鏃也

翟　羽部山雉也又音宅陽翟地名又姓

豴　豕部豕蹢也本作蹢

迪　辵部進也又道也又啟迪也俗迪字

迪

覿　見部見也

鸐　鳥部山雉也

⿰鹵翟　鹵部鹹也

（低）（TI.）

（上聲）

厎 广部詳見三六頁

底 广部下也又瘞滯也又當也定也致也至也又與砥同

坻 詳見三四頁

彽 同上又讀上平

弤 弓部彫弓也

抵 手部擠也解也又擲也至也又

（去聲）

大抵大凡也又當抵也

柢 木部木根曰柢

牴 牛部觸也

氏 氏部至也又宿名又西夷名

觝 角部觸也又角觝戲名

詆 言部訶也謗也

邸 邑部舍也又姓

骶 骨部臀也

帝 巾部君也帝者天下之所適王者天下之所往又德象天地曰帝

地 土部地在天之氣中順承天施而成物也

弟 弓部男子先生為兄後生為弟又通悌

杕 木部木獨生也又孤高貌俗从犬誤

棣 木部車下木又木名也

娣 女部女弟也又娣姒妯娌也

渧 水部水滴也

的 白部分明也竇也又射中也又俗話音大上平聲你的我的

睇 目部目小視也

禘 示部王者大祭名

第 竹部次第也又但也又姓

籊 竹部竹長敍貌又題去聲義同

締 系部結不解也又音蹄義同

蔕 艸部草木綴實也又音帶

蒂 同蔕

蝃 虫部蝃蝀虹也

螮 虫部螮蝀虹也與蝃同又音帶虫名一曰蛇也

諦 言部審也又音啼號也

踧 詳見二十頁

逮 辵部逮逮安和貌又音代及也追也

遞 辵部更迭也又遠也

遰 俗遞字

遆 俗遞字

逓 走部怒不進也又駭也

適 詳見四一頁

遰 走部去也避也又與遊同

(LE.)　(洛)

(上平)

嘞 口部嘞嘞嘞北直呼豬聲

勒 力部馬鑣銜也有銜曰勒無銜曰羈絡也絡其頭而引之也又下平勒索也又去聲刋也刻也又音雷上平

(下平)

勒 詳上

(上聲) 無

(去聲)

咯 口部訟言也又音各雒聲

捋 手部掇取也

樂 木部喜樂也又音岳樂也又音要

洛 水部水名又姓

烙 火部燒也炮烙刑也又音澇

犖 牛部牛雜色又超絕也又音澇

泐 水部解散也又凝合也

珞 玉部頸飾

絡 糸部絮也又脈絡也音澇

艻 艸部蘿艻香萊也又音棘木名

落 艸部衰謝也又磊落魁礧貌又俗音澇落下也又音辣

酪 酉部乳蘖也又音澇

雒 隹部鵅鵋也又馬名又縣名又姓

駱 馬部白馬黑鬣也又音摞駱駝也又姓

（訥）（NE.）

（上平）無

（下平）無

（上聲）無

（去聲）

訥 言部言難也

諾 言部應辭又言許人也或讀作上聲又儺上聲

吶 口部言難也

㕯 同吶

（尼）（NI.）

（上平）

呢 口部俗詰語助又下平呢喃言不了也又小聲

（下平）

倪 人部俾益也又端倪也又弱小之稱又俾倪不正視貌又姓

坭 土部地名

埿 土部塗也汚也

妮 女部女字

尼 尸部先師孔子字又和也又女僧

怩 心部忸怩心慚也

泥 水部水和土也又去聲滞也

軏 車部軏也

霓 雨部屈虹也通作蜺

蜺 虫部寒蟬又虹蜺也

輗 車部轅端横木即衡也又音羿車名

猊 犬部獅屬

麑 鹿部同猊猊麑獅子也又鹿子也又音迷

（上聲）

伱 人部汝也

伲 同上

禰 示部親廟也又地名又音迷

擬 手部像也議也揣度以待也又去聲又音益

（去聲）

匿 匸部藏也隱也微也亡也又服匿器也又音忒朔而月見東方曰側匿

屰 屮部逆本字又古戟字有枝兵也

惄 心部飢意又憂也思也
㥾 心部內愧也
搦 手部按也
暱 日部相近也
𣖻 木部木名
溺 水部没也死於水曰溺溺弱也不能自勝也又音鳥去聲與尿同小便也
伙 古文溺字

氼 古文溺字
疒 部首疾也倚也
昵 日部與暱同又音黐黏也
䁥 目部同昵小目也
膩 肉部垢膩也或肥膩也又滑也
幘 巾部珠飾
蟦 虫部食苗葉虫
逆 辵部迎也又迕也拂也不順也

䵑 黍部黏也又膠也又音刃
䵒 黍部黏也又音日義同
䵓 黍部黏也

(LI.) (離)

(上平)
哩 口部出陀羅呢語餘聲元人詞曲借為助語
(下平)
嫠 女部寡婦也
孋 女部戎國名又孋姬
摛 手部張也又音鴟布也舒也抶也發也又同攡
攡 同上

梩 木部土轝也又上聲木名
梨 同棃俗字
樆 木部山棃也
氂 毛部牛尾也
㲩 毛部本作㲩按㲩白帽也
漓 水部水滲入地也
漦 水部涎沫也又音時
犂 牛部牛㪍文又耕具也

犁 又耕也同犂
狸 犬部似貓
璃 玉部似玉瑠璃
棃 木部果名又姓
瓈 玉部玻璃寶石
矖 目部視也
离 內部明也麗也今作離
篱 竹部竹器罩篱
籬 竹部籬籬也
縭 糸部綏也帶也

纚 糸部冠織也縿也又去聲
罹 网部遭也又與羅同
藜 艸部草也又可為杖
⿱艹麗 艸部草木相附也又去聲
蘺 艸部芎藭苗也
蜊 虫部蛤蜊也
褵 衣部婦人之禕又衣帶也通縭

貍 豸部狐貍有數種俗作狸
醨 酉部薄酒也通作漓
釐 里部理也又數名又音僖與禧同又姓
⿱來里 同釐
離 隹部黃倉庚也今借為離別字又卦名又明也流離鳥名又姓又去聲去也

驪 馬部馬純黑也又駿馬也
⿰馬离 馬部驢子
⿰馬犂 馬部桃⿰馬犂馬
⿰馬黎 馬部獸似馬
鸝 鳥部黃鸝倉庚也
黎 黍部眾也又與黧同黑也又姓
黧 黑部黑而黃也
⿱來黑 俗黧字

（上聲）

娌 女部妯娌
履 詳見三二頁
俚 人部聊也無所聊賴也又鄙俗
悝 心部憂也悲也疾也又音恢
李 木部果名又姓
澧 水部水名
禮 示部履也節文也又姓
礼 古禮字

理 玉部治也治玉也又文也又姓
蠡 虫部嚙木虫也又下平瓠瓢也
裏 衣部內衣也又去聲義同
裡 俗裏字
邐 辵部邐迆旁行連延貌
醴 酉部甜酒也又醴泉
鯉 魚部鱧也魚能飛者又書札曰雙鯉

（去聲）

里 部首邑也又十軌為里里者止也共居止也
俐 人部伶俐
例 人部比也類也槩也又凡例
儷 人部伉儷偶也又下平棽儷林木繁蔚之貌

儷 俗儷字

利 刀部宜也通也銛也順也吉也又財利也又叶音黎又叶音里

凓 冫部凓冽寒貌

力 部首筋力氣所在也又强也勁也

⿰厤刂 刀部割也

勵 力部勉力也有修餙振起意

厲 厂部嚴正也烈也猛也虐也酷也惡也害也又磨也與礪同又疫厲與癘同又勉也與勵同又厲鬼與礪同

历 同上俗字

唎 口部言也

吏 曰部治人者也又所使者曰吏

唳 口部鶴鳴又嚛

嚦 唳雁聲口部嚦嚦聲也

嚦 同上

岦 山部岦岌山貌

慄 心部懼也竦縮也

𢤱 心部惡𢤱又恐也

曆 日部歲時之數

⿸广曆 諱敬避

⿰日厲 日部日光甚也

栗 木部果名又姓又懼也

栛 木部果名

櫔 木部木名

櫟 木部木似樗

櫪 木部馬櫪也

欐 木部梁棟名

泣 水部同苙

苙 艸部臨也

䒿 艸部同苙

瀝 水部餘滴也

濿 水部履石渡水

溧 水部水名

瓅 玉部明珠色也

痢 疒部瀉也

癧 疒部瘰癧

癘 疒部惡瘡疾

砅 石部水激山崖

礪 石部石也磨也

礫 石部小石

皪 白部白貌

⿰白歷 同皪

立 部首住也建也林也又姓

歷 止部過也與歷日之歷同

厯 同歷

笠 竹部箬笠也

戾 戶部斜也曲也乖也垂也止也

粒 米部米顆也

䊍 米部雜糅食也

糲 米部粗也

莉 艸部茉莉花名又下平茈莉織莉又音𡊺姓也

⿰虫歷 虫部野蠶也

（離）(LI.) 去聲 五十

苙 艸部圂也又音及草名亦作芨

茘 艸部艸似蒲又茘枝果名

蠇 虫部毒虫也蠆屬又音賴

蠣 虫部蚌屬附石而生

詈 言部罵也

躒 足部動也踐也又音洛超絕也

⿰足歷 足部足經踐也

轢 車部車所踐也

轣 車部轣轆車軌道也

靂 雨部霹靂大雷

隸 隶部附著也又僕隸賤稱也又隸書又姓

𨽻 隸本字

䣓 邑部地名

酈 邑部地名又姓

鬲 鬲部首鼎屬鼎款足謂之鬲又音隔瓦瓶又姓又與隔同又音尼與軶同

麗 鹿部旅行也又美也又偶也數也又附也又華綺也又姓

盭 皿部狼盭之夫也與戾同又疾名䟏盭

䟏 足部跛足

（趨）(CH'Ü.)

（上平）

區 匚部藏物處又隱也又小物曰區又類也分也又區區小貌又音鉤草木萌芽屈生也

劬 力部勞也疲也又下平聲

屈 尸部曲也請也軋也

嶇 山部崎嶇山路

不平也

驅 馬部逐遣也又奔馳也

毆 古文驅字

漆 水部俗話漆黑用此字餘詳後六十頁

曲 曰部不直也又上聲又姓

癯 广部瘠也同臞

祛 示部禳也遣也逐也散也

胠 內部脅
臞 肉部少肉也
蘧 艸部瞿麥也又自得之貌又姓
蛆 虫部蠅之子也凡物敷臭則生之又音蓍即蜈蚣也
蛐 虫部蝠蟮也
⿰虫屈 虫部蛣蝠也
衢 行部四達道也又岐路也又星名又州名又姓
袪 衣部袖口也又袂也又去聲
詘 言部杜曲也又辭塞也又貶下也又通作屈
趨 走部疾行也進也又音促速也
趍 走部使也又走顧之貌又音踽行貌
軀 身部體也四體猶區域也
阹 阜部依山谷為牛馬圈也
駈 同差俗驅字亦作褱
魼 魚部魚也一曰比目魚也
鴝 鳥部鴝鵒也又音鉤鵂鶹也
鸜 鳥部同鴝鸜鴝鳥別其舌端教以語言甚慧
麯 麥部同⿱竹麴又姓
⿱竹麴 竹部酒母也
麴 同上

(下平)

渠 水部溝渠也又深廣貌又俗謂他人為渠儂
瞿 目部又音句與懼通又姓
磲 石部石次玉者
磲 同上
籧 竹部籧篨竹席
朐 肉部脯也又姓
蕖 艸部芙蕖荷花

(上聲)

取 又部索也獲也收也受也資也又上平
娶 女部娶婦也

(去聲)

去 厶部人相違也離也來去離去去就之去又徹也徐也又藏也
呿 口部臥聲臥則呿呿又音劍張口貌
貙 豸部獸名似貍
⿰豸渠 同上食猛獸
趣 走部疾也又趣向又音促督迫也又音趣義同
覷 見部伺視也
闃 門部門闃也

居 (CHU.) 五二

（上平）

俱 人部皆也偕也

且 一部薦也行不進貌又妥上聲語辭姑且苟且

居 尸部止也處也

㞐 古文居字

岨 山部山戴石者

砠 石部同岨

拘 手部止也執也又音句

据 手部拮据動作不轂之貌又去聲手病也

沮 水部水名又音阻止也遏也

狙 犬部猿屬又趨去聲伺視也

疽 疒部癱疽也

腒 肉部乾雉也

琚 玉部佩玉名

苴 艸部有子麻也又菜名又姓

菹 艸部阻澤也又生草曰菹、

䔾 與菹菹同

葅 同菹又通苴

菊 艸部古作鞠治牆也又下平又去聲黃華也

裾 衣部衣後裾也

趄 走部行不進貌又音切趔趄也

跔 足部天寒足跔也又偏舉一足

跙 足部行不進也

車 部首輅也黃帝少昊氏加牛禹時奚仲為車正加馬俗語音徹上平聲又姓

雎 隹部王雎也鳥摯而有別又姓

駒 馬部馬二歲也

（下平）

匊 勹部兩手捧物曰匊

局 尸部曹也部分也又拘也促也曲身也又曲局鬈髮貌又有村可用為斡局

掬 手部撮也掬一升也

橘 木部果名

諊 言部窮理罪人

鞠 革部蹋鞠也又養也又與菊通

鞫 革部窮理罪人也又窮也

上聲

咀 口部攻咀修藥也又含味也又咀嚼

屨 尸部履也

柜 木部柜柳也

矩 矢部為方之器又法也又去聲

秬 禾部黑黍也又去聲

窶 穴部貧也無禮居也

五三 (CHÜ.) (居) 上聲

筥 竹部竹器以盛米者

莒 艸部果名國名又姓

踽 足部獨行貌

舉 臼部對舉也扛也挈也擧也動也扳也一曰輿也又姓也

齟 齒部齒不相值曰齟齬

遽 詳見五一頁

(去聲)

倨 人部倨傲不遜

偮 人部偮促

劇 刀部增也甚也艱也又戲也

具 八部備也辦也器具也

埧 土部堤墉與埧不同

巨 工部規巨也大也又通作鉅又讀曰詎猶豈也

句 口部文詞止處曰句又音鉤曲也拘也

怚 心部慢也

懼 心部恐也怖也

拒 手部禦也捍也格也違也抵也又上聲陣名也

據 手部依也援也接也持也又拒守也又上平聲

毱 毛部同鞠毬也

炬 火部束蘆燒也

䀠 目部左右驚視

瞿 詳見五一頁

璩 玉部環屬又姓

臄 肉部口上肉也

苣 艸部束葦燒也又萵苣也

豦 豕部獸名似猴又音渠封豕也

聚 耳部會也斂也又積也

詎 言部猶豈也又

距 未知詞也 足部雞距也又刀鋒倒刺也又與拒同

跼 足部不伸也

踞 足部蹲踞坐也

遽 辵部急也卒也又音渠麥也

鉅 金部剛鐵也又大也同巨

趜 走部窮困也又足不伸也

踘 足部蹴踘今戲毬也

[言居] 言部言有則也

鋸 金部刀鋸又解截也

颶 風部海中大風也

颶 颶字之譌

噱 口部大笑也嗤噱笑不止也又音玨

醵 酉部斂錢共飲

（須）(HSU.)

（上平）

吁 口部歎也又疑怪聲

噓 口部吹也出氣急曰吹緩曰噓

[口歔] 口部[口歔]也

墟 土部大丘也

宿 詳見二一頁

歔 欠部悲泣也

戌 戈部擊傷而滅之也又辰名歲在戌曰閹茂

樨 俗作木樨

盱 目部張目望也又水名又縣名盱眙又姓

糈 米部糧也

胥 肉部皆也相也又蟹醢也又姓

虛 虍部空也又宿名又姓

訏 言部大也詭譌也誇也

需 雨部待也又索

須 也又卦名又姓頁部面毛也頤下曰須又待也資也又女星名

湏 水部古文沫字又音海灑面也通作頮與須不同

鬚 彡部髭須也本作須俗加彡

（下平）

徐 彳部緩也又安

俗 行也又姓詳見二十頁

（上聲）

呴 口部與煦同溫潤之也又上平聲吹也

嶼 山部山在水中

旭 日部日初出也

旮 同上又去聲

冔 冂部商冠名又上平聲

栩 木部柞櫟也又

煦 忻暢貌火部和煦也溫也

湑 水部露貌又茜酒也與醑同又去聲義同

詡 言部大言也

許 言部與也從也

諝 言部有才智也

醑 酉部與湑同又美酒也

[酉與] 酉部酒之美也

頊 頁部頭謹貌又顓頊帝高陽氏號又去聲

（去聲）

侐 人部寂也清靜也又音戲義同

叙 又部敘本字从文俗字从又

敍 攴部陳也述也用也次第也

卹 卩部與恤同又音窣捽摩也

五五 (HSÜ.) (須) 去聲

呴 口部氣以溫之也又呴呴言語順貌

呶 口部口吹貌又音庶使犬聲

埣 土部反坫謂埣

壻 士部女之夫曰壻女謂夫亦曰壻壻者女之長

婿 同壻

勖 力部勉也

勗 同上

序 广部與敘同

恤 心部憂也慼也賬也收也

洫 水部田間水道

潊 水部水名

絮 糸部敝綿也

續 糸部繼也連也

畜 詳見二四頁

蓄 艸部積也聚也又草名

蓿 詳見二一頁

藇 艸部美也又音豫與蓿同又上平聲娃也

緒 糸部絲端又統糸也又姓

訹 言部誘也

酗 西部酒愁也

鱮 魚部魚名似魴

抒 土部東西墻也

卹 血部與恤同又鮮少也

賉 貝部分賬也

(YÜ) (于)

(上平)

扵 土部濁水中泥

淤 水部又去聲水中泥也

瘀 疒部血壅貌

紆 糸部曲也又姓

迂 辵部遠也濶也

(下平)

予 丿部我也又上聲賜也與與同

余 人部語之舒也叙也

伃 人部同好

妤 女部婕妤官名

于 二部於也又姓

婾 女部靡也又薄也又音偷又巧黠也又盜也

娛 女部樂也

嵎 山部嵎夷日出處

俞 俞部然也又姓

圩 土部圩岸

㥔 心部歡也

（于）(YU.) 平下 五六

㥚 心部憂也

愈 心部勝也賢也又病瘳也又去聲又通作俞亦通作瘉

愉 心部薄也又顏色和悅貌

愚 心部昧也戇也

揄 手部引也抒也又揄揚譽言也

於 詳見第四頁

旟 方部鳥隼爲旟旂畫鳥隼取其摯捷也

杅 木部樂器又音烏

榆 木部木名桑榆也又姓

歟 欠部疑辭又歎辭又上聲義同

歈 欠部歌也笑也

渝 水部變也水名

漁 水部捕魚也

瑜 玉部美玉

璵 玉部璠璵寳玉

盂 皿部飯器飲器也又地名

盂 同上

禺 内部獸名猴屬

窬 穴部穿木户也

畬 田部治田也

畭 同上

竽 竹部與笙異器同和

舁 臼部共舉也又音舉

臾 臼部須臾俄頃也又音匱同蕢草器

與 臼部黨與也又上聲語辭又許也從也又施予也又去聲參與也

腴 肉部腹下肥也

萸 艸部茱萸茱萸

蕍 艸部蒀蕍花貌

[艹盂] 艸部草也

菸 艸部殘也又色不鮮也又音煙

虞 虍部騶虞仁獸也又掌山澤之官曰虞又國名

覦 見部覬覦欲得也

諛 言部諂也

踰 足部越也

輿 車部車底也又堪輿天地之總名又衆也又姓

逾 辵部越也

[門俞] 門部窺也

隅 阜部陬也角也又山名作嵎

雩 雨部祈雨祭也雩吁也言吁嗟而求雨也

餘 食部饒也殘也賸也又姓

[馬虞] 馬部騶虞仁獸名俗作驉

魚 部首本作魚水

五七 (YÜ) (于)

蟲也象形與燕尾相似又姓

（上聲）

俁 人部俁俁大也

圄 囗部圄禦也言領錄囚徒禁禦也

庾 广部露積曰庾又量名十六斗

傴 人部傴僂不伸

圉 囗部與圄同又圉人掌養馬者

嫗 女部煦嫗天以氣煦地以形又老婦之稱

宇 宀部天地四方曰宇又屋四垂為宇

嶼 詳見五四頁

敔 攴部樂器擽之以止樂

楰 木部木名又下平聲義同

瘐 疒部囚死也

禹 女部夏王號又姓又流通曰禹

窳 穴部污窬也器空中亦病也惡也惰也

羽 部首鳥長毛也又舞者所執也為五聲之一

語 言部論也又去聲告也言告人也

雨 部首水从雲下也又去聲自上而下曰雨

齬 齒部齒一前一却齟齬不相值也

（去聲）

喅 口部音聲也

喻 口部與諭同又下平聲呴喻和悅貌又言語順貌又譬也

域 土部區域也界局也

壆 土部高平也

墺 土部地近水涯者又音輿

寓 宀部託也寄也同宇俗作寓非

寓

彧 彡部與郁同文章貌

御 彳部侍也撫也統也進也使也幸也用也治也理也

峪 山部山名

尉 寸部又音畏侯也安也從上按下也又火斗曰尉又太尉又定尉官官名

慾 心部淫慾嗜慾

棫 木部小木叢生有刺者

栯 木部車覆欄也

楀 木部像人即木偶也

毓　欲瞑　嫗　　鬱欝　槩

育母也又也欠也日聲又妒女欝也幽又叢苍欝木下作食木
　部　顧貪部　部　下男部非俗也積生部　部平爨者部
　同　欲也情　熱　平也女　作滯也者木　同聲又或弅

煜　燠澦　澳浴淢　減淯

盛光火奧也在火名水也音厓水身水　俗溝音流水名水
也也部　又其部　部　奧也部也部　減也洫也部　部
　又犬　音中熱　水　深又隈　洗　字　城又疾　水

矞瘑　瘉𤱙　玉　獄

同雲矞穿錐矛病疒　瘳也疒域田別於王玉之部　者以犬
譎也雲也有部　部　也又部字部之旁加古美首　繫部
詭又瑞又所以　疣　病病　古　以點從者石　囚所

聿．罭　緎緕　籞籞　禦

也部　魚罟网　也裘糸緯糸藥同也竹苑竹　扞也示詐
自首　網也部　織部絹部義又與部也部　也拒部也
也循　也即緵　縫皮也白同音籞呼　禁　也止

蔚蘌　芋　菀昱　育

也位名艸苑艸草下鵵艸同音葳艸光日又也也肉之所筆又
茂牡又部也部葳平也部　婉貌部也部地生又部器以為楚
也蒿音州　禁貌聲又蹲　義又茂　日名也長養也書聿謂

遹　譽諭裕蜮　蜮蜟

邪又也辵又之也言也言也衣　同名射工者氣水狐虫未虫
也音又部姓美稱部曉部寬部　上沙人含名射中也部脱部
　術姓遵　也人稱也告也饒　虫者沙射人以居短者蟬

遇 豫 郁 鈺 銉 閾

辵部道路相逢也不期而會也豕部象之大者又悦也逸也又早也逆備也又卦名又姓又音書與舒同伸也邑部地名又文彧貌金部堅金也金部針也門部門限也門

隩 霱 預 飫 馭

下橫木為內外之限又音洫阜部水隈崖也與墺同又音奧雨部卿雲為霱頁部與豫同又及也參預也通作與食部食多也又飽也饜也馬部古御字使馬也

驈 鬻 鴥 鵒 鷸 鸒 麌 龥

馬部驪馬白跨鬲部賣也養也又姓又音祝今俗作粥糜也鳥部鸇飛貌鳥部鴝鵒也鳥部知天將雨鳥也又音術鳥部鸒鼠鳥名鹿部牡鹿又羣聚貌龠部呼也疾首

(CH'I.) (其)

蕷

號呼也又和也俗作龥非艸部山藥也

(上平)

七 僛 凄 吃 咠 妻

一部數目名又數少陽數又去聲人部醉舞貌傾側之狀也冫部寒也詳見三四頁口部咠咠譖言也又口舌聲又去聲女部婦也與己齊者又以去聲

磎 谿 嵠 磎 悽 慼 慽 戚

女嫁人曰妻谷部反戾也又勃谿谷部山無水曰谷有水曰谿山部同谿石部同谿心部悲痛也心部痛也憂也同上又去聲戈部斧也又親也憂也又去聲

栖　棲　㯃　柒　桼　欺　期　沏

木部鳥宿曰栖又皇皇又音西同栖棲遲息也木部木名木部與桼同俗作數目七字木部木液黑可飾器物作漆非欠部讒也詐也月部會也必也又下平又音基水部俗沏茶也

淒　溪　漆　緝　萋　（下平）　俟　其

又音切水聲水部雲雨起貌水部同谿水部水名又膠漆也又姓糸部績也又去聲緝緝口舌聲艸部草盛貌詳見一八頁八部指物之詞又音基語辭

圻　奇　竒　崎　歧　帺　懠

土部與畿同地方千里為圻大部異也詭也又音基一者奇也又數之零餘曰奇俗作奇非俗奇字山部崎嶇山險山部山名又路歧道旁出也巾部巾也心部懠疑猶猜

旂　旗　棊　棋　歧　淇　琪

疑也又惎也方部交龍為旂有鈴為旂方部即旂字熊虎為旗軍將所建象其猛如虎與衆期其下也木部局戲也同上止部路歧也水部水名玉部玉也

璂　畦　畿　碁　祁　亓　琦　祇

玉部田部菜畦也又音西田五十畝田部天子內地也又姓石部圍棋也示部大也又舒遲也又姓部首或作祇餘見四十頁玉部玉名大也亓部同示

祈　祈　祺　箕　綦　綨　綥

示部禱也求福也又姓示部祥也古作祈示部吉也又州名竹部又音基宿名又箕帛又姓糸部同綥蒼艾色也又極也同綦糸部帛蒼艾色

耆 老部老也長也又至也至老之境也
肵 肉部敬也又尸之所食歸餘之俎也
臍 肉部肶臍也
芪 艸部黄芪藥名
萁 艸部豆萁也
藄 艸部甘菜又草名又去聲義同又通菸又音記

綦 艸部紫綦也似蕨可食
蘄 艸部草也又求也又州名又姓
蚚 虫部蠅類
蚑 虫部虫行貌
蟿 虫部蟚蟿似蟹而小
蜞 同上
蠐 虫部蠐蠐虫名
[illegible] 同上
諆 言部謀也又謾言也

諿 言部和也謀也
跂 足部足多指也
踑 足部跡也
踦 足部一足也又音倚義同
軝 車部車長轂也
觭 角部牛角一俯一仰曰觭
頎 頁部長貌又音懇惻隱貌
騎 馬部跨馬也又姓又音芰義同

騏 馬部馬青驪又如博棊也又姓
麒 鹿部仁獸也麏身牛尾一角牡曰麒牝曰麟
麡 鹿部獸似鹿而角向前者
齊 部首禾麥吐穗上平也又整也無偏頗也又等也又莊也肅也又姓又國名又與臍通

[illegible] 齊部病也
[illegible] 齊部美貌也
[illegible] 齊部炊餔疾也
[illegible] 齊部臍本字
齌 齊部等也

(上聲)

乞 乙部求也又去聲與也
啟 口部教也開也立春立夏為啟立秋立冬為閉
啓 同上
屺 山部山無草木曰屺
杞 木部柳屬又姓
棨 木部有衣之戟曰棨
稽 禾部稽首也又音基計也考也
綮 糸部信也戟衣也又音請肯綮
[illegible] 同上

六二 上聲

（其）（CH'I.）

綺 糸部文繒也

芑 艸部白梁粟又草名

芞 艸部香草也

萓 艸部菜似蕨生水中

豈 豆部非然之辭又音鎧與凱通軍勝之樂也

起 走部興也猶發也又舉也能立也又姓

（去聲）

企 人部舉踵而望也又上聲

偈 人部與憩通又音桀偈用力貌又與竭通武貌又偈句釋氏詩詞也又疾也

㓞 刀部或作判約也從刀丰聲象刀刻畫竹木以記事者也又音

契 恰巧㓞也大部合也券也又契契憂苦也又契闊疎間也又音卸商祖也

器 口部器㗊

憩 心部息也

𢣖 同上

戢 戈部藏兵也又斂也止也

揖 手部聚也又音衣拱揖又進也

棄 讓也木部捐也廢也

泣 水部無聲出涕也哭之細也

滊 水部和也

气 部首雲气也又上聲求也

氣 气部元氣也息也又與餼通

炁 火部同氣

砌 石部階甃也

葺 艸部修補也

訖 言部止也畢也

𧺆 走部直行也

𧺆 同上

迄 辵部至也

隙 詳後七十頁

（CHI.）

基

（上平）

乩 乙部卜以問疑卽古稽字

几 部首古人凭坐者又案也又几几安重貌

剞 刀部剞劂曲刀

勣 力部功也事業也又去聲

唧 口部嗽唧衆聲又虫聲下平聲

喞 同上

基 土部業也址也始也
奇 詳見六十頁
姬 女部周姓又婦人美稱
掎 手部以箸取物也又音規戴也
擊 手部扣也打也
敧 支部義與掎同
期 詳見六十頁
朞 月部周年也亦作期

幾 幺部危也微也又尚也期也察也會也又庶幾也又上聲
𢆯 古文幾字
机 木部木名
枅 木部承棟木也又音堅義同
栟 俗枅字
椅 木部同椅
機 木部樞機也又機杼也巧術也

檄 木部以木簡為書號召也
汲 水部引水於井
激 水部蕩激也
犄 牛部牛名也
璣 玉部察天文之器即令渾天儀
畿 詳見六十頁
畸 田部零田也
磯 石部水激石也又水中磧也
禨 示部祥也祟也

積 禾部累也聚也
稽 詳見六一頁
稘 禾部周年為稘今作朞
笸 竹部批具可取蟣蝨亦曰編笸與篦同
笄 竹部簪也女子年十五而笄也
箕 詳見六十頁
績 糸部緝也又功也又去聲

羇 网部旅寓也寄也
羈 网部馬絡也
芨 艸部白芨藥名
其 詳見六一頁
虀 艸部濟也與諸味相濟成也
肌 肉部肌膚也
觭 觭角也餘詳六一頁
譏 言部誹也請也諫也

譏 言部訐也詐也
踖 足部斂足小步也又音鵲駁也
躋 足部登也
錤 金部鎡錤鉏也
鐖 金部鉤逆鋩
隮 阜部登也升也
鞿 革部馬韁在口曰鞿
飢 食部餓也又穀不熟曰飢又姓
饑 食部穀不熟也

齎 齊部持遺人也又付也俗作賫非

賷 俗齎字

齏 齊部齏也又膾酢也也碎也亂也和也制也亦作䪢

雞 隹部知時畜也一曰司晨鳥又沙雞虫名又姓

鷄 鳥部同鷄

（下平）

髻 髟部總髮也又下平聲義同

亟 二部連也數也

亼 人部與人同隸作集

彶 人部人名又彶彶虛詐貌

佶 人部正也又壯健貌

劇 詳見三頁五

卽 卩部就也今也

即 便也當也又只也即即充實也俗卽字又去聲

及 又部至也逮也連累也旁及也又蒹與之辭

吉 口部善也利也休祥也又朔日曰吉

塉 土部薄土

姞 女部姓也

急 心部疾也緊也

楖 窖也褊也迫也木部木名

極 木部屋棟也中也至也又窮也

殛 歹部誅也又去聲

疾 疒部急也病也又去聲

瘠 疒部瘦也又姓

磧 石部水渚有石者

稷 禾部齋也五穀之長又農官名曰后稷又去聲

畟 畟字之譌

畟 田部畟畟嚴利也又音測

笈 竹部負書笈也

級 糸部次第也又進爵爲級

耤 耒部帝耤也

脊 肉部背脊也又上聲又鳥名

籍 竹部簿書也

蒺 艸部藥名

藉 艸部蘊藉含蓄之意又借也

蹐 足部踐也

蝍 虫部蜈蚣也

聻 耳部鬼死爲聻也又音伱指物貌又音見

魙 鬼部鬼名又辟邪也符尾也

⿰阝及 阜部階等也通作級

六五 (CHI.) (基)

集 佳部就也成也又衆也安也又聚也又姓

（上聲）

己 部首身也太歲在己曰屠維

擠 手部推也排也墜也又去聲

濟 水部濟水也又事遂也又去聲

戟 戈部兵器

㦸 同上

給 糸部贍也供給也餘詳戈危音

紀 糸部綱紀也又十二年爲一紀

[罒齊] 网部手搦酒以出其汁也

蟣 虫部虱子也又音祈水中蛭虫

麂 鹿部大麋也

[鹿几] 同上

（去聲）

伎 人部才也又伎倆又與跂同足多指也又舒散也

冀 八部欲也望也與覬同又州名

兾 俗冀字

劑 刀部分也又藥劑

劫 力部用力也又固也謹也慎也勤也又音詰

嚌 口部嘗也飲至齒也

垍 土部堅土又陶器

堲 土部疾也

墍 土部泥飾屋也又取也又息也

妓 女部女樂也

[女忌] 女部忌也

嫉 女部嫉妒害賢曰嫉害色曰妒

季 子部稚也少也伯仲叔季也又凡末月曰季月末世曰季世

寂 宀部安也靜也

寄 宀部寓也託也傳也又東夷通言之官曰寄

屐 尸部木屐

[屐] 同屐減筆

圾 土部危也

岌 山部高貌又危也又不安貌

忌 心部畏也憚也嫉也又怨也

惎 心部教也

[忄其] 同上

悸 心部心動也又帶下垂貌

忣 心部憂也與急同

[己心] 心部懻忮狼也

懻

技 手部藝也巧也方術也

拮 口部手口共作之貌又音禁

（基）(CHI.)

旡 旡部飲食逆氣不得息也
旣 旡部小食也又盡也已也
既 同上
暨 日部及也又邑名又音氣姓也
棘 木部木有刺者
楫 木部舟櫂也
洎 水部及也又肉汁也
漃 水部水淨也

漑 水部水名又灌注也滌也又音概義同
㾊 疒部病中恐也
眥 詳見一六頁
眦 同上
祭 示部祀也事神主也又姓
穊 禾部稠也
穧 禾部禾把數也
紀 詳見上聲
籍 詳見下平

繼 糸部續也
繫 糸部維也約束也又音系網系
芰 艸部蔆也
蔇 艸部草多貌又至也
薊 艸部芙也又地名又姓
薺 詳見六一頁
蘻 艸部狗毒也
衱 衣部裾也又音刼又下平

覡 見部齋事神明者曰男覡女巫
覬 見部希望也
計 言部會也算也謀也又姓
訖 詳見六二頁
記 言部紀也志也又書也
跽 足部長跪也
跡 足部同迹
⿰足息 跽字之譌
蹐 足部小步也

蹟 足部同跡
輯 車部車和輯也又睦也又與揖通聚也
迹 辵部足跡也凡有形可見者皆曰迹與跡同
錡 金部三足釜也又姓又音奇鑿屬
際 阜部會也合也又交接也邊也

霽 雨部雨止也又雨晴曰霽
驥 馬部騏驥千里馬也
鱭 魚部魚名
鯽 魚部魚名似鯉黑色
鶺 鳥部鳥名
覉 西部覊本字馬絡也
覊 同上

（上平）

西 部首金方也又音私義同又姓

俙 人部依俙彷彿也一曰訟也面相是心相非也

係 人部與繫同係繼也又去聲

傒 人部東北夷名

僖 人部樂也又小心畏忌曰僖

兮 八部語之有所稽也又歌辭

吸 口部氣出為吹氣入為吸又引也飲也

唏 口部與欷同又上聲笑聲也又去聲啼也

嘶 口部馬聲也又聲破同嘶

嘻 口部噫嘻歎聲

噏 口部與吸同

嘰 口部吹嘰口聲

奚 大部何也又大腹也又男女沒入官為奚人奴婢也

娭 女部與嬉同

嬉 女部戲也

嬇 女部女姓靜也

嫨 女部女隸

媳 女部俗謂子婦為媳又下平聲又上聲又去聲詳見五九頁

谿

嵠 同谿

巇 山部山相對而危險也

嶬 同巇

巇 俗巇字

希 巾部散也施也又少也望也

希 同上

徯 彳部與溪同又望也待也

恓 心部恓惶頓膃貌

息 心部喘也一呼一吸為一息又止也絕也又生長也又大聲歎曰太息又消息音信也今出錢生利亦曰息又姑息又安息也

悕 心部唸也悲也

惁 心部敬也

惜 心部悋也憐也覺也痛也又去聲

慚 心部偍慚心怯也

攜 手部提攜也推也連也又音邪

携 俗攜字

睎 日部乾也又明不明之際也

晢 日部明也五經字多從白今從曰又上聲

晳 同上

晰 日部明也又上聲又去聲 **晞** 日部日乾物也 **曦** 日部日光也 **嘻** 同熹 **栖** 詳見六十頁 **棲** 詳見六十頁 **析** 木部分也又去聲 **淅** 水部雨聲也 **溪** 詳六十頁 **熄** 火部蓄火也又

滅火也又下平 **熹** 火部炙也盛也 **熺** 同上 **熻** 火部熱也 **熙** 火部光也廣也和也 **熈** 俗熙字 **爔** 火部同曦 **犀** 牛部獸名又堅也 **犧** 牛部庖犧氏又牛色純也

欷 欠部悲泣也又去聲 **眭** 詳六十頁 **瘜** 疒部惡肉也 **睎** 目部觀也 **禧** 示部祥也又上聲 **稀** 禾部疏也少也 **晳** 白部人色白也 **嵇** 山部山名又姓 **系** 糸部繫也聯屬也又去聲又姓

羲 羊部汽也又伏羲氏從羲從兮 **腊** 肉部乾肉也 **蟋** 虫部蟋蟀也又蟋蟀類 **裼** 衣部袒裼也又裼襲也又音替裼褓也 **觿** 角部佩角銳端可解結者 **誒** 言部可惡之辭 **譆** 言部痛也痛而

呼之言也同噫 **豨** 豕部豕也又上聲 **蹊** 足部徑路也又與徯通 **郗** 邑部周邑又姓 **醯** 酉部酸也酢味也 **錫** 金部銀色而鉛質也又賜也又姓又下平聲又上聲

巂 佳部子規也又車輪轉一周為巂 **鞵** 革部革生鞵也義同鞋

(下平)

席 巾部藁秸曰薦莞蒲曰席又釋也可卷可釋也 **悉** 心部詳盡也諳究也知也又上平聲

昔 日部前代也向日也又去聲又姓又音錯猶也

習 羽部鳥數飛也又習慣熟也又姓又去聲

膝 膝 肉部脛骨節也俗膝字

蓆 艸部大也廣多也又草名

襲 衣部重衣也又掩其不備曰襲

謵 言部言不正也又小語也又姓

隰 阜部下濕曰隰

上聲

匸 部首有所挾藏

喜 口部悅也

壐 土部同璽王者印也璽所以主土故從土

璽 玉部王者印也

徙 亻部本作辵迻也又遷也避也

屣 尸部同蹝

蹝 足部履也

憘 心部古文喜字

憙 同喜

枲 木部麻有子者

洗 水部滌也又姓又音僴

纚 詳見四八頁

葸 艸部畏懼貌

蓰 艸部草名又物數也五倍曰蓰

蟢 虫部蟢子虫名

(去聲)

咥 口部笑聲又音經齧也

夕 部首晨之對暮也月初生則暮見西方故字從半月又上平聲

𡭴 小部壁際孔也

𡮐 同上

愾 心部太息也

戱 俗戲字

戲 戈部嬉也戲弄

歙 也諺也歌也又兵也又音呼欠部縮鼻歙氣也又音設縣名

汐 水部海潮夕曰汐

汽 水部與汔同近也幾也又音乙水涸也

盻 目部恨視貌又勤苦不休息也

禊 示部除惡祭名

穸 穴部墓穴也

綌 糸部葛之粗者

繫 詳六六頁

翕 羽部合也動也斂也聚也

翖 同翕人名

肸 肉部響布也又振肹也亦作費

細 糸部微也小也

舄 臼部履也

衋 血部傷痛也

蜥 虫部蜥蝎也

希 (HSI.)

忥 心部癡貌

蝍 虫部虫名蝍蝓即螢火也

蟋 虫部蟋蟀也

虩 虍部虎驚貌

虩 虩字之謚

郤 邑部姓也又與隙通

闟 門部戟名也又闟也又音蹋

隙 阜部壁際孔也又閒也又怨也本又作郤

霼 雨部雲貌又靉霼不審貌

𩝐 食部氣息也

餼 食部饋客之生食及芻米也

鬩 門部恆訟也兒善訟者也

郄 邑部與郤同地名又姓

衣 (I)

(上平)

一 部首誠也均也數之始也又去聲又音奇

乙 部首十干名又屈也又去聲

伊 人部維也又彼也鬱伊不舒貌又伊吾讀書聲

吚 口部本作咿呻也

咿 口部強笑貌

噫 口部噫嘻恨聲

依 人部凴也據也附也倚也又依稀

墍 土部塵埃

𡒄 土部天陰塵也

壹 士部專壹也合也誠也閉塞也

揖 手部詳見六二頁

曀 日部陰風也

欹 欠部歎美辭

漪 水部水波也

猗 犬部語辭又音阿美盛貌

禕 示部美也珍也

硻 石部美石黑色

繄 糸部青黑繒又語助辭

翳 羽部蔽也又華蓋也又去聲

蘙 艸部草盛貌

衣 部首衣者隱也上曰衣下曰裳

黄帝時胡曹所作又去聲

譩 言部與噫同不平之聲也又忿也

醫 酉部治也病也又下平聲

鷖 馬部黑色馬

(下平)

倪 詳見四六頁

儀 人部義也正也法也宜也又度也又叶音擬又前清宣統御名今不缺末筆

匜 匚部洗手器有柄可以注水又上聲

圯 土部楚謂橋也

酏 酉部米酒薄粥

夷 大部傷也滅也易也平也又陵夷言若丘陵之漸平也又芟也

又等也

夸 同夷東方之人

姨 女部妻之姊妹為姨又母之姊妹亦曰姨

宐 宜本字

宜 宀部適理也當也又祭名去聲

宧 宀部室東北隅食所居也又養也

巇 山部山峰

嶷 山部九嶷山名舜所葬處山有九峰相似可疑故曰九嶷

彝 彐部宗廟常器也又酒尊大小不一彝其總名也又法也常也

怡 心部悦樂也

恞 心部悦也

扅 户部扊扅户扃

椸 木部衣架也

沂 水部水名

洟 詳見四二頁

貎 詳見四六頁

疑 疋部惑也不定也

痍 疒部瘡也傷也

益 皿部多也饒也又增也又州名又姓又去聲

眙 目部舉目貌又音遲去聲

移 禾部禾相倚移也又遷也

胰 肉部夾脊肉也

裔 衣部衣裾也又胄也又苗裔也又去聲

詒 言部遺也又贈言也通作貽又音態欺詒誑詐也又音臺懈倦貌

訑 言部自足貌又音扡欺也

衣 (I.)

咦 口部大呼曰咦又笑貌

訑 言部笑聲也

誼 言部人所宜也又去聲

誼 同誼

貤 貝部車次第也又益也又去聲

貽 貝部遺也貺也又去聲

迻 辵部遷徙也

遺 辵部亡也又失也又去聲投贈也餽也又音位

頤 頁部項也又卦名又養也又百年曰期頤

飴 食部餳也即糖餅也又飴鹽即石鹽也

（上聲）

以 人部用也與也又為也又左右之也

仡 人部壯勇貌又音兀動

仡 舟貌同仡

佁 人部固滯貌又不前也

倚 人部依也恃也又偏側

儗 人部同嶷茂也盛也又音擬僭也止也

尾 尸部俗言尾巴或後尾兒馬尾兒又音委首尾又次名孟秋日月會於鶉尾又鳥獸交接曰尾又瑣尾即瑣細尾末也

异 廾部舉也又已也退也

已 己部止也訖也語終辭

扆 户部畫虎屏風高八尺東西當户牖之間以絳為質畫為斧文天子南向而立於其中

掎 手部偏引也

旖 方部旖旎旗舒貌又上平聲

椅 木部坐凳也又上平聲木名

檥 木部泊船曰檥俗作艤非

矣 矢部語已辭也

艤 舟部俗同檥整船向岸也

苡 艸部薏苡仁一名回回米

苢 苡本字

薿 艸部茂也

蟻 虫部作螘蚍蜉也又去聲

螘 與蟻同

迆 辵部邪行也又連接也又下平聲

迤 辵部與迤同又音駝行貌又下平

顗 頁部靜也樂也又莊敬也

(去聲)

乂 丿部與刈艾通治也芟草也又俊乂才也

佚 人部安佚不勞也又隱遁也

佾 人部舞行列也

佨 人部勇壯貌又耕人行貌

傷 人部輕也慢也

億 人部十萬曰億又大也又安也又供億謂供其匱乏又億度也又云億賭錢也

刈 刀部割也

劓 同劓

劓 刀部刑截其鼻

亦 亠部又也總也

又上聲

勩 力部勞也

呭 口部呭多言又音夜

讛 言部夢話也

唈 口部嗚唈短氣

嗌 口部哽咽也又悲塞也

囈 同囈

囈 口部唫囈聲呼衆言也

坄 土部陶竈窗也

場 土部疆場邊境也

奕 大部大也累也奕葉累世也奕傑容也美容謂之奕又圍棋也

弈 廾部圍棋也

射 詳見三九頁

嶧 山部山名嶧陽

役 彳部使也行也用也徭役也又官曰職吏曰役

弋 部首櫱也繳射飛鳥曰弋

悒 心部不安也又憂也

意 心部心所嚮也

憶 心部念也思也記也

悅 心部悅也

懿 心部專一而美也

抑 手部按也密也洽也塞也遏也窕屈也逼也損也又反語辭又亦然之辭又發語之辭

抴 手部引也拉也

拽 同抴又音夜

挹 手部酌也抒也

斁 詳見二三頁

易 日部不難也治也換也又卦象之書曰周易從日月象陰陽也

曳 曰部牽也俗加點非又音夜

枻 木部楫也又音肩檠枻正弓弩之器

殪 歹部死也

毅 殳部果敢也强忍也

⿰歹益 歹部物凋死也

泄 水部水名又衆也散也又泄泄舒徐貌又音卸

泆 水部水所蕩泆也與溢同

浥 水部清也

液 水部津也又姓又音夜

溢 水部滿溢也

熠 火部盛光也

熤 火部人名

異 田部奇也殊也

疫 疒部瘟也

瘞 疒部幽薶也即謂埋藏也

睌 目部邪視貌

睪 目部伺視也

瞖 目部眼疾也

縊 糸部絞也懸繩自經曰縊

繶 糸部絛也

繹 糸部長也又抽絲曰繹又理也陳也

義 羊部宜也與利反又姓也

羿 羽部古射師也

⿱羽丂 同羿俗字

⿱艹⿱皿羽 羽部同⿱艹⿱皿羽飛也又羣鳥弄翅也

翊 羽部飛貌

翌 羽部明日也又與翼同

⿰氵⿰羽戈 羽部古文翼字

翼 羽部羽也扶助也又南方宿名

肄 聿部習也勞也

腋 肉部左右脇間也又音夜

肊 肉部胸骨也或作臆又俗音哥

臆 肉部胸臆也

艗 舟部舟也又音逆

蓺 艸部種也

薏 艸部蓮子又薏茨草名

藝 艸部才技也又業也又姓

蜴 虫部蜥蜴也

⿰衤夜 衣部衣縫也又

裛 隻袖也衣部書囊也又香襲衣也

袣 衣部長被也亦作⿰衤曳

⿰衤曳 同袣

詍 言部多言也辯飾也又音夜

詣 言部至也造也

⿰言曳 同詍

謚 言部笑貌俗用為諫行之謚非

(衣)

譯 言部傳譯四夷之言也

議 言部語也評也定事之宜也

跐 足部述也又超踰也

軼 車部突也車相出也又散軼也詳見四六頁

輗

輓 車部車馬贈亡也

逸 辵部失也又縱也又隱也又與軼同

邑 部首都邑也邑人聚會之稱也又四井為邑又與悒通

鎰 金部二十兩也

饐 食部飯傷濕也又音噎

馹 馬部驛傳也

驛 馬部道也今之遞馬又傳舍也又往來不絕曰駱驛又姓

鶂 鳥部水鳥又通鷁又音倪

鶃 同上又鶩鳴聲

鷁 鳥部與鶃同水鳥也又音逆

鷊 鳥部又音逆與鶃鷁從同

鷀 鳥部鸕鷀鳥也

鷾 鳥部玄鳥也

埶 土部才技也種也又音世威力也

撎 手部舉手揖也推手曰揖引手曰撎

(剋) (K'U.)

(上平)

剋 刀部判也剖也虛其中也

哭 口部哀聲也大聲曰哭細聲有涕曰泣

堀 土部孔穴也

崛 山部山短而高又勃起曰崛起

枯 木部槁也又音枓

矻 石部勞極也

窟 穴部窟室也

骷 骨部髆骬也

髑 骨部髑髏頂也又音都去聲

(下平)

無

(上聲)

苦 艸部苦菜也又困也勤勞也

(去聲)

嚳 口部急告之甚也俗作嚳作

七六 去聲

（刳）（K'U.）

庫 广部財物藏也

捴 手部擊也又音忽義同一曰去塵也

焅 火部旱氣也熱氣也又音靠

窋 穴部與窟同又音絀物出穴貌

絝 糸部股衣也或作袴即袴子也

褲 俗字同袴

圣 土部汝潁閭謂

酷 致力於地曰聖酉部酒味厚也又虐也慘也又極也

袴 衣部脛衣也

（孤）（KU.）

（上平）

估 人部市稅又論價也又去聲

呱 口部小兒啼聲

姑 女部婦稱夫之母曰姑又父之姊妹曰姑又姑息苟安也又且也

孤 子部獨也無父也又寡德曰孤王侯謙稱又三孤官名少師少傅少保也孤者言其德特出於人也又負也

沽 水部買也賣也

箛 竹部竹名

箍 竹部以箆束物

罛 网部魚罟也

罛 與罛同

菇 艸部葵菇王瓜也

苽 艸部彫苽即彫胡也

菰 與苽同

蛄 虫部蟪蛄即螻蛄也

觚 角部鄉飲之爵又稜也又竹簡也

[舟古] 俗觚字

軲 車部俗車軲轆

軱 車部大骨也

辜 辛部罪也又姓

酤 酉部酒爵也

酤 酉部一宿酒也又與沽通

鴣 鳥部鷓鴣也

（下平）無

（上聲）

凸 詳見二二頁

古 口部遠代也又故也老也

唂 口部鳥鳴一曰雉鳴

咕 口部嘏咕咽也

嘏 口部福也大也又遠也本音假
穀 禾部楮也皮可為紙也
榾 木部木名
泊 水部没也
滑 水部亂也又音猾利也又音化
牯 牛部牝羊也
皷 皮部俗鼓字
盬 皿部俗沙盬子
盬 皿部盬池也又

音沾
⿰禾骨 禾部禾莖也
穀 禾部續也百穀總名也又善也生也禄也養也又讀去聲
穀 同上俗穀字
瞽 目部無目也
罟 网部網之總名
羖 羊部牝羊也
⿰羊古 俗羖字
⿰羊骨 羊部羊名

股 肉部髀也脛本也亦作骰
⿰月古 同股
臌 俗病名氣臌水臌用此字
蠱 虫部腹中虫也又蠱惑也又卦名又音冶媚也
詁 言部訓故言也又誦語也
谷 部首兩山間流水之道也又姓

也又音欲
賈 貝部行販曰商坐賣曰賈又音駕與價同售值也又音斝姓也
轂 車部車輻所湊也
鈷 金部𨰻也又音胡器名同瑚本作鍸
骨 部首肉之覈也又滑也骨堅而

滑也又讀下平
鵠 鳥部鴻鵠也一名天鵞又音牿射候也又姓
鶻 鳥部班鳩也
鼓 部首革音之器伊耆氏所造又星名俗作鼔非
鼓 鼓部擊鼓也又鼓舞也從支

去聲

凅 冫部寒凝閉也

固 口部堅牢也執滯也又陋也又本然之辭
故 支部使為之也舊也事也因也又物故死也又大故喪事也
梏 木部手械也
牿 牛部牛馬牢也
⿸疒古 疒部久病也
痼 疒部久病也本作⿸疒古亦通作錮

(孤) (KU)

錮：金部塞也又禁錮重繫也

雇：隹部傭也又音户作鳫

僱：俗雇字

顧：頁部瞻也迴首曰顧又眷也又發語辭又姓

頋：俗顧字

鯝：魚部魚肚中腸又黃鯝狀似白魚

觳：肉部足跗也

(乎) (EU.)

(上平)

乎：ノ部疑辭語之餘也又下平聲

呼：口部喚也大呼也又歎息也出息也又下平聲

唬：口部俗曰嚇唬用此字又音嚇

嘑：與呼同

圇：口部物完曰圇

忽：心部倏忽又滅也輕也忘也又蠶吐絲為忽

惚：心部恍惚失意也

揔：詳見七六頁

欻：欠部風吹起也

焀：火部火貌

歔：欠部出氣也

歘：欻本字

滹：水部水名又姓

曶：目部急視貌

笏：竹部手版也公及士所搢

膴：詳見第五頁

虖：虍部虎吼也又歎辭又姓

謼：言部大叫也

觳：角部盛酒器一曰射具又觳觫懼貌

餬：食部糜也又寄食曰糊口

下平

壺：士部昆吾圜器也昆吾紂臣作瓦器

壺：同上

弧：弓部木弓又男子生日曰弧辰

核：木部俗言果中實也又音劾義同又綜核

湖：水部大陂也又水名

狐：犬部獸名又姓

猢：犬部猿屬

七九 (HU.) (乎) 平下

瑚 玉部宗廟器又珊瑚也
瓠 瓜部瓠也
胡 肉部牛頷下肉也又何也又姓
葫 艸部葫瓜也又大蒜也俗葫蘆
蔛 艸部石蔛藥草
蝴 虫部蝴蝶也
衚 行部衚衚街也
糊 米部黏也又煮米及麩為粥又模糊漫貌
斛 斗部十斗曰斛
醐 酉部醍醐酪之精者
鬍 俗言鬚曰鬍子
鶦 鳥部鳥似雉

(上聲)

滸 水部水涯也
琥 玉部玉為虎形又琥珀也
虍 部首虎文也凡虍之類皆從虍

(去聲)

虎 虍部猛獸也
⿰虫虎 虫部蠅⿰虫虎虫名
互 二部交互也
沍 冫部寒凝也閉也謂陰閉塞不通陽也
岵 山部山有草木
帍 巾部婦人巾也
怘 心部堅也常也
怙 心部父亡曰失怙母亡曰失恃
户 部首一扇門為户又內曰户外曰門又民家聯比謂之編户也
戽 户部抒也本作⿰氵戽又上聲戽斗舟中濮水器也
扈 户部屬也後從曰扈
楛 木部木也又藍惡曰楛
⿰氵曶 水部青黑色也
⿰氵戽 同戽
祜 示部福也祜者厚福也
⿱竹斛 竹部草名又盛米器也
簄 竹部海中取魚竹名曰簄
縠 糸部紗縠也縠即今之輕紗
蠖 虫部尺蠖屈伸虫也似蠶老亦吐絲作繭化為蝶
護 言部救視也助也擁全之也
臒 佳部善丹也
鶘 詳見七七頁
滬 水部水名

(科)(KE.) 八十

(上平)

刻 刀部鏤也一曰痛也割也又剝也又刻薄慘覈也又去聲刻漏也鍥漏箭以候日晷為刻故因謂晷度曰刻又害也

刻 與刻同

剋 刀部剋勝也又必也急也又剋

尅 期約定日期也又去聲

同刻

㱿 殳部本音確素也從上擊下也又卵甲也蟬脫也或作殼又音酷歐貌

殼 同上

壳 俗寫同上字典無此字

搕 手部取也擊也

柯 木部枝柯又斧柄也又姓

榼 木部酒器又下平聲

珂 玉部石次玉

磕 石部石相擊也又音嘅又下平

科 禾部條也本也又坎也程也等也

窠 穴部空也穴中為窠樹上為巢

薖 艸部草也又寬貌

蝌 虫部蝌蚪也

軻 車部車接軸也又上聲 亞聖 諱敬避

頦 頁部俗言下巴頦兒本音孩頤下也又音亥

顆 頁部小頭也今言物一顆猶言一頭也凡圜物以顆計

髁 骨部髀骨也又膝骨也又音跨

(下平)

咳 口部俗言咳嗽本音孩小兒笑貌又音慨無痰而有聲謂之咳無聲而有痰謂之嗽

欬 欠部俗同咳字本音慨逆氣也又因風致疾也

溘 水部奄忽也又至也依也

瞌 目部眼瞌欲睡貌

⿰歹盍 歹部與溘同又與⿰歹蓋同死也

⿰歹蓋 歹部依也又音藹死也

⿰車盍 車部車也又車聲

(上聲)

喀 口部欬聲也

可 口部許也肯也又僅足之辭
哿 口部可也也嘉也
坷 土部坎坷不平貌
岢 山部岢嵐山名
㪡 攴部擊也
渴 水部欲飲也又急也又音傑水涸也
舸 舟部舟也又音歌義同

苛 艸部小草也又政煩也又音何

(去聲)

克 儿部能也勝也又忌克又掊克
堁 土部塵起貌又土塊也
客 宀部寄也又賓客也
恪 心部愿也恭也謹也
痾 疒部病也又上平聲
棵 木部無皮穀也又上平聲
課 言部程也稅也
錁 金部俗金錁銀錁本帶具也作韝亦作銙又音果車膏器也
騍 馬部牝馬也
⿰齒可 齒部大齧也
愙 心部同恪敬也
愘 心部愘忤多伏計也
髂 骨部腰骨也又音恪

(KE.) (戈)

(上平)

割 刀部截也斷也剝也害也
咯 口部雜聲
哥 口部古歌字也又今呼兄為哥
歌 欠部詠也長吟也
擱 字典無此字俗耽擱也放置也用此字
戈 部首平頭戟也
疙 疒部本音趷癡貌接疙頭上瘡突起也俗呼疙瘩用此字
紇 糸部本音覈絲下也又人名也俗言繩之結處曰紇縫用此字
肐 詳見七四頁按肩下胳上處俗言肐肢窩用此字又下平聲

（戈）(KE.)

胳 肉部，腋下也，又下平，俗言胳星。
謌 言部，同歌。
趷 字典無此字，俗言趷蹬，言其迅速，又趷蹬響也。
鴿 鳥部，鵝鴿也。
鴚 鳥部，鴚鵞也。
鴚 同上，又八鴚兒。

（下平）

嗝 口部，鳥鳴。
挌 手部，擊也，闘也，又止也。

格 木部，至也，來也，感通也，又窮究也，又正也，又姓。
槅 木部，大車柅也，又音覈，果核也。
𦟌 肉部，胷膈也。
膈 肉部，胷膈心脾之間。
葛 艸部，蔓草，所以為絺綌，又國名，又上聲，又去聲。

蛒 虫部，蠐螬別名，又蛭蛒，蚰蜒也。
蛤 虫部，蚌蛤也。
閤 門部，所以止扉者，又樓閣也，又庋藏之所也。
閣 門部，門旁户也，又內中小門，又音合。
隔 阜部，障也，又塞也，俗言音街。
革 部首，獸皮治去其毛，革更之象，又革車，兵車也，又甲冑之屬，又改也，又為八音之次，又卦名。

骼 骨部，骨也。

（上聲）

合 口部，量者，龠合升斗斛也，十龠為合，十合為升，又音何，同也，配也，會也，又聚也，又答也，又閑也。

（去聲）

个 丨部，枚也，與箇同，又東西廂也。
咼 詳見五十頁。
佮 人部，合取也。
個 人部，與箇个同。
轕 車部，同轕，詳後。
各 口部，異辭也。
擖 手部，揳木聲，又音劫，刮也，一曰揵也，又音葉。

箇 竹部，枚也，亦作个，介，俗作個。
虼 字典無此字，俗言虼蚤，即嚙人跳蚤也。
袼 衣部，袖與衣接處也。
翮 羽部，羽莖也，又音覈，又音歷。
轕 車部，轇轕，又馳驅貌，又車馬喧雜貌，或通轕葛。

（上平）呵 喝 歌 欱 蚵

口部責也又噓氣也又呵呵笑貌 口部呼也又喉喝怒聲又音噎激也又嘶聲也又俗飲水曰喝水用此字誤欠部同呵 欠部噭也飲也 虫部蚵蠪蜥蜴

蝎 蠚 訶 頙 （下平）何 劾

也又音坷虫名 虫部蛸螪也 虫部虫名 言部大言也又譴責也 頁部傾頭視貌 人部曷也奚也胡也烏也那也孰也誰也詰問也 力部治也又推

合 和 嗑 姶 曷 核 河

窮罪人又去聲詳見八二頁 口部順也諧也又溫也又和鸞鈴也諸侯車馬之飾也又去聲 口部食也合也多言也 女部美好貌 曰部何也 詳見七八頁 水部水名

毼 盇 盍 盒 禾 苛 荷

毛部毛布也 皿部覆也又何不也隸作盍通作蓋 皿部合也何不也又姓又覆也 皿部盤屢盤覆也俗作器名 部首嘉穀也凡穀皆曰禾又姓 詳見八一頁 艸部芙渠也即

蝦 褐 閤 闔 鞨

蓮也又去聲擔也負也 虫部本音瞎俗言蝦蟇之蝦字用此音又通鰕 衣部毛布賤者所服 詳見八二頁 門部門扇也又閉也 革部蘇鞨北狄種

龢 （上聲）呵 （去聲）嚇 壑 涸

龢部同和調也又諧也合也 口部慢不應聲 口部怒也又以口拒人也又音夏俗言嚇唬 土部溝也抗也谷也壑也又大壑海也 水部水竭也

（禾）（HE.）

去聲

狢 犬部狐狢同貉

紇 詳見八一頁

翯 羽部鳥羽肥澤貌

覈 西部考之使實也又驗也

賀 貝部以禮物相慶也又姓

貉 豸部獸似貍又音陌又姓

貈 豸部獸似狐善睡

赫 赤部大赤貌又怒意又與嚇同

郃 邑部縣名又姓

郝 邑部鄉名又姓也俗音好

鶡 鳥部鳥似雉又冠名

鶴 鳥部水鳥名似鵠長頸高足丹頂白身頸翅有黑常以夜半鳴聲聞八九里又姓又音豪

黑 部首火所熏之色也北方陰色也又音禾危

齕 齒部齧也又削乑不橫齗也

哧 同嚇

（阿）（A）

（上平）

啊 口部俗語助辭又音餓愛惡聲也

阿 阜部俗語助辭又音餓大陵也比也曲也又柔貌又姓俗又讀作下平聲是漫應之辭又讀作上聲是驚異之辭又讀去聲如阿姐阿妹阿哥等類是也

（下平）**阿** 詳上

（上聲）**阿** 詳上

（去聲）**阿** 詳上

(愛)

(上平)

哀 口部悲也閔也閔痛之形於聲也

哎 字典無此字俗話哎喲用此字

唉 口部慢應聲又歎恨發聲之辭又飽食聲又上聲

噯 口部暖氣也又上聲又去聲

挨 手部擊背也又俗凡物相近謂之挨又下平聲

欸 欠部歎聲又上聲聲相應也

(下平)

埃 土部塵埃也又埃及國名又音醫

崖 山部山邊也又音涯

呆 口部俗爲癡獃

獃 之獃字非本同槑從日不從口犬部癡獃也

涯 水部水際也又音捱又音牙

皚 白部霜雪之白也又明也

(上聲)

矮 矢部短也

毐 毋部人無行者曰嫪毐

藹 艸部草木繁茂也又姓

躷 與矮同

靄 雨部雲集貌

靉 雨部靉靆雲盛貌又眼鏡也

(去聲)

僾 人部彷彿貌又氣不舒也

呃 口部不平聲也

愛 心部慕也憐也思也寵也又吝也

曖 日部晻曖暗貌又音戲深邃也

瞌 日部日色也

睚 目部舉目也又音捱一

瞹 目部隱也

礙 石部止也又距也妨也阻也

碍 同上

艾 艸部蕭也又美好也少艾也又五十曰艾又姓又音刈

薆 艸部隱也又樹林蔭蔽貌

隘 阜部陋也急也陝也又音益

餀 食部食臭也

餲 食部飯臭也

⿱疑心 心部惶也駭也

懝 同上

⿰忄盍 心部謹也

豛 豕部牝豕也

（上平聲）

嗷 口部衆口愁也

嗸 同上

咬 口部哀切聲也又音交又同敲

囂 口部喧也又無欲自得之貌又音楞

嚻 同上

坳 土部地坳下不平也又下平聲

熬 火部煎也又下平聲

鏖 金部盡死殺人曰鏖又下平聲

鑣 金部溫器也一曰銅㼀又今人以慢火爛煑肉物為鑣俗作熬

（下平）

凹 凵部凸之對也低下也又音洼

廒 广部倉廒也

摮 手部摮也

敖 攴部游也又楚人謂未成君為敖也

獒 犬部犬如人心可使者又狗四尺為獒

璈 玉部樂器

聱 耳部不聽也不入人語也

翱 羽部翱翔也

螯 虫部海蛤又蟹大足也通作敖

遨 辵部游也

驁 馬部駿馬名又馬驕不馴也

驐 同上

鰲 魚部魚名

鼇 黽部海中大鼇也俗作鰲非是

（上聲）

媪 女部姥之稱又去聲又音吻

拗 手部手拉也折也又拗戾固相違也又音忸又去聲又音鷹

襖 衣部袍屬

（去聲）

傲 人部慢也倨也

嫯 女部侮易也

𡟗 同上

奡 大部慢也

奧 大部室西南隅為奧奧者主人之所安息也又內也深也藏也

墺 詳見五七頁

⿱奧土 同上

⿱敖心 同傲

慠 同傲

懊 心部悔恨也

⿰扌敖 手部動也

澳 詳見五八頁

燠 詳見五八頁

鏊 金部燒器也又山名

隩 詳見五九頁

滶 水部水名

八七 (ANG.)

(昂)

（上平）

沆 水部莽沆大水

骯 骨部骯髒體胖也又俗作汚穢解也又音慷

（下平）

卬 卩部我也又高也舉也翹首望也又古仰字

昂 日部舉也日升也一曰明也又通作卬仰

枊 木部繫馬柱也又堅也又去聲

棉 木部屋斜角謂之飛棉

（上聲）無

（去聲）

盎 皿部盆也瓦器也又豐厚盈溢意又下平聲又音樣

(AN.)

(安)

（上平）

俺 人部北人稱我為俺又下平聲又上聲又音淹

唵 口部含也手進食也又上聲

婄 女部女志不淨也又物不淨曰婄臟俗作骯髒

安 宀部靜也危之對也徐也止也何也又佚樂也

庵 广部圓屋一曰草舍

堷 土部壙中埋藏處

菴 艸部草名

葊 古文菴字

諳 言部知也練也愿也又去聲

鞌 革部馬鞍具也

鞍 馬鞍又地名同上

鵪 鳥部俗鵪鶉用此字又古文鴨字

（下平）無

（上聲）

揞 手部藏也手覆也又去聲掩也

蝻 此字不見於字典俗言蝗蝻呼為螞蚱蝻兒

（去聲）

犴 犬部同犴獄也

（安）(AN.)

婩 女部好也又婦人齊整貌

岸 山部水厓而高者為岸又魁岸雄桀也又露額白岸

按 手部抑也據也又控也下也止也撫也又察行也考驗也舉也勀也又按摩也

暗 日部不明也又

案 音晏木部几屬又例案也又作古椀字又音晏

桉 同上

諺 言部剛猛也又音彥俗語也與唁喭並同

豻 豸部獄也又音犴野犬似狐者

闇 門部閉門也又冥也幽也又不明也

隌 阜部闇也又音陰

颱 風部颱颱颶風也

黤 黑部青黑也

黭 黑部黑色又卒至貌

黯 黑部深色也又黯然傷別貌又人名

（哼）(ENG)

此字在此處是借用此字為音故無字義其發音法是俄音首閒口音從鼻出也字義詳後第三七七頁俗或作慢應聲

（恩）(EN.)

（上平）

恩 心部澤也惠也愛也

蒽 艸部草名也

（下平） 無

（上聲） 無

（去聲）

搵 手部没也指按也又搵抐也

按 俗代搵字用

八九

危 (EI.)

此字在此處是借用此字為音故無字義其發音係俄衣拚成字義詳後第一二十頁俗或作人呼我麼之聲

耶 (EH.)

此字在此處是借用此字為音故無字義其發音係噎字去其音首留其音尾即成此音字義詳後第三二八頁

俄 (E.)

(上平)

阿 詳見八四頁

閼 門部遮壅也止也塞也又音焉又下平聲

(下平)

俄 人部俄頃也速也須臾也

吪 口部與訛同又動也化也謬也又音譁口開也

哦 口部吟也

娥 女部好也

峨 山部嵯峨山高貌又峨眉山名

峩 同上

硪 石部同峨

莪 艸部蒿屬又美菜也

蛾 虫部蠶化飛蛾

⿱我虫 同上

囮 囗部譯也謂傳四夷及鳥獸語又音由

訛 言部偽也謬也舛也與譌同

誐 言部嘉善也又吟也與哦通

譌 言部譌言也偽也化也動也又妖言也又通訛

頞 頁部鼻莖也

頟 頁部額也髮下眉上謂頟

額 同上

峉 山部山高大貌

（俄）（E.）

鵝 鳥部舒雁也
餓 同上
鵞 同上
（上聲）
我 戈部自謂己身也俗音寫上聲
（去聲）
惡 詳見第四頁
厄 厂部同栀木節曰栀
呃 詳見八五頁
咢 口部驚咢也

噩 口部驚也嚴肅貌又太歲在酉曰噩作
堊 土部色土也又牆謂之堊先泥之以灰飾之也堊者亞也次也
娿 女部媕娿不決也又娜弱態貌
婀 同上
崿 山部崖也
崿 同上

愕 心部錯愕倉卒驚遽貌
扼 手部把也抑也
扼 手部同上同搤
栀 木部木節也
腭 肉部齒內上下肉也
齶 齒部同腭
蕚 艸部花蕚也
諤 言部直言也
讍 言部同諤
軛 車部轅端橫木駕馬領者又音鬱

遌 辵部心不欲見而見曰遌
遏 辵部止也絕也
鄂 邑部國名又州名又姓又與諤愕噩從通
阨 阜部限也塞也又音隘陋也狹也
阸 阜部塞也限也

危也與阨隘從同
戹 户部隘也户小門也又艱也又困也又通作阨
顎 頁部面高貌
顎 同上
餓 食部飢也不飽也
鍔 金部刀及也及端也又同堮又鍔鍔列列高貌

堮 土部圻堮厓岸
鰐 魚部魚名似蜥蜴出日南或作鱷
鱷 魚部本作[illegible]亦作鰐魚似蜥蜴力能吞人
鶚 鳥部鷹鶚之屬
蛢 虫部同鰐鱷
蝁 虫部大眼蛇也
搤 手部持也握也捉也按也

(慪)

(上平)

嘔 口部啘嘔小兒語也又與謳通又音區水名又音訏悅言也又上聲與歐同吐也俗言又有時讀去聲

歐 欠部姓也又上聲吐也

毆 殳部擊也又上聲

漚 水部水上泡也又去聲久漬也

瞘 目部深目貌又音摳

甌 瓦部小盆也

謳 言部吟也齊聲歌也又姓

鷗 鳥部水鴉也又鷺也又音區又音優

(下平) 無

(上聲)

偶 人部伉儷也並也合也對也諸也又適然也又偭也像也木像曰本偶土像曰土偶

熰 火部炮熰也又熱甚也又煖也

耦 耒部並耕也

藕 艸部蓮根也

(去聲)

慪 心部恪也

(ER) (兒)

(上平) 無

(下平)

兒 儿部嬰兒又音倪

而 部首頰毛也又語助又發端詞

輀 車部喪車也

䮘 馬部小馬

(上聲)

尒 小部汝也又語辭

洱 水部水出谷者水名也

爾 爻部汝也又語辭

珥 玉部耳璫也

耳 部首主聽也又肝主耳又語助

餌 食部餅也餻也又陰以利誘人曰餌

邇 辵部近也又通作爾俗作迩迩

兒 (ER)

去聲

二 部首數目名地數之始即偶之兩畫變之也

弍 弋部古文三字

佴 人部次也即副貳也又音耐

侕 人部衆多貌

刵 刀部截耳也

樲 木部小棗也

毦 毛部以羽毛為飾也

⿺毛耳 同毦

貳 貝部副益也佐也又疑也

⿰亻貳 人部副益也

撲阿 (P'A.)

上平

琵 王部琵琶樂器也又音八

葩 艸部華也又或音八

趴 字典無此字俗作兩手據地伏也又讀作下平聲匍匐伏地手行也

下平

爬 爪部搔也又姓

筢 竹部筢子用以取草者

耙 耒部犂屬

⿰耒罷 同上

鈀 金部兵車也又鉏屬又音八

上聲

無

去聲

帊 巾部帛三幅也

帕 巾部紅絹抹額為帕又手帕子

怕 心部畏懼也

怕 同上

卜阿 (PA.)

上平

八 部首少陰數也又音背又音必又去聲

叭 口部聲也喇叭也又音撥口開也

吧 口部吧呀小兒忿爭又大口貌

唎 口部鳴也

巴 已部蛇名又地名又巴蕉尾巴

扒 手部破也又音拜拔也
捌 手部破也分也又擊也又數目字借為八字
杷 木部收麥器也又果名又去聲柄也
琶 詳見九二頁
疤 疒部瘡痕也
笆 竹部竹有刺者
羓 羊部腊屬

芭 艸部芭蕉也又與葩通
豝 豕部牝豕也

(下平)

拔 手部抽也擢也又破城邑而取之曰拔
魃 鬼部旱鬼也

(上聲)

把 手部執也持也握也秉也又去聲

靶 革部轡革也

(去聲)

垻 土部堰也
壩 土部堰水也
弝 弓部弓弝中手執處也
爸 父部吳人呼父曰爸爸
灞 水部水名
耙 詳見九二頁
鈀 詳見九二頁
罷 网部休也已也
霸 癓也又音備又音皮通疲罷雨部月始生也古與魄同

(P'AI.) (擈愛)

(上平)

拍 手部打也搏也以手搏其上也又音魄

(下平)

俳 人部俳優雜戲又音裴俳佪也
徘 彳部排佪不進
排 手部推也擠也斥也又列也又彭排軍器
捭 手部兩手擊也
捭 捭字省文
牌 片部牌牓也盾也

(上聲)

擺 手部擺物也

(去聲)

派 水部水分流也水自分出為派
浿 水部水名又音配
湃 水部水聲也

卜愛 (PAI.)

（上平）

掰 字典無此字俗以為兩手分也

擘 手部分擘也搚也又音蘗義同又大指也

（下平）

伯 人部俗言叔伯兄弟又上聲夫之兄呼曰大伯子又音撥去聲長也兄曰伯又父之兄曰伯又第三等爵曰伯

白 部首西方色也潔也明也又姓又音撥去聲

帛 巾部幣帛又音撥去聲

（上聲）

捭 詳見九三頁

擺 手部闢也撥也排而張之也

柏 木部柟也俗言松柏樹亦音撥去聲

栢 俗柏字又姓也

百 白部十為百又音撥去聲

（去聲）

唄 口部梵音也西方有唄猶東方有讚也

憊 心部疲也

拜 手部稽首也

敗 攴部毀之也又壞也毀也損也頹也

稗 禾部草似穀而實細

稗 同上

粺 米部精米也

粺 同上

退 走部壞也又敗也今通作敗

撲傲 (P'AO.)

（上平）

抛 手部抛擲也

胞 肉部兒生裹也胎衣也又音包

脬 肉部膀胱也

（下平）

刨 刀部削也

匏 勹部瓠也匏苦瓠甘

咆 口部咆哮熊虎聲

庖 广部廚房也

炮 火部肉置火中曰炮俗音包
炰 同上
爮 爪部刮也
袍 衣部長襦也今朝服亦曰袍
裒 衣部衣前襟也又音怉同抱
軳 車部戾也又車軫也
麃 鹿部與麃同麃屬又音包

(上聲)

跑 足部足跑地也又蹴也

(去聲)

泡 水部水上浮漚也
疱 疒部腫病也
皰 皮部面瘡也
砲 石部礮省文
礮 石部火礮也

(PAO.)　(卜傲)

(上平)

剝 刀部裂也落也褫也削也割也傷也又音博又音撲
包 勹部裹也含容也又含顯也又叢生也
胞 詳見九四頁
苞 艸部草也可作席又物叢生曰苞又姓

褒 衣部獎飾也又揚美也又姓
襃 俗褒字
齙 齒部齒露也

(下平)

薄 艸部厚之對也又簾也又姓又音傅迫也
雹 雨部雨冰也

(上聲)

保 人部抱也全之也安也任也養也依也守也
堡 詳見第一頁
寶 宀部珍也瑞也符璽也貴重也
寳 俗寶字
葆 艸部草盛貌又通褓小兒被也
緥 糸部小兒衣也
褓 衣部襁褓小兒衣被也
飽 食部滿也食多也又姓

（卜傲）（PAO.）

鴇 鳥部鳥似雁無後趾毛有豹文一曰獨豹又馬名

（去聲）

刨 詳見九四頁

報 土部答也告也復也酬也

抱 手部持也引取也又挾也懷抱也

㩧 手部擊也

暴 詳見第一頁

曝 俗暴字

瀑 詳見第一頁

爆 火部火烈也

菢 艸部鳥孵卵也

謈 言部惡言也

豹 豸部似虎圖文

鉋 金部平木器也

鮑 魚部以鹽漬魚也又魚名又姓

⿰包毛 毛部鳥孵卵也

（撲昂）（P'ANG.）

（上平）

磅 石部損石聲

滂 水部水沛也又大雨也又下平

胖 肉部脹也又臭貌

炐 火部大聲也

雱 雨部雪盛貌

霶 同雱

⿱雨滂 同滂

（下平）

傍 人部與旁同又音邦又音棒近也倚也又音崩傍傍不得已貌

徬 彳部徬徨

愫 心部愫惶恐也

旁 方部偏側也在邊曰旁又大也廣也

㫄 旁本字

膀 肉部膀胱也

胮 肉部脹大也

蒡 艸部菜也藥名

螃 虫部螃蟹

⿰足旁 足部欲行貌

逄 辵部姓也

龐 龍部高屋也又雜亂貌又音龐充實也

（上聲）

嗙 口部俗用此字作大言解音崩

鎊 金部削也

去聲

胖 肉部肥也音判

(卜昂)

(上平)

幫 巾部治履邊也又凡事物旁取者皆曰幫

帮 同上

幇 同上

挷 手部捍衛也

梆 木部木梆子又名

邦 邑部國名又姓

(下平)

無

(上聲)

挷 手部俗榜字又土精如手在地中食之無病

搒 手部掩也又進舟也又搒人船人也又音彭又去聲

㮄 木部木片也又取士及選官之次第曰㮄又音彭所以正弓弩者

榜 同㮄

牓 同㮄

綁 糸部古無此字今俗作捆搏也

縍 糸部吳俗繈絜曰縍又與幫同

髈 骨部髈背也

(去聲)

棒 木部杖也

蚌 虫部蛤屬

艕 舟部人習水也

謗 言部訕也毀也

(撲安)

(PAN.)

(上平)

扳 手部援也引也挽也又音班

攀 手部自下援上也

潘 水部姓也又水盤旋也

(下平)

媻 女部媻媻往來貌又奢也

槃 木部與盤同

盤 皿部盛物器又曲也又姓

磐 石部大石也

磻 石部溪名太公釣處

蟠 虫部曲也伏也又音煩蠜器底虫

𨇹 足部屈足也與蹣同

𨂽 足部行貌又音蹣

蹣 踰牆也

鞶 革部大帶也

(撲安) (P'AN.)

鬆 髟部髮卧結也又音班髮半白

攀 手部除也攀攫

(上聲)無

(去聲)

泮 冫部冰釋也

判 刀部剖也分也又斷也又叶音·凡

叛 又部背叛也

拚 手部俗詁拚

洋 用此字原音翻飛貌又音僨掃席前日拚

泮 水部學宮名

畔 田部田界也

盼 目部顧也望顒也又盻子黑白分明貌

胖 詳見九六頁

襻 衣部鈕襻子衣糸也

頖 頁部同泮頖宮

泮 也又頖之言頒也所以頒政教也 水部水涯也

(卜安) (PAN.)

(上平)

搬 手部即攀字俗作搬移搬演字

斑 文部駁文也雜色曰班

斒 文部斒斕色不純也

班 班本字

班 王部列也又姓又別也

瘢 疒部瘡痕也

癍 字典無此字俗

用此字作病名曰癍疹

螌 虫部螌蝥毒虫也

般 舟部般運又移也又還也又音盤大船也

頒 頁部布也賜也又頭半白也又音汾魚大頭也亦衆貌

鳻 鳥部鳥名也又

音分

(下平)無

(上聲)

板 木部與版同又音匾

版 片部户籍也又判也築牆版也

昄 日部大也

阪 阜部阪泉地名又音反坡也險也又音顯

（卜安）（PAN.）

（去聲）

伴 人部侶也依也陪也

半 十部物中分也又音判

扮 手部打扮妝扮也又音粉握也

拌 手部棄也俗作攪之使勻也

瓣 瓜部瓜中實也又花瓣也

絆 糸部馬繫也

辦 辛部致力也又具也

辯 辛部俗話辯嘴即口角也原音便別也又詳審也又巧言也

怑 心部怑悏不順也

（撲哼）（PENG.）

（上平）

怦 心部心急也又忠直貌

淜 水部淜滂水聲一曰風擊物聲又古文馮字

漰 水部擊水聲

澎 水部澎濞水貌又水聲又地名

訇 勹部訇訇大聲

烹 火部以油煎也

砰 石部石聲也

（下平）

彭 彡部鼓聲也又軍器又彭城地名又姓

埄 土部塵起貌

埲 土部塵起貌

朋 月部同類為朋

棚 木部棧也閣也

硼 石部石名

磞 同上

篷 竹部船連帳也同⿱竹凡⿱竹夆

⿱竹凡 竹部織竹編箸以覆船也

⿱竹夆 竹部同篷

膨 肉部脹也

芃 艸部草盛貌

菶 艸部籀文蓬字草芽初生也又音逢

蓬 艸部蒿也又盛貌

蟛 虫部蟛蜞似蟹

蟚 同上

一百 （撲哼） (P'ENG)

髼 髟部髮亂也

鬅 髟部髮披也

鵬 鳥部大鵬鳥也

（上聲）

抨 手部同捧掬也

捧 手部兩手承也

（去聲）

掽 手部搕掽撞也字典無此字俗同掽又作遇解

碰

（卜哼） (PENG)

（上平）

伻 人部使也又從也

崩 山部山壞也毀也自上墜下曰崩又尊曰崩

帲 巾部幄也又音餅覆也又音瓶

弸 弓部彈也

弸 弓部弓强貌又滿也

彅 弓部弓也俗曰彅弓子

（下平）

痭 疒部婦人癥血不止又腹滿病

祊 示部廟門旁祭又音方祭四方也

絣 糸部綿也續也

絣 同上

繃 糸部束小兒衣即古之襁也

綳 同上

無

（上聲）

唪 口部大聲也大笑也又瓜多實貌又音奉上聲

琫 玉部刀飾也又音奉

菶 艸部草盛貌

（去聲）

蚌 詳見九七頁

跰 足部散走也又音餅並足立貌

跰 同上

迸 辵部走散也逸去也又與屏同又音抨與伻同使也

逬 同上

（撲恩）(PEN)

（上平）

噴 口部鼓鼻也嚏也潠也又去聲

歕 欠部吹氣也

（下平）

湓 水部水名又水涌也

盆 皿部盎也

葐 艸部草名又音汾葐蒀盛貌又馥葐香也見博雅

（上聲）

無

（去聲）

体 人部劣也又粗貌俗作肢體之体非

呠 口部噴也

（卜恩）(PEN.)

（上平）

奔 大部疾走貌又去聲

捹 手部手亂貌又音坌

犇 牛部同奔

賁 詳見十三頁

錛 金部錛子平木器也

驞 馬部古文奔字按驞從賁十三畫字彙附十二

畫非

（下平）

騚 同驞

無

（上聲）

本 木部根本也

畚 田部盛土器也

（去聲）

体 心部心不慧也

笨 竹部竹裏也一曰麤率也

逩 辵部奔走也

撲危 (P'EI.)

（上平）

丕 詳見第九頁
伾 人部有力也又衆也又大伾山名
呸 口部相爭之聲
坏 詳見第九頁又下平聲
坯 詳見第十頁
怌 心部慢也恐懼也
披 詳見第九頁
胚 詳見第十頁
肧 詳見第十頁
醅 酉部酒未漉也
駓 馬部馬走貌

（下平）

培 土部益也助也治也擁也隄也
裴 衣部長衣貌
裵 同上又姓也
踣 足部僵也倒也
賠 貝部古無此字俗作補也

（上聲） 無

（去聲）

佩 人部大帶也又玉佩又服之也
帔 巾部裙屬又曰在肩背上者
沛 水部顛沛也又郡名又草生水中也又姓
旆 方部繼旐曰旆又旆旆旒垂貌又飛揚之貌又旆旆然長也
斾 俗旆字
珮 玉部玉珮也
琲 玉部珠十貫為一琲又音痱
配 酉部匹也對也合也
霈 雨部大雨也又多澤也
轡 車部馬轡也

卜危 (PEI.)

（上平）

俾 詳見十二頁
卑 十部下也又音彼與俾同
庳 詳見十二頁
庳 同上
悲 心部感也測也痛也又有聲無淚曰悲無聲有淚曰泣
杯 木部酒器也
桮 木部用杯飲器

(PEI.)

(卜危)

上平

卑 俗卑字
盃 俗杯字
碑 石部豎石以紀功德也
碑 俗碑字
箄 竹部取魚竹器又音必
萆 艸部萆薢藥草也
背 肉部俗作負解又去聲身之陰也又倍也在後

稱也
陂 阜部池也阪也又音坡

(下平)

無

(上聲)

北 匕部朔方也北伏也陽氣伏於下於時為冬又奔也又音擘

(去聲)

倍 人部鄙倍悖戾

之言也又物相二曰倍
備 人部具也足也成也咸也副也預辦也防也又長兵曰備
僻 詳見十一頁又十二頁
婢 俗音此詳見一二頁
悖 心部亂也乖也
誖 同上
焙 火部火乾物也
狽 犬部狼也獸名
珮 玉部佩飾
臂 肉部肱也自肘至腕曰臂又音必
被 衣部寢衣也又覆也蒙也
裨 詳見第十頁
褙 衣部襦也
貝 部首寶貝也海介虫也
䟺 足部步行蹤跋

也
邶 邑部地名
輩 俗輩字
輩 車部等也類也
蓓 艸部蓓蕾始華

(P'O)

(撲俄)

(上平)

坡 土部坂也
潑 同潑
潑 水部棄水也又水溺也
頗 頁部否平也偏也又少也僅可辭也

(下平)

婆 女部老嫗之稱又婆娑舞貌又呼夫之母為婆

（撲俄）（P'O）

皤 白部白也又音玻

鄱 邑部鄱陽縣名

（上聲）

叵 口部不可也

笸 字典無此字俗笸籮用此字

（去聲）

拍 詳見九三頁

朴 詳見第一頁

浡 水部興起貌

珀 王部琥珀也松脂入地千年所成

破 石部裂也

粕 米部糟也

莩 詳見十一頁

迫 辵部逼迫也又窘也急也

廹 字典無此字俗同迫

魄 鬼部陰神也人之精爽也

（卜俄）（PO）

（上平）

剝 詳見九五頁

嶓 山部嶓冢山名

撥 手部捩開也又轉之也發也理也除也又發揚貌又音拔絕也

波 水部浪也又姓

渤 水部渤澥海別名又去聲

玻 王部玻璃也又玉名

菠 艸部菠菜也

鉢 金部盂屬又凡物相傳皆曰衣鉢

餑 食部餑餑也

（下平）

博 十部廣也普也大也通也又局戲也又去聲

愽 同上

搏 手部手擊也又與捕同又去聲

泊 水部舟附於岸曰泊又飄泊也

脖 肉部胦膊俗曰脖子即項也

膞 肉部肩膊也又磔也又去聲

薄 詳見九五頁又去聲

誖 詳見一零三頁

鉑 金部金薄也

駁 馬部馬色不純又別議改正也

駁 馬部獸如馬鋸牙能食虎豹又別議改正亦謂之駁同駁

（上聲）

簸 竹部揚米去糠也又去聲簸箕

播 手部種也布也揚也放也棄也通也越也遷也又去聲

跛 足部行不正也足偏廢也又音必偏任也

（去聲）

伯 詳見九四頁又下平聲

佰 人部百人為佰又謂百錢也又古陌字

勃 力部卒也色變之貌又上平聲

北 詳見一零三頁

亳 二部湯所都也

帛 詳見九四頁又下平聲

孛 子部彗星也怪氣也又色變也即孛字

孛

擘 詳見九四頁

柏 詳見九四頁

栢 同上

檗 木部黃檗木也

檘 同檗又同枰

洦 水部淺水也

癶 部首足刺癶也

白 詳見九四頁又下平聲

百 詳見九四頁又下平聲

礴 石部廣被也

箔 竹部簾也

胈 肉部股上小毛也

茇 艸部艸根也又草舍也又上平聲樂名華茇也

蘖 艸部蘖名

襏 衣部襏襫雨衣也

襮 衣部繡黼為領諸侯朝祭之裏衣

舶 舟部海中大船

譒 言部敷也

跋 足部行行貌草行為跋水行為涉俗跋字

䟦 詳見一零四頁

迫 同上

廹

鈸 金部鐃鈸也所以節樂者

䯋 骨部肩髆也

髆 骨部肩甲也

魃 詳見九三頁

鱍 魚部魚掉尾貌

鵓 鳥部鵓鴿也

撲慪 (P'OU)

（上平）

剖 刀剖判也破也又上聲

呸 口部吸也

抔 手部引取也污尊抔飲謂以手掬而飲之也讀作杯非

掊 手部掊克謂聚斂也又減也

裒 衣部聚也多也又同褎

抛 詳見九四頁

（下平）無

（上聲）

勏 力部勏劶用力也

部 詳見第一頁

棓 詳見上平聲

（去聲）無

麻阿 (MA.)

（上平）

嗎 口部俗話疑問詞又去聲俗罵字也

媽 女部俗稱母曰媽原音姥母也一曰牝馬也

蟆 虫部蝦蟆也又音墨

蟇 同上

蟵 同上

麼 麻部俗話疑語詞又音墨上平么麼細小貌又音麼義同

（下平）

痲 疒部麻風病又俗呼天花痕曰痲子

䁢 目部緩視貌

麻 部首枲屬也皮績為布子可食

蔴 字典無此字俗作麻用

（上聲）

瑪 玉部俗寫瑪瑙

碼 石部碼磁石名又碼頭商埠也又號碼籌碼也

螞 虫部螞蟻也又去聲螞蚱蝗屬

馬 部首怒也武也象馬頭髦尾四足之形又姓又音姥義同

鰢 魚部魚名也

木阿 (MA.)

（去聲）

傌 人部即罵也

榪 木部牀頭横木也又上聲俗呼榪桶用此字

禡 示部祭名

罵 网部詈也惡言也

[阝馬] 阜部益也又巧也

木愛 (MAI)

（上平）

無

（下平）

埋 土部瘞也葬不如禮曰埋又藏也又音蠻埋怨

霾 雨部風雨土也又晦也

（上聲）

買 貝部收買也即以錢購物也

蕒 艸部苦蕒菜也

（去聲）

勱 力部勉力也

賣 貝部鬻物也

邁 辵部遠行也又往也過也

[言萬] 言部爭多貌

霡 雨部小雨也

霢 霡本字又音墨

麥 部首麥芒穀秋種厚薶麥金也金王而生火王而死又音墨

木傲 (MAO.)

（上平）

猫 犬部同貓

貓 豸部能捕鼠又下平又音苗貍屬也

（下平）

毛 部首眉髮屬又老也又姓又音模無也

旄 方部牛尾也舞者持之幢也又音務

木傲 (MAO.)

矛 部首酋矛也建於兵車長二丈象形即鉤兵也

茅 艸部菅也又明也又姓又音苗

錨 金部今船上鐵錨也又音苗

髦 髟部髮也又選也士之俊選者曰髦

(上聲)

卯 卩部辰戠在卯曰單閼又茂也言萬物茂也又音畝

昴 日部宿名又音流

茆 艸部鳧葵也一名蓴菜又姓又音柳

蝥 虫部食穀虫也又下平聲

蟊 虫部食苗根虫也又下平聲

冃 冂部重覆也又去聲

(去聲)

月 冂部小兒頭衣也

冒 冂部覆也犯也又音墨貪也

冐 俗冒字

媢 女部忌嫉也

帽 巾部頭巾也

㥘 心部貪也

愗 心部怐愗愚貌

愗 同愗

㨄 手部手扶之也

㮘 木部門樞橫梁也

㴘 水部水漲也

瑁 玉部諸侯執圭朝天子天子執玉以冒之又玳瑁也又音妹

眊 目部目不明也

皃 白部容貌也籒文作貌

耄 老部惛忘也又八十曰耄又通作旄

薹 與耄同

芼 艸部草覆蔓也

茂 艸部草豐盛貌又姓

䘠 衣部小兒頭衣也

貌 豸部容貌也又姓

貿 貝部作賣易財也又姓

鍪 金部釜也又音謀兜鍪首鎧也

𩛄 食部飽滿也

一零九 (MANG.) (木昂)

(上平)

無

(下平)

厖 广部大也厚也

庬 广部厚也豐大也

哤 口部語雜亂也

尨 犬部犬多毛者又雜也

忙 心部怖也心迫也又宂也

恾 心部憂貌又失據貌

汒 水部谷名又怱遽貌又同漭

牻 牛部雜毛牛也

狵 犬部犬多貌

氓 氏部民也與甿同甿甿猶懵懵無知貌又音萌

甿 田部田民也

盲 目部目無瞳人也又音萌

盳 目部仰視貌

⿰石亡 石部山名

硭 石部槃名

⿰亻尨 人部⿰亻尨備不媚

⿰石尨 石部石貌

芒 艸部刺也稻麥芒也又太歲在己曰大芒落

𦬂 芒本字

茫 艸部水廣大也茫然不知也

蘉 艸部勉也

邙 邑部山名

鋩 金部鋒鋩刃端也

(上聲)

⿰忄莽 心部惘⿰忄莽心惑也

⿰日莽 日部不明也

漭 水部大水貌

莽 艸部草也又鹵莽猶粗率也又草深貌又姓俗作莾非

莾 俗莽字

蟒 虫部大蛇也

(去聲)

無

(MAN.) (木安)

(上平)

顢 頁部顢頇大面也

(下平)

曼 曰部長也路遠也又音萬引也

槾 木部杇也塗也

暪 日部暗也

瞞 目部瞞眜也又目不明也又姓

蔓 艸部菜名又蔓延也又音萬

木安 (MAN.)

蠻 虫部南方夷也又綿蠻鳥聲
獌 犬部狼屬又音萬
謾 言部欺也又去聲
蹣 詳見九七頁
鏝 金部鐵杇也又泥鏝也塗工之作具也又去聲
饅 食部饅頭也
鬘 髟部纓絡也又髮美貌

(上聲)

滿 水部盈也
鏋 金部金精也

(去聲)

僈 人部舒遲也又與慢嫚同
墁 土部牆壁之飾曰墁
嫚 女部侮易也媟污也
幔 巾部幕也帷也
慢 心部惰也怠也倨也易之也忽也
漫 水部水廣大貌又污也又下平
澫 同漫
縵 糸部繒無文也

木哼 (MENG.)

(上平)

蒙 艸部欺也冒也又下平聲微昧闇弱之名又裏也又女蘿別名也又大蒙藥名唐蒙菜名又滕名又卦名又上聲蒙古也

(下平)

幪 巾部巾也覆也
懞 心部懃厚貌
懜 心部慚也又惛也又去聲不明也
濛 水部細雨也又鴻濛又上平聲
曚 日部日未明也
朦 月部朦朧月將入也
氓 詳見一零九頁
甿 同上
盟 皿部歃血以結信也又音明

一壹一　(MENG)　(不哼)　下平

瞢 目部目不明也又音忙
⿰目夢 同上
矇 目部日精暗也
礞 石部青礞石也
⿰糸蒙 糸部絲亂緒也
朦 肉部大也
艨 舟部艨艟戰船
萌 艸部草芽也又音明
蝱 虫部嗇人飛虫也又音忙

虻 同蝱
⿱亡虫 俗蝱字
饛 食部盛器滿貌

（上聲）

猛 犬部勇也威也
⿰目孟 目部視也
艋 舟部小船也
蜢 虫部蝗屬
蠓 虫部小飛虫也

（去聲）

夢 夕部神交為夢一正夢二噩夢三思夢四寤夢五喜夢六懼夢又下平聲不明之貌也
夣 同上
梦 木部俗夢字也
孟 子部長也又勉也始也又姓
懵 心部懵懵無知貌又上聲俗語懵懂一時謂一時不能憶及也

(MEN)　(木恩)

（上平）

們 人部們渾肥滿貌又俗話你們我們即你等我等之謂又下平
捫 手部捫持也摸也

（下平）

亹 二部地名也又音尾亹亹不倦
樠 木部松心木也
璊 王部赤玉也

糜 禾部赤梁粟也
門 部首人出入者

（上聲）

悗 心部廢忘也

（去聲）

悶 心部煩悶也又俗話有時讀上平聲悶熱
⿰忄門 俗悶字
⿰氵悶 同悶
燜 字典無此字俗作煮之使爛解

（木危）（MEI.）

（上平）

無

（下平）

媒 女部謀也謀合二姓也又齊人名麴餅曰媒

嵋 山部峨嵋山名

枚 木部枝曰條幹曰枚又個也

梅 木部梅花也又果名又州名

楣 木部門橫梁也

没 詳見第二頁俗話讀此音

湄 水部水草交為湄又湄眉也臨水如眉也

煤 火部石炭也又臭煤灰集屋也

玫 玉部石珠也又玫瑰赤玉也

眉 目部目上毛也又媚也又州名

禖 示部天子求子祭名

縻 俗音縻子正音詳一一一頁

腜 肉部胎也

莓 艸部草名又苔也

郿 邑部縣名也

鋂 金部子母環也

霉 雨部霉雨也又義與黴通

黴 黑部物中久雨青黑也又面垢也又黴敗也又黑也

（上聲）

浼 水部汚也又水流貌又音免

美 羊部嘉也好也羊大則美故從大俗從大火者非

每 母部常也各也

毎 俗每字

浼 俗浼字

（去聲）

妹 女部女弟也

媚 女部嫵媚也諂媚也又愛也親順也

寐 宀部寢也臥也息也昧也目閉神藏也寤寐也

昧 日部暗昧微明也又音密

沬 水部地名又音末水名

抹 手部摸也

煝 火部炼也又旱熱也

痗 疒部病也

眛 目部昏也

袂 衣部袖也

韎 韋部茅蒐染草也又韎韋戎服又東夷樂名

鬽 鬼部老精物也

魅 鬼部同鬽怪物也

（上平）

摩 手部研也滅也揩也又相切磋也相觀而善謂之摩又與磨同又下平聲

摸 手部摸揉捫搎也又音媽

麼 詳見一零六頁

（下平）

嫫 女部嫫母也

⿱莫女 同上

嬷 女部俗呼嬷嬷猶保母也又音嗎俗呼母

摹 詳見第二頁

模 詳見第二頁

磨 石部治石也又去聲

蘑 艸部草名

謨 詳見第二頁

⿸麻食 食部食也

饝 食部與⿸麻食同又餅也

魔 鬼部魔鬼能迷人者

（上聲）

抹 手部胡亂畫也又去聲摩也塗抹也

（去聲）

万 一部万俟姓也又音萬數目名

嗼 口部嗼嗼不得語也

暮 古文謨字

嘿 口部與默同又嘿嘿不自安也俗話借音黑

嚜 口部嚜嚜不自得意

塻 土部塵

墨 土部黑也膠煤為之又貪官為墨不潔白也又繩墨木工所用以運畫音

妹 女部妹妻妹嬉

寞 宀部寂寞無聲

昧 日部日中不明也

末 木部木杪也無也又碎末也

殁 詳見第二頁

没 詳見第二頁與一一二頁同殁

漠 水部北方流沙也又與幕同漠者漠也

獏 犬部獸名同貘

貉 貉俗音邁詳見八四頁又俗音邁

貊 豸部本作貉北方國也又獸名又俗音邁

貘 豸部獸似熊食銅鐵圖其形可辟邪又俗音邁

沫 水部水名又涎沫也又叶音妹

瘼 疒部病也

木俄 (MO.)

- 眛 目部目不明也
- 秣 禾部食馬穀也又姓又音妹
- 磸 石部沙磸也
- 𦙶 肉部肚也
- 脈 肉部血理也臟腑之氣分流四支也又俗音邁
- 脉 同上
- 衇 血部同上
- 𧖴 血部同上
- 膜 肉部肉閒膜也
- 茉 艸部茉莉花名
- 莫 詳見第三頁
- 陌 阜部阡陌也東西曰陌又市中街也又姓
- 蟆 詳見一零六頁
- 霡 詳見一零七頁
- 霢 同上
- 𩅐 同霡
- 𩃎 雨部雨聲
- 驀 馬部上馬也又超越也
- 驀 馬部馬名也
- 麦 詳見一零七頁
- 麱 麥部麩也今俗呼米屑為麩
- 默 黑部黑也又靜也幽也不語也又或作嘿又姓
- 味 口部黑光也

木慪 (MOU.)

（上平）

- 無

（下平）

- 侔 人部齊等也均也
- 牟 牛部牛鳴也又取也又與侔同
- 眸 目部目瞳人也
- 謀 言部計也度也又議也又姓
- 鍪 詳見一零八頁
- 麰 麥部大麥也

（上聲）

- 丘 一部本音坵阜也大也四井為邑四邑為丘孔子諱敬避故讀某
- 某 詳見第三頁
- 厶 詳見一八頁
- 拇 詳見第二頁
- 牡 詳見第三頁
- 畝 詳見第三頁
- 畆 同上
- 畒 同上

一一五 (MOU.) (木嘔)

（去聲）

懋 心部美也又勉也又音茂

楙 木部木盛也又音茂

瞀 目部目不明也又音茂

袤 衣部廣袤東西曰廣南北曰袤又衣帶以上也又長衣也又音茂

(WA.) (五阿)

（上平）

凹 詳見八六頁此俗音也

哌 詳見七六頁此俗音也又去聲

哇 口部淫聲也又小兒啼又哇也

咼 口部口戾不正也又音寡

喎 同上

媧 女部女媧氏也

挖 手部挑挖也

洼 水部水名又深池又窪也

穵 穴部手探穴也又音軋空大也

窊 穴部污下也

窐 穴部溝也深也

蛙 虫部蝦蟆屬又滛也

䵷 古文蛙字

鼃 同上

（下平）

唲 口部唲嘔小兒語也又音而曲從貌强笑貌

（上聲）

娃 女部美女也又娃娃小兒也

搲 手部手捉物也俗謂手抓物也

瓦 部首土器也又屋瓦也

邷 邑部地名

（去聲）

⿰口窊 口部小兒啼也

襪 衣部襪子足衣也

韈 革部履韈也

五愛（WAI.）

（上平）歪 止部不正也

（下平）無

（上聲）舀 臼部挹彼注此也又音遙上聲抒臼也舀水也

舀 同上

崴 山部崴嵬不平

（去聲）外 夕部內之對也遠也表也疏斥也

五昂（WANG.）

（上平）尫 人部同尩

尩 尢部曲脛也又僂也弱也短小也又癈疾之人

尪 同上

尫 同上

尢 部首跛曲脛也

尣 同尢

汪 水部水深廣也

（下平）亡 註見第四頁

亾 入部逃也失也不存也去也滅也

忘 心部不識也忽也遺也失也又去聲

王 王部君也主也又姓又與往同又去聲興也

徃 彳部急行也

（上聲）往 彳部之也適也去也行也又昔也又常也俗作徃非又去聲俗話作向解

忹 心部邪曲也

惘 心部惘憮失志貌

枉 木部屈也

棢 木部車輞也

網 糸部結繩以佃漁者

网 部首庖犧所結繩以漁者也與網同

罔 网部與網同又羅也又誣也無也又下平聲

誷 言部誣也

輞 車部車輪外圍也

魍 鬼部魍魎木石之怪

（去聲）望 月部人所仰也

一一七 (WANG.) 五昂

去聲

妄 女部迷也誕也罔也

旺 日部光美也明也與旺也

朢 月部月滿與日相朢通作望

誑 言部誑也

迋 走部往也又音誑欺也

(上平)

剜 刀部刻削也

帵 巾部裁餘曰帵

彎 弓部曲也引也

灣 水部水曲也

㰘 木部曲木也

豌 豆部豌豆也

(下平)

丸 丶部彈丸也言小也又取圓轉意

刓 刀部剸也齊也

(WAN.) 五安

削方以為圓也又叶音元

园 口部與刓同

社 寸部與刓同

完 宀部全也繕也又保守也

岏 山部巑岏小山貌又銳上也高也

汍 水部汍瀾泣貌

紈 糸部紊也煥也又結也

(上聲)

芄 艸部芄蘭香草也

頑 頁部鈍也又癡也愚也頑固也

宛 宀部宛然依然也又音鴛大宛西域國名

娩 女部媚也順也婉娩聽從也又音免產子也

婉 女部順也少也

莞 艸部莞也又音桓草也又音官

挽 手部引也又挽歌執紼相和聲

晚 日部暮也後也

晥 日部明貌

晼 日部明久也

椀 木部盌也

盌 皿部小盂也

碗 俗字同盌

琬 王部圭有琬者謂婉也

(五安)(WAN.)

畹 田部田三十畝
晩 日部俗晚字
綄 糸部候風五雨也又纒也音緩
綩 糸部紘也又纁色衣也
綰 糸部鉤繫也又音捾繫也
苑 艸部所以養禽獸也又宮室名如內苑是也又音怨
菀 詳見五八頁
輓 車部引車也又挽歌衰車執紼者相和聲

(去聲)

万 詳見一一三頁
惋 心部驚歎也
玩 玉部弄也戲也習也珍也
𦙫 肉部本作腕手擊也
腕 肉部手腕也
萬 艸部虫也蜂屬又數名又舞之總名也
蔓 詳見一零九頁
翫 羽部習也狎也遊觀也
髖 骨部膝骨也
睅 目部大目也
睆 目部美好貌

(五哼)(WENG.)

(上平)

嗡 口部嗡嗡牛聲也又嗡嗡虫聲
翁 羽部長老之稱又頸毛也又姓

(下平)

無

(上聲)

蓊 艸部蓊鬱草木盛貌又上平聲又音汪
滃 水部雲濃貌

(去聲)

瓮 瓦部罌也即缸也又瓶也
甕 同上又音雍
𤮾 甕本字
罋 缶部器也同甕又音邕
𦉥 缶部汲瓶也又音邕或作罋

(上平)

温 水部俗溫字

溫 水部和厚也又水名又姓

盈 皿部和也

瘟 疒部瘟疫也

(下平)

文 部首錯畫也文章也華也善也法也又持法深刻謂之文故玩法之吏曰舞文又去聲

紋 飾也糸部綾紋也織紋也

蚊 虫部蚊子齧人飛虫也

蟁 古文蚊字

⿰虫民 同上

聞 耳部知聞也即聽也又去聲聲之所至也

閿 門部低視也又縣名

雯 雨部雲成章也

(上聲)

伆 人部離也斷也

⿰亻㥯 人部依人也又音引

刎 刀部割也斷也

吻 口部唇邊曰吻

呡 口部口呡同吻

肳 肉部同吻

媪 詳見八六頁

抆 手部指拭也又摩也

搵 手部安之使穩也餘見八八頁又去聲

穩 禾部安也一曰蹂穀聚也

肳 肉部合也

(去聲)

問 口部訊也又以物遺人曰問

慍 心部心所蓄積而怒也又音運

汶 水部水名又音門玷辱也

璺 玉部器破也

紊 糸部亂也

絻 糸部喪服也又與冕同

(WEI.) 五危

(上平)

倭 人部順貌又倭遲同遠之貌又音渦國名

偎 人部愛也

威 女部尊嚴也

嵬 山部崔嵬石戴土山也

⿰山鬼 同上

巍 山部高大也

楲 木部楲窬褻器也即今之馬桶

五危 (WEI.)

微 彳部物也少也良也賤也又無也非也又下平

㣲 俗微字

椳 木部門樞也

渨 水部同隈

隈 阜部水曲也

煨 火部盆中火也

猬 犬部同蝟

蝟 虫部刺蝟也又去聲

⿰虫畏 虫部水⿰虫畏也

萎 艸部物不鮮也又病也又上聲藥草也

葨 艸部草名

葳 艸部草木盛貌又草名

逶 辵部逶迤衺去貌衺者不正也

隇 阜部險阻也

（下平）

危 卩部高也險也隮也不正也殆

也不安也疾劇也又上平聲

唯 口部專辭也又上聲應辭也

囗 部首古圍字又古作方字又古作國字

圍 囗部守也又繞也周備也

帷 巾部幔帳也

幃 巾部單帳也又香囊也

惟 心部思也謀也惟獨也

桅 木部舟上帆竿又黃木可染者

濰 水部水名

爲 爪部作為也造也又去聲因為也

為 俗為字

維 糸部方隅也又四維也又繫也又係也又太歲

在己曰屠維

薇 艸部菜名藥名又花名又音眉

褘 衣部與幃通又香囊也又音暉后祭服也

違 辵部離也背也又上平聲

闈 門部宮中之門也又庭闈也

韋 部首桐背也又柔皮也又姓又

通圍又音偉本作囘

（上聲）

亹 詳見一一一百

偉 人部大也奇也又上平又去聲

僞 人部非真也詭也詐也又去聲

壝 土部土埒也壇邊低垣圍繞者為壝

娓 女部順也美也

委 女部委曲又頓也屬也任也隨也又棄置也又安也又上平聲
尾 詳見七二頁
暐 日部光盛貌
痿 歹部病也
湋 水部水名也
煒 火部盛赤也光明也
猥 犬部犬聲又鄙也

瑋 玉部瑰瑋也又去聲
痿 疒部痺疾濕病也一曰兩足不能相及也
緯 糸部織絨絲也又緯帽又去聲經緯縱曰經橫曰緯又姓也
葦 艸部蘆葦也
蔿 艸部草也地名
蜲 虫部水精也蛇

狀大如轂長如轅
諉 言部推諉也
隗 阜部高也又山名
頠 頁部閑習容止貌
韙 韋部是、也
韙 同上
鮪 魚部魚名鱣屬
骫 骨部骨曲也
骪 同上

骫 骫字之譌
骪 同上

(去聲)

位 人部位者正也列也泣也凡所當立者皆曰位
味 口部五味也
喂 口部恐也俗通作餧非
喡 口部小兒啼聲又上平今馬車之呼聲曰喡喡

尉 詳見五七頁
㥜 心部悱㥜不安貌又抗慨也
愄 心部中善也
慰 心部安之以慍其情也
慰 同上
未 木部未者味也又猶不也
渭 水部水名也
熨 火部熨斗也同尉俗或音運

畏 田部怯也驚也
磈 石部山名又山石貌俗通作塊非
胃 肉部穀府也即受食物處
䏿 同上
蔚 詳見五八頁
衞 行部捍也護也即保衛也又國名又姓也
衛 俗衞字

一二二 去聲

五危 (WEI.)

謂 言部報也説也告也言也與之言也

遺 詳見七二頁

餧 食部飼也

⿱魏香 香部阿⿱魏香樂名

魏 鬼部本作巍高也又國名又姓也

五俄 (WO)

（上平）

倭 詳見一一九頁

渦 水部水回也即漩渦也又姓

窩 穴部藏也穴居也窩巢也

窠 詳見八十頁俗讀此音也

萵 艸部萵苣菜名

踒 足部足跌也

（下平） 無

（上聲）

我 詳見九十頁此俗音也

（去聲）

幄 詳見第五頁

沃 水部灌漑也肥也又音勿又姓

渥 詳見第五頁

握 詳見第四頁

⿰足屋 足部迫也

腛 肉部脂豐也

臥 臣部寢也休也从人臣取其伏也俗作卧非

齷 齒部齷齪迫也又小貌

夫阿 (FA.)

（上平）

伐 人部征伐有鐘鼓曰伐無曰侵又積功曰伐又自稱其功亦曰伐又斫木也又擊也

發 癶部興也揚也起也舒也宣發也開也進也行也去也明也舉也又亂也伐也

(下平)

乏 丿部無乏匱也又廢也又去聲

垡 土部耕起土也

栰 木部同筏

筏 竹部筏子編竹以渡水者

罰 网部賞之對也

閥 門部閥閥自序也明其等曰閥積日曰閥又門在左曰閥在右曰閱

(上聲)

法 水部法度也法則也效法也又俗話沒法兒讀上平法子讀下平法術法國法部等皆讀去聲

髮 髟部根也首上毛也又去聲俗曰頭髮

灋 古法字

(去聲)

琺 琺瑯也字典無此字

疺 疒部疺也又音貶病也

(FANG.) 夫昂

(上平)

匚 部首受物之器一斗曰匚

坊 土部坊以畜水亦以障水又俗街坊作坊用此字又下平

妨 女部礙也害也

枋 木部木名又與柄同

方 部首四方又正也量也術也法也短也類也且也又方策版也又義方又比方

芳 艸部香草也

(下平)

房 戶部室也又星名

防 阜部禦也備也

魴 魚部魚名身廣而薄細鱗魚之美者又姓又山名

(上聲)

仿 人部與仿同仿偟仿彿見不審貌

倣 人部效也依也

彷 彳部同彷又彷徉徘徊也

髣 髟部同仿髣髴也

昉 日部明也適也

眆 目部眆眆見不明也

（夫昂）（FANG˙）

紡 糸部網絲也又紡績也

舫 舟部船師也即舟子也又上平舟也

訪 言部問也謀也謁見也又去聲

（去聲）

放 攴部肆也逸也逐也廢也去也縱也捨也依也至也

（夫安）（FAN.）

（上平）

帆 巾部船帆也隨風張幔也

幡 巾部觚布一曰幟也又反也

拚 詳見九八頁

旛 方部旂也

番 田部數也遮也又音波

繙 糸部風吹旗貌又繙譯也

翻 羽部及也飛也

又反覆也

（下平）

墦 土部墳也

凡 几部最括也又皆也大概也又庸常也又叶音梵

凢 俗凡字

棥 木部籬也

樊 木部籠也又姓

橎 木部木名

煩 火部不簡也又

悶也勞也

燓 火部燒田也

燔 火部炙也又古之梵字

璠 玉部寶玉也

礬 石部礬石也有青白黑等五種

笲 竹部竹器以盛婦贄也又音下

⿱竹番 竹部大箕也

⿱竹幡 同上

籓 同上一曰蔽也

繁 糸部多也雜也

繁 繁字之譌

膰 肉部祭肉也

蕃 艸部滋也多也又草茂也又姓

⿱艹樊 艸部草名

藩 艸部籬也

蘩 艸部蓬蒿也

蹯 足部獸之掌也

蹞 同上

鐇 金部廣刃斧也

⿰馬番 馬部生養蕃也

(FAN.) 夫安

（上聲）

反 又部反覆也回還也又上平聲平反之也又音板順習貌

坂 土部坡坂

返 辵部還也復也詳見九八頁

阪

（去聲）

㤆 心部悲心也急性也

梵 木部西域浮圖

號也又音馮木得風貌又上平

氾 水部與汎同又水名又姓

汎 水部浮也漂也

汳 水部水名又音卞

泛 水部浮也一曰流也又音乏

犯 犬部抵觸也干也侵也僭也

畈 田部平疇也

範 竹部法也式也模也

范 艸部草也又蠡也又左右軌范也與範同又姓

販 貝部買責也

[illegible] 同上

飯 食部炊穀為飯也俗作飯煮飯

颿 風部馬疾步也又風吹船進也又上平聲

(FENG.) 夫哼

（上平）

丰 丨部面貌豐滿也又草盛貌

僼 人部偓僼仙人也

封 寸部大也厚也培也緘也又爵之也又聚土也又封禪祭名

峯 山部山端也

峰 同上

崶 山部山名

夆 夊部相忤也逆也又牽挽也又下平聲遇也

楓 木部楓樹也

灃 水部水名

烽 火部邊方備冠火也

[illegible] 同上

瘋 疒部瘋病也

䀱 目部目瞭也視貌

鋒 金部兵之刃也

夫哼 (FENG.)

（上平）

葑 艸部菜名又蔓菁也

蜂 虫部虫名又音蓬又同蠭

蠭 虫部飛虫螫人者

豐 豆部飲器似豆又大有年也又大也多也又姓

酆 邑部周文王所都又水名又姓

風 部首風以動萬物也又風教又風俗又姓

凨 俗寫

湗 水部深泥也

（下平）

渢 水部水名

摓 手部與縫同

縫 糸部以針鉄衣也又彌縫又裁縫又去聲衣縫

逢 辵部遇也值也又逆也又太歲在甲曰閼逢又姓又音蓬鼓聲

馮 馬部姓也又音凴馬行疾也又乘也登也陵也

（上聲）

唪 詳見一百頁

諷 言部誦也又諫剌也去聲

（去聲）

俸 人部秩祿也

奉 大部承也獻也侍也又同俸

賵 貝部贈死者之物曰賵又上平

鳳 鳥部神鳥也羽虫之長又官名又姓

麷 麥部煮麥也又上平聲

夫恩 (FEN.)

（上平）

分 刀部別也裂也判也又賦也施也與也隔也又半也又去聲名分也又均也分剩也又分位也

吩 口部吐氣也俗作吩咐即令也

帉 巾部拭物巾也俗曰振布

帉 同上

氛 气部祥气也又妖气也
紛 糸部雜也衆也
翁 羽部飛貌
芬 艸部草初生分布也又香也
雰 雨部雪貌又本作氛祥氣也
䨈 雨部霧也又雪貌
餴 食部半蒸飯也
饙 同上

(下平)

坟 土部古梅字也俗作墳字
墳 土部封土為壟曰墳又大防也所以扦水又三墳伏羲神農黃帝之書也
幩 巾部鑣之飾也
枌 木部白榆也
汾 水部水名又郡名

濆 水部水涯也又水名
蚡 虫部田中鼠也
棻 木部香木也
棼 木部亂也又屋棟也
焚 火部燒也
癀 疒部熱瘍也又去聲病悶也
羵 羊部土中怪羊也又去聲
蕡 艸部草木多實也又雜香草也又去聲又音煩

豶 豕部健強之豬
馚 香部香氣也
馩 同上
鼖 鼓部同鼖譌省
鼖 鼓部大鼓也

(上聲)

粉 米部米粉即分也研米使分散也又豆屑也又傅面者也

黺 黹部衮衣山龍華蟲黺畫粉也
鼢 鼠部地行鼠也

(去聲)

僨 人部僵也仰偃也又覆敗也
噴 口部俗曰嚏噴餘見一零二頁
坋 土部壓也一曰大防又耕也
坌 土部壓也聚也
奮 大部揚也奮也

忿 心部恨也怒也
憤 心部懣也怒也又心求通而未得之貌
糞 米部穢也又治也培也又掃除也
魵 魚部魚名出東夷
膹 肉部臛也切熟肉也又音肥

（⿱大危） (FEI.)

（上平）

剕 刀部與跳同刖足也

妃 女部匹也嬪御之貴次於后者又太子之嫡室亦曰妃又音怡與媐同又音配

扉 戶部戶扇以木曰扉以葦曰扇

緋 糸部絳色也

菲 艸部芳菲茂貌又上聲薄也又菜名

蜚 虫部與飛通又去聲厲虫也

霏 雨部雨雪貌又雱也

非 部首違也不是也又訾也又責也

⿱非子 非部輕也

⿱非毛 非部細毛也

⿱非⿰毛毛 非部毛紛紛也

馡 香部香也

騑 馬部驂旁馬也

奜 大部大也又上聲俗言不斐也

飛 部首鳥翥也又飛翔也

⿰牛飛 飛部獸似牛白首一目

⿱雨飛 飛部雨雪貌

（下平）

婓 女部婓婓往來貌一曰醜也

（上聲）

淝 水部水名地名

肶 肉部滑貌

肥 肉部多肉也又肥膩也

腓 肉部足趾也又去聲

（上聲）

匪 匚部竹器與篚同用又非也又文貌與斐同

⿱非土 土部塵也

悱 心部悱悱欲言而未能貌

斐 文部文貌

棐 木部輔也又果名

榧 木部木名

篚 竹部箱屬

翡 羽部赤羽雀也翡翠也雄曰翡雌曰翠

誹 言部謗也

⿱非巾 非部隱也

厞 非部隱也陋也

⿱非火 非部同⿱非土塵也

⿱非乙 非部別也

（去聲）

吠 口部犬鳴也

廢 广部弛也廢壞也圮也放也

沸 水部泉湧出貌

⿱弗泉 同上

⿰氵費 同上

琲 詳見一零二頁

疿 疒部熱生小瘡即俗曰疿子也

疿 疒部小腫也又風病又上平聲
㾹 同上
𤺺 疒部癀痱熱悶又一曰腫盛貌
癈 疒部固病也固疾不復可用者
屝 尸部草履也
肺 肉部金藏也又肺主藏魄或作胇
胇 肉部本作肺又

芾 音彌大貌艸部蔽芾小貌又音貝義同
茷 艸部草盛貌
費 貝部耗也損也散財也用也又姓又音弗音祕
奞 非部大也
𢬍 非部覆手也
𩇯 非部橐𩇯鳥名狀如梟人面而一足

(FO) 夫俄

無 (上平)
佛 (下平) 人部佛佗佛者覺也以覺悟羣生也又見不諟也又仿佛又拂也又逆也戾也
無 (上聲)
㖃 (去聲) 詳見第八頁

(FOU.) 夫慪

艴 色部怒色也又音勃又音弗

無 (上平)
浮 (下平) 詳見第七頁
涪 水部水名
烰 火部烝也又音瀌火氣也
紑 糸部衣鮮潔也
罘 詳見第七頁
芣 艸部芣苢車前草也
蜉 詳見第六頁

夫樞 (F'OU)

（上聲）

否 詳見第十頁

缶 部首瓦器所以盛酒漿者

缻 同上

（去聲）

苻 詳見第六頁

蜉 虫部螽也又音富

蠭 同上

阜 詳見第八頁

皮傲 (P'IAO)

（上平）

僄 人部輕也身輕便也又去聲

漂 水部浮也同飄又上聲俗言漂白也又去聲使水漂之使淨也

鏢 金部刀削末銅也又音標同鑣

飄 風部旋風也又回風為飄吹也落也 [illegible]

（下平）

嫖 女部邪淫為嫖又嫖姚官名

瓢 瓜部瓠也俗曰水瓢即此為之

薸 艸部萍也

（上聲）

摽 手部落也又拊心貌又音標擊也又麾也

殍 歹部餓死者又音孚

（去聲）

莩 詳見第六頁

瞟 目部目之際也又目病也又俗以目稍視之貌

縹 糸部帛青白色也又輕舉貌

剽 刀部鐘之不大不小者又剝也截也又剽劫也

勡 力部攻劫也強取也又上平聲

彯 彡部畫飾也

票 示部火飛也又今之錢鈔之票據也

驃 馬部驍勇也又馬行疾貌

一三一 (PIAO.) 必傲

（上平）

幖 巾部幟也又頭上幟也

彪 彡部虎文也又小虎

摽 詳見一百三十頁

杓 木部北斗柄也又音勺杯杓也

標 木部木杪也又表也旗也又書也

瀌 水部水流貌

猋 犬部犬疾走貌

瞟 目部惡視貌又望也

臕 肉部肥貌

鏢 金部刀鋒曰鏢

鑣 金部馬銜也一名扇汗即馬勒旁鐵也又鑣鑣盛貌

瀌 水部雨雪盛貌

颮 風部暴風也

飆 風部扶搖風也

飈 同上

飍 風部驚風也又驚走貌

驫 馬部眾馬走貌

髟 髟部首長髮猋猋也又音劉又音杉屋翼也

麃 鹿部麃武貌又音庖 麃麢

（下平）

無

（上聲）

俵 人部俵散也分畀也

婊 女部女字也又俗呼倡家為婊子

表 衣部上衣也衣外也又外也又表異又箋表下言於上曰表又表表偉也又鍾表又地名

（去聲）

褾 衣部領巾也又褾糊也

覭 見部明察也

鰾 魚部魚鰾也

(P'IEN.) 皮安

（上平）

偏 人部頗也側也旁也邪也鄙也不中也

扁 戶部小也小舟曰扁舟又音匾門戶封著也又石貌又器之不圜者曰扁

篇 竹部簡成章也

翩 羽部疾飛也又翩翩往來貌

皮安 (P'IEN.)

胼 肉部皮厚也

（下平）

便 人部便宜也即利於己也又音卞宜也順也安也利也即便又近便也又便殿名又溲也又上平聲便便辯也又便便肥滿貌又便辟足恭也

楄 木部方本也又

楩 棺中笭牀也又音邊木名木部木名

軿 車部輧車也又車四面屏蔽也又音平

輧 俗輧字

（上聲）

諞 言部俗言諞者誇耀於人之意也又上平聲巧言也又去聲以言誘人使人受其欺也俗作騙

（去聲）

刷 刀部以刀削也

片 部首木片也名片也

騗 馬部躍而乘馬也或作騙

騙 馬部同上今俗借為誆騙字

必安 (PIEN)

（上平）

交 入部與鞭同馬策也

砭 石部以石針刺病也

籩 竹部竹豆也

編 糸部簡也又列也又結也織也連也又去聲

蝙 虫部蝙蝠也

蹁 足邵蹁蹮旋行貌又足不正也

又去聲又音徧

邊 辵部畔也旁近也又姓也

鞭 革部馬策也又笞也

鯾 魚部魚名即魴魚也

鯿 同上

（下平）

無

（上聲）

扁 詳見一三一頁

上聲

(必安)

(PIEN.)

匾 匚部不圓也又器之薄者曰匾

惼 心部愊惼性情狹窄也

稨 禾部䅯上豆也即稨豆也

藊 艸部同上

緶 糸部縫衣也又上平聲

褊 衣部衣小也又褊陋也

貶 貝部損也又陞也減也又諞也抑也又音乏

（去聲）

便 詳見一三二頁

卞 卜部把又又蹂疾又法也又姓

弁 廾部冠也又急也又戰懼狀又手搏也又音盤

徧 彳部周也俗作遍又俗音片

遍 同上

忭 心部喜樂也

抃 手部拊手也即兩手相拍也

拚 同上手舞貌餘詳九八頁又一二四頁

汳 詳見一二五頁

汴 水部水名州名

窆 穴部下棺也又上聲

辮 糸部交也緶也髮辮也又通編

變 言部更也易也即改變也

辡 辛部罪人相訟也

辨 辛部判也辨別也又牀之幹也

辦 同上

釆 部首辨本字別也象獸指爪分別也

駢 馬部駕二馬也又朋比也

騈 俗駢字

(皮哼)

(PʻING.)

（上平）

娉 女部娉婷美貌又去聲俗話娉姑娘用此字又同聘問也

砯 石部水擊石聲

砰 詳見九九頁

閛 門部門扉聲又音㚒

（下平）

俜 人部俠也使也

凴 凡部同凭

凭 几部隱几也又倚也

坪 土部地平處

屏 尸部敵也所以適敵內外也即今之風也又音丙除也去也斥也又音並屏營怔忪也

屏 俗屏字

平 干部平舒也平正也平坦也平和也平成也又治也平服也齊等也平均也不偏陂也

憑 心部衣也厚也滿也託也據也

枰 木部碁局又平也

泙 水部谷也一曰水名

竮 立部行不正也

瓶 瓦部汲器也又炊器俗呼瓶子

瓶 俗瓶字

缾 缶部同瓶

鉼 同上

苹 艸部蘋蒿也

荓 艸部草名可為掃彗即掃帚也

萍 艸部浮生水上

評 言部評論也量也

靁 雨部靁靁声詳見一二六頁

馮

必哼 (P'ING.)

（上聲）無

（去聲）

聘 耳部訪也此俗音原音品去聲

（上平）

兵 八部兵卒又戎器蚩尤以金作兵兵有五一弓二殳三矛四戈五戟又刀劍曰短兵又音邦

冰 冫部窮谷陰氣所聚不洩則結為氷積冰曰淩冰壯曰凍冰流曰澌冰解曰泮又箭筩蓋曰冰又冰人又音邦

（下平）

氷 氷部俗冰字

檳 木部檳榔此俗音也原音賓

梹 俗檳字

無

（上聲）

丙 一部十干名又光明也又姓

摒 手部除也

柄 木部柯也又去聲權柄把柄
炳 火部明也光也
昺 日部同上
眪 同上
眪 目部視也又目明也
稟 示部此俗稟字也稟白稟帖等字様俗皆从亩从示
秉 禾部禾盈把也又執持也又秉賦也又十六斛爲秉又社

邴 邑部邑名又姓
鉼 金部金鈑也
鉼 俗鉼字
鞞 革部皮帶也
鞞 革部刀室也又鞁鞞也又音[illegible]
餅 食部以麪為之也
餠 俗餅字

(去聲)

竝 立部比也皆也[illegible]
並 八部相並也又競也與幷同又音平去聲
倂 俗倂字
併 人部儷也又羅列也
幷 干部並也合也兼也又棄除也同併又上平聲
并 俗幷字
病 疒部疾甚也

(PIN.) (皮恩)

(上平)

拼 手部湊合也又音怦撣也使也隨也又通絣彈也又音併除也
拼 俗拼字
抨 手部同拼又音怦

(下平)

嚬 口部眉蹙貌
檳 木部檳果也
蘋 艸部大萍也

貧 貝部貧窮也
頻 頁部數也急也比也又姓
矉 目部恨張目也又音賓
顰 頁部眉蹙也

(上聲)

品 口部品級又物件曰品又法也又式也類也又品書又齊也
牝 牛部母畜也

皮恩 (PIN.)

（去聲）

聘 詳見一三四頁

⿰月扁 肉部腱子肉也

臏 肉部膝耑也一曰刖也又下平聲又音鬢

髕 骨部同上

必恩 (PIN.)

（上平）

彬 彡部文質備貌又音班文彩朗也

斌 文部同

嬪 女部婦也又妃嬪婦官名又婦死夫稱之曰嬪 詳見一三四頁

穦 同上

檳

濵 水部水涯也

瀕 古濱字

獱 犬部小獺也

繽 糸部雜亂貌

蠙 虫部蚌之別名又珠也

豳 豕部國名又姓

豳 山部同

邠 邑部國名又與彬同

賓 貝部客也所敬也又蕤賓律名又服也又姓

賔 俗賓字

鑌 金部鑌鐵為刀甚利

（下平） 無

（上聲） 無

（去聲）

儐 人部導也相也又陳也又上平声亦導也又恭也

擯 手部同儐又斥

也棄也

殯 歹部殯殮也

鬢 髟部鬢角即額旁髮也又峻也所居高峻也

鬂 同上

一三七 (P'IEH) (皮耶)

(上平)

丿 部首左戾也又音曳至也至地也

⿱敝刀 刀部削也又音彆

撆 手部別也一曰擊也又略也拂也又上聲又音閉又俗作撇解同上

撇

潎 水部潎洌流輕

瞥 急貌又音比以水激物又去聲目部暫見也又去聲

(下平) 無

(上聲)

苤 艸部苤藍菜名又音丕草木茂盛貌

(去聲)

蟞 虫部蟞蜉虫名蠓也又音鱉馬蟞土蟞是也

(PIEH) (必耶)

(上平)

憋 心部急速貌又性急也急也又下平聲俗話憋悶也心有所懷未能發也又音潎又音必

⿰忄敝 同上

癟 疒部腫滿悶而皮裂也

鼈 黽部甲魚也又上聲

鱉 魚部同鼈

彆 弓部弓彆又音敝

⿱折弓 同上

⿰弓甫 同上

⿰革甫 革部刀鞘也

(下平)

別 刀部離也解也訣也又分也辨也又去聲

(上聲)

⿰日敝 日部⿰日敝乾也

⿸疒鬲 疒部⿸疒鬲病也

觱 角部觱喇叭人所吹以驚馬者又音必

(去聲)

⿰扌必 手部擬也擊也俗言⿰扌必捌即此字

（米微）(MIAO.)

（上平）

喵 字典無此字俗作貓叫也

（下平）

描 手部描畫也

苗 艸部禾苗也又夏獵曰苗又凡草初生皆曰苗又姓又苗疆

（上聲）

淼 水部大水也

渺 水部水貌

𢡟 心部美貌

杪 木部木末也

杳 木部冥也寂也又音畝

眇 目部一目小也又微也

秒 禾部禾芒也又一秒鍾

緲 糸部微小也

藐 艸部遠也小也又輕視也

邈 辵部遠也又輕視也

（去聲）

廟 广部廟者貌也所以仿佛先人之容貌也

庿 同上

庙 俗廟字

妙 女部神化不測謂之妙又少年美貌也

玅 玄部同上

謬 言部又音謬誤也欺也妄言也

繆 糸部姓也又音紕通謬又綢繆纏綿也

（米安）(MIEN.)

（上平）

無

（下平）

宀 部首交覆深屋也

棉 木部棉花也

眠 目部翕目也寐也即瞑覺也

緜 糸部新絮也又綿子蠶所吐之絲也又連也長也詳密也

綿 同緜

（上聲）

俛 人部同勉又音俯詳第八頁

勉 力部強也勖也懋也勤也

偭 人部向也一曰背也

冕 几部不相及也又罷也黜也脫也去也釋也縱也又物新鮮者

冕 勔 娩 㝃 愐 沔 [illegible] 澠 丏

冂部黃帝初作冕大夫以上冠力部勸勉為勔詳見一一七頁子部與娩免同生子免身也心部思也勉也水部水名水部大水貌水部水名通沔又音繩又音閒一部不見貌

湎 眄 緬 絤 （去聲） 面 麪 麵

水部沈於酒也目部邪視也糸部微絲也又遠也又思貌糸部同緬又音茂細也

部首顏面也象人面形又見也向也麥部麥粉也俗麪字

（米哼）

(MING.)

（上平） 無 （下平） 冥 名 明

冂部幽也暗也窈也夜也草深也又上聲昏晦也又去聲口部自命也大也功也號也聲稱也日部光也顯也曉也目明也

朙 溟 瞑 茗 蓂 螟 酩

月部古文明字水部小雨也又海也水黑色也目部閉目也又音氏艸部茶芽也又花名艸部蓂莢堯時瑞草也虫部食苗心虫也又螟蛉也酉部酩酊大醉

銘 鳴 （上聲） 瞑 （去聲） 命

金部記誦也志也又自警之詞也鳥部鳥聲也又去聲鳥相呼也凡出聲皆曰鳴日部晦也口部天命也又使也教也戒也告也召也令也

（米恩） （MIN.）

（上平） 無

（下平）

岷 山部山名

民 氏部民庶也士農工商為四民

旻 日部秋天曰旻天 廟諱敬避

旼 日部和也

珉 玉部石之美者

⿰目文 目部視貌

旻 同上

暋 同旼

瞑 詳見一三九頁

砇 石部美石次玉

⿰石民 同上

碈 同上

⿰糸民 糸部釣也又雉綢也

緍 糸部釣緜也又錢貫也又音昏又音棉

緍 同上

閩 門部今福建也

（上聲）

刡 刀部削也

勄 力部疾也敬也聰也達也

愍 心部憂也恤也憐也傷也

憫 心部憂恤也可憐也

㨉 手部撫也一曰摹也又下平聲

抿 同上

敏 支部聰也恭也

暋 疾也捷也日部強也又下平悶也又音昏

泯 水部水貌又沒也又泯泯猶茫茫也又音面目不安也

涽 水部同泯又通閔謚也

皿 部首器皿也

脗 詳見一一九頁

閔 門部病也又傷

（去聲）

黽 念也亦作愍部首勉也又音猛鼃黽也

無

（米耶） （MIEH）

（上平）

乜 乙部眼也斜也又姓又音揑

咩 口部羊鳴也

哶 仝上

（下平） 無

（上聲） 無

（去聲）

搣 手部手拔也又摩也捽也

(MIEH.)　(米耶)　去聲

滅 水部火熄也又絕也
烕 火部滅也
篾 竹部竹皮也
蔑 艸部無也
薎 同上
衊 血部污血也

(T'SA.)　(擦阿)

(上平) 擦 手部摩也拭也
礤 石部粗石也又同擦
(下平) 無
(上聲) 無
(去聲) 無

(TSA.)　(咨阿)

(上平) 帀 巾部此俗音也原音泱周也徧也又去聲
匝 匚部俗帀字也
迊 辵部同帀
咂 口部魚食入口曰咂
咂 口部以口咂也又俗呼乳頭曰咂咂同脫
紮 糸部原音扎纏束也纏弓把也

(下平) 脫 肉部楚人謂乳為脫
咱 口部我也字典無此字字義同上文音簪下平聲
偺
噆 口部嗛也銜也一曰齧也又音慘又音昝義皆同

（T SA.）（姿阿）

砸 字典無此字俗作破之使壞也解

磼 石部山高貌

雜 佳部五彩相合也又雜亂也參錯也又鳥名是居也

襍 衣部同雜

蘺 艸部戶簾也

（上聲）無

（去聲）無

（T'SA.）（辭愛）

（上平）猜 犬部恨也疑也懼也又試想也

（下平）𠓛 入部古財字

才 手部才能又用也質也力也

材 木部材料也木堪用者曰材又與裁同

纔 糸部剛纔僅也又音彩帛雀頭色一曰微黑色又音殘

裁 衣部裁衣也又裁度也

財 貝部人所寶也貨也又與裁通

（上聲）寀 宀部寮寀官也同也為寀同官為寮

彩 彡部文章也

採 手部採取也

睬 目部啾睬

綵 糸部繪繒也

跐 足部此俗音也巳詳十五頁

跴 同跐字典無此字以足踏之也

采 采部將取也又采色又擇也又事也又風采又與菜通又姓

（去聲）菜 艸部蔬菜也草之可食者

蔡 艸部草芥也又大龜也又姓

縩 糸部綷縩衣聲也

繺 同縩

攃 手部足動草貌又音薩揮散也與撒同

蠆 虫部螫虫長尾為蠆短尾為蠍

(TSAI.) （咨愛）

（上平）

哉 口部始也又語辭又歎聲又疑辭

栽 木部種也

災 火部禍害也

灾 同上

扻 古災字

烖 災本字

菑 詳見一六頁

跊 足部此俗音也本音耋跌倒也踢也又越也

（下平）無

（上聲）

宰 宀部主也制也烹也屠也又冢宰宰者調和膳饈之名冢宰亦能調和衆官故名

崽 山部崽者子也又音簁

（去聲）

⿱宰殳 殳部殺也

縡 糸部事也

載 車部年也姓也人去聲乘也又始也又記載也又重載也

再 冂部又也重也仍也

再 俗再字

在 土部所在也處也古作扗

(T'SAO) （辭傲）

（上平）

撡 手部持也又節操也

糙 米部粗也粗米未舂者

（下平）

嘈 口部喧言也

⿰曹少 小部勦物未精也即⿰曹少舊之⿰曹少也又音遭⿰曹少爛也

曹 曰部輩也衆也又國名又姓

槽 木部馬槽酒槽也

漕 水部水轉曰漕又水運曰漕

艚 舟部舟名也

螬 虫部虫名蠐螬

⿰言曹 言部喧也同嘈

（上聲）

艸 部首百卉總名也又音徹草初生貌

辭傲 (T'SAO.)

草 艸部百卉總名也又草粗也又苟簡也又造次也又草創也草稿也草率也

騲 馬部牝畜之通稱也如騲驢騲雞等類是也

（去聲）

無

姿傲 (TSAO.)

（上平）

⿰曹彡 詳見一四三頁

糟 米部酒糟也

遭 辵部逢也遇也一遭猶一度也

蹧 此俗字也同遭又俗言蹧蹋猶毀壞也

（下平）

醩 酉部籀文糟字

鏊 金部此俗音也本音倬鏊也又

開也又猶造字義也又鮮明貌又有固執意

（上聲）

早 日部晨也又先也

棗 木部紅棗也

澡 水部洗澡也

璪 玉部雜采絲貫玉為冕飾

繰 糸部帛如紺色也又音騷同繅

藻 艸部文藻也又草生水底可食

蚤 虫部嚙人跳虫也俗呼虼蚤

⿰虫爪 同上

⿱叉䖵 同上

⿰虫造 同上

（去聲）

噪 口部鳥羣鳴也又音繰去聲

喿 同上

⿰口蚤 口部呼⿰口蚤也又羣呼也又音騷去聲

慥 心部慥慥篤實貌言行相顧也

懆 心部愁也愁不伸也

燥 火部乾也潮之對也

竃 穴部炊灶也

竈 穴部與竈同造也造創食物也

灶 火部俗竈字

一四五　(T'SAO.)　(姿傲)　去聲

皁 白部皁隸賤人也又皁者造也造成事也又緇謂之皁黑色也

皂 俗皁字

趮 走部疾走也同躁

躁 足部燥也又急進也

造 辵部建也做也始也又詣也又造次急遽也

譟 言部擾也又上平聲聲也又音掃去聲

(T'SANG.)　(辭昂)

(上平)

倉 人部倉所以藏穀者又音桑又音創與愴同

傖 人部賤稱也

滄 水部滄海也又水名又音創

瑲 玉部玉聲也

艙 此俗字船艙也

蒼 艸部草色也又蒼天也又蒼老也又蒼黃急遽貌又姓也

鶬 鳥部水鳥名又鶬庚也奇鶬也

(下平)

藏 艸部隱也匿也收也又蓄也又音牂與臟通又音葬西藏也

(上聲)

駔 馬部壯馬也駿馬也又駔子市儈按捷者

(去聲)

無

(TSANG)　(姿昂)

(上平)

牂 爿部母羊也又盛貌又牂柯郡

臧 臣部善也又姓

贓 目部藏也納睛也

賍 俗字

髒 骨部詳骯字註

(下平)

無

(上聲)

無

姿昂 （TSANG.） 一四六

（去聲）

臟 肉部腑也即五臟也又臟者藏也精藏於腎神藏於心魂藏於肝志藏於脾也

葬 艸部藏也埋也

塟 土部同葬

辭安 （T'SAN.）

（上平）

參 厶部謀度也相謀也參承也觀也干與也參錯也又音深商星也人參也又音岑上平參差不齊也又音糝雜也又同三

叅 俗參字

傪 人部好貌

摻 手部女手好貌

又取也執也擘也又音山

湌 食部吞也又音孫水沃飯也

餐 食部吞也又飲饌曰餐

驂 馬部駕三馬也

（下平）

慙 心部慙愧也

慚 同上

殘 歹部傷也零落也推殘也

蠶 虫部吐絲虫也俗作蚕非

蠺 俗蠶字

譖 言部愬也讒也又音贊

讒 言部讒言也讒佞也

蹭 足部止也又音雜

蹭 同上

（上聲）

儳 人部儳互不齊

也又儳儳貌惡也

慘 心部酷毒也愁也痛也

憯 心部痛也又曾也

憯 俗憯字

憯 同上

朁 曰部曾也

燦 火部明也

黲 黑部淺青黑也又日暗色也

（去聲）

璨 玉部玉光也

粲 米部飯也又粟之精者又姓

謲 言部相怒也

（TSAN） （姿安）

（上平）

簪 竹部首笄也即首飾也又聚也

鐕 金部可以綴著物者

鐟 俗鐕字

（下平）

偺 詳見一四一頁

咱 同上

噆 口部俗云我也

（上聲）

寁 宀部速也

儹 人部聚也人部筭聚而計事也

儧 同上

拶 手部逼也相排迫也

撍 手部手動也

攢 手部簇聚也攢積也又音欑

欑 俗攢字

昝 日部姓也

桚 木部俗呼桚子指刑也又音繰

管也

（去聲）

趲 走部散走也又去聲

灒 水部汗灑也又水濺也

濽 俗灒字

瓚 玉部玉也

瓉 俗瓚字

讚 言部讚稱讚美讚頌稱人之美皆曰讚也

贊 貝部明也又贊助也又贊佐也又姓

賛 俗贊字

鏨 金部鐫石也又小鑿也又音暫

一四八 (T'SENG.) (辭哼)

(上平) 無

(下平)

嶒 山部峻嶒山貌

層 尸部重屋也累也又級也

曾 日部曾是何曾經也嘗也乃也則也又音增曾祖曾孫是也又姓又與層通又與增同

(上聲) 無

(去聲)

⿰曾刂 刀部刀割也

蹭 足部蹭蹬失道蹭蹬失勢貌

(T'SENG.) (姿哼)

(上平)

曾 詳上層字音

增 土部益也加也

憎 心部憎惡也

䁬 目部目不明也

矰 矢部短矢也結繳於矢也

磳 石部磳磳石貌

繒 糸部帛之總名

罾 网部魚網也

譄 言部加也又音層加言也

(下平) 無

(上聲) 無

(去聲)

甑 瓦部炊器也即鍋勺等類是也又俗音淨即所以漉酒者

贈 貝部餽贈也玩好相送也又增也

⿰黑曾 黑部滿面黑氣也

橧 木部聚薪以居也又上平聲

⿰扌曾 手部按此字似增字之譌然俗作綑未解

(辭恩) (T'SEN.)

(上平) 參 詳見一四六頁
叅 同上
嵾 山部嵾差山不齊貌

(下平) 岑 山部山小而高也又姓又音宸
涔 水部清水也又水名又涔涔淚下

(上聲) 無

(去聲) 無

(參恩) (T'SÊN.)

(上平) 無

(下平) 無

(上聲) 怎 心部猶何也俗言怎麼為何也何謂也

(去聲) 無

(參危) (T'SEI.)

(上平) 無

(下平) 賊 貝部此係俗音本音賫害也偷盜也

(上聲) 無

(去聲) 無

辭俄 (T'SE.)

（上平）無（下平）無（上聲）無（去聲）

側 人部旁也傾也偏邪也又反側也又音齋側身而臥也

冊 廾部符命也又立也簡也又謀也籌也

冊 即冊字

坼 土部裂也仲冬地始坼又分開也又坼副難產也本同拆

惻 心部愴也痛也

拆 手部同坼又音柴上平

揤 手部打也

測 水部測度也

策 竹部簡也又籌也又鞭策也

筞 俗策字

茦 艸部莿也

[扌策] 手部扶也

姿俄 (TSE.)

（上平）無（下平）

則 刀部法則也凡制度品式皆曰則又即也

擇 手部揀也選也又去聲又俗音翟

澤 水部水鍾聚也又潤也恩澤也又去聲又俗音翟

責 貝部求也又責讓責斥責打也又去聲又俗音翟

鰂 魚部鰞鰂魚名一名墨魚

（上聲）無（去聲）

仄 人部與側同又平仄字聲也又赤仄錢名又俗音齋上聲

嘖 口部大呼聲又嘖嘖鳴也又爭言貌又音債

幘 巾部髮有巾曰幘

摘 手部手取也拓果樹實也又音剔發也動也又挑也又俗音齋

昃 曰部日側西也

窄 穴部狹窄也俗音齋上聲 簀 竹部席也 蠈 虫部食禾節虫 謫 言部責罰也 讁 同上 舴 舟部舴艋小舟也 賊 詳見一四九頁 賾 目部深也雜也 䁙 俗賾字 這 走部此也俗音

宅 又俗音哲凡稱此個曰這個又本音彥迎也 宀部詳後第二一五頁

(TSOU.) (辭謳)

(上平) 無 (上聲) 無 (去聲) 湊 水部聚也湊積也水上人所會也 凑 俗湊字 腠 肉部腠理謂皮

輳 膚之間也 車部輻輳輻共轂也人聚也

(TSOU.) (姿謳)

(上平) 掫 手部持也又擊也又掫行夜也即今擊析也俗言打更 緅 糸部青赤色也 菆 艸部草叢生也又好箭也 諏 言部聚謀也問政事也 [言+奏] 同上 謅 言部小言私謅

謅之謅俗胡謅也又音炒弄言也又音周 郰 邑部魯下邑孔子之鄉俗作郰 鄹 同上 鄒 邑部魯邑又姓 陬 阜部魯邑又聚居也又陬隅也又正月為陬 騶 馬部騶虞仁獸 鯫 魚部白魚也

（姿慪）（TSOU.）

（下平）無

（上聲）走 部首趨也行也去也又與奏同

（去聲）奏 大部進上也又節奏音樂作止緩急之度
驟 馬部奔也馬疾步也又凡疾速曰驟

（SA）（絲阿）

（上平）三 一部此俗話音也數目也本音散上平
卅 十部三十也今直以為三十字詳見一四二也
攃撒 手部同攃又俗話撒手又下平聲撒散又上聲撒開
抄 手部摩抄也又

（下平）挲 音唆
挱 同上
薩 同上 艸部菩普也薩濟也謂能普濟衆生也又去聲
颯 風部翔風也又風聲也又上聲飄颯又去聲
馺 馬部馬行貌
無

（上聲）洒 水部滌也又洒落也
灑 水部灑掃也謂以水灑地而後掃也

（去聲）鈒 金部鈒鏤細鏃金鏤為文也
趿 足部俗話曰趿鞋用此字又音葺趿趿行也

（絲愛）

（上平）
愢 心部意不合也
揌 手部擇也擡揌動也
⿰扌塞 字典無此字俗作塡也⿰土叟也解
顋 頁部頤顋也
腮 肉部俗顋字
鰓 魚部魚鰓也又音葸灑貌

（下平）無

（上聲）無

（去聲）
塞 土部隔也邊界也又塡也窒也滿也壅也又音灑
賽 貝部報也禱祀也又比賽也即爭勝也

（SAO）

（絲傲）

（上平）
慅 心部勤也憂也勞也
搔 手部搔癢也即手爬也
溞 水部淅米也即淘米也
瘙 疒部創也
繅 糸部繹繭為絲也
臊 肉部腥臊也肉部凡肉之腥者皆曰臊又去聲俗言不害臊作無羞恥解
艘 舟部船之總名又音搜
艘 同上
颾 風部颾聲也
騷 馬部動也擾也一曰摩馬又牢騷祜也
鱢 魚部魚名鰍鱧也

（下平）無

（上聲）
嫂 女部兄妻曰嫂
嫂 同上
掃 手部洒掃也即除糞也又去聲俗曰掃帚

（去聲）
埽 土部同上
喿 詳見一四四頁
噪 詳見一四四頁

絲傲 (SAO.)

嘯 口部羣鳥聲又音燥
譟 詳見一四五頁
髞 高部髞驟急貌又高貌又俗話亮髞也

絲昂 (SANG.)

（上平）
喪 口部持服曰喪又去聲死也又失也
𠷃 喪本字
𠸶 同上
桑 木部木名可以飼蠶者
（下平）
無
（上聲）
嗓 口部咽喉也

搡 手部搡推也又撞搡也又搷也
磉 石部柱下石也
瘙 疒部馬病
顙 頁部額也
（去聲）
喪 詳上平

絲安 (SAN.)

（上平）
三 詳見一五二頁
卅 同上
叁 詳見一四十頁
鬖 髟部毛垂也
（下平）
無
（上聲）
傘 人部雨傘也
繖 糸部繖蓋也
糝 米部以米和羹也

(SAN.) (絲安)

糂 同糝

饊 食部煮稻飯也

糤 同上

散 攴部疏離而不聚也又不自檢束為散人又分離也又去聲散布也

(去聲)

三 詳上平

散 詳上聲

(SENG.) (絲哼)

(上平) 僧 人部和尚也從浮屠教者又曰上人

(下平) 無

(上聲) 無

(去聲) 無

(SEN.) (絲恩)

(上平) 森 木部衆木貌又盛也又音身

(下平) 無

(上聲) 無

(去聲) 無

（絲俄）（SÊ.）

（上平）無（下平）無（上聲）無（去聲）儙 人部愛也惜也貪也慳也又積也 嗇 口部積也慳也吝嗇也又田夫謂之嗇夫

塞 詳見一五三頁 懎 心部悲恨也 澀 水部不滑也苦澀也又音設 澁 同上 歰 俗澀字 歮 同澀 濇 水部不滑也 穡 禾部穀成可收也 穑 同上

瑟 玉部樂器也包犧氏所作又縝密貌又音設 色 部首顏色也人之憂喜皆著於顏故謂色為顏氣又采色又作色又起色又物景也又曬上聲 蝨 詳見三九頁 虱 同上

（絲慪）（SOU.）

（上平）嗖 口部駈鳥聲又音縮笑貌 ⿰口叜 同上 廋 广部匿也又索也求也 廀 同上又隈也 摉 手部索也求也聚也又勁疾也又摉匿也 搜 同上 ⿰氵叜 水部便溺也

溲 同上又淅米聲 ⿰舟叜 詳見一五三頁 艘 同上 蒐 艸部春獵也又草名 鎪 金部刻也又鏤也馬耳飾也 ⿰食叜 食部飯壞也變味也 餿 同上 ⿰風叜 風部颼颼風聲 颼 同上

(下平)

嗾 口部使犬聲

擻 手部抖擻也又舉也

籔 竹部漉米竹器也又音數十六斗曰籔

(上聲)

叟 又部尊者之稱老者也又上平聲浙米聲也

叜 古文叟字

(去聲)

傁 人部同叟

瞍 目部有目而無眸子也

瞍 同上

嗽 口部咳嗽也又音涮口噏貌詳見二八頁

漱

瘮

瘦 疒部臞也瘠也即不肥胖也

瘶 同上又音受疒部欬瘶也

藪 艸部大澤也又以蓄(鳥)獸魚鼈草木者

謏 言部誘為善也又音篠

謱 同上

(T'SAN.) (麤安)

(上平)

攛 手部擲也俗謂誘人為非曰攛掇

躥 字典無此字俗作躥跳也

鑹 金部小稍也俗曰冰鑹即此字

(下平)

攢 詳見一四七頁

欑 木部叢木也又欑竹也

(上聲)

無

(去聲)

爨 火部炊爨也即做飯也

竄 穴部匿也逃也又放也

篡 竹部逆而奪取曰篡即篡位也

攥 同上

（祖安）（TSUAN）

（上平）

躦 足部踏也
躦 同上
鑽 金部所以穿也又深入也又上聲鑽之使透也又去聲金剛鑽也
鑚 同上
劗 刀部吳人謂髡髮為劗也又音剪或作古剪字

（下平）

無

（上聲）

爑 火部臛也又俗煎爑魚用此字
纂 糸部似組而赤一曰集也
簒 同上
纘 糸部繼也又與纂通
纉 同上
臇 肉部俗同爑

（去聲）

攥 手部手把也
揝 同上
撍
譧 詳見一四七頁言部言不正也即以言騙人也又音廉

（麤哼）（T'SUNG.）

（上平）

叢 又部聚也又叢生貌又下平
樷 木部古叢字
悤 心部悤悤急遽也
怱 同上
匆 同上此俗字也
樅 木部木名松葉栢身太廟用作梁材者也又音衝宗

潨 水部小水入大水也
悰 心部樂也
琮 玉部瑞玉以祀地者
瑽 玉部佩玉聲
聰 耳部察也聞也明也通也
聦 俗聰字
葱 艸部葷菜也
蓯 艸部蓯蓉藥名又音總草貌也

一五九 （T'SUNG.） （麤哼） 上平

賨 貝部賨布即南蠻賦也
賩 同上
驄 馬部馬青白雜毛也
騘 同上
鬉 髟部鬆也

（下平）
從 彳部就也順也又上平聲從容舒緩貌文音粽隨行者也

（上聲）
从 人部古從字
淙 水部水聲也
無

（去聲）
無

（TSUNG.） （粗哼）

（上平）
㙊 土部土菌也
宗 宀部祖始也祖受命也宗尊也有德可宗也
㚇 文部鳥飛歛足也言不能遠飛俗話曰㚇作菌集解
椶 木部椶樹也
棕 同上
䝋 豕部牡豕也

⿰豕宋 䝋字之譌
⿰豕夋 同䝋
豵 豕部一歲豕也
葼 艸部木細枝也
蹤 足部蹤跡也
踪 此俗字也同上
騣 馬部馬鬉也
騌 俗騣字
鬃 髟部高髻也
鬉 髟部髮亂也
鬷 鬲部釜屬也
騣 馬部馬冠也

（下平）
無

（上聲）
傯 人部倥傯窮困也又不暇也
慫 心部慫慂勸也驚也文音悚
摠 手部與總同將領也又合也
揔 同上
捴 此係俗字也
總 糸部共總也

粗哼 (TSUNG.)

（去聲）

糉 米部角黍也以菰葉裹米為之俗呼糉子也 粽 同上 綜 糸部織縷也推而往引而來者綜也綜謂總聚也 縱 糸部縱屬 縱 糸部縱也舍也置也恣也放也

麤恩 (TSUN.)

（上平）

村 木部鄉閭村落也 邨 邑部同上 皴 皮部皮皴而細起也

（下平）

存 子部恤問也在也察也省視也存儲也

（上聲）

忖 心部思度也

粗恩 (TSUN.)

（去聲）

刌 刀部度也又割也截也切也 寸 寸部首尺也十分為一寸

（上平）

噂 口部聚語也又上聲 墫 土部酒器同罇 尊 寸部卑之對也又重也貴也又酒器也六尊犧尊象尊著尊壺尊大尊山尊以共祭祀賓客 嶟 山部山高貌 夋 夊部夋夋行貌

又音郡 樽 木部酒器也 罇 缶部同上 蹲 足部踞也又坐也又音存又音敦 遵 辵部循也率也 鐏 金部戈鐏也又音纂俗曰鋊鐏也 譐 言部與噂同又音忖

一六一 (TSUN) （租恩）

（下平）無

（上聲）僔 人部恭敬也衆也聚也

撙 手部裁抑也又撙節撙聚也又上平聲

（去聲）俊 人部智過千人曰俊又音郡

儁 人部與俊同又衛也絶異也又勝也又音郡

懏 心部慧也又音郡

捘 手部推也擠也掐也又音郡

畯 田部農官也一曰農夫又音郡

睃 目部視也又音鵕人名

竣 立部退也事畢也又音郡

雋 隹部與儁通又音郡又音吮肥肉也

餕 食部食之餘也又音郡

駿 馬部馬之美稱又與俊同又大也又音郡

鱒 魚部魚名

(T'SUL) （麤危）

（上平）催 人部促也追也

崔 山部高大也又姓也

摧 手部挫也折也抑也沮也逃摧殘

榷 木部木名

榱 木部榱也

縗 糸部衰服也又本作衰

（下平）無

（上聲）無

（去聲）倅 人部副也又副車曰倅又音卒百人爲倅

啐 口部驚也又嗤啐噂也又書也又嘈啐衆聲也又俗作嘈解

悴 心部憂也

淬 水部滅火之器

麁危 (T'SUI.)

崒 山部危高也 **崪** 同上

毳 毛部獸毛細者

漼 水部水深也

焠 火部堅刀刃也

璀 玉部玉光也

瘁 疒部與病同勞瘁也

稡 禾部與萃通聚也又音卒

粹 米部純粹不雜也

脃 肉部物易斷也又輕也又俗語乾脃簡決也 **脆** 俗同上

膬 肉部耎而易破也又與脃同

萃 艸部聚也又卦名

翠 羽部翡翠也鳥名毛深青有光彩者

綷 糸部綷縩衣聲又五彩繒也

遳 辵部深遠也

租危 (TSUI)

(上平)

嗺 口部撮口也又捉飲也

堆 土部此俗音俗言抓推本音磓聚土為堆堆集也

(下平)

無

(上聲)

觜 詳見十六頁 **嘴** 口部俗觜字

(去聲)

最 曰部尤也優也功上曰最

檇 木部檇李地名也又上平聲以木有所擣也

[illegible] 竹部帚也

罪 网部犯法也即皋字捕魚竹罟也秦始皇以皋字似皇改為罪古罪字 **皋**

蕞 艸部小貌

醉 酉部為酒所酣也被酒所困也口醉又心醉

（上平）

嵯 詳見十四頁

搓 手部揉搓也

瘥 疒部病也又音人病愈也

磋 石部磨治也

瑳 玉部玉鮮白也又笑見齒貌

艖 舟部小船也又音又又音釵

蹉 足部蹉跎失時也

醝 酉部白酒也

鹺 鹵部鹽也

（下平）

矬 矢部身短也

⿰𧾷坐 足部拜失容也又去聲

（上聲）

⿰石坐 石部碎石也

脞 肉部小也又叢脞也又去聲

（去聲）

剉 刀部折也剁斫也又以銼剉之

厝 厂部厲石也又置也

挫 手部摧也折也

措 手部處置也安著也施布也又委置也

撮 手部撮摠取也又音坐上平

莝 艸部斬草也

諎 言部大聲也又音嘖

銼 金部鍑也即鍋銼也又與剉同

錯 金部鑢也又厲石也又雜也又舛也誤也

(TSO.)（祖俄）

（上平）

嘬 口部此俗音也用嘴嘬也本音揣去聲齧也即喫也

（下平）

昨 日部隔一宵也即昨日也又去聲

（上聲）

佐 人部輔也助也佐貳也

左 工部右之對也又同佐相助也導也又副也

繓 糸部結繓也一曰縫餘俗語一繓子頭髮一繓子線等用此字

（去聲）

作 人部造也為也興起也行也振也始也生也役也又上平作坊

租俄 (TSO)

做 俗作字
坐 土部行之對也
座 广部坐位也
怍 心部慚也
柞 木部木名櫟也有刺
祚 示部福也
胙 肉部祭肉也又夏曰復胙又下平聲
酢 酉部酬酢客酌主人也又酸也
鑿 即今之醋也詳見一四四頁
阼 阜部主階也

蘇安 (SUAN)

（上平）
狻 犬部即獅子也又音浚犬急也
䝜 豸部狻猊同上
酸 酉部酢也又寒酸也又悲痛曰酸又酸棗縣名

（下平）
痠 疒部痠痛也
⿱雨酸 雨部小雨也

（上聲）
無

去聲
無
算 竹部籌也又數也
筭 同上
蒜 艸部葷菜也

蘇哼 (SUNG)

（上平）
娀 女部有娀姓也
崧 山部山大而高
嵩 山部中嶽山也又高山也
憽 心部惺憽了慧人也即明白人
憽 同上
松 木部松樹也
淞 水部淞江也
菘 艸部菘菜名有松之操四時不彫

（蘇哼）

（上平）

鬆 髟部髼鬆髮亂也又不緊也又因蚣

（下平） 無

（上聲）

悚 心部㩳也

㩳 手部執也推也挺也俗話用手一㩳

竦 立部又動也竦敬也

（去聲）

聳 耳部聳也又高也驚也欲也

宋 宀部國名微子所封又姓

訟 言部訢訟也爭曲直於有司也

誦 言部諷也又論也言也

送 辵部遣也餞也餽送也

頌 頁部稱述也歌也又音容貌也

（蘇恩）

(SUN)

（上平）

孫 子部子之子為孫女也子為外孫孫之子為曾孫曾孫子為玄孫玄孫子為來孫來孫子為晜孫晜孫子為仍孫仍孫子為云孫云孫子為耳孫去高曾遠但耳聞也又織女曰天孫

搎 手部捫搎摸索也

猻 犬部猴

蓀 艸部香草以石菖蒲生溪澗中

飧 食部餔也或作餐通作飧又夕食也

飱 俗飧字

（下平） 無

（上聲）

損 手部減也傷也貶也失也

榫 木部刻木入竅也卯俗曰榫子

笋 竹部竹胎也

筍 同上

隼 隹部祝鳩或鵻鶻又音順上聲

鶽 鳥部同上

（去聲） 無

（蘇危）

（上平）

尿 尸部人小便也又音鳥今去聲亦作溺

蕤 艸部草木華垂貌

甤 生部草木實甤也又因蕤

睢 目部仰目也大視也又怒視也

倠 人部仳倠醜也

㾵 广部減也秏也

綏 又病也又音衰糸部安也又登車之索也

緌 糸部冠結纓也又繫也

荽 艸部芫荽香菜也又去聲

雖 佳部虫名獸名又詞兩設也助語也不定也況辭也又雖假令也又推也

（下平）

遂 辵部就也又事成也又去聲於是也

隋 阜部國名又姓也又音惰裂肉也又落也

隨 阜部從也順也又卦名又姓又國名

（上聲）

瀡 水部滑也又下平聲

髓 骨部骨髓也即骨中脂也

膸 肉部同上

䯝 同上

去聲

𡑞 土部墓道也

隧 阜部同上

歲 止部年歲也又音靴去聲義同

嵗 俗歲字

彗 彐部掃竹也帚也又彗星也又音會又音位

槥 木部小棺也又音會又音位

檖 木部赤蘺也

燧 火部取火也

邃 同上

睟 目部本音粹和潤貌

碎 石部破碎也

祟 示部神祟也鬼禍也

穗 禾部禾成秀也

穟 同上

篲 竹部掃竹也又音會又音位

𦆽 糸部布縷細也

維 糸部織也

繐 糸部布細丙疏又絲帶總子也

䍁 糸部練布也

繸 糸部佩玉之組

誶 言部誚也詬誶也又多言也

（上平）

唆 口部嘔唆小兒相應聲又唆使也又挑唆
娑 女部娑娑舞者之容也
抄 詳見一五二頁
挲 同上
捘 同上
梭 木部織布梭也又音筍木名
縮 糸部收也退也

莎 又直也又去聲艸部侯莎草名又音沙虫名又音綏挼莎以手切摩也
抄 同上
蓑 艸部草名可為衣以避雨
⿱艹娑 艸部娑娑草木盛貌
蹜 足部足迫也足蹜蹜也言慢也

（下平）無

（上聲）

所 戶部伐木聲也又處所又所在又語詞又指物之辭
瑣 玉部玉聲又細也繁猥貌
璅 玉部同瑣又音早石之似玉者
摖 手部摸摖也

揁 手部揣擊也動也
索 糸部繩也又蕭索又求也又姓
綀 糸部繩也
鎍 金部鉄繩也
鎖 金部鉄鎖門鍵也又箭也
鏁 金部同鎖又銀鏥也

（去聲）

素 詳見二十頁

樎 木部木名又上聲
摍 手部蹴引也

(T'UAN.) (土安)

（上平）無

（下平）

團 口部圓也
摶 手部以手圜之也
湍 水部激湍也
漙 水部露多貌
煓 火部火盛貌
慱 心部憂勞也
糐 米部粉餌也
糰 同上

（土安） (T'UAN.) 一六八

彖（上聲）彐部走豕也易有彖彖者斷也統論一卦之體也又彖者材也謂明卦中剛柔之材也

疃 田部禽獸所踐處

畽 同上

無（去聲）

（都安） (TUAN.)

端（上平）**耑** 立部正也直也耑部物初生也

無（下平）

短（上聲）矢部不長也

斷（去聲）斤部決也又上聲截也剪也又音疃絕也又音疃

段 殳部分段也段落也又姓

碫 石部礪石也

鍛 金部冶金也即打鉄也又椎也

煅 火部同上

緞 糸部履跟之帖也又音遐投字典言今作紬緞字非是

葮 艸部木名槿也

椴 木名樹似楊者

（土哼） (T'UNG)

恫（上平）心部呻吟也又音洞慟恫不得志也又痛也

恩 同上

痌 疒部痛也又下平聲瘡潰

通 辵部達也徹也又平暢也又總也

鼕 鼓部鼓聲也

鼛 同上

（下平）

同 口部齊也共也合也通也輩也又酒器爲同古同字

仝 人部姓也

佟 人部無知也又未成器之人曰侗

侗

僮 人部頑也癡也僮者婢妾之總稱

峒 山部崆峒山名

彤 彡部赤也丹飾

哃 口部妄語大言

曈 日部日欲明貌

桐 木部木名又姓又上平聲言木皆通達也

潼 水部水名又地名

撞 牛部牛無角者

瞳 目部目瞳子也

童 立部幼小也又山無草木也又姓

筒 竹部竹也又簫也又上聲

⿰舟同 舟部船名

艟 舟部艨艟戰船也

茼 艸部草名

衕 行部通街也即衚衕也又去聲

銅 金部赤金也金之一品也

（上聲）

捅 手部進前也捅擢也

桶 木部木桶也又音甬斛也

筩 竹部竹筩也又音甬箭室也

統 糸部統紀也統緒也統領也大一統也

（去聲）

慟 心部哀過動心

痛 疒部楚也疼也

⿱穴甬 穴部穴也

(TUNG.) (都哼)

（上平）

冬 冫部四時盡也藏也終也

東 木部東方也

涷 水部水名又暴雨也

苳 艸部草名

蝀 虫部蝃蝀虹也又去聲詩經作蝃

（下平）

無

（都哼）（TUNG） 一七十

（上聲）

懂 心部懵懂心亂也又俗詰懂得言已了然也

⿰氵董 水部物墮水聲

董 艸部督正也又澤名又姓

（去聲）

凍 冫部孟冬地始凍

動 力部又上聲靜之對也躁也出也作也搖也振也又凡物自動則上聲物不動而我動之則去聲又叶音同

戙 戈部船板木也

棟 木部棟中也居屋之中也屋曰棟即房脊也

洞 水部空也窒也

⿱穴同 穴部地穴也

（㞷恩）（TUN.）

（上平）

吞 口部咽也餐也并也滅也

哼 口部口氣也又哼哼重遲之貌又音肫

暾 日部日始出貌

（下平）

屯 屮部聚也屯兵也又音肫難也屯然物之始生也又厚也吝也

⿸尸元 尸部髀也

臀 肉部髀也腿⿱殹酉也

豘 豕部通豚又音肫

豚 豕部小豕也

迍 辵部邅也

魨 魚部河魨魚有毒本作豚

（上聲）

氽 水部水推物也人在水上為氽在下為溺

（去聲）

褪 衣部卸衣也又花謝也

(TUN.) 都恩

（上平）

墩 土部平地土堆也

惇 心部厚也又音肫心實也

敦 攴部怒也詆也又大也厚也勉也誰何也

橔 木部枯也又音頹棺覆也

蹲 詳一百六十頁此俗音蹲身也

（下平）

無

（上聲）

盹 目部俗音也俗話打盹用此字即假寐也本音諄鈍目也目藏也

躉 足部零躉也

（去聲）

囤 口部米囤也

忳 心部悶也亂也又憂也

沌 水部水勢也又不開通之貌

炖 火部火盛貌又赤色

燉 火部火盛貌又俗燉肉用此字

盾 目部干櫓屬所以蔽身者又矛盾也

腯 肉部又音突豕肥貌

遁 辵部遷也逃也又迴避也

遯 遁本字又封名

鈍 金部不利也頑鈍也遲鈍也

頓 頁部下首也頓首拜頭叩地也又貯也壞也止也又頓然也

飩 食部餛飩也一曰厚味也

噸 字典無此字俗一千六百斤為一噸

(T'UI.) 土危

（上平）

推 手部擇也奬也奉也尋繹也窮詰也移也順還也又進之也

蓷 艸部萑也即益母草也又音吹

（下平）

尵 尢部尵尵馬病

㿗 疒部陰病

𤺊 同上

穨 頹字之譌詳下

頹 頁部首禿也又暴風也又墜也
隤 阜部下墜也又病也
魋 鬼部獸狀如熊而小又桓魋人名

（上聲）

腿 肉部大腿也股也
骽 骨部同上大股也

（去聲）

煺 火部以湯煺毛也
熥 同上
退 辵部卻也又去也返也

（都危）　(TUI.)

（上平）

𠂤 ノ部堆本字
堆 詳見一六二頁
磓 石部聚石也

（下平） 無

（上聲） 無

（去聲）

兌 儿部兌換也以物相交易也又通也又直也又聚也又悅也又突也
對 寸部答也當也配也應也又揚也
對 同上
憝 心部怨也恨也惡也
憞 同上
懟 心部怨懟也
碓 石部舂米具也或水碓也
譈 言部怨也惡也
錞 金部錞也又音純樂器形如鐘有舌以和鼓者
隊 阜部羣也部也又落也

（上平）

他 人部彼之稱也此之別也又誰也邪也俗音塌

佗 人部彼也誰也又下平自荷兩行也又委佗美也又去聲加也

仛 人部寄也又他也又音奼少女也驕逸也

侂 同上

宅 宀部古文佗字

拓 詳見三五頁

托 手部以手承物也

拕 手部引也又曳也

扡 同上

拖 同上俗字

杔 木部本名又音青酒器也

杝 木部車名又音池落也析薪也

柂 又音移同杝

毻 毛部鳥換毛也又音退

脫 肉部肉去骨也又解也俗話脫衣裳又疏略也又上聲俗話脫不開身即不得分身也

託 言部寄也委也信任也

（下平）

堶 土部飛塼戲也

柁 木部房柁也又音惰正船木也即船柁也

橐 木部無底囊也

沱 水部大雨也又音駝沱也

沲 同上

痑 疒部病也

瘥 同上

砣 石部碾輪石也

砤 同砣

碢 石部飛塼戲也

紽 糸部絲數也

跎 足部蹉跎也言不遂意也

𨀁 同上

酡 酉部飲酒朱顏貌

酏 同上又音移與酏同

陀 阜部陂陀不平也又補陀山名

陁 同上俗字

鉈 金部短矛也

鉇 同上俗字

馱 馬部馬負重也又音大義同又音惰驢馱子馬馱子是也

馲 馬部馲騎驢父牛母者

駝 馬部駱駝也又背儴也

駞 同上

土俄 (T'0)

驒 馬部青驪白鱗文如鼉魚者也又音灘又音低

鮀 魚部魚名

魠 俗鮀字

鴕 鳥部鴕鳥也

麧 麥部餺麧餅屬

麨 麥部餅也

鼉 黽部水虫形似蜥蜴長丈餘其甲如鎧皮堅厚可造鼓

（上聲）

妥 女部安也平也帖也

庹 广部兩腕引長謂之庹即以兩臂度量也俗一庹為五尺又上平聲姓也

（去聲）

軃 身部廣厚也

唾 詳見二二頁

涶 水部口液也即涶沫也

柝 木部更夫所擊者即梆子也

籜 竹部竹皮也

蘀 艸部草木葉隤地為蘀又上平

蛻 虫部蛇蟬所解皮也

撱 手部狹長也謂長而去四角也又上聲

都俄 (T O)

（上平）

多 夕部大有也又過也勝也

（下平）

奪 大部強取也

鐸 金部大鈴也

（上聲）

垜 土部射垜也堂塾也又城垜子

垛 同上

朵 木部樹木垂也又花朵

朶 俗朵字

挆 手部稱量忖度也

挅 同上

躲 身部身也又躲避也

躱 同上

（去聲）

剁 刀部斫也以刀剁也

剟 刀部削也刌也又刺也又割也

(都俄) (TO.)

去聲

咄 口部呵也又咄嗟洛語也又咄咄驚怪聲也

墮 土部落墜也

墯 同上

憜 同上

嶞 山部山狹而長

度 詳見二三頁

㥃 心部忖㥃

惰 心部怠也嬾也

掇 手部採也又拾掇也

柁 詳見一七三頁

敪 攴部敁敪稱量也又音蕞斷也

沰 水部落也又音託

稞 禾部禾積也如麥稞高糧稞是也

舵 舟部正船木也即船舵也附柁

裰 衣部補裰破衣也

路 足部路路小兒行貌又音帶倒也

跺 足部行貌又跺脚也

踱 足部跳走蹋地也

隋 詳見一六六頁

馱 詳見一七三頁

炧 火部燭餘也

炨 同上

(初阿) (CH'UA.)

(上平) 欻 此字本音忽巳詳七八頁俗話形容真迅速時言欻一聲借用此字

歘 同上

(下平) 無

(上聲) 無

(去聲) 無

（朱阿）（CHUA）

（上平）

抓 手部撾也以手擭物也

摣 手部取也

撾 手部擊也又擊鼓也

檛 木部箠也策也

膼 肉部腿也

茁 艸部草出地貌又肥貌又音札又音拙又去聲

髽 髟部髽髻也又婦人喪服髻也

（下平） 無

（上聲）

爪 部首此俗音也凡禽獸之蹄俗皆曰爪予承音我覆手曰爪又手足甲也

（去聲） 無

（初愛）（CH'UAI.）

（上平）

搋 手部以拳加物也俗曰搋麩又搋在懷裹皆用此字

（下平）

膗 肉部膘膗形惡也俗話這個人長的膗即此字

（上聲）

揣 手部度也試也除也揣摩也

（去聲）

嘬 詳見一六三頁

膪 肉部肥也膪肉也俗話肥肉之囊膪即此字

踹 足部足跟也足踹也俗話使脚踹又音剬

一七七 (CHUAI.) （朱愛）

（上平）

搋 此字本音邑巳詳七三頁此俗音也作擲解如搋給即擲與也搋泥即以手攫泥擲也又去聲拉也

（下平）

無

（上聲）

踹 此字本音誓巳

（去聲）

詳四一頁此俗音也俗話鴨踹鵝行用此字

搋 巳詳上平

曳 此字本音義巳詳七四頁此俗音也同搋

（CHUANG.） （初昂）

（上平）

刅 刀部與創同傷也

創 刀部傷也又上聲又去聲始造也

戧 戈部古創字詳見一四五頁

滄

瘡 疒部瘡瘡也傷也

囪 口部在牆曰牖在屋曰囪又音聰窻突也

牕 片部同囪

窗 穴部同囪

窓 俗窗字

窻 俗窗字

淙 詳見一五九頁

（下平）

幢 巾部幢幢也又音同

牀 爿部臥榻也又簀

床 广部俗牀字

（上聲）

霖 雨部小雨也

㧰 刀部初也造法㧰業也

㧰 俗㧰字

磢 石部瓦石洗物也又去聲

闖 門部馬出門貌又出頭貌又俗話招災闖禍又去聲俗話亂擠亂闖

初昂 (CH'UANG.)

（去聲）

剏 刀部皮傷也

愴 心部悽愴悲惻貌

朱昂 (CHUANG.)

（上平）

妝 女部妝飾也

庄 广部本音彭俗誤作莊字解

樁 木部橛杙也即俗曰拴馬樁子獸醫樁子是也

粧 米部粉飾也又粧台婦女鏡匣也又假粧也

糚 同上

莊 艸部嚴也端也

裝 敬也又姓也衣部裝束也又裹也又齎也又藏也

[illegible] 同上

舂 臼部擣粟也

摏 手部擣也

湷 水部水深立

[illegible] 衣部短衣也

偆 人部立貌

（下平）

無

（上聲）

奘 大部大也盛也週而大者曰奘直而高者曰長又音葬唐三藏名玄奘

（去聲）

壯 士部彊也大也年三十曰壯

惷 心部愚也又音衝

戇 心部愚也又音

撞 貢又音哄手部擣也擊也又突也又撞騙也

狀 犬部形象也即狀態也

一七九 (CH'UAN.) （初安）

（上平）

巛 部首川本字

川 巛部衆流也川穿也穿地而流也

孱 子部懦弱也又呻吟也又音產上平

潺 水部潺潺水流聲又音產上平

[illegible] 同上

穿 穴部孔也鑽也

（下平）

遄 辵部疾也速也又臺名又下平聲

傳 人部授也續也布也遞也又音轉去聲訓也賢人之書曰傳傳者傳也以傳示後人也又續也又驛遞也

椽 木部屋椽也椳

（上聲）

船 桷也舟部舟也

舩 同上

喘 口部急息也即喘氣也

舛 部首對卧也舛偝也舛錯也又音蠢雜也

荈 艸部茶葉老香

（去聲）

串 丨部穿也貫也物相連貫也又勾串也串通也又與慣通狎習也

玔 玉部玉環也

釧 金部臂環也即鐲子屬

竁 穴部穿地也一曰小鼠聲又竄也又始為穴也又音毳

(CHUAN.) （朱安）

（上平）

嫥 女部壹也可愛也

專 寸部壹也誠也擅也獨也自是也純篤也

甎 瓦部甎瓦也

磚 石部俗甎字

耑 詳見一六八頁

鄟 邑部地名

顓 頁部謹也又篆也又古帝號

鱄 (下平) 魚部魚名

無 (上聲)

囀 口部聲囀也韻也鶯鳥鳴也又去聲

轉 車部轉運也又動也旋也又去聲凡物自轉則上聲以刀轉物則去聲

(去聲) 僎 人部僎具也數也撰也又音遵鄉飲酒禮輔主人者

撰 手部造也又則也譔事也又撰述也

瑑 玉部璧若篆丈形者又音船

⿰王巽 玉部珍⿰王巽也

篆 竹部篆書也

縳 糸部白鮮色也又音船卷也

譔 言部與撰同又善言也又音銓音選

賺 貝部俗曰賺錢即得利也本音詁賣也一曰市物失實又音廉

⿰貝專 貝部同上亦⿰貝專錢也本音縮支財貨也

⿰貝廉 貝部同賺上亦本錢也本音詁重買也錯也

饌 食部具食也

(CH'UNG.) 初哼

(上平) 冲 氵部與沖同又幼小也又與翀同又鑿冰聲又垂飾貌

充 儿部長也高也美也滿也塞也行也備也又實也

忡 心部憂也

⿰忄充 心部心動也

憧 心部意不定也

惷 詳見一七八頁

摏 詳見一七八頁

沖 水部和也深也又虛也

⿰氵充 水部水聲也

罿 网部罿也即補鳥網也

翀 羽部直上飛也

衝 行部衝突也又通道也

衝 又去聲衝本字

舂 詳見一七八頁

下平

崇 山部崇高也崇重也又高貴也又充也又聚也又敬也就也又終也

𡨴 古崇字

漴 水部水聲也

虫 部首此字本音卉鱗介總名俗以為虫即蟲之減筆字實大誤

蟲 虫部有足曰蟲無足曰豸

种 禾部稚也

重 里部穠也又太歳在辛曰重光又音仲厚也輕之對也

（上聲）

寵 宀部恩也愛也又尊榮也

（去聲）

[扌充] 手部跳也

揰 手部推擊也即以物揰人也

銃 金部銎也即斤斧受柄處又鉄銃子小砲也

（朱啍）　(CHUNG.)

（上平）

中 丨部不偏也又內也平也又去聲射矢至的曰中

彸 彳部征彸行遽也

忠 心部內盡其心而不欺也即忠誠忠厚是也

忪 心部心動也驚也又惶遽也

盅 皿部氣虛也又通作沖俗作茶盅酒盅通作鍾

終 糸部極也盡也

螽 虫部蝗屬螽類甚煩名亦不一

衷 衣部善也又方寸所蘊也又裏衣也

蹱 足部行不正貌又小兒行也

鍾 金部酒器也又聚也重也又量名六斛四斗曰鍾又姓又與鍾通

鐘 金部樂器又律名又山名又與鍾通

（下平）

無

（上聲）

偅 人部儱偅不遇貌又與憧通

（朱哼）(CHUNG.)

冢 冖部大也又山頂曰冢又高墳也俗作塚非又天官曰冢宰

塚 土部平曰墓封曰塚此俗字也

⿰山冢 山部山名

歱 止部古文踵字

⿰火重 火部火燒起處即火⿰火重也

⿸广重 疒部足腫膧也

瘇 同上

種 禾部穀種又種類也又去聲種植也

腫 肉部脹也癰也

⿰氵冢 水部偃水也

踵 足部追也頻也又脚後跟也

仲 人部伯仲又樂器大籥謂之産其中謂之仲小者謂之箹

（去聲）

眾 目部眾多也

㐺 人部眾本字三人為眾

衆 俗眾字

緟 糸部增也

⿰身重 身部婦人脹也俗曰⿰身重身子

重 詳見一八一頁

（初恩）(CH'UN.)

（上平）

春 日部歲之首也又上聲作也出也

椿 木部椿樹也

（下平）

唇 口部驚也又音真俗作口脣非

湻 水部清也僕也又姑諄敬迎

朝

漘 水部水屋也

犉 牛部黄牛黑脣

純 糸部粹也全也又絲也

脣 肉部嘴脣也

酏 酉部美酒也

醇 酉部厚酒也又厚也精也又謹重也

鶉 鳥部鶉鶉也

（上聲）

蠢 虫部動也惡也

（去聲）

無

一八三 (CHUN.) (朱恩)

(上平)

屯 詳一百七十頁

窀 穴部下棺也長埋曰窀

肫 肉部懇誠貌又音推

諄 言部至也誨言重複也又懇誠也又姓

訰 言部亂言貌

(下平)

無

(上聲)

准 氵部准可也允許也同準

準 水部平也又均也又則也倣也亦作准

(去聲)

無

(CH'UI.) (初危)

(上平)

吹 口部吹噓也又去聲風也

歠 龠部吹本字

炊 火部爨也俗曰做飯也

(下平)

倕 人部重也

垂 土部自上縋下也又綫也將及也又疆也邊也

捶 手部擂也以杖擊也又音朵

搥 手部擊也

捭 手部同上又撲物也又摘也

棰 木部捶杵也即敲棰也

椎 木部鐵椎也又椎鈍又椎髻

槌 木部擊也又音堆擲也

箠 竹部馬策也又笞刑也

腄 肉部臀也

錘 金部稱錘也又八銖也又同垂

鎚 金部鐵鎚也與錘同

陲 阜部遠邊也

鬌 髟部鬌髻也

(上聲)

無

(去聲)

吹 已詳上平

朱危 (CHUI.)

（上平）

䊊 米部粉餌也

萑 艸部草名又草多貌又音桓細葦

追 辵部逐也又音堆治玉名

錐 金部銳器也即錐子也又毛錐筆也

隹 部首鳥之短尾總名也象形

（下平）

⿱雨追 雨部雷也

騅 馬部馬蒼白雜毛又黃騅魚名

鵻 鳥部祝鳩也

⿰𠂤鳥 同上

（上聲）無

（去聲）無

墜 土部隕落也

惴 心部憂懼也

對 詳見一七二頁

硾 石部鎮也

綴 糸部連也緝也又猶結也又音惙

縋 糸部以繩有所懸也懸繩而縋下也

贅 貝部以物質錢也又屬也又贅瘤又煩也俗言累贅

初俄 (CH'O)

（上平）

擉 手部刺泥取物也又俗話擉碰擉折用此字

⿰翟攴 攴部築也舂也又授也刺也又俗話⿰翟攴立起來

戳 戈部鎗戳也又俗話打戳子用此字或用⿰翟攴

綽 糸部寬綽也又綽緩也又去聲

（下平）無

（上聲）無

（去聲）

婥 女部婥妁好貌又柔弱貌

婼 女部不順也

踔 足部踶也又音罩

輟 車部止也

逴 辵部遠也

八五 (CH'O) 初俄

觸 詳見二四頁

⿰馬卓 馬部馬行不前也

⿰馬叕 馬部馬名的盧也

黜 詳見二三頁

齪 齒部齒相近聲又閒孔具又齷齪迫也又齷齪急促局陋貌

⿰足齒 同上

涰 水部泣也

諁 言部多言不止

錣 金部針也

叕 又部聯也連也

腏 肉部挑取骨間肉也

朱俄 (CHO.)

（上平）

卓 十部特立也高也遠也又去聲

拙 手部拙笨也不巧也又下平聲俗話渾拙

捉 手部執物也撥也捕竿也

桌 木部高也同卓俗呼几案曰桌

㧻 手部擊也推也

棹 木部同櫂

櫂 木部進船檝也

浞 水部濡也漬也即沾污也

涿 水部滴也又州名

鋜 金部足鈴也

（下平）

剢 刀部斫也

掇 詳見一七五頁

擢 手部拔也抽也舉也用也

梲 木部梁上楹也又音脫大杖也

濁 水部水不清也

濯 水部浣也即洗也又肥澤貌

斲 斤部斲削也

琢 玉部治玉也

著 詳見二六頁又置也俗話收著又命也俗話著他去

着 俗著字

⿰言卓 言部姓也

諑 言部訴也責也譖也誼也

酌 酉部斟酌也酌量也又去聲酌酒也

醊 酉部祭酹也今作餟又去聲

鐲 金部鉦也形如小鐘軍行鳴之以為鼓節又俗曰鐲子即腕鐲也

（朱俄）（CHO）

霍：雨部大雨也

餟：食部祭酹也餽也又去聲

（上聲）無

（去聲）

倬：人部大也大也

啜：口部言多不止又泣貌又音輟茹也嘗也

啄：口部鳥食物也

啅：同上

妁：女部媒人也斟酌二姓之謂也

惙：心部憂也

棳：木部同梲

椓：木部擊也又閹宦輩也又音哲

⿰⿱叕欠：欠部齧也原同歠

歠：欠部大飲也

灼：火部燒也昭也又華盛貌

焯：古灼字

斫：斤部刀斬也

綴：詳見一八四頁

茁：詳見一七六頁

㲋：比部獸名似兔青色而大

辵：部首作行作止也又循道疾行也又與踏通隸作辶

辶：同上

䪼：頁部面秀骨即顴骨也

⿰火著：火部火⿰火著也又音昭下平

（書阿）（SHUA.）

（上平）

刷：刀部刮也拭也掃也刷洗也又刷子

㕞：又部拭也掃也清也同刷

唰：口部鳥理毛也

⿰口㕞：同上

（下平）無

（上聲）

耍：而部戲也又俗話耍手藝的即工人也

（去聲）無

(SHUAI.) 書愛

（上平）

摔 手部棄於地也如俗摔壞摔碎是也又俗話摔下來作跌字解又上聲如俗話摔手摔開是也

衰 衣部小也減也耗弱也浸微也又音崔同縗衰服也又音夂等衰也

（下平） **無**

（上聲）

甩 此字不見於字典俗字也義同摔

（去聲）

帥 巾部主也率也統也領也又音稅

率 玄部遵也循也領也將也又用也行也又從也自也又皆也大略也又表的也

蟀 虫部蟋蟀也俗呼蛐蛐

(SHUANG) 書昂

（上平）

孀 女部孤孀嫠婦即寡婦也

礵 字典無此字俗砒礵

艭 舟部船名

篗 竹部帆也

雙 隹部隹二枚也又兩也又偶也又去聲雙生也

双 又部俗雙字

霜 雨部露凝為霜

驦 馬部良馬也又上聲

鸘 鳥部同鷫詳鷞字註

（下平） **無**

（上聲）

爽 爻部差也明也爽快也又昧爽微明也

騻 馬部良馬也又上平聲同驦

鷞 鳥部鷫鷞西方神鳥長鷞綠色似雁

（去聲）

雙 詳上平

（書安）(SHUAN.)

（上平）

拴　手部本音詮揀也俗作拴繫也如拴馬椿等類是

（下平）

栓　木部木釘也

櫰　木部門機也即門櫰也同閂

門　門部同櫰又曰門横閂也

無

上聲　無

去聲

孿　子部一乳兩子也雙產也又音鑾

涮　水部洗也俗曰涮茶壺即此字又音刷

⿰氵篤　水部洗水名馬也

（書恩）(SHUN)

（上平）　無

（下平）

蒓　艸部水葵也又音純又通作蓴

蓴　艸部蓴菜也一名水葵又音純亦作蒓

（上聲）

揗　手部手相安慰曰揗揗又音旬

楯　本部木名又音盾與盾同

隼　詳見一六五頁

鶽　詳見一六五頁

（去聲）

橓　木部木名

瞬　目部目自動也又一轉瞬間言具為時無久也

舜　舛部草也木槿也又有虞氏之號又姓

蕣　艸部木槿朝華暮落者

順　頁部理也川流也又不逆也又從也和也通也

一八九 (SHUI.) (書危)

(上平) 無

(下平)

脽 肉部尻骨也

誰 言部何也何人也又誰何詰問也

(上聲)

水 部首五行之首也

(去聲)

帨 巾部用以拭手者即手巾也又女子生日曰設帨

睡 目部寐也眼也即睡覺也

稅 禾部租也斂也又稅關也

說 言部遊說也以言說人也又音鑠上平釋也述也論也言也解也訓也即說詁也又音岳同悅

(SHUO.) (書俄)

(上平)

說 已詳說去聲

(下平)

勺 勹部挹取也又周樂名周公作勺勺能祖先言之也又古道勺童舞者舞勺以教子其體柔也又去聲又俗音韶曰勺子

妁 詳見一八六頁

灼 又去聲又音韶詳見一八六頁

芍 又去聲又音韶艸部芍藥花名又去聲又音韶又音的蓮子也

(上聲) 無

(去聲)

嗍 詳見二八頁

搠 手部塗也

數 詳見二七頁

朔 月部月之初一也又北方為朔

仢 人部流星也

杓 詳見一三一頁

束 詳見二八頁

槊 木部矛屬

溯 水部逆流而上

爍 火部火貌

碩 詳見四一頁

鎙 金部矛長丈八

鑠 金部銷金也

彴 彳部橫木渡水

（入安）(JUAN.)

（上平）

㨎 手部煩㨎也又音[illegible]搵也

撋 手部擷撋猶接挪也

䙇 衣部衣縫也又音煖裼也

（下平）

無

（上聲）

堧 土部與壖同太上皇廟曰堧垣

壖 土部同堧又城下田也又岸邊地又牆外短垣

㥏 心部弱也怯也

楆 木部木耳別名

檽 木部與輭同又同楆木耳別名又音而

瑌 玉部石次玉者

耎 而部弱也

腝 肉部足疾也又音泥

蝡 虫部虫動貌

蠕 虫部虫微動貌又音儒虫行貌

輭 車部柔輭也

軟 俗輭字

阮 阜部山名又國名又姓又音元

（去聲）

鍒 金部柔銀也

鐗 金部銀也

（入哼）(JUNG.)

（上平）

無

（下平）

㑶 人部人身有三角

傛 人部傛華婦官名又縣名又傛傛便習貌

容 宀部容貌也又盛也受也包涵也又音喁

嶸 山部山峻貌

慵 心部懶也

戎 戈部兵也又兵車名又汝也又大也又西戎

榕 木部木名

榮 木部榮華也榮耀也

毧 毛部細毛也

溶 水部水盛貌

滎 水部水名

狨 犬部獸名

瑢 玉部佩玉行也

(JUNG.) 入哼 下平

絨 糸部練熟絲也又細布也

縈 糸部收卷也繫也

茸 艸部鹿茸藥名也又草茸茸貌

蓉 艸部芙蓉花名一名木蓮

[虫茸] 螎 虫部虫行貌同融

融 虫部鎔也氣上融散也又和也又長也大也明也又音喁

瀜 水部水深廣貌

鎔 金部治器法也又鑄也銷化也

(上聲)

宂 宀部散也雜也剩也忙也俗作宂非

[隼毛] 毛部鳥細毛也

[酉毛] 同上

[柔毛] 同上

(去聲)

[柔毛] 同上

無

(JUN.) 入恩

(上平) 無

(下平) 無

(上聲)

允 儿部信也肯也應允也本音犹詳一百九十頁

蠕蝡 同上

(去聲)

閏 門部歲餘成閏

潤 水部澤也滋也

(JUN.) 入危

(上平) 無

(下平) 無

(上聲)

枘 木部木耑所以入鑿之處

汭 水部水名又小水入大水也又曲流也又去聲

芮 艸部草生貌又去聲

入危 （JUI）

上聲

蕊 艸部草木叢生也又花也

蕋 俗惢字

蘂 艸部花心之鬚也又華外曰蕚華內曰蘂

蜹 虫部蚊蜹也又去聲含毒蛇也

蚋 同上省文

（去聲）

叡 又部深明通達謂之叡

瑞 玉部祥瑞也又以玉為信也又音稅國名

睿 目部深明也通也聖也智也

⿰金芮 金部銳也

銳 金部牙屬也又快利也又姓又音兑

入俄 （JUO.）

（上平）

無

（下平）

捼 手部捼搓也即兩手相切摩也又推也

（上聲）

無

（去聲）

弱 弓部劣也懦也輭弱也又二十曰弱冠

楉 木部木名石榴也

叒 又部木名東方自然之神木

若 艸部香草名杜若即今之高糧薑也又如也不定之辭也

箬 竹部若笠也

篛 同上

⿰角弱 角部弓偏弱也

蒻 艸部蒲初生曰蒻又菜名

蹃 足部足下文也

(LUAN.) 盧安

（上平）無

（下平）

圝 口部圞圝圓也

孌 女部婉孌美好貌

孿 詳見一八八頁

巒 山部山小而銳

曫 日部日昏也

攣 手部擇也又聚也

欒 木部欒本也又欒欒癵貌

灓 水部漏流也一日清也

癵 疒部病也瘦也

癴 同上又通作攣

𤻲 同上

臠 肉部瘠貌又切肉也

鑾 金部鈴也以金為之通作鸞

鸞 鳥部神鳥也又鸞鈴

（上聲）

卵 卩部凡物無乳者卵生卵即蛋也

（去聲）

亂 乙部不治也亦古治字

乱 俗亂字

戀 心部係慕也戀戀不捨也又音欲

糷 米部數粥黏也

(LUNG) 盧哼

（上平）無

（下平）

儱 人部儱侗未成器也

嚨 口部喉嚨也

曨 日部日色也

朧 月部朦朧月出入也又朣朧日初出也

櫳 木部養獸所即木櫳鐵櫳是也

龔 同上

瀧 水部雨瀧瀧貌又瀧凍沾漬也

爖 火部大也俗話爖火即生大也

瓏 玉部玲瓏玉聲也又明貌

𤮐 瓦部磨也磨穀為𤮐

礱 石部同上

竉 穴部竈竈也即穴也又地名

（盧哼）(LUNG.)

瀧 疒部病也
籠 竹部箱籠也又鳥籠也
聾 耳部聾子耳無聞也
蠪 虫部蚍蜉也又獸名
隆 阜部豐大也中央高也又盛也
⿰革龍 革部馬⿰革龍頭也
龍 部首鱗虫之長神變不測物也又人名又山名
⿱龍手 手部擊也
⿰禾龍 禾部禾病也
躘 足部小兒行貌
⿰車龍 車部軸頭也
鑨 金部器也
靇 雨部豐隆雷也俗从雨
⿰食龍 食部⿰食龍餅也
⿰犭龍 龍部獸名
⿰歹龍 龍部與⿰禾龍同禾病也

龓 龍部兼有也又馬鞍也又乘馬也
窿 穴部穹窿天勢也
（上聲）
壟 土部冢也即壠也又田中高處同上
壠
攏 手部持也掠也又拗攏籌也謂酒律

朧 肉部肥貌
隴 阜部大阪也即大坡也又姓
（去聲）
哢 口部鳥吟聲又俗作哄哢以言騙人也
弄 廾部玩也又侮也戲也又做也弄菜弄飯是也又俗音能去聲又農去聲

⿰忄弄 心部⿰忄弄戇愚也
挵 手部同弄

（盧恩）(LUN.)

（上平）
無

（下平）
倫 人部次序也等也比也又理也又類也
侖 人部叙也昆侖
圇 口部圇圇也又上聲混圇
崘 山部崑崘山名也又崘⿰山囷山貌
崙 同上

(LUN.) 盧恩 下平

麗

掄 手部擇也貫也又俗音以呂悬拚詳後一九八頁

棆 木部母杶也又音屯

淪 水部淪沒也又小波曰淪

綸 糸部絲綸也又經綸又姓又音官綸巾也

蜦 虫部蛇類又音

論 言部議也討論也又去聲

輪 車部車輪也又迴旋也即輪轉

腀 肉部沒也

(上聲)

圇 詳下平

(去聲)

論 詳下平

(LO.) 盧俄

(上平)

囉 口部俗詰囉嗦也即麻煩也餘詳下平聲

(下平)

囉 囉歌詞又歌助聲又嘍囉也

儸 人部傯儸健而不德又僂儸

籮 竹部竹器也

羅 网部鳥罟謂之羅又帛也

腡 肉部手理也即手指文也

蘿 艸部莪也又女蘿也又藤蘿也

蠃 虫部蚌屬郎蠃絲也

螺 同上

覶 見[illegible]視[illegible]縷[illegible]也次序也

覼 俗覶字

邏 辵部巡邏也又遊兵也

鑼 金部銅鑼響器也

騾 馬部騾子也驢父而馬母

驘 同上

(上聲)

擄 詳見三十頁

攞 手部裂也又下平聲揀也

瘰 疒部筋結病又音壘

盧俄 (LO.)

䯁 詳見三十頁
砢 石部衆石貌又盤結也
蓏 艸部木實曰果草實曰蓏
虜 詳見三十頁
裸 衣部赤體也
躶 身部裸也
（去聲）
摞 手部理也俗謂摞在一塊兒
駱 詳見四五頁

奴安 (NUAN.)

（上平）無
（下平）無
（上聲）
煖 火部温也煖和也火氣也
煗 煖本字
暖 日部同煖又柔貌
㬉 同上
餪 食部女嫁後三日餉食為餪
（去聲）無

奴哼

（上平）
噥 口部多言不中又俗話嘟噥又下平聲
（下平）
儂 人部俗謂我為儂又渠儂他也
濃 水部厚也淡之對也
憹 心部懊憹憂也
穠 禾部華木稠多貌
膿 肉部腫血也
莀 艸部古文農字又音長草多貌
農 辰部耕種也農人也
醲 酉部厚酒也
齈 鼻部齈涕多涕鼻疾也
（上聲）無
（去聲）
弄 詳見一九四頁

（NUN.）（奴恩）

（上平）無

（下平）無

（上聲）無

（去聲）

媆 女部弱也一曰少好貌又音軟

嫩 同上

（NUo.）（奴俄）

（上平）無

（下平）

㑚 人部見釋典

儺 人部驅疫也又猗儺柔順也

哪 口部哪儺人之聲又語助辭又上平又音納

𠻍 口部同儺除疫也

娜 女部婀娜美貌

（上聲）

挪 又舒遲貌手部搓挪也又挪移也

捼 詳見一九二頁

挼 同上

𨂝 足部足跌也

那 邑部縣名又何也多也又俗音納上聲亦何也又音納彼也

諾 詳見四六頁

（去聲）

懦 心部弱也柔也又音懦

稬 禾部稻之黏者可做酒

穤 俗稬字

糯 米部同

𥽍 同上

女耶 (NUEH.)

(上平) 無

(下平) 無

(上聲) 無

(去聲) 虐 虍部苛也酷也殘也又災也

瘧 疒部或寒或熱病俗音要曰瘧子又音月

謔 言部戲謔也

呂安

(上平) 攣 手部手足曲也即拘攣也

⿱䜌骨 骨部同上

(下平) 孌 詳見一九三頁

臠 詳見一九三頁

(上聲) 無

(去聲) 無

呂恩 (LÜN.)

(上平) 掄 此字已詳一九五頁此俗音也如俗話他把錢都掄啦又拏著棍子胡掄等類用此字

(下平) 淋 水部此俗音也如俗話他叫雨淋濕啦用此字餘正義詳後第

二七三頁

(上聲) 無

(去聲) 無

(LUEH.) 呂耶

(上平) 無

(下平) 無

(上聲) 掠 手部劫奪也又笞也又音料

(去聲) 略 田部簡略也忽略也又經理也又太略也

畧 俗略字

(T'A) 特阿

(上平) 他 詳見一七三頁

塌 土部地低下也又房屋倒塌也

蹋 足部踐也又去聲

(下平) 無

(上聲) 塔 土部西域浮屠又上平聲

墖 陰物即塔字

嗒 口部嗒然忘懷

(去聲) 㒓 人部休健肥貌又逃也叛也

墖 土部累土也

愓 心部意下也俗話愓下心去

搨 手部手打也又搨印

撻 手部打也又俗音打

榻 木部牀榻也狹

而長者

沓 水部重疊疊也又音析貪也

達 水部沉滑也

獺 犬部獸名貪魚即水獺也又音析

踏 足部踐也

蹅 足部足跌也

遝 辵部雜遝也又行相及也

逿 辵部穩行貌

闥 門部門也又宮中小門

錔 金部器物錔頭也即以金有所冒也

䵬 黑部黑也又猥茸貌

漯 水部濕也又上平聲

䈋 竹部窗也

嗒 口部解體貌

闒 門部樓上戶也

得阿 (TA)

（上平）

搭 手部附也又掛也擊也又與搨通又音搨摸也掯也

涾 水部溼也俗話水滴涾

繨 字典無此字俗繼之結處曰紇繨可與八一頁紇字叅看

耷 耳部大耳也如

俗話耳朶耷啦

⿰耳皮 皮部肉瘦皮鬆

褟 衣部衣也如汗褟兒是也又音塌

褡 衣部被横謂之褡如俗繫腰之褡布是也又横褡小被也又衣敝也

（下平）

剳 刀部剳刎也俗

曰鏃刀又紙亦曰一剳子

剔 刀部相著聲曰剔鉤也

妲 女部妲己紂妣字典無

瘩 此字俗呼瘡曰疙瘩用此字可與八一頁疙字叅看

荅 竹部竹箇也又當也報荅合也又荅對也又上

平聲俗話荅應

（上聲）

荅 艸部同荅又小未也未即菽字

薘 艸部草名

達 辵部通也顯也又薦也又進也又音闥挑達也

鍚 金部鍚鉤也

韃 革部同撻又韃靼今之北方也

打 手部擊也

（去聲）

大 部首小之對也又同太又音帶大夫也

㐲 人部海中地名

特愛 (T'AI.)

（上平）

胎 肉部孕而未生曰胎又婦孕三月為胎

（下平）

儓 人部陪儓臣也又田儓庸賤之稱又去聲儓儗癡貌

台 口部三台星名又台鼎三公之稱又音夷我也

擡 手部擡舉也又自二人以上皆曰擡又擡頭仰首也俗作擡非

檯 木部木名

炱 火部灰炱煤也又上平聲炱煤煙塵也

炲 同上

苔 草部苔鮮也

臺 至部起土為臺也又姓又官名

薹 竹部笠也

薹 草部蕓薹菜名

譢 言部諟也又上平聲

邰 邑部國名又姓

駘 馬部疲也鈍也又駘蕩贖遠也

鮐 魚部海魚名又河豚別名

上聲

牑 片部吳人謂送剡木曰牑

嚐 口部嚐唸言不正也

（去聲）

太 大部太極太玄太室太初又過也如俗話太遠太冷等類是也又古泰字

忲 心部過度也奢侈也

忕 同上

㤉 同上

態 心部意也態度也

儱 人部同上

汏 水部沙汏也謂沙汏使之冷態也又洮汏閏也循洗濯也

泰 水部通也又卦名

紿 絲部疑也欺也詐也又纆也緩也又音殆

貸 貝部予也假也借盈也又音特又俗音代

䵚 黑部黑甚也

(TAI.) (得愛)

（上平）

懛 心部懛獃失志貌又癡獃也詳見五頁八

獃

（下平）

無

（上聲）

歹 歹部好之反也俗作歹非

歹 部首此字本音道殘骨也俗作好歹之歹字譌

得愛 (TAI.)

（去聲）

代 人部世也更也替也

岱 山部岱宗東岳泰山為眾山之宗五岳之長

待 彳部俟也擬也遇也

帒 巾部囊也

帶 巾部紳也俗話帶子

⿰糸帶 字典無此字俗同帶曰縧⿰糸帶也

⿰木帶 木部槌也

怠 心部懈也慢也又音夷

戴 戈部佩也又荷也

殆 歹部危殆也又近也又語助

祋 示部殳也軍中所持也又縣名

⿸疒帶 疒部赤⿸疒帶白⿸疒帶婦人下部病又音滯久痢也

玳 玉部玳瑁也

瑇 同上

袋 衣部囊也即口袋也

襶 衣部褦襶不曉事也

迨 辵部追及也又與逮同

逮 詳見四四頁

隶 部首及也亦作逮又音肆

靆 雨部不明貌又靉靆雲盛貌

⿱雲隶 同上

黛 黑部畫眉也

特傲 (TAO)

（上平）

夲 大部進趨也又往來見貌與本字不同

弢 弓部弓衣也

慆 心部悅也漫也又久也

掏 手部掏擇也俗話用手掏出來

搯 手部搯也一曰抒也又叩也今作抽或作掏

滔 水部水漫漫大貌又漫也

濤 水部海中大波

洮 水部縣名又音搖湖名

叨 口部忝也濫也貪也又惏殘也又叨濫又俗音刀叨叨責言也

絛 糸部編絛為絛俗曰絛子

縚 同上

(TAO.) (特傲)

上平

謟 言部疑也亦作慆

韜 韋部弓衣也劍衣也又藏也又韜略也

饕 食部貪財也又貪嗜飲食曰饕俗字同上

(下平)

咷 口部嚎咷痛哭也八音迪楚謂兒泣不止曰噭

啕 咷也口部往來言也啕啕語不節也

匋 勹部燒土為器又音遥燒瓦竈也

檮 木部斷木名又檮杌頑不才子也又楚史名

淘 水部淅米也又淘汰也又同洮

桃 木部菓名

萄 艸部蒲萄也

綯 糸部絞綯也

逃 辵部亡也避也去也

迯 俗逃字

醄 酉部醉貌

陶 阜部瓦器又陶陶和樂貌又地名又姓又音遥皋陶人名

鞉 革部小鼓也

鼗 鼓部如鼗而小

(上聲)

討 言部治也尋究也又誅也

(去聲)

套 大部長大也又凡物重沓者為套又不受人籠絡者曰不落圈套又河套

套 同上

(TAO.) (得傲)

(上平)

刀 部首兵也到也以斬伐到其所也又錢也名錢為刀者以具利於民也又小船曰刀又兵器

啁 口部嘐啁語多也又音嘲啁嘐也又與嘲通又音周啁噍爲聲也又音部

得傲（TAO.）

（上平）

忉 心部忉憂也

舠 舟部小船形如刀也

魛 魚部魚名

（下平） 無

（上聲）

倒 人部仆也又潦倒老也又借作賣字解又去聲顛倒也

壔 土部高土也又

導 堡也寸部引也啟廸也又治也又去聲

島 山部海中山也

擣 手部手椎也又築也敲也舂也

搗 同上

禂 示部禱也禂牲馬祭也

禱 示部禱告也祈神也

（去聲）

道 辵部所行道也又路也又去聲言也又治也

到 刀部至也

幬 巾部覆也又襌帳也

燾 火部覆照也

悼 心部傷也哀也

悳 同上

盜 皿部賊盜也又私利物也

稻 禾部稌也稻禾也

翿 羽部纛也今之羽葆幢也

衟 行部古文道字

衜 同上

蹈 足部踐也

受 爪部姓也从文與受不同

特昂（T'ANG.）

（上平）

撐 手部以手推止也

湯 水部熱水也又姓又水盛貌

蝪 虫部穴居布網虫也

趟 走部走貌又俗話用腳趟又趟河

鏜 金部鐘鼓之聲又以鐵貫物也

(特昂)

鼟 鼓部鼟聲也

(下平)

傏 人部傏㑽不遂也

唐 口部國名又大言也又荒唐廣大無域畔也

堂 土部殿也正寢也又堂堂盛也明顯也又明堂王者朝諸侯之宮

塘 土部鼟地注水曰塘

搪 手部搪揬觸也又搪塞也

棠 木部木名又海棠也

榶 木部木名

溏 水部池也

煻 火部煨火也又火煻也

糖 米部餹也

糛 同上

餹 食部同糖

⿰糸唐 糸部大絕也

蓎 艸部草名蓎蒙女蘿也

螗 虫部蜩螗蟬也

螳 虫部螳螂也

膅 肉部肥也

膛 肉部肥貌又俗以膛之肉部為腔

餳 食部餹和饊也俗話糖拌飯

⿰車唐 車部⿰車唐輾軨也

(上聲)

倘 人部忽止貌

儻 人部倜儻卓異也不羈也又或然之辭俗作倘非

帑 詳見三二頁

踼 足部跌也

躺 此字不見於字典俗作躺臥解

(去聲)

淌 水部此字本音唱大波也又水貌俗水流淌淌

燙 火部滌燙也又火燙水燙也

輎 車部鐵軸也

逿 辵部過也又上聲失掖而倒也又俗話一逿猶一度也一回也

鍚 金部工人治本

⿰金宕 同上

之器也

（得昂）(TANG.)

（上平）

瑲 玉部華飾也又玉聲

當 田部應當也理合如是也又敵也又去聲

簹 質也竹部竹名

矘 耳部耳矘也即耳下所垂也

膅 肉部本同膅俗作兩股閣解

⿱艹當 艸部草名

蟷 虫部虫名蟷螂别名也

襠 衣部袴襠也又裲襠衣名

譡 言部忠也又同讜

轄 車部車轄也

鐺 金部鎻也又音鎗釜屬

澢 水部水也

（下平） 無

（上聲）

擋 手部攩擋也亦作屏當

攩 手部朋黨也又音倘棁打也俗作抵攩

党 几部姓氏也夏后氏之後

礑 石部底也

讜 言部善言也又直言也

黨 黑部不鮮也又朋也又偏也又相助匿非曰黨

（去聲）

宕 宀部洞室也又過也今言放宕也

愓 心部放也又音商直疾貌

𢙐 心部動也

檔 木部橫木框檔也又上平聲木牀也又木名

欓 木部茱萸類又音敞木桶也

碭 石部石有文者

盪 皿部滌器也

簜 竹部大竹也

蕩 艸部大也又蕩排也又放蕩也播蕩也又上聲又音湯

蝪 虫部同蝪動也

(上平)

嘽 口部嘽嘽眾盛貌

坍 土部水衝岸也坍塌也

探 手部嘗試也摸取也又窺索也又去声探聽也

攤 手部閑也按也布也又綫也

潬 水部水中沙堆也

灘 水部水灘也

癱 疒部風癱也

貪 貝部欲物也又多取也即貪婪也

(下平)

倓 人部安也恬静也安然不疑也

墰 土部地名

壜 土部酒壜也

壇 土部祭場也

彈 弓部射也糾也

撣 劾也又音但彈弓也彈丸也手部與彈通又觸也又撣援牽引也又音胆

曇 日部雲布也曇天俗曰假陰天

檀 木部紫檀也

潭 水部水深之處也

澹 水部澹臺姓也又音淡水貌又

燂 澹泊恬静貌火部火爇也又音潛煩也燂温也又音尋火孰物也

痰 疒部血不行則痰聚

罎 缶部同壜

覃 西部及也深廣

惔 心部火灼之也

談 言部言論也

譚 言部大也著也

郯 又與談同又姓邑部國名

醰 酉部厚味也甜也又音譚酒味苦也

餤 食部進食也又音淡啖也

(上聲)

坦 土部平夷也安也又寬也

忐 心部志忑心虛也怯也懼也

毯 毛部毛席也即毯子也

毯 同上

禫 示部除服祭名

窞 穴部坎傍入也

膻 肉部肉膻也又音羶羊肉膻也

菼 艸部草名似葦而小

袒 衣部袒裼也即左臂無衣也又偏袒

特安 (TAN.)

襢 衣部與袒同

襌 衣部襌本字除服祭名

醓 酉部肉醬也

驔 馬部驪馬黃脊又下平又音簟

髧 髟部髮垂也

噡 口部眾飲食之聲也

去聲

嘆 口部同歎

歎 欠部太息也又歎美也又上平

炭 火部燒木餘也即煤炭之炭也

撢 手部與探同又音胆撣所以去塵也又撣子

憛 心部思也又憛悇惶遽也

簟 竹部竹席也又或音店竹名

得安 (TAN.)

（上平）

丹 一部赤色也丹砂即硃砂

儋 人部與擔同負荷也一擔兩甖也守儋石之祿

單 口部薄也孤也又盡也又大也又音蟬單于匈奴號之音善

殫 歹部盡也

擔 手部負荷也背曰負荷曰擔又去聲

癉 疒部火癉小兒病

壇 同上

眈 目部視近而志遠也

聃 耳部老聃祝聃人名又音甜耳漫無輪也

耽 耳部耳火而垂也又樂也又虎視又俗話耽擱耽誤皆用此字

簞 竹部笥也小筐也

（下平）

襌 衣部衣無裏者曰襌衣裳

躭 身部俗耽字

鄲 邑部邯鄲縣名

酖 酉部葯酒也又與鴆通

無

（得安）（TAN.）

（上聲）

亶 二部信也誠也又音鱣乜亶難行不進貌

担 手部拂也又擊也俗通作擔非

礚 石部石藥名

胆 肉部肉胆也又音檀口脂澤也

膽 肉部連肝之府也即苦膽也

菡 艸部菡菡芙蓉也又音坦

去聲

但 人部徒也又語辭又空也

啖 口部噉也食也餇之也

啗 同上

彈 詳見二零七頁

怛 心部驚也懼也又悲憯也

悬 同上

憚 心部驚也忌也

⿱黑心 畏難也懼也同上又⿱黑心狐地名

憺 心部安也又動也

旦 日部早也明也

淡 水部薄味也

澹 詳見二零七頁

疸 疒部黃病也又磨也俗曰疘疸

石 詳見三九頁

蛋 虫部俗呼鳥卵為蛋又蛋蠻

蜑 虫部南方夷也或作蛋

誕 言部妄言也欺也又放也大也又育也

⿰鹵炎 鹵部無味也

（特哼）（TENG.）

（上平）

鼟 鼓部鼓聲也又音登

（下平）

滕 水部水涌也又國名

疼 疒部痛也

籐 竹部竹器

縢 糸部緘也繩也約也

藤 艸部藟也即藤子也

(特哼) (T'ENG.)

(上聲)

螣 虫部神蛇也似龍能興雲霧而遊其中又音特食禾虫也

謄 言部移書傳鈔也即謄寫也

騰 馬部上躍也升也

⿱龹馬 俗騰字

黱 黑部黑貌又音形

(得哼) (T'OU.)

無 (去聲) 無

(上平)

燈 火部燈燭也俗灯字

灯

登 癶部陞也上也進也熟也又州名

豋 豆部禮器也凡豆謂之登

簦 竹部笠有柄者也

(下平) 無

(上聲)

戥 字典無此字俗曰戥子所以稱銀之分兩者

等 竹部類也比也又等候待也

䒭 俗等字

(去聲)

僜 人部倰僜不著事也又行疲貌又音稱

凳 几部桌凳也

嶝 山部小版也登陟之道

磴 石部同嶝

撜 手部負擔也

橙 木部同上

櫈 俗字同凳

⿰歹登 歹部病也

澄 水部清濁分也又音呈水靜而清也

瀓 水部小水相添益貌

瞪 目部俗話瞪眼也又音撐瞪目直視貌

瞠 目部本音撐又通作瞪

蹬 足部蹭蹬也詳蹭字註又同登

鄧 邑部國名又姓

鐙 金部馬鐙也又上平声錠也錠中置燭故謂之鐙俗別作燈非

二一 (TEI.) (得危)

(上平) 無

(下平) 無

(上聲) 得 此字與三十三頁發音不同此俗話總得必得是也即必要也

(去聲) 無

(T'OU.) (特慪)

(上平) 偷 人部盜也薄也苟且也又音余

(下平) 亠 部首

投 手部擲也託也棄也贈也納也進也適也迎也合也

頭 頁部首也言獨也於體高而獨也

(TOU.) (得慪)

(上聲) 無

(去聲) 透 辵部跳也過也又徹也通也

(上平) 兜 几部兜鍪首鎧也即盔也又俗曰兜兒即囊也

㨮 手部扰也㨮攏也

篼 竹部飼馬器也此俗音也作皆字解餘詳前二二頁

都

(下平) 無

(上聲) 抖 手部抖擻也又俗話料擻著言感冒也擻原音叟此音摟

枓 木部柱上方木也又音主水噐

斗 部首宿名文量石十升為斗又飲噐

蚪 虫部蝌斗蝦蟇子也

（得慪）（TOU.） 二一三

袦 衣部衫袖也姓
斜 金部也
阧 阜部峻也又通作斗
陡 阜部頓也即陡然也又崖壁峭絕也

（去聲）

痘 疒部痘瘡也
竇 穴部鑿垣為孔也又姓
笠 竹部祭器

脰 肉部脛也
荳 艸部菽也眾豆之名通作豆又荳蔻藥名
讀 詳見二二頁
讟 詳見二三頁
逗 辵部止也又曲行也又姓
豆 部首古食肉器又榖豆也大豆菽也小豆荅也
梪 木部籩豆俗加木傍

餖 食部飣餖
鬥 部首兩士相對兵仗在後象鬥之形又音榷鬪也
鬭 門部遇也爭也又姓
鬦 同上俗字
鬪 同上

（遲阿）（CH'A.）

（上平）

剎 刀部刺物也又音釵小矛也又部兩手相錯也又叉子刀是叉等類
叉
喢 口部多言也又音囊小人之言字典無此字俗作喊
喳 喊喳喳私語也又音札敬諧之意也

嗏 口部語辭詳見十四頁
差
扠 手部扶取也又音釵以拳加物也
插 手部刺八也
槎 木部槎也又音釵斫木
瘥 詳見一六三頁
皻 皮部酒皻似瘡俗謂之粉刺也
皶 同上俗字

二一三 (CH A.) (遲阿)

舣 舟部小船也
艖 詳見一六三頁
衩 衣部衣之衩也又音釵裙衩
靫 革部箭室也

（下平）

察 宀部監也諦也知也至也審也康視也考也又察察過詳貌又察察潔清貌
扠 手部收也取也

攡 攡也引也舉也手部手捻也俗話攡脂抹粉俗作搽字典無此字
搽 同上
搽 同上
查 木部考察也又同槎水中洋木又音扎姓者字典無此字俗作筧碗
鍤 鍤兒或

臿 我鍤兒用此字臼部舂去麥皮也
茶 艸部茗也本作荼或作搽今作茶
詧 言部同察
鍤 金部鏊也又綴衣針又通作臿插
𩴵 鬼部羅𩴵鬼又羅𩴵國

（上聲）

奼 女部美女也又河上奼女
姹 同上

（去聲）

刹 刀部刹柱也僧寺曰梵刹
吒 口部怒也又噴也
咤 口部噴也又奠爵為咤又叱咤怒也

岔 山部三分路也又上聲走岔也
杈 木部歧枝木也即樹杈子
汊 水部歧流也即河汊子
蛇 虫部水母也形如羊胃無目以蝦為目一名猜俗曰海蜇
詫 言部誑也誇也詫異也又通蛇

諴 言部俔言也

之阿 (CHA.) 二四

（上平）

奓 大部張也開也又奓言猶夸

扎 手部拔也又下平聲

挓 手部挓抄開貌俗話挓抄手

摣 詳見一七六頁

樝 木部水浮木也

紮 詳見一四一頁

樝 木部菓屬

渣 水部水名俗以為渣滓字

䄍 示部年終祭名

蜡 虫部同上

（下平）

剸 刀部剸斷也又音攝又音惺

札 禾部小簡也又夭死曰札俗作札非

炸 字典無此字俗話以油煎之曰炸又上聲煠炸子也又去聲炸彈炸炮等類

灹 同上

煠 火部爚也又音葉

牐 片部下閘也城門也又護窗版曰牐版

劄 竹部用以奏事者即劄子也又上平以針刺也

茁 詳見一七六頁又一八六頁又去聲

蚻 虫部似蟬而小

鑡 金部切草具也

鍘 金部鍘草也

閘 門部河之閘也

霅 雨部雲霅震電貌一曰眾言也

（上聲）

拃 手部以手度量也

眨 目部目動也

苲 草部土苴也

蚱 虫部蚱蜢也又去声海魚也又螞蚱也

鮓 魚部藏魚也即醃魚也又去聲海魚名

鮺 同上

（去聲）

乍 丿部初也暫也甫然也

咋 口部暫也又音謫唉也又大聲也

唶 口部唶唶聲也又音積歎聲又音借

栅 木部栅欄也編木為之又音訕籬也

榨 木部打油具也

溠 水部水名

痄 疒部病甚又瘡也俗曰痄腮

之阿 (CHA.)

炨 火部火聲

詐 言部僞也詭詐也

醡 酉部壓酒具也

遲愛 (CHAI.)

(上平)

儕 人部等也輩也類也又下平聲

差 詳見一四頁又二一二頁

折 詳見一五十頁

瘥 詳見一六三頁又二一二頁

釵 金部筓屬婦人釵環也

(下平)

柴 木部薪也即柴火又姓也

祡 示部祭天神也

茈 艸部茈胡藥名

豺 豸部豺狼也貪殘之獸又音才

犲 犬部同上

(上聲)

冊 此俗音也俗話樣冊子餘詳一五十頁

跐 此俗音也已詳一五頁又一四二頁

之愛 (CHAI.)

去聲

蠆 詳見一四二頁

上平

側 詳見一五十頁

摘 詳見一五十頁

謫 詳見一五十頁

齋 齋部潔也莊也恭也又洗心曰齋又燕居之室曰齋

(下平)

宅 宀部居也屋也宅者擇也擇吉處而營之也

（之愛）(CHAI.)

擇 此俗音也已詳一五十頁

澤 此俗音也已詳一五十頁

翟 詳見四三頁

責 此俗音也已詳一五十頁

（上聲）

仄 此俗音也已詳一五十頁

窄 此俗音也已詳一五一頁

（去聲）

債 人部負財也即欠債也又音責

寨 宀部木柵也同砦又音責安也

砦 石部木柵也又疊也

瘵 疒病癆瘵也又音祭

豸 部首又音抵虫無足謂之豸又解也亦作𧳜同𧳜又與廌通又獬豸詳獬字註

（巢傲）(CH'AO.)

（上平）

吵 口部俗話吵嚷又上聲又音眇

啁 口部啁嘐聲也又與嘲同又音周啁噍小鳥聲沸急追之聲

弨 弓部弓弛貌

怊 心部奢也帳悵也

抄 手部抄寫也又俗鈔字又抄拏

綽 此俗音也已詳一八四頁

[舟少] 舟部船不安也

超 走部跳也又卓越也又姓

（下平）

巢 巛部鳥在木上曰巢

朝 月部臣見君曰朝又音昭旦也早也

晁 日部古文朝字

鼂 黽部匽鼂虫名又姓

漅 水部湖名亦作巢

潮 水部潮溼也又海潮也

轈 車部兵車也

鄛 邑部縣名

（上聲）

㑿 人部㑿長貌

炒 火部炒菜也俗曰煎、炒、烹、炸

二一七

(CH'AO.)（遲傲）

訬 言部攪也疾也又健也

去聲

眇 田部眇田

譟 言部代人說也又上平又同劉

鈔 金部錢鈔也又作抄又謄寫也又取也

勦 力部興譟同勦說謂取他人之說以為已說也又勞也又下平声輕捷也俗話勦脫

(CHAO.)（之傲）

（上平）

嘲 口部謔也言相調也又通作啁

招 手部手呼也以手曰招以言曰召又音韶與韶同又音橋舉也揭也

昭 日部明也又姓又音韶

釗 金部刓西又遠也又釗勉也

（下平）

[illegible] 詳見一八六頁

（上聲）

[illegible] 巾部[illegible]頭又去聲

找 手部尋找也又補不足也原音驊與刬同撥進船也

沼 水部曲曲曰沼

爪 詳見一百七十六頁

（去聲）

兆 儿部禮兆五帝於四郊謂塋域也又十億曰兆又灼龜為兆又吉也又京兆猶京師也兆之吉凶建之於後察事宜之形兆也

召 口部呼也

垗 土部壇域塋界皆曰垗

旐 方部旐兆也龜蛇為旐龜知氣

棹 詳見一八五頁

櫂 詳見一八五頁

焯 火部明也

照 大部明所燭也

笊 竹部竹器俗曰笊籬也

[illegible] 竹部與罩同竹籠取魚具也

罹 四部羅鳥者

（之傲）（CHAO.）

罩 网部捕魚器也又燈罩等類皆用此字

罩 同上

肇 聿部繫也又始也又正也敏也

肈 同上又戟屬

詔 言部告也上命也

趙 走部趨趙也又趙朝也又國名又姓

⿰阝召 阜部同⿰阝召

陘 阜部耕以畜浚出下壚土也一曰耕休田也界場也隄也界也

（遲昂）（CH'ANG.）

（上平）

倀 人部狂也一曰仆也又倀鬼又倀倀無所之也

倡 人部倡優女樂別作娼又去声倡和也又提倡

娼 女部俗倡字

⿰巾昌 巾部衣披不繫帶也

昌 日部曰光色盛也顯也又姓上

从日下从曰

猖 犬部猖獗也

菖 艸部菖蒲也

裮 衣部披衣不帶

⿰虫昌 虫部小蠃也

閶 門部閶闔天門也

（下平）

償 人部還所值也又酬報也

嘗 口部口味之也又秋社祭名又

試也又曾也

嘗 甘部同嘗

場 土部祭神所也築土為壇除地為場又市場又收禾圃又上聲

塲 同上

嫦 女部原與姮同俗讀若常

常 巾部久也經也庸也主也又守也倫常綱常也

腸 肉部大小腸也又暢也言通暢胃氣也

萇 艸部萇楚今羊桃也

⿰虫長 虫部蛐蜒別名

裳 衣部下帬也本作常俗音商

長 部首短之對也又久也遠也善也又音掌孟也長養之也生也

(CH'ANG.)（遲昂）

長 古文長字

長 古作長

鱨 魚部黃頰魚善飛者

（上聲）

廠 广部露舍也屋無壁也

敞 俗字同上

惝 心部惝惝失意貌

⿰忄敞 心部⿰忄敞怳驚貌又失精神貌

敞 攴部高也顯也豁敞也

昶 日部日長也明也

暢 日部達也充也又去声

氅 毛部⿱敞鳥鳥羽也又析羽為裘衣之屬即鷸氅也

⿱敞鳥 鳥部同上

（去聲）

唱 口部導也引也先也又發歌謂之唱

悵 心部惆悵失志望恨貌又音丈

鬯 部首香酒也釀秬為酒芬香條暢於上下也又與暢同或作⿰禾鬯

⿰禾鬯 禾部⿰禾鬯也又同鬯

韔 韋部弓衣也

⿰飠昌 食部古文唱字

(CHANG.)（之昂）

（上平）

傽 人部與嫜同又傽惶驚恐貌

嫜 女部姑嫜

彰 彡部鳥獸羽毛之文又著也明也

張 弓部施弓弦也又開也設也夸也又主張又譸張又宿名又姓

慞 心部慞慞惶也

樟 木部木名

漳 水部水名

璋 玉部半圭曰璋

章 立部明也表也采文也又姓

粻 米部糧也

鄣 邑部邑名又與障同

韓 革部穀飾也

獐 犬部麞屬

麞 鹿部同獐如小鹿而美性善驚

二三一 (CH'AN.) (遲安)

壥 土部兆名壇域塋界皆兆

嚵 口部同饞

饞 食部不廉也又饕也即嚵饞也

嶄 山部嶄岩山共鋭貌

巉 同上

毚 比部校兔也又辰星别名又音讒或作⿰犭毚

⿰犭毚 犬部同上

瀍 水部水名

瀺 水部瀺灂水落貌又水声又音殘

磛 石部山嶮巉又音殘

⿰石斬 同上

禪 示部静也又音善封禪也又代也禪讓傳與也

纏 糸部繞也約也

蟬 虫部蜩也一名齊女飲而不食

蟾 虫部蟾蜍也似蝦蟇居陸地也

躔 足部踐也又星之躔次星所履行也

（上聲）

剗 刀部削平也又去聲

剷 同上

囅 口部囅然笑貌

幝 巾部車弊貌

⿰牛産 牛部畜牲也

摌 手部手摌物也

蕆 艸部解也又完備也

諂 言部佞言也又諂也

讇 言部諛也佞也

⿰足産 足部徒騎也

鏟 金部鏟物令長也捋長也

鏟 金部鐵器即鏟子也又揖削也

羼 羊部羊相厠也又典籍錯亂皆由後人所羼

闡 門部開也闡明也廣也又音燀

産 生部産業也生産也又音拙

（去聲）

懺 心部自陳悔也

⿰毚瓦 瓦部甖屬

讖 言部驗也前定微兆之言也又與懺同又音千

⿰足詹 足部馬行疾也又音沾

韂 革部馬泥障也鞍韂也

顫 頁部顫動也又音戰頭不正也又四支寒動也又音羶謂審於氣臭也

三百二十　（之昂）　(CHANG.)

（下平）

無

（上聲）

仉　人部孟毋名

掌　手部手心也又主也

鞝　革部扇鞍皮也又俗鞋打皮鞝

（去聲）

丈　一部十尺曰丈又長老之稱

仗　人部兵器也刃戟總名又憑依也

㙊　土部沙墳起貌

墇　土部同障

障　阜部隔也衛也

嶂　山部山之險者山峰如屏嶂也

杖　木部所以扶行者又憑倚也

漲　水部大水貌又溢也

瘬　疒部同[illegible]

脹　肉部腹滿也

瘴　疒部熱也癘也

䀕　目部失志貌望恨也又上平目大也

瞕　目部目生翳也

帳　巾部幬也帷也又計簿也俗作賬

賬　字典無此字俗作賬目

（遲安）　(CH'AN.)

（上平）

儳　詳見一四六頁

劗　刀部斷也鑽也

嬋　女部嬋娟美態也又嬋連親族也

嬗　同上又音善

惉　心部惉滯音不和也

怗　同上

攙　手部刺也扶也又銳也

梴　木部長木也

潺　詳見一七九頁

欃　木部木目

𧢻　見部窺視也又視也

鑱　金部銳器也又犁鐵又刺也鑿也與劖通

（下平）

廛　广部一夫所居曰廛又市物邸舍也

（上平）

占 卜部測也卜也候也又瞻也又隱度其辭口以授人曰口占又去聲擅據也

栴 木部香木也

氈 毛部毛氈也俗作氈非

毡 俗氈字

沾 水部漬也濡也又音添

水名

旃 方部旃曲柄也又語助如之字

旜 同上

瞻 目部臨視也又仰視曰瞻

粘 米部同黏

黏 黍部相著也又稠也又音年

苫 艸部以草覆屋也又凶服者以爲席

襜 衣部衣之蔽前

者又整貌

襝 同上又音臉

詀 言部多言也

詹 言部多言也又省也又姓

譫 言部多言也病也譫語夢話也

邅 辵部迍邅難行不進貌

霑 雨部雨霑也又濡也漬也

飦 食部相謂而食

麥曰飦又音沾

饘 食部厚粥也

鱣 魚部鯉類

鸇 鳥部鷲鳥飛疾擊鳩鴿燕雀食之

（下平）

無

（上聲）

展 尸部轉也開也視也審也

搌 手部搌搐展極

也一曰縛束也又俗曰搌布所以拭桌者

斬 斤部斷首也

琖 玉部玉爵也

盞 皿部同琖杯也

䁪 目部視而止也

輾 車部轉也又音輦輮也

醆 酉部爵又酒濁而微清也

颭 風部風吹浪動

（去聲）

佔 人部佔佰輕薄也又與覘通

暫 日部不久也

棧 木部棚也閣也又小橋曰棧又棧房又客棧

湛 水部没也又露濃貌又重厚貌又音沈

戰 戈部鬪也又懼也

皽 皮部離也皮寬也又皮肉之上皰膜也

站 立部獨立貌亦作趈

趈 走部坐立不動貌

綻 糸部衣縫解也俗曰開綻又破綻

⿰羊戔 羊部秦羊屋也

蘸 艸部以物投水也如俗話用筆蘸墨寫字即此蘸字餘可類推

䘏 衣部同綻衣縫解

(CH'ENG.) (遲哼)

(上平)

偵 人部候也探也問也

撐 手部撥也又俗話用手撐開

撐 同上

撑 同上俗字

樘 木部斜柱也

牚 牙部同上又音儻

⿱尚足 足部踉也又音向

檉 木部河柳也即三春柳也

稱 禾部所以知輕重也又揚也謂也又度量也又去聲音襯俗稱字

穪

蟶 虫部蚌屬

𩞞 食部飽也

(下平)

丞 一部繼也佐也副貳也古拯字

乘 丿部御也駕也又去声車乘也又音聖

呈 口部平也示也現也露也令人以下情陳於上曰呈

城 土部城者成也一成而不可毀也蘇造之內曰城外曰郭

塍 土部稻田畦也

塍 同上

塖 同上

畻 田部同上

程 彳部徑行也

悜 心部意不盡也

懲 心部創也止也戒也又上聲

成 戈部就也畢也善也平也

承 手部下戴上也奉也受也繼也次也又興丞同

（遲哼）（CH'ENG.）

棖 木部門兩旁木也又音長又音陳

浧 水部泥浧也又音郢

澂 水部水靜而清也亦作澄

盛 皿部黍稷在器曰盛又地名又音勝茂也大也

程 禾部式也限也章程路程程度

裎 衣部倮也又配帶也

誠 言部無偽也真實也敬也信也

郕 邑部國名

酲 酉部病酒也又病也

騬 馬部犗馬也又音繒

（上聲）

拼 手部上舉也救也助也又音整

拯 手部救也助也援也又音整

逞 走部通也快也不矜而自逞也

騁 馬部直馳也

（去聲）

秤 木部衡也正斤兩也俗稱字

（之哼）（CHENG.）

（上平）

姃 女部女字

崢 山部崢嶸也山之切雲者

征 彳部行也又取也伐也

徵 詳見三六頁

彋 弓部弓開也

怔 心部怔忪懼貌又去声

爭 爪部競也諫也又訟也理也辨

争 也又去聲俗争字

烝 大部熏也火氣上行也

猙 大部獸字

琤 玉部玉聲

𤻮 疒部骨病也

癥 疒部腹結病也

睜 目部不悅視也又俗話作睜開眼睛

箏 竹部絃樂也

(之哼)

脏 肉部煮魚煎肉曰脏

脀 肉部升也以牲實鼎也又音承骸也癡也

⿰月丞 肉部熟也

⿰月爭 肉部足根筋也

蒸 艸部折麻中幹也又眾也又氣之上達也又冬祭曰蒸

⿱艹盛 艸部葅也

鉦 金部鐃也鐘鈴之屬

錚 金部金聲也又鉦也

鬇 髟部鬇鬡毛髮亂貌

（下平）

無

（上平）

整 攴部齊也飭也小擊之使正也整理也

晸 日部日出貌

拯 詳見二二四頁

抍 同上

（去聲）

倀 詳見二一八頁

幀 巾部開張畫繪也

掙 手部掙拄也俗話掙脫也又掙錢也又音鐺刺也

政 攴部正也以正

正 理立典常法則曰政止部是也方直不曲也又改正又質正又釐辨也又上平聲正月也

症 字典無此字俗作病症也

証 言部諫也

諍 言部諫諍也救正也

證 言部驗也質也證據也

鄭 邑部國名又町也扡多平町町然也又姓

(CH'EN.) 遲恩

（上平）

嗔 口部嗔怒也嗔怪也此字本音田盛氣也

⿱真心 心部同嗔恚也

謓 言部恚也

捵 手部手伸物也如俗話捵麪捵衣裳之類又音腆又俗作⿰扌親

⿰扌親 此字不見字典俗字也義同上

瞋 目部怒張目也

琛 玉部寶也又音深亦作賝

賝 貝部同上

（下平）

塵 土部塵埃也又久也

宸 宀部室之奧者後人指帝居曰宸

岑 詳見一四九頁

忱 心部與諶同信也誠也

晨 日部早也又房星也

𣇄 同上

橙 木部橙子橘屬又音凳几屬

沈 水部深邃貌又沒也溺也又音審姓也

沉 同上俗字

澄 詳見二一十頁

蔯 草部茵蔯也

訦 言部信也與諶忱皆通

諶 言部誠也信也

魫 魚部魚子也

辰 部首震也又時辰也又三辰日月星也

臣 部首事人之稱臣牽也事君也眾屈伏之形

陣 阜部古文陳字

陙 阜部小阜也

陳 阜部列也布也又故也又姓又同陣軍伍行列

酖 詳見二零八頁

霃 雨部久陰也

鴆 鳥部毒鳥也食蛇其羽畫酒飲之即死又通酖

（上聲）

墋 土部沙土也又混沌不清澄之貌

磣 石部物雜沙也又俗語含磣用此字言醜形於外也

蜃 虫部大蛤也雀入淮為蛤雉入海為蜃又音甚

紖 糸部糸也著於牛鼻所以牽也又音引

（去聲）

儭 人部裹也同襯

襯 衣部近身衣也即襯衣也

嚫 口部施也同䞋

䞋 貝部錢也供齋下䞋禮又施也

櫬 木部親近其身之棺曰櫬又棺也

疢 疒部疢猶病也又熱病也又音疹

稱 詳見二二三頁

趁 走部趲也自後及之也逐也俗作趁又下平聲越履也躁也又音蹍踐也又音珍趁趲行不進貌又音軫走謂之趁又俗話趁顧

趂 同上

齔 齒部毀齒也又音齔

齓 同上

(CHEN) (之恩)

(上平)

椹 木部鐵椹斫木櫍也又音甚作葚桑實也

楨 木部女楨剛木也又楨榦築牆版也又音征

榛 木部木也又榛子果實如小栗

湞 水部水名

溱 水部水名又眾也

斟 斗部勺也斟酌也又益也

珍 玉部貴也重也

珎 同上俗字

眞 目部偽之反也實也又姓

真 同上俗字

砧 石部擣衣石也

碪 同上

禎 示部祥也音征

禛 示部受福也廟諱敬避

甄 瓦部陶也又姓

箴 竹部織衣箴也又古以石為箴所以刺病又規戒也

葴 艸部馬藍也

蓁 艸部草盛貌又音秦葯名

薽 艸部葯名

臻 至部至也又聚也眾也

診 言部視也驗也

湊服也又上聲

貞 貝部正也定也又音征

赬 赤部赤色也又音檉

針 金部俗鍼字又刺也又姓

鍼 金部所以縫紉者又刺也又姓

鱵 魚部魚名

(下平)

無

之恩 (CHEN)

（上聲）

- **㐱** 人部稠髮也
- **眕** 日部明也
- **枕** 木部臥薦首者借曰枕頭又姓
- **枕** 俗枕字
- **畛** 田部田間道也
- **畛** 同上
- **疹** 疒部脣瘍也俗呼痘瘡曰疹
- **眕** 目部目有所限而止也又上平
- **紾** 糸部繩也又與軫同
- **縝** 糸部結也密也緻也
- **聄** 耳部告也聽也
- **胗** 肉部脣瘍也同疹
- **胗** 俗胗字
- **袗** 衣部玄服也緣也又單也又畫衣也
- **軫** 車部車後橫木也又轉也動也又琴下轉絃者謂之軫又姓
- **軫** 俗軫字
- **軫** 同上
- **鬒** 髟部髮黑而稠
- **抮** 手部引戾也
- **鬒** 同上鬒字

（去聲）

- **娠** 女部婦懷孕也又音申
- **娠** 同上
- **振** 手部舉救也又拯也奮也裂也動也作也又止也收也
- **朕** 月部我也古也貴賤皆稱朕秦始定為至尊之稱
- **賑** 貝部贍也給也
- **鎮** 金部博也又壓也又重也又安也又藩鎮山鎮皆取安重鎮壓之義
- **鎮** 借鎮字
- **陣** 阜部旅也行列
- **震** 雨部動也懼也又卦名

遲俄 (CHE)

（上平）

- **硨** 石部硨磲石次玉
- **車** 詳見五二頁

（下平）

- **無**

（上聲）

- **撦** 手部裂開也又撦拆啟開也又俗話拉撦又撦旗
- **扯** 俗撦字

(CHÉ.) (遲俄)

(去聲)

厙 厂部姓也又音舍

哆 口部脣下垂貌又音侈張口也哆大貌又衆意

尺 俗工尺字也餘詳三四頁

屮 部首草木初生也

徹 彳部通也明也達也取也均也

掣 手部曳也亦挽也又揭也取也又掣肘又掣籤

撤 手部抽也發也剝也除去也又散也

澈 水部水澄清也

轍 車部車輪所碾迹也又俗音揭車轍

(CHE) (之俄)

(上平)

嗻 口部遮也多語之貌又囉嗻多言也

蔗 艸部甘蔗也

遮 同上

螫 詳見四一頁

謶 言部多言也又音灼欺也又音恕蓂也通作庶

遮 走部蔽也又攔也

(下平)

鷓 鳥部鷓鴣也

折 手部斷之也又拗折屈曲也又毀棄也又折變也又封土為方壇曰折又去聲又夭折命短也又音舌

摺 手部摺疊也又敗也又與拉同

蜇 虫部螫也又去聲

⿰虫折 虫部似蝤又音帝同螮又去聲

⿰虫哲 同上俗字

蟄 詳見三六頁又去聲

(上聲)

者 老部別事詞也又語助也又此也凡辭此箇為者箇是也今俗多用這字誤

（之俄）(CHE.)

（去聲）

襵 衣部衣襵也謂襞積也

赭 赤部赤色也又赤土也又赭衣罪人服也

仄 詳見一五十頁又二一六頁

哲 口部明也智也

宅 詳見二一五頁

懾 心部恐怖也心服也怯也喪氣也

慴 同懾

斫 詳見一八六頁

斮 斤部斷也

柘 木部桑屬又音度

椓 詳見一八六頁

欇 木部欇枝也又風動貌

⿱聶木 同上

浙 水部浙江也

讋 言部失氣言也一曰不止也又懼也又忌也

讘 言部多言也又音囁

輒 車部車兩輢也又專輒忽又忽然也又每事即然也又足疾也俗輙字

輙

這 詳見一五一頁

（遲樞）(CH'OU.)

（上平）

惆 心部惆悵悲愁貌又下平声

抽 手部引也擢也又拔也

㨨 同上

搊 手部拘也五指摳攬也手搊也

瘳 疒部病瘉也又音聊

（下平）

仇 人部讎也傲也又音求與逑通

燽 火部明也

儔 人部衆也侶也等也類也誰也

怞 心部朗也又憂恐也

𢝺 心部匹也仇也

愁 心部憂也悲也慮也

犨 牛部牛息聲又姓也

稠 禾部密也多也

疇 田部治田也又類也又誰也又昔也

籌 竹部投壺之矢也又俗曰籌碼又籌算也

紬 糸部絲紬也即紬子也

綢 糸部綢繆也猶纏綿也

裯 衣部被也

詶 言部譸也又酬答也

讎 言部仇也又對也又姓

讐 同上

譸 言部譸張誑也

躊 足部躊躇也即不定也

酧 酉部同酬俗字

酬 酉部同醻勸酒也

醻 酉部主復酧客也又音授報也

（上聲）

丑 一部十二支名

杻 木部械也又音紐檍也

瞅 此字不見於字典俗作視字解如俗話瞅一眼是也

⿰目芻 同上

矁 同上

醜 酉部可惡也惡也又臭也

魗 鬼部惡也又下平聲

（去聲）

臭 自部凡氣之總名又香也又惡氣也對香而言又音秀

（之樞）

（CHOU.）

（上平）

侜 人部有壅蔽也又同譸侜張猶譸張也

周 口部密也至也編也曲也又忠信為周又周濟

州 川部水中高土為州又曰州疇也各疇其土而主之也州縣也

徟 彳部徟徫行貌

之慪 (CHOU.)

洀 水部水文也

洲 水部水渚也水中可居曰洲又本作州後人加水旁以別州縣字

盩 皿部引擊也又地名盩厔縣也詳見六二頁

粥 ⿰米周 米部米粉餅也

舟 部首船也

謅 詳見一五一頁

賙 貝部給也贍也

週 辵部與周同迴也

輈 車部車轅也

（下平）

妯 女部凡弟之妻曰妯娌又音抽心動也悼也已詳二五頁

舳 軸 車部轂也即車軸也又抽也又卷軸

（上聲）

帚 巾部彗也即箒也帚俗讀作處

箒 竹部同上俗字又見二四頁

肘 肉部臂肘也

（去聲）

伷 人部同冑

冑 肉部裔也又系也又姓與胄異

呪 口部呪咀也

咮 口部鳥声也又音諸聾咮多言貌

噣 口部鳥咮也

宙 宀部往古來今曰宙

晝 日部日中也白晝也又上平聲

皺 皮部面皺也又紋也皺眉攢也

籀 竹部周宣王太史名造大篆

⿱竹紂 竹部竹根枯也

紂 糸部馬緧也又諡法殘忍損義曰紂

縐 糸部絺之細者又衣縮不伸也

⿰言由 言部衹也

詋 言部同呪

⿰革由 革部本作冑

⿰革尌 革部本作紂馬緧也

冑 冂部兜鍪也

（上平）

抄 詳一五二頁又一六七頁

拳 同上

杉 木部木名又音衫

榮 木部木名

毴 毛部長毛貌

沙 水部細石也又汰也又姓

殺 殳部誅戮也又去聲降也削減也又音矖義同又剪縫也

痧 字典無此字俗作病名有疒午痧痱腸痧等名目

砂 石部俗沙字

粆 米部蔗飴通作沙今謂之沙糖

紗 糸部絹屬

裟 衣部袈裟也

鎩 金部長矛也又殘也又音曬

魦 魚部魚名

鯊 魚部今吹沙又魚又海鯊魚無鱗胎生

魦 同上

（下平）

無

（上聲）

傻 人部輕慧貌即癡也傻子也又音灑傻俏不仁

·

（去聲）

刅 刀部剌也

厦 厂部旁屋也又俗前廊後厦或作庍作廈

廈 广部同厦又音夏屋也門之廡也又通作夏大屋也

庍 广部同厦

唼 口部唼喋鳧雁聚食之聲也又音妾僭言也

啑 口部啑啑水鳥聚食貌又與師同

喢 詳二一二頁

嗄 口部聲破也聲變也又音隘聲敗也

歃 欠部同上

歃 欠部盟者以血塗口也又歃也

煞 大部俗殺字又五祀春木主煞土故以所勝祭之也

箑 竹部扇之別名也又音捷

萐 艸部瑞草名萐莆也

翣 羽部棺飾也

霎 雨部小雨也又雨聲又一霎時言其迟速也

詩愛 (SHAI)

（上平）

摋 手部散失也又俗作敲字解摋鑼是也

篩 竹部竹器即俗曰篩子也又音師竹也

簁 同上

簛 同上又音斯竹篩也

籭 同上

釃 已詳三九頁此

（下平）

無 俗音也俗以火煨酒白釃酒

（上聲）

色 詳一五六頁

骰 骨部此俗音也博陸采具即骰子也本音頭又音古

（去聲）

晒 俗曬字

曬 日部暴也即太陽曬也

殺 詳二三三頁

詩傲 (SHAO.)

（上平）

弰 弓部弓末也

捎 手部撟捎選也又芟也又掠也又俗作捎寄也

梢 木部樹梢也又舵尾

燒 火部爇也燔也炙也又去聲放火也

旓 方部旌旗之旒也

稍 禾部均也小也又漸也又上聲

筲 竹部竹器也

艄 舟部船尾

莦 艸部惡草貌又音消草根也

鞘 革部鞭鞘也又音竅刀室也

颵 風部風聲也

髾 髟部髮尾

（下平）

勺 詳一八九頁

杓 詳一三一頁又一八九頁

芍 詳一八九頁

韶 音部虞舜樂也又紹也繼也又美也又姓

（上聲）

少 小部不多也又短也又去聲幼也老之對也

（去聲）

劭 力部勸勉也

(SHAO) 詩傲 去聲

佋 人部介行也通作紹

邵 卩部高也

哨 口部凡也戎防盜處名曰哨又口吹哨也又音竅不容也又多言貌

潲 水部水激也

紹 糸部繼也介紹也

邵 邑部地名又姓

(SHANG) 詩昂

(上平)

商 口部度也商量裁制之謂也又五音金音也又行賈也

傷 人部痛也又憂也又創也悴也感也戕也害也損也

殤 歹部未成人死也

裳 詳二一八頁

謪 言部度也

觴 角部酒卮總名

(下平) 無

(上聲)

晌 日部晌午也

扄 戶部戶耳也

賞 貝部罰之對也賜有功也又玩也又姓

(去聲)

尚 小部上也崇也

上 貴也猶也高尚也加也庶幾也一部尊也又上聲登也升也

(SHAN) 詩安

(上平)

刋 刂部刈也即刪也

刪 刂部除削也又刪改也

姍 女部好也又姍姍行貌又笑也謗也又音先

山 部首山宣也宣氣散主萬物有五而高也山產也產萬物者也

（詩安）(SHAN.)

彡 部首彡毛飾畫文也毛髮繪飾之事又毛長也

搧 手部批也俗話搧扇子也又去聲

摻 詳一四六頁

杉 詳二三三頁

煽 火部火盛也又去聲煽熾也熾盛也

珊 玉部珊瑚生海中又佩聲也

羴 羊部羊臭也

羶 同上

[羊臭] 同上

[月冊] 肉部羊豬脂也

膻 詳二零七頁

芟 艸部刈草也

衫 衣部小襦也一曰衣襦又衣無袖端也人衣之通稱

跚 足部跛行貌

[雨彡] 雨部小雨也又音縿

（下平）

澶 水部水名地名又音憚漫也縱也

（上聲）

[扌閃] 手部疾動貌

潸 水部涕淚流貌

[火閃] 火部火行貌

睒 目部暫視也

[氵閃] 水部水動貌

閃 門部闚頭門中也又出門貌又暫見也又動貌又俗謂雷電曰閃

陝 阜部地名今陝西也與陝西

（去聲）

僐 人部迻態也

儃 人部與禪同傳與也又音蟬態也儃佪不進貌又音坦舒閒貌

[亶刂] 刀部良也

善 口部良也大也佳也吉也

單 詳二零八頁

墠 土部祭處築土為壇除地為墠

墡 土部白土也

扇 户部箑也又以竹編門曰門扇

掞 手部舒也又猶蓋也又音掩

擅 手部自專也

汕 水部魚遊水貌又以薄取魚曰汕又上平聲又音產

燀 火部火起貌又炊也

疝 疒部腰胱病也疝氣也

[石扇] 石部攻玉名

禪 詳二二一頁

[示亶] 示部祭天也

(SHAN.) (詩安)

去聲

繕 糸部補也又治也又繕備也繕寫也

膞 肉部大腹也

膳 肉部其食也又庖人和味也

饍 食部同上

蟮 虫部曲蟮也

蟺 虫部蚯蚓也

訕 言部謗也又上平聲

謆 言部以言惑人

譱 言部吉也一曰古善字

贍 目部給也足也周也

釤 金部大鐮也又音銛刀名

闡 詳二二一頁

騸 馬部剮去勢也即騸馬騸騍也

鱓 魚部魚名似蛇無鱗體有涎沫黃質黑文

鱔 同上

繟 糸部寬綽也又帶緩也又音蟬繟聯不絕貌

(SHENG.) (詩哼)

(上平)

勝 力部任也舉也堪也又去聲負之對也又加也優過之也

升 十部龠也十合為升又成也又降之對也又登也進也

昇 日部日上也又州名

牲 牛部犧牲也色純白曰犧體完曰牷牛羊豕曰牲又將用之曰牲

塍 詳二二三頁

睖 同上

生 生部首起也產也出也又姓又音星

宔 古文生字

甡 生部眾生並立貌又音莘

甥 生部外甥也姊妹之子曰甥

笙 竹部樂器也

聲 耳部聲音也

声 土部俗聲字

陞 阜部上也進也登也與升同

(下平)

澠 詳一三九頁

繩 糸部索也一日麻絲曰繩草謂之索

浼

（詩嚶）（SHENG.）三八

（上聲）

省 目部省中也又簡也少也又音醒視也察也又審也又善也

眚 目部目病生翳也又過也災也

（去聲）

剩 刀部益也餘也冗長也不當也

乘 詳二二三頁

晟 日部明也又音成

晠 同上

盛 詳二二四頁

聖 耳部睿也人之至也

賸 貝部物相增加也一曰送他副也令俗以物餘為賸又長也益也餘也

（詩恩）（SHEN.）

（上平）

伸 人部舒也理也直也又使直也又屈伸也

參 詳一四六頁

娠 詳二二八頁

㑗 同上

呻 口部吟詠之聲

申 田部十二支之一又重也致也又舒也又屈申又欠伸又姓

森 詳一五五頁

槮 木部木長貌

深 水部淺之對也

籸 米部粉滓也即俗曰玉米籸等類即此字

紳 糸部大帶也

葠 艸部同參人葠也俗通作參

蔘 同上又草木垂貌

訷 言部說也

身 部首躬也象人之身又伸也可屈伸也

（下平）

神 示部神明也又姓

（上聲）

哂 口部哂笑也

吲 同上

審 宀部悉也詳也熟究也又諦也審也問又東也

(SHEN.)　(詩恩)　上聲

嬸 安部谷呼叔母曰嬸

沈 詳二二六頁

瀋 水部汁也又去声置水於器也

矧 矢部況也笑也

敜 同上

稔 禾部穀熟也又音荏

訠 言部同矧況也又笑顏也

諗 言部深諫也又謀也又告也

（去聲）

慎 心部謹也又審也

椹

滲 詳二二七頁水部漏也又上平聲滲滲水流貌

甚 甘部尤也過也尤安樂也

腎 肉部水藏也按腎主智藏精也

葚 艸部桑實也俗音任

蜃

[illegible] 詳二二六頁水部漏也

(SHE)　(詩儀)

（上平）

奢 大部侈也泰也即奢華也

賒 貝部遠也又貰買也即賒帳也

（下平）

折 詳二二九頁

舌 部首舌在口所以言也又別味者也俗曰舌頭

蛇 虫部毒虫也又音駝自得貌

佘 人部姓也

闍 門部闉闍也城上重門也又音都又音遮

（上聲）

捨 手部釋也棄也弛也去也

舍 舍部上息也廢也置也又去聲市居曰舍又止也又廢也罷也又借也施也

（去聲）

射 詳三九頁又七三頁

攝 手部引持也又收斂也又總也兼也代也又錄也追也捕也又音攝安也靜謐貌

歙 詳六九頁

涉 水部行水也又經也又交涉

詩俄（SHE）

澀 詳一五六頁
澁 同上
濇 同上
瑟 詳一五六頁
社 示部土地神主也又社會
色 詳一五六頁又二三四頁
葉 艸部縣名人音夜草木之葉也又奕葉累世也又姓

設 言部陳也置也立也大也又假借之詞
赦 赤部宥也置也又姓又通作舍
麝 鹿部獸如小麋有虎豹文臍有香名曰麝香

詩嘔（SHOU）

（上平）
收 攴部捕也聚也斂也取也振也又車軫也又頁冠名又去聲收成也
収 俗字同上

（下平）
熟 已詳二七頁此俗音也

（上聲）
守 宀部守守官也又收也視也護也又防守主守執守操守又太守
手 部首手足入貪繼為非曰放手人失棄本業曰游手
首 部首頭也入始也又元首君也又要領又去聲
𩠐 古文首字

（去聲）
受 又部承也取也領也容也納也
售 口部賣物
壽 士部久也又年齒皆曰壽
夀 俗字
授 手部付也予也
獸 犬部走畜曰獸
瘦 詳一五七頁
綬 糸部組綬也
狩 犬部冬獵也

日儌 (JAO)

（上平）

嬈　女部嬌嬈妍媚貌

橈　木部楫也又音撓曲也又音鬧曲木又弱也散也又摧折又柔橈

蕘　艸部草薪也又音鐃菜名

（下平）

蟯　虫部腹中短虫

襓　衣部袂襓劍衣也

饒　食部豐也餘也又益也又借謂寬恕曰饒又姓

（上聲）

擾　手部煩也亂也又下平聲馴也順也

（去聲）

繞　糸部纏也同遶又上聲

遶　辵部圍繞也又上聲

日昂 (JANG)

（上平）

嚷　字典無此字俗曰嚷嚷大聲言也又上聲大聲喊也

（下平）

勷　力部走貌又劻勷急遽貌

壤　土部柔土無塊曰壤又上聲

瀼　水部露濃貌又音曩水流貌又溪名

瓤　瓜部瓜中實也又今之鐘表之內部亦曰瓤借用此字

禳　示部除殃也又去聲

穰　禾部禾莖也又凡物豐盛皆曰穰又眾也又俗話麻穰穰言其薄弱也

（上聲）

攘　手部推也又竊也又因其自來而取之也又卻也除也止也擾也又與讓通又下平聲

（去聲）

讓　言部謙讓也又相責讓也

（日安）(JAN.)

（上平）無

（下平）
然 火部燒也又許也如是也譍言也又語助又承上接下語
燃 同上俗字後人加火旁
㸐 犬部獸名
蘒 艸部野豆也
髯 髟部在頤日須

在頰日髯
䫇 俗髯字

（上聲）
染 木部染色也又沾染也習染也
袡 衣部衣緣也
冄 [illegible]也又[illegible]冄冄也又同冉
冉 冂部冉冉行貌又進也侵也
䌆 糸部同袡
苒 艸部同苒

（去聲）
苒 艸部草盛貌又荏苒猶展轉也
無

（日哼）(JENG.)

（上平）
扔 手部因也引也就也又推也又俗作抛棄解又上聲

下平
仍 人部復也因也就也重也頻也
礽 示部福也就也亦作仍
陾 阜部築牆聲也又音而

（上聲）扔 詳上

（去聲）無

（日恩）(JEN.)

（上平）無

（下平）
人 部首萬物之靈
仁 人部仁統四端兼萬善通五常貫百行
任 人部誠篤也又堪也當也又負也擔也又姓又去聲克也用也又所負也事也

日恩 (JÊN.)

壬 士部壬位北方也又六壬又千名之一又倭也又大也
妊 女部孕也
姙 同上
紝 糸部繟繩也又縫紉又去聲
忎 心部古仁字唯仁者能服衆心故千心為仁

（上聲）

忍 心部安於不仁日忍又忍耐
忉 同上
恁 心部思也念也如此也又去聲
㤛 同上
秹 禾部禾弱也
稔 詳二三九頁
荏 艸部大豆也又柔且弱也又荏苒詳苒字註又去聲

（去聲）

䏕 肉部肉汁也
飪 食部熟也烹飪也
餁 同上
仞 人部八尺日仞
刃 刀部鋒刃也又叶音下平聲
牣 牛部充滿也
葚 詳二三九頁
紝 糸部纖也
絍 同上

肕 肉部堅柔也
腍 肉部味好也飫也熟也
衽 衣部衣襟也又臥席也
袵 同上
訒 言部言語不易發也頓也鈍也
認 言部識認也辨識也
軔 車部礙車也止輪之轉者名軔

靭 革部堅而柔也
韌 韋部柔而固也
岃 山部山高形

日俄 (JE.)

（上平）

無

（下平）

無

（上聲）

喏 口部敬言俗云唱喏
惹 心部誘也亂也又引著也如俗話招惹是也

去聲

偌 人部姓也

日俄 (JE.)

熱 火部温也熱也炎氣也

熱 俗字同上

爇 火部燒也

爇 俗字同上

日慪 (JOU.)

(上平) **無**

(下平) **柔** 木部剛之反也又安也服也

揉 手部以手挺也又調順也又上聲矯揉曲直之也又去聲俗做事遲慢謂之揉

煣 大部以火屈木曲也

內 部首獸足蹂地也

跊 足部踐也

輮 車部車輞也又踐也又去聲

(上聲) **無**

(去聲) **肉** 詳二九頁

月 同上中二畫連左右與日月之月異今俗作月以別之

題儌 (TIAO.)

(上平) **佻** 人部獨行貌又輕薄不耐勞苦之貌又去聲又音堯緩也

𠛪 刀部剔也又音貂斷也

恌 心部偷薄也

挑 手部挑撥又取也又杖荷也又上聲弄也戲也引調也又音叨

祧 示部遷廟也又遠廟為祧又始祖之廟為祧又通庣

庣 广部不滿之處也

朓 肉部祭名又音遥好也

芀 艸部葦花也

苕 艸部菽屬可生食又苕苕高貌又同軺

（下平）

岧 山部岧嶤山高貌

條 木部小枝也又條貫也條目也又姓

笤 竹部笤箒也

⿱攸虫 虫部水虫名狀如黃蛇魚翼見則大旱

蜩 虫部蟬屬

調 言部調和也又往又音吊才調也腔調也選也

迢 辵部迢遰也遠不相通也又迢迢高貌

鞗 革部革轡也

鞗 同上

髫 髟部小兒垂結也即小兒髮俗作齠

齠 齒部始毀齒也

鰷 魚部白鰷魚名也

（上聲）

窕 穴部窈窕也深極也閑也

⿰身兆 身部身長貌如借話細高⿰身兆

（去聲）

眺 目部目不正也又遠視也望也

窱 穴部深遠也

糶 米部出穀也即賣米穀也

莜 艸部芸田器也又音掉

蓧 艸部草田器又竹器又音荻

趒 走部躍也又下平聲雀行也

跳 足部蹶也一曰躍也又音陶與逃同

覜 見部視也又諸侯相聘也又上平聲

⿰兆隹 隹部低首聽也

（上平）

刁 刀部古者軍有刁斗又刁刁風欲止微動貌
剮 刀部剮琢也
凋 冫部半傷也又通彫又通作雕又力畫貌
叼 字典無此字俗作曰御也
彫 彡部琢也又畫文也又傷痒也

琱 殘也零落也玉部治玉也又畫也
貂 豸部鼠類大而黃黑出北方其皮溫潤尾可為鉓又姓
雕 佳部刻琢也又鳥名似鷹而大黑色一名鷙又姓
鯛 魚部魚名又骨

鮉 尃肥也
鵰 同上 鳥部鷙鳥似鷹而大俗曰老鵰

（下平）

無

（上聲）

屌 尸部男子陰也史傳作勢

（去聲）

伄 人部伄儻不常也

弔 弓部問終也傷也愍也弔生曰唁弔死曰弔
吊 口部俗弔字又俗百文錢曰一弔又自繿曰弔
掉 手部搖也振也又俗話掉下去作墜落解
㧟 字典無此字俗作懸卦解
絩 糸部以繩縛人

窵 也此俗字穴部寫窅深也又俗話相離寫遠
誂 言部卒然也又相呼誘也戲也弄也以微言動之也又音窕
釣 金部釣魚也
銱 原同釣俗作水銱子茶銱子解

（上平）

天 大部天者理也氣也元氣廣大曰昊天仁覆閔下曰昊天自上降監曰上天據遠視之蒼蒼然曰蒼天下民尊之曰皇天又天去髮之刑

靝 青部與天同出道書

添 水部益也

（下平）

塡 土部塞也滿也又鼓声

恬 心部安也靜也

搷 手部擊也又引也又播揚之也

湉 水部水靜也

廟諱敬避

田 部首陳也主己耕曰田五穀塡滿其中也

畋 田部平田也又獵也

甛 甘部美也甘也

窴 穴部與塡同塞也滿也

闐 門部盛也滿也又鼓聲又于闐

磌 石部落石聲

（上聲）

忝 心部辱也

忝 忝本字

悿 心部弱也又悿

⿰忄典 懢心惑也心部心慚也又去聲

殄 歹部絶也

⿰歹尒 同上俗字

⿰歹尔 同上俗字

沴 水部陰陽氣亂曰沴又音麗沴水不利也又妖氣也

沵 同上

淟 水部垢濁也又汩沒也

腆 肉部多也厚也善也至也

⿱朁月 古文腆字

舔 舌部以舌舔物

㐁 一部以舌取物

覥 見部面慙也

⿰言忝 言部言不定也

靦 面部面見也又慙靦

餂 食部鉤取也又下平古文甜字

（去聲）

琠 玉部同瑱以玉充耳也又音典玉名

瑱 玉部以玉充耳也又玉名又音鎮又音腆玉也又音由又音真

⿰舌詹 舌部舌出貌

（上平）

顚 頁部頂也又巔倒也又同癲狂也又姓又顛字俗巔字

顛

傎 人部同顛

𠑿 人部同巔

巔 山部山頂也

掂 手部手掂也以手稱輕重也

敁 攴部同上敁敠知輕重也

滇 水部地名又姓又音田大水貌也

瘨 疒部病狂也

癲 疒部瘋癲也

趚 走部走頓也如俗話這馬竟趚不走

（下平）

蹎 足部蹶也又跋也又蹎仆也

無

（上聲）

典 八部主也經也常也法也又俗典賣典當作質字解

點 黑部小黑也又點畫又更點又檢點又點注又點頭

点 俗點字

（去聲）

佃 人部治田也古者一夫一婦佃田百畝又今曰佃戶

㓠 刀部缺也又上聲刀缺一曰斫也

坫 土部屏也土坫反爵之具也

墊 土部下也溺也又俗褥墊又平墊又墊欵皆用此字

奠 大部定也又薦也頓爵神前也祭奠也又置也

店 广部肆也所以置貨鬻物也又旅店

惦 字典無此字俗曰惦念思憶不忘之謂也

淀 水部淺水也

殿 殳部堂高大者又軍後曰殿

玷 玉部玉之病也又缺也

甸 田部五百里曰甸言治也又治田之眾也

痁 疒部瘧疾也又音苫

鈿 金部鈿子也金華飾也又音田

電 雨部雷發而為光也

靛 青部藍靛也

二四九. (T'ING.) (題哼)

(上平)

庭 广部逕庭隔遠貌又下平宮中也庭堂階前也

廳 广部屋也大廳也客廳也又古者治官處謂之廳事

朾 木部檀也楔也又音橙音丁

桯 木部牀前几也

汀 水部水際平地

也

聽 耳部聆也聽受也又去聲聆也待也從也又斷也

蜓 虫部蜻蜓也又下平聲

(下平)

亭 二部道路所舍人停集也行旅宿舍之所館也又亭樹又均也直也平也又亭亭聳立貌

停 人部止也定也息也又調停也

婷 女部美好貌也

廷 廴部朝廷也又廷尉官名

渟 水部水止曰渟

莛 艸部莖也

葶 艸部藥名

霆 雨部疾雷激而為霆

(上聲)

壬 土部善也成也與壬字中畫長者不同又音逞

圢 土部平也一曰田踐處又音腆坦也

挺 手部拔也挺出也又直持也又引也又直也

梃 木部杖也又勁直貌又上平聲

珽 玉部玉名也又笏也

町 田部田畔也又田踐處又音頂町疃舍旁隙地也

脡 肉部脯胸也又直也

艇 舟部船小而長也

頲 頁部狹頭頲也又直也又上平聲狹頭貌

躴 身部身直也

(去聲)

侹 人部長貌一曰著地一曰代也又敬也平也又上聲

低哼 (TING.)

(上平)

丁 一部十干名又丁當也相當直也又民丁又丁寍又丁東聲也又叶音爭

仃 人部同行

行 彳部伶行獨行貌

叮 口部俗作叮寍本丁寍也又俗蝨蚤蚊等類囓

玎 人皆曰叮玉部玉聲也

疔 疒部惡瘡也

盯 目部直視也又音撐

虰 虫部虰蛵負勞虫也即蜻蛉

酊 酉部酩酊醉甚也

釘 金部矛名又鐵釘也又去聲裝釘也

(下平)

無

(上聲)

頂 頁部顛也又俗話曰頂好甚好也又作逆字解

鼎 部首三足兩耳和五味之寶器也又卦名又鼎新也又方也又姓

鼑 俗鼎字

(去聲)

定 宀部安也靜也無疑也又規定也

掟 手部天掟見道書又音整揮張也

矴 碇 石部鎮舟石也同上

訂 言部平議也又較訂訂正也

錠 金部鐘也又今金銀錁曰錠

靪 革部補履下也

飣 食部貯食也

題耶 (T'IEH.)

(上平)

帖 巾部帖服也又妥帖定也又上聲俗曰帖子又去聲券帖也

怗 心部安也服也靜也妥

貼 貝部黏置也又以物為質也又貼換貼水等類

跕 足部履也又蹋跟為跕又音牒

二五一 (TIEH.) (題耶)

(下平) 無

(上聲) 鉄 金部古文鉄字俗用為鉄字誤
銕 金部古鐵字
鐵 金部黑金也又姓
餮 食部貪食也
餸 食部同上
餘 同上俗字
驖 馬部馬如鐵赤

黑色

(去聲) 帖 詳上平

(TIEH.) 低耶

(上平) 爹 父部北方人呼父也又此字本音舵又音鴇今從俗收在此
跌 詳見一四三頁

(下平) 喋 口部便語也多言也利口也又去聲
垤 土部土之高也又音姪蟻塚也

又去聲 也

堞 土部雉堞城上女垣也又去聲
[扌疊] 手部掛[扌疊]也排也收也又手折物也
[扌叠] 同上俗字
牃 爿部牀板也
牒 片部札也簡也移文曰牒又姓
疊 田部重也積也
疊 同上又去聲
疉 同上俗字
碟 石部俗曰碟子盤屬又音舌治皮也又去聲
絰 糸部喪服麻在首腰者又去聲
耋 老部老也八十曰耋又去聲
耊 同上
蜨 虫部俗作蝶字又音桀蛺蜨虫名又去聲

蝶 虫部蛺蝶即蝴蝶也又去聲
褶 衣部襲也袷衣也又音習袴也
諜 言部伺也又軍中反間也
蹀 足部履也又行不穩曰蹀躞又去聲
迭 辵部更也迭次也又去聲又同軼

低耶 (TIEH.)

鰈 魚部比目魚也俗呼鞋底魚也又音榻

（上聲）無

（去聲）

凸 詳見二二頁

墆 土部貯也止也又音第陰翳貌又高貌

惵 心部恐懼貌

瓞 瓜部小瓜爲大

苵 爲瓞艸部稊苵

低樞 (TIU.)

（上平）

丟 一部一去不還也俗作丢非

（下平）無

（上聲）無

（去聲）無

洛阿 (LA.)

（上平）

喇 口部唱喇言急也又上聲喇嘛喇叭皆用此字同拉

擼

拉 手部牽曳也又招也又折也摧也敗也

攋 手部撥攋手披也又下平又音來上聲又音賴同上

揧

（下平）

啦 俗話語助

剌 刀部以刀剌也戾也暴戾無親曰剌

皶 皮部皶皶皮瘦寬貌

邋 走部邋邋行貌又邋遢俗作不潔解又音獵拉也邋也又旌旗動搖貌

(LA.) 洛阿

（上聲）

喇 詳上平

（去聲）

攋 手部折也又破壞聲又音列理持也

腊 此字已詳六八頁俗作臘字省文非

臘 內部祭名即所謂年終蜡祭也

膪 同上俗字

蠟 虫部蜜滓也又蠟梅花名又蠟燭俗作爉

蝋 同上俗字

爉 火部俗作爉燭詳見四五頁

落

辢 辛部辛甚也五味即酸甜苦辢鹹也俗作辣

鑞 金部錫鐵也

襴 衣部衣敝也又音襴衣貌

(LAI.) 洛愛

（上平）

襰 衣部此俗音也俗話襰言其衣不整潔也又本音耐詳後二六十頁

（下平）

來 八部至也還也反也招也又去徠文子曰來孫又小麥又叶音離

萊 俗字同上

徠 彳部古文來字又徂徠山名又去聲答其勤曰勞撫其至曰徠

倈 亻部同上

淶 水部水名

萊 艸部蔓華也藜草也又蓬萊

[illegible] 田部耕場

郲 邑部地名又邛郲山名

騋 馬部馬高七尺以上為騋

（上聲）

攋 詳二五二頁

（去聲）

勑 力部勞也同徠又音敕誡也

瀨 水部水流沙上也文瀨也

瘷 疒部惡病也瘷癘也又又病也俗作癩

二五四 去聲 (LAI.) 洛愛

癩 疒部惡疾也等於疥也

睞 目部旁視也

籟 竹部籥三孔也又簫也又凡孔竅機括皆曰籟

賚 貝部賜也予也又下平聲

睞 同上

賴 貝部倚恃也又利也又無賴子

賴 俗字同上

酹 酉部綴祭也以酒沃地也又音捋

懶 心部憎懶嫌惡也與懶異

洛傲 (LAO.)

(上平)

撈 手部取也沉取曰撈又下平聲

(下平)

勞 力部劇也勤也功也又憂也又去聲勞慰也

哰 口部多言也

嚠 口部嚠嘈聲也又大聲也又罕音槷奏也

嘐 口部嘐啁語多也又音消誇語也大也又音交雞鳴也又音宵

嘮 口部同謗

譊 言部聲也歌也又去聲聲多也

牢 牛部閑養牛馬圈也又牛曰太牢又堅也固也穡也又捏仟曰牢又牢寵牢驗

憥 心部心力乏也

癆 疒部癆病也

醪 酉部汁滓酒也濁酒也

上聲

姥 己詳第三頁此俗音也北方呼外祖母為姥姥巳詳第三頁餘

姆 同姥

栳 木部栲栳器也以柳為之

橑 木部橑也又音僚屋簷木也

潦 水部雨大貌又路上流水又下平聲水名又去聲同澇又積水又潦倒又音寮

箞 竹部箞箞竹器也

老 部首七十曰老

去聲

嫪 女部姻嫪戀惜也又嫪毒

(LAO.) 洛敖 去聲

憦 澇 烙 絡 落 酪

心部懊憦悔也 水部大水也淹也又下平水名詳四五頁 俗曰絡子以繩爲之如網所以盛物者餘詳四五頁 詳四五頁 詳四五頁

(LANG.) 洛昂

（上平）

踉

足部踉蹡欲行貌又音良跳踉也又音亮踉躑行不迅也又下平聲

（下平）

廊 榔

广部殿下外屋也又東西序也又高屋也 木部檳榔木又木名

烺 狼 琅 瑯 硠 稂 蜋 螂

火部熿烺火貌 犬部獸名又姓 玉部似玉有光者又姓 玉部瑯名 石部硠硠石聲 禾部草名似莠 虫部即螳螂也又音良蚨蜋也又名蛣蜣即俗曰屎殼螂者也 同上螳螂

躴 郎

身部躴躿身長貌又或形其物之大亦曰躴躿 邑部男子之稱又官名又夜郎地名又姓

（上聲）

朗 朖

月部明也 同上

（去聲）

埌

土部墻埌冢也又壙埌原野迥

浪 閬

貌 水部波浪也又下平聲水名 門部門高也又空虛也又空曠也又山名又地名

（洛安）（LAN.） 二五六

（上平）

無

（下平）

婪 女部貪婪也

嵐 山部岢嵐山名又山嵐山氣[illegible]也

攔 手部遮攔也阻止也

襴 衣部褊襴也襤

幱 巾部衣裳相連

欄 木部木欄也又句欄

瀾 水部波瀾也

籃 竹部大籠筐也俗曰籃子

籣 竹部盛弩矢者也其形如木桶

藍 艸部染草也又姓又通濫

蘫 艸部瓜菹也一曰衣蒲

蘭 艸部香草又花名又姓

襤 衣部襤褸敝衣也

讕 言部詆讕誣毀也

闌 門部門遮也又晚也衰也希也又妄也又闌干

⿱髟監 髟部髮長也

（上聲）

嬾 女部同懶怠也又下平聲

孄 同上

懶 心部同懶懈也怠也

擥 手部撮持也手擥取又包擥

⿰扌監 同上引取之也總持也

攬 同上

欖 木部橄欖也

⿰火覽 火部火亂貌

纜 糸部維纜繫舟索也

覽 見部觀也又姓

覽 同上俗字

（去聲）

亂 此字音也俗曰禍事曰亂子餘詳一九三頁

懢 心部貪也又下平聲貪懢嗜也

濫 水部氾也泛濫也又溢也竊也又失實也

灠 水部湧泉也又漬果也又染也

爁 火部火貌

爛 火部爍爛光貌又熟也

爤 同上

漤 水部同濫又上聲鹽漬果也一曰汁也俗曰湛柿子即此字

二五七

（洛哼）（LENG.）

（上平）無

（下平）

崚 山部崚嶒山貌又音陵

棱 木部柧也四棱四方木也又威棱剛棱楞棱同上

楞稜 禾部烏稜稻名又凡物有廉角者曰觚稜又俗稜字

（上聲）

冷 冫部清甚也寒冷也又音靈冷澤永也又音領滓冷寒也俗作冷非冷乃水名

（去聲）

倰 人部倰蹬倰貌又俗話倰作無所顧忌貌

䁢 目部俗話發䁢兩目出神貌又音僜同瞪直視貌

（洛危）（LEI.）

（上平）

勒 勒死也勒縈也餘詳四五頁

（下平）

擂 手部研物也又作擂又通礌

攂 手部急擊鼓也石轉石也同上

欙櫐櫑礧 木部藤也木部酒尊也石部礨也石轉

礨累欙樏 突也又上聲礧硌大石也同大又上聲礨空小穴也糸部累贅也又上聲害也玷也又去聲力之也木部禹山行所乘者木部形似盤而中有隔即今之攢盒也又木名

纍 糸部纍也又聯絡貌一曰大索也

罍礌 缶部同櫑酒器石部同礌

羸虆𧄍 羊部瘦也病也艸部盛土器也郎土筐也同上

雷 雨部陰陽磨屬而雷生

靁 古雷字

（洛危）（LEI.）

（上聲）

儡 人部。傀儡，木偶戲。

壘 土部。營壘也。又魁壘，狀貌。又壘壘，冢相次也。

磊 石部。眾石貌。又磊磊落落，丈夫之行事也。

磥 同上。

癗 疒部。皮外小起。

⿸疒磊 疒部。癧病。

畾 田部。田間也。又下平。

縲 糸部。黑索也。

耒 部首。手耕曲木也。又去聲。

⿰月畾 肉部。⿰月畾腮，腫貌。

蕾 艸部。蓓蕾，花綻貌。始華也。

藟 艸部。葛屬。

虆 艸部。木名。又藤也。

誄 言部。謚也。累也。累列其事而稱之也。

（去聲）

⿰亻壘 人部。極困也。俗皆用累字代。又上聲同儡。

儽 人部。垂貌。一曰嬾懈也。又病也。

淚 水部。目液也。即眼淚也。

泪 同上。

纇 糸部。絲節也。又戾也。疵也。

肋 肉部。脅骨也。所以檢勒五臟者也。又音勒。又音斤。肉之力也。

蘱 艸部。草似蒲而細。

類 頁部。善也。又種類也。又比也。肖似也。

（洛慪）（LOU.）

（上平）

摟 手部。牽也。攬取也。又聚也。又上聲。摟抱也。

（下平）

僂 人部。伛也。曲背也。身向前也。又尫也。又去聲。僂佝，短醜貌。

嘍 口部。嘍喉，鳥聲。又嘍嘍，煩貌。又俗話作話助辭。

婁 女部星名江名人名又通䙫又音呂

婁 同上俗字

樓 木部重屋也又姓

慺 心部悅也又慺慺恭敬貌又勤也

耬 耒部犁也

瘻 疒部病瘻曲脊也

蔞 詳三二頁

螻 虫部螻蛄也又螻蟈

貗 豕部求子豬也

謱 言部謰謱也又謹也

遱 辵部連遱也不絕貌

髏 骨部髑髏也

（上聲）

塿 土部培塿小阜也

嶁 山部山巔也又下平聲

寠 同上

簍 竹部竹簍也

（去聲）

[illegible] 刀部剅細切也又下平穿也

屚 尸部屋穿水下

漏 水部滲漏也又姓

瘺 疒部瘺瘡也

[illegible] 言部暴慤也

[illegible] 金部鐵生衣也

鏤 金部彫刻也剛鐵可以刻鏤

陋 阜部阨狹也又醜猥也又少見曰陋

露 此俗音也詳見三十頁

(NA.) (訥阿)

（上平）

哪 俗話語助也餘詳一九七頁

那 此字在俗話有三聲上平上聲去聲餘詳一九七頁

（下平）

呶 口部嘮呶諠也又音鐃讙聲也

拏 手部拿引也傾也持也又搦也

（訥阿）（NA.）

拏 同拏

拿 俗拏字

（上聲）

那 詳上平

（去聲）

抐 手部搵抐按物水中也又音訥

捺 手部搵物也手重按也又音訥

⿰扌焫 手部打⿰扌焫也俗話⿰扌焫鞋底⿰扌焫鞋幫等類用此字

柮 木部斷也又音吶

笝 竹部繩舟竹索也

納 糸部入也補綴也又受也

衲 衣部補也又僧衣曰衲

（訥愛）（NAI.）

（上平）

疓 疒部病也一曰儜劣也

（下平）

無

（上聲）

乃 ノ部語辭又承上起下之辭又難辭又緩辭又猶汝也又彼也

乳 此俗音也又詳二九頁

嬭 女部乳也

妳 同上俗字

奶 字典無此字俗同上又北直呼祖母曰奶奶又旗族呼母曰奶

疓 疒部病也

迺 辵部同乃語辭也

（去聲）

奈 大部同柰

柰 木部果名又柰何也

耏 而部罪不至髡也又音而姓也

耐 而部同耏又忍耐也能耐也

褦 衣部褦襶不曉事也

鼐 鼎部鼎之絕大也

⿰口奈 口部語助辭

(HAO.) (訥傲)

(上平) **無** 詳二五九頁

(下平) **呶** **怓** **峱** **掏** **掏** **撓** 心部惛怓心亂也又言語泛亂山部犬也山名手部抓也同撓掏字之謅手部抓也捶也又上聲擾亂也又去聲又屈也

橈 **猱** **⿰忄柔** **硇** **譊** **鐃** 詳二四一頁犬部獸也猴也心部劣也石部藥石名言部恚呼也又鳴也語也又諠譊又譊譊爭聲金部小鉦也似鈴無舌有柄軍中所用也

(上聲) **嬲** 女部戲相擾也

惱 心部懊惱也有所恨也事物撓心也

⿰犭𡿧 **⿰犭𡿺** **瑙** **碯** **腦** **⿰言𡿺** 犬部同⿰犭𡿺犬部雖狢也玉部瑪瑙也石部同上肉部頭髓也言部語相侮也

(去聲) **搙** 手部搵也捻搙也

淖 水部泥淖也又音綽淖約柔弱貌

臑 肉部臑骨也臂節也

鬧 門部擾也不靜也

鬧 門部同上

(NANG.) (訥昂)

(上平) **囔** 字典無此字俗作嘟囔也

(下平) **囊** 口部袋也有底曰囊無底曰橐

(上聲) **攮** 手部推攮也俗話攮錢又便刀子攮人皆此字

曩 日部曩日即昔日也

（訥昂）（NANG.）

（去聲）

壤 土部坱壤塵也壤土也又上平聲

瀼 水部泱瀼水濁也

齉 字典無此字俗鼻塞曰齉又齉鼻也

儾 人部緩也

（訥安）（NAN.）

（上平） **無**

（下平）

南 十部南方也於時為夏

喃 口部呢喃言不了也又燕語

枏 木部木名俗枏字

楠

男 田部丈夫也

諵 言部語聲又多言貌

難 隹部鳥也又不易之稱也又去声患也阨也畏憚也又詰難也又音儺又盛貌

（上聲）

唵 此俗音用嘴唵也餘詳八七頁

戁 心部恭也悚懼也

揇 手部搦也

蝻 詳八七頁

（去聲）

赧 赤部面赧赤也

難 詳下平

（訥哼）（NENG.）

（上平）

噥 此俗音也已詳一九六頁

（下平）

濃 此俗音也已詳一九六頁

能 肉部熊屬又善也勝任也又習也順也

膿 詳一九六頁

農 此俗音也已詳一九六頁

訥哼 (NENG.)

癑 疒部痛也一曰瘡潰也又音穠

（上聲） 無

（去聲） 弄 詳一九四頁又一九六頁

濘 水部泥淖也又水貌

䨺 雨部露多也

訥恩 (NÊN.)

（上平） 無

（下平） 無

（上聲） 無

（去聲） 媆 此俗音也已詳一九七頁

嫩 同上

訥危 (NEI.)

（上平） 無

（下平） 無

（上聲） 餒 食部餓也又魚爛也

餧 同上餘詳一一二頁

（去聲） 內 入部中也裏也入也外之對也又房室曰內又古作納字

（訥慪）（NOU.）

（上平）無

（下平）無

（上聲）⿱小乳 小部小貌

（去聲）耨 耒部芸田也又治草具也

鎒 金部同上

（尼傲）（NAO.）

（上平）無

（下平）無

（上聲）嫋 女部風動貌又長弱貌又悠揚貌俗作嬝

蔦 艸部寄生草也卽蔦蘿也

褭 衣部以組帶馬也又良馬名

梟 同上

鳥 部首長尾禽總名也又星名

（去聲）尿 詳一六六頁

溺 詳四七頁

（尼昂）（NIANG.）

（上平）無

（下平）娘 女部少女之稱又今稱母曰娘

孃 同上

（上聲）無

（去聲）⿰米襄 女部雜也

釀 酉部醞也作酒曰釀

二六五 (NIEN) 尼安

(上平) 無

(下平)

年 千部春夏秋冬十二月分二十四節氣以成一年

拈 手部掫也指取物

次 水部同涎口液也

涎 水部同次口液也又音羨酒涎水流貌又音賢

粘 詳二二二頁

黏 詳二二二頁

鮎 魚部魚名身無鱗

(上聲)

捻 手部指捻也捏也又音涅

撚 手部執也以手撚物也

撵 字典無此字俗作搊字或逐字解如撵出門外是也

碾 石部所以礫物器也即今曰碾子

碾 同上俗字

趁 走部疾行也

跈 足部蹈也又踐也

跡 同上俗字

蹨 足部蹂也

輦 車部步輓也

輾 車部車礫物也

鄻 邑部周邑

(去聲)

廿 此字本音入已詳二九頁借皆讀作念何也蓋廿者念也月巳過二十日念來月又將至也是否侯諸參攷

念 心部常思也又作讀字廿

綩 糸部挽船篾也

艌 舟部艌船也或曰挽船索

(NINC.) 尼哼

(上平) 無

(下平)

寧 宀部願詞也廟諱敬避

凝 冫部冰堅也成也結也停也又定也又去聲

嚀 口部叮嚀囑詞

獰 彳部行貌

甯 用部所願也甯可也又去聲

尼哼（NING.）

擰 手部擰擰亂也俗作以手擰之使乾也又上聲猶錯也誤會也
聹 耳部耳垢也
嬣 女部女字
儜 人部弱也困也又音能
獰 犬部猙獰犬毛也一曰惡也又音能
薴 艸部草亂貌

鬡 髟部髮亂貌
檸 木部木名又上聲
檸 木部木皮入酒浸治風又吳俗謂木桙曰檸頭又上聲

（上聲）
顊 頁部頂也

（去聲）
佞 人部才也又巧諂捷給也

尼恩（NIN.）

（上平）無

（下平）
您 字典無此字你字轉音也尊之詞也北京人對父兄尊長皆曰您對平等以下皆曰你

（上聲）無

（去聲）無

無

尼耶（NIEH.）

（上平）
乜 詳一百四十頁
捏 手部捻也聚也捺也
揑 俗字同上
捻 詳二六五頁
涅 水部染黑也又去聲
隉 阜部危也不安也

（下平）無

尼耶 (NIEII.)

（上聲）無

（去聲）孼 子部庶子也又憂也　孽 同上俗字　⿱辥女 女部婢妾也　櫱 木部伐木餘也　⿰石皇 石部礬石　糵 米部麯也又與孽同　臬 自部射的也又

⿰自危 門橜也又法也自部⿰自危硊不安也　篾 詳一四一頁　聶 耳部附耳小語也又姓　躡 足部蹈也登也又躡足也　鑷 金部鑷子鑷取物也　闑 門部門也又門中橛也

⿱辥麥 麥部牙麥也又俗糱字　齧 齒部噬也

尼樞 (NIU.)

（上平）妞 女部俗曰妞妞少女之謂也又上聲人姓也高麗有之

（下平）牛 部首耕畜也又宿名又姓也　芊 艸部芊藤草名也

（上聲）忸 心部慚也又慣

扭 習也玩也押也手部手轉貌今俗謂手揪為扭一日按也　杻 詳二三一頁　狃 犬部犬性驕也又狎也習也就也復也　紐 糸部糸也一曰結而可解又束也又帶之交結之處

鈕 金部印鼻也又俗曰鈕釦鈕襻皆此字又姓

（去聲）拗 詳見八六頁　繆 詳一三八頁　衄 血部鼻出血也　謬 詳一三八頁

（離阿）（LIA.）

（上平）無

（下平）無

（上聲）倆　此俗音也俗話倆代二之數也正音詳後二百七十頁

（去聲）無

（離傲）（LIAO.）

（上平）撩　手部手撩水也又下平撩理也一曰取物也又挑弄也又上声又扶也亦取也又俗話曰撩下猶置下也

（下平）僚　人部朋也官僚也又好貌

嘹　口部鳴也又嘹嘵清澈之聲也又聞遠聲又去聲

嫽　女部女字又好也

寥　广部空虛也寂也廓也

寮　广部同官為寮

尞　小部同嫽

屪　尸部男子陰也

嶛　山部險也

嶚　同上

⿰巾尞　巾部用以蓋弓者

敹　攴部揮也擇也

漻　水部清深也又寂漻高遠貌

潦　詳二五四頁

燎　火部縱火焚也又上聲火燎也又去聲大燭也

獠　犬部夜獵也

⿰犭寮　同上

廖　詳二百三十頁

療　疒部治病也

簝　竹部宗廟盛食器

繚　糸部纏繞也

聊　耳部耳鳴也又語助又聊苟且也又願也

⿰耳翏　耳部耳鳴也

膋　肉部腸間脂也

膫　肉部同膋又炙也又音勞

(LIAO.) 離傲

下平

⿱艹聊 艸部草名

蟟 虫部蛁蟟虫名

遼 辵部遠也又地名國名

獠 豸部同撩又音老西南夷名

⿰言尞 言部巧言也又俗話瞎⿰言尞言其信口胡云也

鷯 鳥部鷦鷯小鳥

憀 心部同聊賴也又悲恨也

（上聲）

了 亅部決也終也又了然曉解也又俗話中之語助皆音拉

憭 心部照察也快也又下平慧也又憭慄心目傷也

敹 攴部小長貌

瞭 日部明也又下平聲

瞭 目部目精明也

蓼 艸部辛菜又音路長大貌

去聲

尥 九部行脛相交也又牛行脚相交為尥

廖 广部人名又姓也

掠 詳一九九頁

⿱略手 手部掠取也

料 斗部材料也又

[illegible][illegible]也人下平聲豈也又數也理也度也計也詳一九九頁

略 **畧** 同上

镽 長部镽驕長也又下平聲細長也

鐐 金部白金之美者又刑具曰脚鐐

(LIANG.) 離昂

（上平）

無

（下平）

凉 冫部輕寒為凉也

悢 心部恨悢悲也猶眷眷也

惊 同上

梁 木部負棟曰梁又橋梁魚梁又地名又姓

樑 木部見釋藏

二百七十　下平　(LIANG.)　(離昂)

涼 水部薄也涼薄之涼从水寒涼之涼从冰

粱 禾部同粱

粱 米部高粱也

粮 米部同糧

糧 米部穀食也

綡 糸部冠纙也

良 良部善也量也又能也

踉 詳二五五頁

量 里部度長短也又去聲斗斛曰量又度量又能容之謂量又限也審也

䬂 風部北風也

(上聲)

兩 入部二也再也又耦也又匹也又二十四銖為兩又飾也又一車兩輪故謂之兩

两 俗字同上

兩 同上

緉 糸部雙履也

魎 鬼部魍魎也

(去聲)

亮 亠部同諒又信也又明也

倆 人部伎倆巧也

哴 口部嗟哴啼也

喨 同上

晾 日部晒晾也

諒 言部小信也又照察也又原諒也姓

輛 車部車輛也車數也又乘也匹也

(LIAN.)　(離安)

(上平)

無

(下平)

奩 大部鏡匣也又藏香之器

帘 巾部帘子又酒幌子也

廉 广部側隅也又斂也清也察也又棱也

匳 匚部盛香器又鏡匣也

匲 同匳

⿰巾廉 巾部幌⿰巾廉帷也

㡘 巾部帷也施户外者

憐 心部哀矜也又愛也

⿱粦心 同上

溓 水部中絕小水也

漣 水部水清也又泣下貌

濂 水部薄也溪名

璉 玉部宗廟器端慧太子諱敬避

簾 竹部簾子障蔽內外也

縑 糸部縑也

聯 耳部相繼不絕

璉 疒部璉瘡惡病

膁 肉部腥也又俗曰裡膁肉

蘞 艸部似蘞而細

蓮 艸部蓮子芙蕖之實也

劆 刀部輕刺也

⿰虫連 虫部蜷⿰虫連虫蟠曲貌

褳 字典無此字俗曰褡褳也

連 辵部合也及也又續也還也屬也接也

鎌 金部鍥也鎌刀也又火鐮

鏈 金部銅屬又鉛鏈也又去聲

鐮 同上

鰱 魚部魚名

（上聲）

臉 肉部目下頰上也又音撿

薟 艸部薟名

蘞 艸部蘞名又下平聲艸名

蘝 同上俗字

襝 詳二二二頁

（去聲）

戀 詳一九三頁

摙 手部擔也又音輦負擔也擔運物也

攣 詳一九八頁

斂 攴部收歛也又上聲

楝 木部楝名

殮 歹部殮著歛也衣死也

澰 水部同瀲水滿也清也

瀲 同上

煉 火部鑠冶金也

練 糸部煮熟絲也又簡練又選也又閱歷也

䜌 言部不絕也又音鑾亂也

鍊 金部冶金也又揗治也又通作煉又索鍊也

（上平）

無

（下平）

伶 人部獨也又弄也伶人弄臣也又伶人樂工也又使也又伶俐

凌 冫部冰也積冰曰凌

囹 囗部囹者櫺也牢也秦曰囹圄也

櫺 木部窗格子也

欞 木部同上又長木也

泠 水部水名

玲 玉部玲瓏金玉聲

淩 水部淩馳也一曰歷也又慄也又水名與淩異

⿰石夌 石部石貌

⿰米夌 米部稏名

綾 糸部繒也綾子

羚 羊部似羊而大者羚羊也

翎 羽部鳥羽也

聆 耳部聽也

舲 舟部小船屋也

苓 艸部卷耳也又茯苓藥名

蛉 虫部蜈蛉桑上小虫

蔆 艸部芰也蔆角也

菱 同上

陵 同上

⿰衤靈 衣部衣光也

⿰衤零 同上

輘 車部車轢也

軨 車部車闌又和鈴也

⿰車霝 同上

⿰車靈 同上

鈴 金部俗曰鈴鐺也

陵 阜部大阜也又犯也侮陵也

零 雨部餘雨也又落也又畸零凡數之餘曰零又姓

霝 雨部雨零也

靈 雨部神靈也陽之精氣曰神陰之精氣曰靈又姓

鯪 魚部魚名

鴒 鳥部鳥名

齡 齒部年齡也

（上聲）

嶺 山部山坡也

袊 衣部衣衿也又下裳也

領 頁部項也又頸也言總領衣體為端首也又受也又統理

（去聲）

令 人部善也法也又時令又下平

另 口部分居也

（上平）無

（下平）

嶙 山部山谷重深貌

瞵 日部人名

林 木部叢木也又姓

淋 水部以水沃也又淋漓渥貌

燐 火部本作粦

粦 米部鬼火也

琳 玉部美玉也

璘 玉部玉文

痳 疒部小便難也又去聲

粼 米部水清石見貌

臨 臣部監臨也自上臨下也又卦名

轔 車部車聲

遴 辵部謹選也又去聲行難也又姓

鄰 邑部近也親也五家為鄰又隸作隣

隣 阜部同上

霖 雨部及時雨曰霖

鱗 魚部魚甲也又姓

麐 鹿部牝麒也同麟

麟 鹿部仁獸也牡曰麒牝曰麟

（上聲）

凜 冫部寒也

廩 广部倉有屋曰廩穀藏曰倉米藏曰廩

懍 心部懍懍危懼也

檁 木部房檁屋上橫木也

澟 氷部淒清也

稟 禾部賜穀也供也給也又音餅白事也从稟

去聲

吝 口部鄙吝悔吝又羞吝也又愛也嗇也又恨也

吝 同上

悋 心部鄙也慳也又惜也

恡 同上

悋 同上

磷 石部薄石也又下平聲水在石間也

藺 艸部莞屬可為蓆一名馬藺又姓

蹸 足部蹂也又下平聲

躙 同上

躪 同上蹂躪也

賃 貝部庸也借傭也謂以財僱物也

（上平）

咧 口部罷咧俗話語助也又下平咧咧的唱又上聲咧嘴又去聲咧咧鳥聲也

（下平）

無

（上聲）

無

（去聲）

仂 人部數人餘也十分之一也又音勒又音力

洌 冫部寒氣嚴也

列 刀部剖也分解也又行次也位序也布陳也

劣 力部優之反也弱也鄙也少也

巤 巛部毛巤也

埒 土部庳垣也卽垣外之圍繞短垣也又等也

㤠 心部憂心也

㤡 心部驚也又憂心也又音例

捋 詳四五頁

擸 詳二五三頁

榜 木部惡木也

栵 木部木名

洌 水部水清也

烈 火部火猛也又忠烈功烈也

獵 犬部圍獵逐禽獸也

䇐 竹部籌也又音例

茢 艸部染草又藥名

蛚 虫部蟋蟀也

裂 衣部繒餘也又裂裂破也綻裂也

趔 走部趔趄足不進也又欲顛也

躐 足部踐也又踰躐越也

阞 阜部地理也又音勒

颲 風部風雨暴至也

鬣 髟部長須也又馬領毛也

浖 水部厓也又山上水也

𩙯 風部風聲也

捩 手部紾也又折也撕也又音立琶琵撥也

𤱈 田部耕田也

二七五 (LIU) （離慪）

（上平）

鎏 金部美金也又下平聲

（下平）

劉 刀部殺也又葉枝之疎謂稀劉又姓

懰 心部懰慄傷悲也又上聲

旒 方部旌旗垂着龍旗九旒雀七虎六龜蛇四也又以絲繩貫玉垂冕前後曰旒

旒 同上

榴 木部石榴也

橊 同上

流 水部水行也又擇也求也放也下也

淋 同上又霝雨曰淋

瀏 水部水清深貌

[犭畱] 犬部同貔

䶉 鼠部竹鼠也似鼠而大

熮 火部火貌又上聲

瑠 玉部石有光者瑠璃也

璢 同上俗字

琉 同上

畱 田部往也久也又姓

留 同上俗字

瘤 疒部疣也腫也瘜肉也俗曰瘤子

[疒畱] 同上俗字

硫 石部藥名即硫磺也

遛 辵部進遛不進也又上平聲俗曰遛達即散步也又去聲

飂 風部高風貌

飅 同上俗字

飀 風部風聲

[風劉] 同上

騮 馬部赤馬黑毛尾也

鶹 鳥部鶹鶹鳥名一作流離

（上聲）

柳 木部柳樹也又宿名又姓

綹 糸部緯十縷為綹又俗呼白鏹賊為剪綹不知據何而言又發

（去聲）

罶 音如小立二字网部取魚具也

六 詳三一頁

陸 同上

溜 水部水溜也又上平溜滑也

餾 食部飯氣蒸也又復蒸也

霤 雨部屋水流也又中室曰中霤又與溜通

（上平）

圈 口部屈木所為巵匜之屬又音倦養畜之閑也牢也

（下平）

全 入部備也具也保也完全也

仝 古文全字

悛 心部止也改也

惓 心部惓惓謹也

拳 手部屈手也又拳拳勤懇也又恭也又眷戀也又覔也又奉持貌

棬 木部曲木盂也器似升曲木為之

權 木部稱錘也又經權權柄也

泉 水部泉源也又洲名又姓

洤 同上

牷 牛部祭牛體完日牷

痊 疒部病除也

筌 竹部取魚器也

荃 艸部香草也又音孫

絟 糸部細布也

詮 言部具也平也又擇言也又具說事理也

跧 足部就也

踡 足部不伸也

銓 金部衡也量也又姓

顴 頁部顴骨也

鬈 髟部髮好也一曰髮曲也

（上聲）

犬 部首小曰狗大曰犬

畎 田部田溝也

甽 同上古文

𤰝 同上一畝三𤰝也

（去聲）

券 刀部約也契也从刀不从力與券字不同

劵 力部勞也

勸 力部勉也助也敎也獎也

桊 牛部牛鼻繩謂之桊

綣 糸部繾綣厚意也

(CHÜAN.) 居安

（上平）

娟 女部嬋娟美好貌又便娟舞貌也

捐 手部棄也除去也又委也又音員又音筠

涓 水部小滴也又潔也又娃

琄 玉部偪玉貌

睊 目部側目視貌

蠲 虫部馬蠲虫也又潔也又除免也

蜎 虫部蝸也

鞙 革部玉貌又大車縛軛靼也又刀鞘

鵑 鳥部杜鵑鳥名

（下平）

無

（上聲）

捲 手部俗作捲舒之捲解又音全氣勢也又捲捲用力貌

（去聲）

餋 食部饌也

倦 人部懈也疲也勞也

卷 卩部書卷也可舒卷者曰卷又上聲作捲又音全曲也

圈 詳二七六頁

悁 心部躁急也又音淵忿也憂也

懁 心部急也性戾也又音還

狷 犬部褊急也有所不為也

獧 同上

眷 目部顧也又親屬也

睠 目部反顧也

絹 糸部繒也

惓 心部回顧也

(CHÜNG.) 趨哼

（上平）

無

（下平）

惸 心部憂也獨也無兄弟也亦作煢

焭 火部同上又回疾也

瓊 玉部赤玉也玉色之美也

瞏 目部目驚視也

睘 同上俗字

（趨哼）（CH'ÜNG.）

穹 穴部高也大也又穹蒼天也
窮 穴部困迫也
竆 同上
笻 竹部竹名可以為杖
芎 艸部藥名
茾 艸部蕒英也
藭 艸部藥名
蛩 虫部獸名又蛩蛩憂思貌
蛩 同上

邛 邑部地名又縣名又勞也病也
蛩 竹部篗籠也
跫 足部人之行聲又音恐
銎 金部斧斤受柄處也
（上聲）無
（去聲）無

（居哼）（CHUNC）

（上平）
扃 戶部外閉之關也又門扇上鐶鈕
駉 馬部馬肥狀盛貌又牧坰苑也
（下平）無
（上聲）
冂 部首同坰又遠也空也
同 冂部古文坰字

冏 冂部光也
坰 土部林外謂之坰
炯 火部炯炯明察也又光也火明貌
烱 火部炎烝也
窘 穴部困也窮迫也
絅 糸部急引也又襌衣也
苘 艸部枲屬

褧 衣部襌衣也
迥 辵部寥遠也又光也輝也
泂 水部遠也又深廣也
（去聲）無

(上平) 無

(下平) 囷 口部廩之圓者曰囷方者曰倉 輪囷屈曲盤戾貌又音窘

羣 羊部羣也朋也又獸三百為羣俗作羣

群

箘 竹部美竹可為矢也又音窘又竹筍也

裙 衣部下裳也俗曰裙子

裠 同上

帬 巾部同上

帬 同上

(上聲) 無

(去聲) 無

(CHÜN.) 居恩

(上平) 君 口部尊也君者羣也羣下歸心也

均 土部平也徧也又樂器名御長七尺以絲繫之以節樂又以音五帝成均學名

莙 艸部艸生水底也又音窘

袀 衣部袴裥日袀

踆 足部止也與唆同

逡 辵部卻也退也又去聲縣名又與駿通

軍 車部衆也萬二千五百人為軍

鋆 金部金也

鈞 金部三十斤也又大鈞天也又通均

銞 古文鈞字

麇 鹿部麇也

麏 鹿部麏也麏類甚多麏其總名也

麕 鹿部鹿麕

頵 頁部頭大也又人名有田頵傳又音窘

(下平) 無

(上聲) 攈 手部拾也取也

居恩 (CHÜN.)

（去聲）

俊 詳一六一頁

儁 詳一六一頁

峻 山部高也險也長也峭也嚴急也遠也又與俊同

嶲 山部同峻高也長也險也又遠也

懏 詳一六一頁

捘 詳一六一頁

夋 詳一百六十頁

浚 水部抒也取出之也又深也

濬 水部深通川也又凡深皆曰濬

竣 詳一六一頁

畯 詳一六一頁

菌 艸部地蕈也其形似磨菇又音窨

[夋+阝] 邑部地名

郡 邑部郡者羣也人所羣聚也今府曰郡

餕 詳一六一頁

雋 詳一六一頁

駿 詳一六一頁

趨耶 (CHÜEH.)

（上平）

缺 缶部器破也虧也破也又少也毀也玷也

（下平）

瘸 疒部手腳病也又俗曰瘸子惟指腳病言

（上聲）

無

（去聲）

却 卩部退也止也不受也

𠨷 俗卻字

卻 古却字

壳 詳八十頁

殼 詳八十頁

愨 心部謹也善也愿也誠也

慤 同上

搉 手部敲擊也又音覺揚搉都凡也謂粗略而舉之也

攫 手部爪持也攫取也又音砉
矍 目部目不正也又健貌
碏 石部恭也
確 石部堅也
籰 竹部絡絲具也
蠼 虫部獸名母猴也
玃 豸部獸似猸猴而大
躩 足部足躄辟而

為敬也
闋 門部止也樂終也
闕 門部門觀也又失也少也又不供也
钁 金部大鉏也
鵲 鳥部喜鵲也又俗音巧
雀 隹部小鳥也又朱雀南方宿名又音巧

㴫 水部濯也瀆也

(CHʻÜEH.) （居耶）

（上平）
噘 字典無此字俗話噘嘴也
嗟 口部歎也咨也一曰痛惜也又下平聲又音皆
撅 手部手有所把也一曰擊也投也又音責揭衣也
⿱絕刀 刀部手斷物也
⿰言差 言部通作嗟又

（下平）
音岔異言也
倔 人部倔強梗戾貌
决 俗決字
決 水部水名又斷也判也別也
劂 刀部剞劂曲刀也又音責
厥 厂部語助也其也又音庫突厥國名

嚼 口部咀嚼也又去聲又俗音交下平聲又音叫詳七五頁
崛 玦 弓部射者著於右手大指間以鉤弦發矢者即今之搬指也
憰 心部變詐也
抉 手部挑也剔也指也或作判又通作觖

（居耶）（CHUEH.）

下平

捔 手部掎捔也又通角又去聲

掘 手部穿地也掘井也

橛 木部杙也一曰門梱又俗曰橛子又馬銜曰橛

欔 同上

爵 爪部爵祿也又酌器又鳥名又去聲

刔 刀部剔也

玦 玉部玉佩也佩如環而有缺者

瘚 疒部氣逆也

絕 糸部斷也又止也

脚 肉部脛也足也又去聲又音絞

腳 同上

蕨 艸部菜名

蟨 虫部比肩獸也

蟩 虫部井中虫也

覺 見部悟也明也又音教夢醒曰覺

角 部首獸角也又競也校也又宿名又為五音之一又音絞

觖 角部怨望也

訣 言部別也絕也又方術也俗曰訣竅

譎 言部詭詐也

蹶 足部跌也僵也跳也夬腳也又音責動也敏也又俗讀上聲俗曰馬炮蹶子

蹷 同上

鐝 金部俗曰鐝頭也

觼 角部角有所觸發也

鴂 鳥部鴂類

（上聲）

蹶 詳下平

（去聲）

傕 人部姓也

噱 詳五三頁

⿰噱刂 口部戲⿰噱刂又嘔⿰噱刂笑不止也

懕 心部勞也直懕也

桷 木部椽方曰桷也

珏 玉部二玉相合為一珏

𥏼 矢部短[illegible]

⿸厥力 力部勞也

（上平）

亘 二部宣布也又姓

咺 口部哀泣不止曰咺又宣着貌

喧 口部大語也又喧嚷

壎 土部樂器也又壎之言熏也陽氣於黄泉之下熏烝而萌也

塤 同上

嬛 女部亦通惸

宣 宀部布也盡也明也揚也通也緩也散也又偏也又州名

晅 日部日氣也又同煊

暄 日部日煖也

渲 水部小水貌

揎 手部手發衣也鉤袂出臂也

煊 火部爆也又明貌又上聲

瑄 玉部璧之大者也

暖 目部大目也

睻 同上

眩 目部目無常主也又惑也亂也又下平又去聲

朘 肉部縮也減也又音唯赤子陰也

萱 艸部忘憂草也亦名宜男草

蝖 虫部即蠙蠐也

諠 言部與諼同詐也又忘也又譁也囂也

諼 言部詐也欺也又忘也又同萱

軒 車部車廂也又前殿堂櫳也

愋 心部恨也忘也

貆 豸部貆也即貆貆也似貉而肥

（下平）

懸 心部懸掛也又懸心也

旋 方部周旋如規也折旋如矩也又盤旋回也又斡旋轉也又去聲

泫 水部水深廣貌又去聲露光也又流涕貌

漩 水部水回也俗曰漩渦也

璿 玉部美玉也璿璣玉衡

璇 同上

玄 部首黑而有赤色者為纁有黃色者為玄又月建九月為玄月又寂也又姓廟諱敬避

蜁 虫部蜁蝸也

⿱旋虫 同上即小螺也

須安 (H SÜAN.)

(上聲)

癬 疒部此俗音本音顯乾瘍也

選 辵部擇也又去聲銓選也

選 竹部竹綠

(去聲)

揎 手部擊也又俗作攓字解又音轟揮也與揭同

楥 木部織履模也俗曰楥頭又音楥

楦 員絡絲籰也同上

炫 火部火也明也

夐 夂部營求也

絢 糸部采成文曰絢

衒 行部自矜也又賣也自媒也

鉉 金部舉鼎也

鏇 金部溫器也俗曰銅旋子又鏇床子

颴 風部風轉也即颴風也

駽 馬部青驪馬也

蹮 足部徐行也

𢓃 彳部同上

須哼 (HSÜNG)

(上平)

兄 儿部長也昆也男子先生爲兄又音況

兇 儿部惡暴也擾而恐之也又上聲

凶 凵部吉之反也又與兇暴之兇同

恟 心部懼也

洶 水部水涌也又洶涌水聲

匈 勹部膺也又匈奴北夷名又匈匈喧擾之意

胷 肉部膺也本作匈

胸 同上

詾 言部說也訟也盈也一曰衆言也又喧庚之聲也

訩 同上

說 同上

(下平)

熊 火部野獸也

雄 隹部鳥父也飛曰雌雄走曰牝牡又武稱英雄也

(上聲)

無

(去聲)

無

(上平)

勳 力部功勳也能成王功曰勳又叶音宣

勛 古勳字

曛 日部日入餘光也

熏 火部煙上出也又氣蒸也

燻 火部火氣盛貌也

獯 犬部獯鬻匈奴

號也

纁 糸部淺絳色也

薰 艸部香草也

醺 酉部醉也

(下平)

尋 寸部繹也理也搯求也仍也繼也又八尺曰尋又俗音心下平乞物也

峋 山部嶙峋山崖重深貌

徇 彳部周徧也又營也

循 彳部拊循其民又循循次序貌又循環謂旋繞往來又因循無所作為也又持循有所遵守也

恂 心部信也樂也又嚴整貌溫恭貌

揗 詳一八八頁

旬 日部十日為旬又均也徧也又音君古均字

洵 水部水名又信也遠也又揮淚也

潯 水部水涯也又潯陽地名

珣 玉部玉名

荀 艸部草名又姓

紃 糸部絛絛也

詢 言部咨也問也

巡 巛部巡行也又徧也又遶巡卻退貌

郇 邑部國名又姓

馴 馬部馬順也又從也善也又去聲

鬵 高部大釜也又音潛

鱘 魚部魚名

(上聲)

無

(去聲)

徇 人部通殉又與徇通

僎 同上

噀 口部噴水也

巽 己部入也柔也卑也又卦名又音撰持也

愻 心部同遜

殉 歹部用人送死也又營也求也又下平聲

須恩 (HSUN)

汛 水部灑水也一曰水貌與汛字異
狥 犬部俗徇字
訓 言部教戒也又誨也釋也
訊 言部問也告也又音信
迅 辵部疾也又音信
遜 辵部順也謙恭也
鑂 金部金色渝也
潠 水部含水噴也

須耶 (HSÜEH.)

（上平）
削 刀部刮削也又小侵也又弱也又去聲又音蕭
薛 艸部莎也又姓又音歇
靴 革部鞵屬又鞾也亦履也俗曰靴子
鞾 同上

（下平）
學 子部受教傳業曰學

（上聲）
⿰目欠 目部直視貌又去聲
雪 雨部温則為雨寒則為雪又去聲洗也

（去聲）
屑 尸部屑屑屢動作也一曰敬也不獲已也又清也顧也勞也又凡遇事物輕視不加意曰不屑又瑣屑又碎末又音卸
坹 土部深也空也
⿰土屑 土部塵也
岤 山部山岤
泬 水部水部穴出貌
穴 部首土室也窟也又下平聲
血 部首祭所薦牲血从皿一象血形血瀸也出於肉流而瀸瀸也又俗音寫
糏 米部米麥破也舂餘也即稲皮麥皮等類是也
⿰麥屑 麥部同上

(上平)

冤 冖部屈也枉也曲也俗作寃非

寃 俗冤字

夗 夕部卧轉貌

夘 同上

渆 水部水名

淵 水部回水也水出地而不流命曰淵又深也又伐鼓聲

𣶒 古淵字

眢 目部目無明也又井枯也又音剜

肙 肉部小虫也亦作肙

蜎 虫部蜎蜎虫名

蜿 虫部蜿蜿龍狀也又蜿蜒蛇行又音剜

鳶 鳥部鷙鳥也善飛鳴則風生又人名

鴛 鳥部鴛鴦匹鳥也

鵷 鳥部鳳屬

(下平)

元 儿部大也始也首也

原 厂部本也高平曰原又推原也又宥也又再也

員 口部官數又周也又幅員又音云益也

園 口部果園菜園

圓 口部方之對也又周也全也

圜 口部同上周也全也又從諫如轉圜又驚視也又圜法錢也又音還繞也圜也

垣 土部牆也卑曰垣

嬽 女部女字

嫄 水部姜嫄高辛

媛 妃后稷母也女部嬋媛美女也人所欲援也

援 手部拔也引也牽也又鉤援上城梯也又去聲救助也接也取也

櫞 木部果名似橘

沅 水部水名

源 水部水之本也又姓

湲 水部湲湲水流貌又音桓

爰 爪部於是也引也又緩辭又姓也

猨 犬部似獼猴而大能嘯

𤡔 同上俗字

猿 俗猨字

𤡔 同上俗字

獂 犬部豕屬又音桓

（于安）（YÜAN.）

緣 糸部衣純也又音沿因也又循也順也又夤緣連絡也

芫 艸部草名魚毒

㥳 心部測量也

蝯 虫部蝯猴

螈 虫部晼蠶也

蚖 虫部虺屬

袁 衣部衣長貌又姓

轅 車部輈也轅援也車之援也又軒轅

阮 詳一百九十頁

騵 馬部赤馬白腹也

黿 黽部大鼈也

（上聲）

遠 辵部遼遠也又去聲遠之至也

去聲

怨 心部仇也恚也恨也

愿 心部謹也愨也善

瑗 玉部大孔璧也又下平聲

苑 詳一一八頁

院 阜部堅也凡庭館有垣牆者曰院又官廨曰院

願 頁部大頭也又思也欲也覬望也又羨慕也

喛 口部食甘又甘

衏 而不厭也行部俗呼衏衏樂人也

（于哼）（YÜNG.）

（上平）

傭 人部傭役於人也又音充均也

噰 口部鳥聲噰噰和也

𡅏 同上

嗈 同上

墉 土部城也又垣也牆也

壅 土部塞也障也培也又上聲

壅 同上

庸 广部用也又常也又豈也又功也又附庸小國也

擁 手部擁擠也又上聲挾抱也衛也羣從也

癰 疒部癰疽

彤 肉部祭名商曰彤

鄘 邑部地名又姓也

邕 邑部邑四方有水自邕城池者是也又竭塞也與壅同又和也與雍同

廱 广部和也又辟廱天子之學大射行禮之處

鏞 金部大鐘也

雍 隹部和也又辟雍學名又同壅聚也又通作雝

雝 隹部雀屬又和也

饔 食部熟食也又朝曰饔夕曰飧也

饔 饔本字

（下平）

喁 口部魚口向上也一曰聲也聲相和也又音魚

容 詳一百九十頁

瀜 詳一九一頁

融 詳一九一頁

顒 頁部嚴正貌又溫貌廟諱敬避

（上聲）

俑 人部從葬木偶人也今倡端不善曰作俑又音通痛也

勇 力部健也猛也果敢也又決也知死不避也

勈 同上

咏 口部同詠

埇 土部道上土也加

恿 心部古文勇字

慂 心部慫慂勸也

永 水部水長也遠也遐也又姓又州名

泳 水部潛行水中也

涌 水部泉溢也

湧 同上俗字

甬 用部草木華也若泉湧出也又甬東地名

臃 肉部臃腫肉起也又上平聲

蛹 虫部繭虫也蠶化為蛹蛹化為蛾

衕 行部道也

詠 言部歌也長言也

踊 足部跳也又辟踊哀之至也

（去聲）

用 部首可施行也使也以也器用也又姓

（于恩） （YÜN.）

（上平）

氳 气部氳氳元氣交密之狀

（下平）

云 二部古雲字又云云疊語貌

勻 勹部徧也齊也少也又音君與均同

員 詳二八七頁

澐 水部江水大波也

畇 田部墾田也

秐 禾部同秐除苗間穢也

耘 耒部除田間穢也又通作芸

芸 艸部香草也可辟書蠹又姓

葯 艸部葯芟又音君

筠 竹部竹膚之堅質也又音君

紜 糸部物亂也

蕓 艸部菜名又蕓香草也

雲 雨部地氣上騰而為雲

上聲

允 詳一九一頁

愪 心部憂也又下平聲

殞 歹部歿也

狁 犬部匈奴玁

磒 石部同隕

隕 阜部从高下也隕落也墜也又音元均也幅隕也

（去聲）

孕 子部婦人懷子也

惲 心部謀也議也厚重也又上聲

暈 日部日旁氣也月亦然俗曰風圈又頭暈又上平聲

慍 詳一一九頁

熅 火部煙也

熨 詳一二一頁

縕 糸部絪縕元氣也又紛縕盛貌又縕淵奧也又音溫紼也

蘊 艸部積也蓄也

運 辵部轉也動也又天造曰運

鄆 邑部魯地名又姓

醞 酉部釀也又醞藉含蓄也

轀 韋部藏也又音溫赤黃之間色也

韵 音部同韻

韻 音部和也聲音和曰韻又風度也

(上平)

喲 字典無此字俗話哎喲

噦 口部俗話乾噦逆氣嘔也又音翽車鑾之聲徐有節也

曰 部首詞也說也稱也於也之也

約 糸部大約猶大概也又約請約會又去聲纏束也節也又淖約柔弱貌

(下平) 無

(上聲) 無

(去聲)

刖 刀部絕也又斷足也

岳 山部嶽古作岳又州名又姓也

嶽 山部五嶽衆山

悅 心部喜悅也

曜 日部同耀日光也又音要

月 部首太陰之精也中二畫不連與骨月月字異詳四五頁

樂

櫟 木部楚謂雨木交陰之下曰櫟

梬 同上

瀹 水部漬也又煮也又疏瀹開滌也又音要

燿 火部照燿也又音要

耀 羽部光耀也榮耀也又音要

瘧 詳一九八頁

礿 示部春祭名又禴也

禴 同上

籥 竹部似笛三孔而短者也

籲 詳五八頁

粵 米部曰也於也語詞發端也又審愼之詞又地名

葯 艸部白芷葉也又音要

藥 艸部治病草木之劑也又姓又音要

說 詳一八九頁

越 走部度也踰也又顛墜也又地名又姓

趯 走部踊也又跳也又音剔

躍 足部跳也迅也又音要

軏 車部轅端曲木也又音兀

鉞 金部斧也

鑰 金部鎖鑰也又通作籥又音要

（于耶）(YUEH.)

閲 門部觀也又祭也又歷也又閲閲詳閲字註

鷟 鳥部鷟鷟鳳屬神鳥也

龠 部首樂之竹管三孔以和衆聲也又量名十龠為合也又作籥詳五九頁

龥

戉 戈部大斧也黃戉以黃金飾斧

（其阿）(CH'IA.)

（上平）

劄 刀部入也

咕 俗話狗咕貓即此字餘詳五一頁

掐 手部爪刺也俗話掐花

（下平）

卡 卜部關隘地方設兵立塘謂之守卡又俗話卡住謂不能上下

（上聲）

卡 也又或讀上平聲上聲去聲詳上

（去聲）

剳 刀部入也

恰 心部用心也又恰恰鳥鳴聲又恰巧適當之詞

跲 足部躓也

髂 詳八一頁

（基阿）(CHIA.)

（上平）

俠 人部與夾通傍也並也又音瑕任俠相與信為任同是非曰俠

佳 人部美也好也

傢 字典無此字俗曰傢伙也

加 力部增也又陵也又施也著也

嘎 口部嘎嘎鳥聲又詳後三六三

嘉 口部美也又褒也
家 宀部居也謂一門之內也
夾 大部左右持也又兼也又下平聲又去聲
挾 手部挾持也又音邪
枷 木部刑具項械也又柫也
珈 玉部婦人笄飾

痂 疒部乾瘍也瘡將愈而結痂也
𥝩 木部禾也
稼 禾部莊稼也又去聲種禾也
笳 竹部胡人卷蘆葉吹之曰笳即胡笳也
耞 耒部打穀具也
葭 艸部葦之未秀者即今蘆也又通茄

袈 本部袈裟胡衣也又僧衣也
跏 足部屈足坐也
迦 辵部釋迦身毒國瞿曇號也
郟 邑部地名又姓又去聲
豭 豕部牡豕也
鋏 金部劍名也又鋏子可以持冶器鑄鎔者
頰 頁部面旁也腮頰也又去聲

鞈 韋部韎鞈大帶也

（下平）

袷 衣部衣無絮也即袷衣也又朝祭服之曲領也
裌 同上

（上聲）

假 人部真之反也又借也大也又上平聲美也又

嘏 去聲休沐詳七七頁
戛 戈部戟也長矛也又擊也又轢之也又戞戞齟齬貌又法也
戞 同上俗字
檟 木部木右
斝 斗部斚巹之尊玉爵也又去聲
笚 同上俗字
甲 田部草木初生也又十干之首曰甲言長也又甲冑又姓

瘕 疒部腹中久病也又音遐女病也
賈 詳七七頁

（去聲）

價 人部物值也
嫁 女部送女歸夫曰嫁又推惡于人曰嫁禍嫁怨

（基阿）（CHIA.）

架 木部屈架也衣架也又棚也

梜 木部同筴箸也羹之有菜者用梜無菜者不用梜

莢 艸部皁莢也又蓂莢堯時所生瑞草也又錢名又姓

駕 馬部馬在軛中又馭也又車乘

（其傲）（CH'IAO）

（上平）

墝 土部土不平也又墝埆瘠土也

稀 巾部幧頭一曰凶首飾又俗曰稀鈕襻用此字

幧 巾部斂髮謂幧頭

橇 木部禹泥行所乘者

敲 攴部從旁橫擊也

磽 石部瘠也薄也

蹺 足部舉足也又脚也蹺蹤蹺也又下平聲

蹻 足部同蹺舉足行高也又企也又姓又下平聲

鍫 金部臿也即鐵鍫也

鍬 同上

䩌 革部泥行所乘本作橇又下平聲又音脚本作屩草履也

⿰黑喿 黑部麻苦雨生壞也又臉有黑點亦曰⿰黑喿子又下平聲

（下平）

僑 人部旅寓而居

喬 口部高而曲也又矛之上句曰喬

嶕 山部山高貌

憔 心部憂患也憔悴瘦也

樵 木部柴也采薪曰樵

橋 木部水梁也又器之有橫梁者曰橋

瞧 木部偷視貌俗話作看解

翹 羽部尾長毛也又舉也又衆也又高貌又危也

翺 羽部飛貌

荍 艸部芘芣也即今荊葵也

蕎 艸部蕎麥也又藥草大戟也

趫 走部善緣木走也

顦 頁部同憔瘦也憂也

（上聲）

丂 一部古文巧字又音考氣欲舒

出貌

巧 工部拙之反也技也

悄 心部憂也急也又去聲

愀 心部容色變也又謹也又音秋

煍 火部變色也又音秋

雀 詳二八一頁

鵲 此俗音也詳二八一頁

（去聲）

俏 人部似也像也又好貌俗謂容美曰俏皮

墽 土部高也

峭 山部山峻也又急也嚴厲也

撬 手部舉也又撬閙也

撽 手部擊也

竅 穴部穴也空也

誚 言部古文譙字

譙 辭相責也言部城樓名又責也又縣名又姓

陗 阜部陖也險也又急也

鞘 詳二三四頁

韒 韋部刀室也

鼿 鼻部仰鼻也

(CHIAO.) (基儌)

（上平）

交 上部共也合也領也互也更也友也又交加

嘐 詳二五四頁

嬌 女部態也妖嬌又俗詰嬌嫩也

憍 心部恣也逸也又憐也矜也

敎 攴部廸也訓也授也法也又去聲宗敎

椒 木部樹似茱萸有針刺者

枡 同上

澆 水部沃也又澆也俗語澆花

潐 水部盡也又音樵水名

噍 口部啁噍鳥聲又下平嚼也

焦 火部傷焚火也炙也火燒黑也又上焦中焦下焦

燋 焦為三焦同上又音樵

癄 疒部病也又音喬與憔通

芁 艸部藥名又音求

茭 艸部乾芻也

蕉 艸部芭蕉也又音樵草芥也

蛟 虫部龍屬

膠 肉部黏也又固也

跤 足也脛也

轇 車部轇轕形又長遠貌一曰雜亂貌

郊 邑部邑外謂之郊又祀天地為郊

醮 酉部祭也又冠娶禮祭也又凡僧道設壇祈禱曰醮又盡也

釂 酉部飲酒盡也

驕 馬部馬高六尺為驕又恣也自矜也

鮫 魚部海魚也皮可飾刀又舟鮫宮名又鮫人

鵁 鳥部鵁鳥似鳧

鷦 鳥部鷦鷯小鳥也

鷮 鳥部走鳴長尾雞也鷮雉即鷮雞也

（下平）

嚼 詳二八一頁

（上聲）

佼 人部好也佼人美人也

僥 人部僥倖求利不止貌又音驍僞也又音堯

儌 人部儌行也又上平聲儌幸覬非望也

剿 刀部絕也殺也

咬 聲也餘詳八六頁

妄 古文姣字

姣 女部好也

屩 尸部履也麻曰屩木曰屐

撟 手部舉手也又詐也託也正也正曲曰撟又強貌

攪 手部撓也亂之也

敿 攴部連也擊也
狡 犬部少狗名又猾也
㽱 疒部腹中急痛疝腸瘀也又音究
的 白部白色也又音帛
皎 白部潔白也又月光又姓
皦 白部明也
盪 皿部器也

矯 矢部直也又強魏又姓
絞 糸部縛也縊也又死刑也
繳 糸部纏也又音卓弋射也
繁 同上
脚 詳二八二頁
腳 同上
蟜 虫部虫也又蟜牛人名又天蟜龍虢

角 詳二八二頁
譑 言部多言也又發人罪也
較 車部車箱也又與角通相競也又去聲與校同
鉸 金部釘鉸又鉸刀即俗呼剪子也又以金飾器也
鐓 金部鐵耳也
餃 食部飴也又今俗餃餌之屬即餃子也

去聲

叫 口部呼也叫喚也俗作叫非
噭 同上又哭聲也
徼 彳部循也遶繞也又遶卒曰遊徼又邊徼也又塞也又小道也又上平聲要也求也又抄也抄人之意以為已有也又音腰

憿 心部徼本字
嶠 山部山銳而高曰嶠又陵絕水曰嶠又員嶠山名又山逕也
挍 手部衡也比也撿也考也又報也
校 木部連木為桎桔也又音效學宮夏曰校又姓也

珓 玉部玉器
窖 穴部地藏也
覺 詳二八二頁
轎 車部肩與也俗曰轎子
酵 酉部酒酵以酒母起麴曰發酵
榷 木部橫木渡水曰榷又取利也又音覺

（上平）

嘵 啌 戕 槍 椌

口部秦晉謂兒泣不止口嘵口部喉癵也又音肛咄也戈部傷也殘也木部距也剡木雨頭銳為槍又抵也以頭槍地木部梲樂也又音空器物朴也虛也

牄 斨 㾤 羌 羗 羫 蜣 腔

爿部鳥獸食聲斤部方釜斧也疒部喉病也羊部西戎牧羊人也又章也反也卿也強也俗羌字羊部羊肋也虫部蜣蜋也肉部骨體曰腔又馬膆也又俗謂歌曲調曰腔

謒 蹌 鎗 鏘

調又從音作腔又音空去聲羊腊羊肋也言部語輕也足部行動貌金部與鏘同鏗之金石鎗聲也又音瑺鐘聲也今俗以鎗為刀槍字誤金部鏗鏘金石聲又琴聲

䪚 䯪

字典無此字俗作歌曲之䪚調骨部髖䯪尻骨也

（下平）

墻 牆 嬙 強

土部俗牆字爿部垣墉也女部嬙嬙婦官名弓部強壯也又四十曰強而仕又木中蠹虫也

強 彊 檣 艢 薔

同上弓部健也暴也壯盛也弓有力也又上聲勉強也力行也又羣強假合也又抑之使然曰彊木部船帆柱也舟部同上艸部花名

（上聲）

搶

手部突也又爭

勥

取也又上平聲拒也亦突也以頭搶地也又去聲帆上風也又音倉搶攘亂貌力部迫也勉力也

（去聲）

嗆

口部鳥食也一曰愚貌又俗話喝水嗆也又上平聲

弶　弓部施罟於道張取獸也

戧　此俗音作戧木解餘詳一七七頁

蹌　足部行不正貌又上平声行貌

(CHIANG.)　（基昂）

（上平）

僵　人部仆也僵也

姜　女部神農居姜水以為姓

將　寸部欲然也一曰有漸之詞又送也壯也又干將劍名又去声將帥也才足以將物而勝之謂之將又音臧

𤕰　爿部同上

橿　木部鋤柄也枋也又殭盛也

殭　歹部蠶白也凡死後不朽皆曰殭

江　水部水名也又姓

漿　水部汁漿也又俗漿洗衣家

牀　爿部同上古字

畺　田部界也

疆　田部界也邊陲

也

矼　石部聚石為部渡水也又石矼即今石橋也又音腔慤實貌

繮　糸部馬繼也即馬繮繩也亦作韁俗作岡

茳　艸部香草也

葁　艸部山草也俗薑字

薑　艸部萊名通神

明去臭氣者

（下平）

[虫畺]　虫部蠶死貌

豇　豆部豇豆也

跭　同上

韁　革部同韁

無

（上聲）

奬　大部助也勸勉也褒美也

弉　廾部同上

港　水部水分流也

三百 上聲

基昂 (CHIANG.)

槳 木部縱曰櫓橫曰槳

繈 糸部錢貫也又同襁

襁 衣部襁褓負兒衣織縷為之

膙 肉部筋强也又手足磨擦皮厚起處俗曰膙子

耩 耒部耕也

蔃 艸部草名又下平强米百合也

蔣 艸部山名水名姓也又上平声菰蔣

講 言部和解也又論也究也

鏹 金部以繈貫錢又白鏹金別名

（去聲）

佭 人部儱佭不伏也

倞 人部强也又音競義同又音諒

遠也

匠 匚部工匠也

夅 夂部服也

悻 心部恨也

洚 水部水不遵道也又音紅

糡 米部漿糡也俗曰糡子

糨 同上

絳 糸部大赤也又水名

虹工 虫部蝃蝀也又

音洪又俗音槓

醬 酉部醢也又豉醬

降 阜部降下也又音栙降服也

基安 (CH'IAN.)

（上平）

仟 人部千人之長曰仟

僉 人部咸也皆也眾共言之也

千 十部十百為千

嗛 口部古謙字也又音歉猿猴貯食倉也又與慊同不滿之意也

岍 山部山名在雍州

幰 巾部書卷也

幵 干部平也兩手對舉也又音堅又䍐幵羌之別種

开 同上俗字

愆 心部過也罪也差爽也又失也又惡疾曰愆

搴 手部拔取也

攓 同上

攑 手部插也

扦 同上俗字

敆 攴部鳥啄物也

歉 攴部同敆鳥啄物也又去聲貪也物相値合也

櫏 木部榩櫏木也

棬 同上

杄 同上

牽 牛部引而前也又連也又挽也又姓

簽 竹部簽書文字也又籖籠也

籤 竹部驗也竹籤用以卜者

膁 肉部腰左右虛肉處

芊 艸部草盛貌

褰 衣部袴也又揭衣涉水也

蚈 虫部火螢也

謙 言部敬也讓也又姓

讖 詳二二一頁

遷 辵部徙也移也又姓

迁 俗遷字

鈐 金部大犂也又鑲也又音含欽也又音侵

鉛 金部青金也黑錫也又鉛粉又縣名

鋟 金部刻版也又音笑鋭也

阡 阜部田間道也南北為阡又姓

韆 革部鞦韆也

韱 韭部山韭也又韱細也

截 同上

騫 馬部馬腹病也又虧也又姓

鵮 鳥部鳥啄物也

黔 黑部黑也又黔首又下平又姓

（下平）

乾 乙部君也健也又卦名又姓又音干燥也

前 刀部後之對也又進也又先也又上聲齊斷也俗作剪

媊 女部女星名居南斗

拑 手部拑口不敢復言也

箝 竹部鉗項也籋也

（其安） (CH'IAN.) 下平 三零三

潛 水部涉水也沉也又游也又藏也

潛 同上俗字

虔 虎部恭也又虎行貌又姓

鉗 金部以鐵有所劫束也又髡鉗也曰俗鉗子又通拑又姓

錢 金部財也貨泉也又通泉又姓

（上聲）

吮 口部敕也又音盾舐也又音兗

淺 水部水未深也

繾 糸部繾綣不相離也

譴 言部謫問也責也又姓

遣 辵部縱也送也逐也又祛也

（去聲）

俴 人部淺也

倩 人部美好也男子之美稱又美笑貌又音慶東齊之間壻謂之倩又凡假代及暫雇使令亦曰倩

塹 土部坑也又遶城水也

壍 同上

嵌 山部嵌巖山險貌又音闞上平

慊 心部恨也切齒恨也意不滿也又厭也足也又上平聲又音匧

欠 部首不足也少也又欠伸疲之貌

歉 欠部食不飽也少也又恨不出也又音見歉年

箐 竹部張竹弓弩曰箐又音精笭箐小籠也

綪 糸部赤繒也青赤色也又音青又音爭

縴 糸部縴縹惡絮也又船縴又俗諺作媒介解如拉縴是也

芡 艸部雞頭米也又音儉

茜 艸部染絳艸也茅蒐也一名地血一名風車艸一名過山龍

蒨 草部草盛貌又鮮明貌又木名

(CH'IA N.)

基安

(上平)

兼 八部幵也
堅 土部固也强也又中軍曰中堅
奸 女部私也僞也又音干犯也犯非禮也亂也通作干
姦 女部私也詐也偏也邪也婬也
尖 小部末銳也小也上小下大為尖又俗話旅食曰打尖

慳 心部吝也
戔 戈部賊也傷也又淺小之意
掔 手部堅固也又音慳牽去也
搛 手部夾持也又音康打鼓也
殲 歹部盡也滅也
湔 水部滌也又湔也

漸 水部流入也又漬也濕也又浸也染也又去聲漸次也進也稍也事之端先覩之始也
瀸 水部泉水名又沒也
煎 火部熬也火乾也
牋 片部同箋
箋 竹部表識書也又竹箋蠟箋皆紙名

犍 牛部牛之强者
監 皿部察也又視也又去聲與鑒同
籛 竹部彭祖姓也
肩 肉部髆也膊上也俗曰肩膀又姓
緘 糸部束篋也又封也又音賢

縑 糸部幷絲繒也
菅 艸部茅屬也又姓又音閒地名
⿱艹肩 艸部艸名蜀葵
偂 人部進也
蒹 艸部葦葭也
⿱艹姦 艸部艸名
蕳 艸部蘭也即都梁香也又姓
⿰兼艮 艮部險也難也
鰜 魚部比目魚也
豣 豕部豕三歲曰豣

鐫 金部雕刻也古文鐫字
鋑 金部鑯器也又音千刻也與鋑同
鑯
閒 門部中間也又去聲又音閑暇也安也
閙 同上俗字
鞬 革部韜也馬上盛弓矢器也

（下平）

無

（上聲）

儉 人部去奢從約謂之儉又少也又歉歲也

僊 人部僊僊傚也

減 冫部俗減字

剪 刀部同翦

囝 口部閩人呼兒曰囝閩音讀若宰

堿 俗鹹字同

戩 戈部福祥也又盡也

揃 手部猶翦也分割也

擶 俗揃字

揀 手部選擇也

撿 手部束也拘也巡察也搜也校也舉也

柬 木部檡也又少也同簡

檢 木部書署也又檢制也檢押也

減 水部損也

簡 竹部牒也竹簡也又策書也又簡閱也又要也略也又求也選也分別也大也

椷 木部篋也

翦 羽部羽生也翦齊也又翦刀也勒也齊斷也殺也又翦盡也

繭 糸部蠶房也

襇 衣部帬幅相襇也

謇 言部口吃難於言也

[illegible] 同上

譾 言部淺也

謭 同上

蹇 足部跛也難也又卦名又姓又與寋同

[illegible] 馬部俗騫字

鹻 鹵部鹵之凝者也石鹻也又作鹼鹹

鹹 鹵部盐生之名石鹼也又音賢監味也

鹼 鹵部鹵也石鹼也又音驗音籤

（去聲）

件 人部分也又名件條件物件又物之數目曰件

健 人部難也舉也又音欠伉也强有力也又康健也

僭 人部假也儗也又差也又音譖又音侵亂也

劍 刀部人所帶兵也劍檢也所以防檢非常也

劒 同上

建 支部置也樹也立也又木名在弱水直上百仞無枝曰建又鼓名

尲 尣部尲尬行不正也

尷 同上俗字

楗 木部限門木也

檻 木部窗版曰檻又櫳也又俗音坎門檻也

歉 詳三零二頁

洊 水部水仍至也

濺 水部水疾流也又激也

箭 竹部矢也又進也

⿱漸耳 詳六五頁

澗 水部山夾水也

荐 艸部屢也又仍飢為荐又席也又與薦通

薦 艸部薦也又進也祭也又姓

艦 舟部版屋舟又戰船也

䚗 角部角也

諫 言部証也直言以悟人也又姓

賤 貝部價少也又卑下也不貴也又姓

踐 足部履也

見 部首視也又音線露也又薦達也又姓

覸 見部與瞯同視也又雜也又人名

鍵 金部鉉也又籥牡也即鑰匙也

鑑 金部鏡也照也又誠也又通作監

鑒 同上

鐧 金部車軸鐵也

餞 食部餞行也[illegible]錢也

⿱漸耳 詳六四頁

(CHING.)　(其哼)

(上平)

傾 人部側也伏也欹也瀉也圮也空也又上声俄傾少越時也

卿 卩部章也章善明理也又嚮也言為人所歸嚮也大國三卿小國二卿漢有九卿又君呼臣為卿蓋貴之也

其哼 (CH'ING.)

清 水部澄也潔也又姓

輕 車部重之對也

青 部首東方色也又生也象物之生時色也又姓

（下平）

勍 力部疆也勍敵之人

彆 弓部止弓也

情 心部心之動處是情又七情喜怒哀樂愛惡欲又理也又情實也

擎 手部舉也拓也持高也又俗作擎受非宜作睛

檄 本作擎又與檠通正弓弩器又音景戒也

檠 木部正弓弩器又燈架也又音景

檄 同上

晴 日部雲收日出也

睛 貝部受賜也

頃 頁部頭不正也又上声田百畝為頃又俄頃頃刻

鯨 魚部海中大魚為魚之王俗音京

黥 黑部墨刑在面又姓也

（上聲）

檾 木部枲屬

請 言部謁也求也乞也問也祈也扣也

綮 詳六一頁

（去聲）

清 二部寒也冷也又音敬

慶 心部福慶又慶賀

磬 石部樂石也

罄 缶部空也盡也器中空也

謦 言部款也又上聲

基哼 (CHING.)

（上平）

京 亠部大也又丘也絕高曰京又京師天子之居又京京憂也

兢 几部不自安貌又恭貌又兢兢戒懼也又去声競爭也又音擎堅強也

巠 巛部水脈也直波為巠

晶 日部光也又水晶也

更 曰部俗謂擊柝曰打更本音庚改也又音庚去声甚也

旌 方部旌旂也

津 水部水渡也又水會處又津液也又音今

涇 水部水名

睛 目部眼睛即眼

珠子也

稉 禾部俗曰杭米本音庚私稻也或作稉俗作粳

稉 詳上

粳 詳上

菁 詳三零二頁

精 米部熟也細也專一也又密也又精神

矜 矛部矛柄也又矜憐也又苦也

憫也惜也又矜持也危也哀也又自賢曰矜又敬也尚也又與廉同又音今

經 糸部織經緯也常也經營也又法也又經紀又經歷又自經死

腈 肉部肉之粹者

荊 艸部楚本琥也又木名又紫荊

花名又姓

莖 艸部艸木幹也

菁 艸部韭華也又菜名

蜻 虫部蜻蜓

耕 耒部此俗音耕地也本音庚

驚 馬部馬駭也又驚騷

鯨 詳三零六頁

（下平）

無

（上声）

井 二部出水可汲曰井又井井條理貌又姓又縣名又宿名

儆 人部戒也儆

剄 刀部割頸也

憬 心部覺寤也又音烱遠行貌

境 玉部玉光彩

璟 玉部玉光

穽 穴部阱也坑也

景 日部光也大也又姓又音影與影同

耿 耳部光也又音梗耿介也又不安也又光也又與烱通

菆 艸部芋莖也

警 言部戒也察也

阱 阜部坑也

頸 頁部頭莖也俗音梗曰脖頸子

基哼 (CHING.)

去聲

徑 淨 清 勁 境 靖 婙

人部同徑貌部冷二詳三零六頁力部强也健也堅也道也又俗音近有勁猶有力也土部境界也女部女貞潔也又竦立貌同上俗字

徑 敬 桱 淨 獍 甑 竟 竫

彳部小路也又直也攴部恭也肅也謹也木部木似杉者水部潔淨無垢也犬部食父獸也詳一四八頁立部終也盡也又姓立部停安也

脛 詰 逕 鏡 陘 麠

肉部巠也膝以下骨也言部爭言也辵部同徑金部取景之器也又鑑也又明也又姓阜部海陘魯隘道也又音形山絶坎也限也又陘阪也又地名鹿部大鹿也又

麖 彰 靖 靚 靜

大鹿牛尾一角同上青部清飾也又彰髴毛布也青部立淨也又謀也治也和也又安也又姓青部召也又裝飾也又與靜同青部審也又動之對也又安也息也澄也和也

其恩 (CH'IN.)

上平

侵 嶔 欽 綅 親 駸

人部漸近也又朘削也師掠境曰侵又五穀不升曰大侵山部嶔崟山勢高聳貌欠部恭也又姓糸部作綅絳綫見部愛也近也又姻眷也馬部馬行疾也

(CHIN.) （其恩）

（下平）

勤 力部勞也勤者勞力也又勤篤厚也又苦也又殷勤又叶音乾

懃 心部慇懃委曲貌

懄 同上

梫 木部桂也

檎 木果部名

捦 手部急持衣衿也又捉也

擒 手部同捦捉也急持也

琴 玉部樂器神農所作

禽 禸部二足而羽謂之禽

秦 禾部國名又禾名又姓

芩 艸部艸也又黄芩藥名

芹 艸部芹菜也一名楚葵

螓 虫部虫似蟬而小

蠄 虫部虫名

衾 衣部大被也

（上聲）

寢 宀部堂室也古者正廟曰路寢次曰燕寢又寢廟廟前曰廟後曰寢又凡居室皆曰寢又卧也息也

（去聲）

伈 人部伈伈恐貌

吢 口部犬吐也

吣 同上

揿 手部按也又倒置俗曰倒揿

沁 水部水名又以物探水也又音心

浸 水部漬也又涵也又音近

寑 宀部同上

寖 同上

(CHIN.) （基恩）

（上平）

今 人部對古之稱

巾 巾部首佩巾也手巾也所以拭物者又頭巾蒙首衣也

津 詳三零七頁

斤 部首十六兩為斤又斧斤又斤斤明察也

觔 角部與筋同又俗斤字

矜 詳三零七頁

祲 示部精氣致祥又妖氛也又音侵

筋 竹部筋力也又竹名

衿 衣部衣領也又竹名帶也

襟 衣部交衽也俗有大襟小襟底襟等名目

金 部首五行之一八音之一又五色金黃為之長又姓

釿 金部劚斷也又與斤同又音銀

（下平）無

（上聲）

僅 人部略能也少也纔也餘也劣也

巹 卩部以瓢為酒器婚禮用之俗作巹非

厪 厂部小屋也

廑 广部廕也又音勤又與僅同纔也又同勤

堇 土部塗也又音勤黃土也

墐 土部塗也黏土也又塞也又埋也

儘 人部俗話儘裏邊又與盡同皆也

槿 木部木槿也

瑾 玉部美玉也

緊 糸部急也鬆之對也又要緊

菫 艸部菜也

覲 見部見也諸侯見天子春見曰朝秋見曰覲

謹 言部慎也敬也

錦 金部襄色織及也又姓又虫名

饉 食部菜不熟也

（去聲）

凚 冫部寒貌

劤 力部多力貌又音欣又音勤

勁 詳三零八頁

妗 女部俗謂舅母曰妗又妻兄弟之妻亦曰妗又音襜婆妗善笑貌

寖 詳三零九頁

噤 口部口閉也不能言也

㦗 心部心㦗貌又心堅固也

搢 手部插也插笏於大帶革帶之間

晉 日部進也

晋 同上

浸 詳三零九頁

燼 火部火餘燼餘

(CHIN.) (基恩)

盡 皿部竭也終也又姓
禁 示部制也止也又姓
縉 糸部帛赤色又與搢同
藎 艸部進也忠愛無已也又草名可染黃
賮 貝部送行財幣也
贐 同上

瘽 疒部勞苦之病
近 辵部不遠也又親也
進 辵部登也升也行前也又姓
靳 革部當膺也靳固也靳其行制也又吝也又靳取也又姓

(CH'IEH.) (其耶)

(上平)

切 刀部割也刻也迫近也急也又去聲眾也又一切大凡也
揩 手部摩拭也又音開又音戞敔也

(下平)

伽 人部伽藍神名
茄 艸部茄子可食一名落蘇又音加五茄葯名

(上聲)

且 詳五二頁

(去聲)

匧 匚部藏衣之具也即箱子又叶音乞
唼 詳二三三頁
妾 女部接也婢妾也
怯 心部畏慐也
愜 心部快足也適意也
慊 詳三零二頁
沏 詳六十頁
竊 穴部盜也又私也
篋 竹部箱也
趄 詳五二頁
跙 詳五二頁

（上平）

喈 口部鳥鳴声

嗟 詳二八一頁

堦 土部同階

階 阜部陛也登堂道也又級也

接 手部相續也交也受也承也持也連也又速也迎接也

揭 手部高舉也又揭起也又下平舉而豈之也又啟事今曰揭帖

椄 木部續木也

湝 水部水流貌又音詣寒也

癤 疒部癰也俗曰癤子

皆 白部俱詞也

秸 禾部禾藁也本作稭又音吉秸鞠鳴鳩也

稭 禾部禾藁俗曰秫稭

結 糸部俗話結實又下平声締也凝結也收斂之也又上声

縷 糸部續縷也

⿱艹黠 艸部同稭禾稾也又音轄麻墊

街 行部四通道也此俗音也俗言

隔 隔房鄰也又下平声隔斷也餘詳八二頁

（下平）

偈 詳六二頁

傑 人部才過萬人為傑又儌也又叶音暨

劫 力部強取也奪也又勢脅也

刦 刀部同上

刧 同上

卩 部首示信也

婕 女部婕好婦官

孑 孑部健也單也餘也又人無右臂也又孑孑特出貌

愒 心部同偈又音憩息也又音饁貪也又急也

截 戈部斷也止也又半截也又截截辥給貌

拮 詳六五頁

捷 手部勝也獲也成也敏疾也急報也報勝曰捷又音妾捷捷譖言也

桀 木部凶暴也又借為雋桀字

楬 木部表識於瘗處也又音渴止樂器

榤 木部雞棲也

櫛 木部梳箆總名

杰 木部與傑通用

朅 曰部去也又音訖武壯貌
潔 水部清也淨也
碣 石部海中山名也
竭 立部盡也負舉也又敗也
節 竹部竹節又操也又姓又去声
絜 糸部麻一耑也又静也清也又音櫛猶結也挈也又度也又去声
羯 羊部羊羖犗也又胡戎號曰羯
䙝 衣部小衣也
襭 衣部以衣衽貯物也
訐 言部面斥人陰過也
頡 頁部直項也又頡頏燕飛貌又黃帝史臣倉頡

(上聲)

姐 女部同姊弟呼姊曰姐又俗人呼母曰姐
纈 糸部結也綵纈也又繫也俗語打纈子
解 角部判也脱也又講也又卦名又去聲押解也

(去聲)

丯 丨部草蔡也與丰不同
介 人部際也又助也大也介善也又因也紹介也又持也又小也間廁也隔也又貴介又凡堅確不拔者曰介又音蟹與懈同又姓也一夫曰一介
价 人部善也又大也又佁价與介同
借 人部假也貸也助也推獎也
尬 尢部尲尬行不正也
届 尸部至也極也當也
彐 部首彖頭也
廨 广部官舍也
戒 戈部警也備也又齋戒
桔 木部藥名
玠 玉部大圭也
疥 疒部瘡疥
䀹 目部目旁毛也
[目妾] 同上
睫 同上
砎 石部硬也
罽 网部魚網也罽者織毛為之若今之毛氍毹也

（基耶）（CHIEH.） 去声

芥 艸部芥菜也
藉 詳六四頁
蚧 虫部蛤蚧
蛺 虫部蛺蝶也又音夾
袷 衣部袥也
袺 衣部以衣貯物也又下平声
褯 衣部小兒所用俗曰褯子
詰 言部問也責也又平旦曰詰朝又下平又音吉

誡 言部與戒同警敕之辭也
界 田部境也限也
吤 同上
魪 魚部比目魚也
倢 人部倢伃漢官名又作倢斜出貌又利也便也疾也
幯 巾部以巾試物也又下平声

恝 心部無愁貌又音契

（其慪）（CH'IU.）

（上平）

坵 土部聚也空也大也阜也
楸 木部梓屬
𤋴 火部火燒也
煪 同上又音酉
秋 禾部金行之時禾穀熟也
秌 同上
龝 古文秋字
緧 糸部馬紂也
䋺 同上

蚯 虫部蚯蚓也
啾 口部啾唧小聲也又音究
遒 辵部行貌又音酋迫也又盡也怱也固也
邱 邑部地名也
鞦 革部車鞦也又音幽鞦韆
鞧 革部車鞧也或作鞦
䡓 車部車輻也

鰌 魚部魚名
鰍 同上
鶖 鳥部水鳥似鶴而大

（下平）

仇 詳二百三十頁
俅 人部冠飾貌又恭順也又戴也
厹 山部同厹三隅矛也又氣高也
叴 口部同上
叽 同上

(CH'IU.) 其慪

平下

囚　口部拘也又罪人也

㞗　尸部男子陰異名

捄　手部長貌又音鳩又音居

梂　木部欒實也盛實之房也

毬　毛部蹴蹴曰毬

毬　同上

求　水部覓也索也乞也

泅　水部浮行水上也

球　王部美玉也一曰玉磬

絿　糸部急也

紈　同上

艽　詳二九六頁

虯　虫部龍子有角者

虬　同上

蛷　虫部多足虫也或作蠤

裘　衣部皮衣也又箕裘

觓　角部同斛

斛　角部角貌

觩　角部長貌又角曲貌又弓健貌與斛同或作抹

逑　辵部聚斂也又匹也谷也

賕　貝部以財枉法相謝也

鰌　魚部魚名

（上聲）

糗　米部熬米麥使熟而又糗之又糗粮也

⿰食臭　食部食物爛也

（去聲）

無

(CHIU.) 基慪

（上平）

丩　丨部延蔓也

啾　詳三一四頁

咎　口部愆也惡也過也又去声

揪　手部手揪也

揫　手部收束也斂也聚也

柩　木部在牀曰尸在棺曰柩柩久也久不復變也

匶　匚部籀文柩字

樛 木部木枝垂也又姓
湫 水部水名又憂愁貌又音劉湫溢也
湬 同上俗字
湭 水部酒液也又音囚與泅同
疚 疒部病也
究 穴部極也窮也又畢竟也又去声

朻 木部同樛又木名
糺 糸部糾收也又戾也又去声
糾 糸部糾纏也又察也舉也又去声
赳 走部武勇也
酋 酉部酒也又酒官也又酋長之魁師之名
鬮 門部鬭取也又手取也俗曰抓鬮
鬮 同上俗字
鬏 髟部楼髮也俗曰挽鬏
鳩 鳥部鳥名又聚也集也又人名

（下平）無

（上聲）
九 乙部數目名老陽數也
久 丿部長遠也又音几
乆 同上俗字
灸 火部灼体瘵病也
玖 玉部石次玉也
酒 酉部就也穤汁所釀杜康造也又姓
韭 部首韭也韭菜藿山韭
韮 同上

（去聲）
僦 人部賃也
廄 广部馬舍也
廐 同上俗字
厩 厂部同上俗字
就 尢部成也即也迎也從也終也
救 攴部久也极也護也助也
疚 疒部久病也
瘷 疒部縮也又音縮
稩 禾部稭稔實也
粙 米部同上
桕 木部鳥桕木名
臼 部首舂也又杵臼星名下畫相連與臼字不同
舅 臼部母之兄弟為舅又夫之父亦曰舅又外舅
舊 臼部對新之稱又久也故也
鷲 鳥部鳥名

（上平）

瑕　玉部玉小赤也又玉玷又下平

瞎　目部目盲也

蝦　詳八三頁

谺　谷部谷空貌

鰕　魚部魵也又鰕米也同蝦

（下平）

匣　詳一四一頁

匣　匚部櫃也匣子也

叚　又部姓也又音假借也

呷　口部吸而飲曰呷又嗅呷衆声又噏呷衣裳張起之貌

峽　山部山名蜀楚之交山有三峽山峭夾水曰峽又去聲

币　詳一四一頁

暇　日部無事也又

（去声）

柙　木部藏獸檻也

斜　斗部不正也又音邪

狎　犬部親近也玩熟也又去声

狹　犬部狭窄也不濶也又去声

𨍶　舛部車軸耑鍵也

轄　車部車声一曰鍵也又轄管

遐　辵部遠也又音何與何通

鎋　金部車軸頭鐵也

陜　阜部隘也

霞　雨部赤雲氣也又通赮遐蝦等字

赮　赤部赤色也

騢　馬部馬雜毛也

黠　黑部堅黑也又慧也又去声又

音結

（上聲）

無

（去聲）

下　一部降也又上声對上之稱也又部中

夏　國謂之諸夏又大夏禹樂名又五色曰夏又大屋曰夏詳八三頁

嚇

廈　詳二三三頁

洽　水部濡也合也又下平又音合水名

浹　水部浹潒水貌又音夾徹也謂潤澤決洽相霑徹也

煆　火部熱也

祫　示部大合祭先祖親疏遠近也

罅　缶部裂也又孔罅又與呼通

希阿 (HSIA.)

諕 言部誑也又音豪號也
謼 同上
鏬 金部鏬字之譌
墟 土部同上
𨻶 阜部同上
懗 心部誑也

希傲 (HSIAO.)

（上平）

削 詳二八六頁
呺 口部呺然虛大貌又音豪呌呼怒声
哮 口部豕驚声也又哮喘又大怒也
囂 詳八六頁
宵 宀部夜也又宵行虫名
嘵 口部懼声也

枵 木部虛也
梟 木部不孝鳥又姓也
歊 欠部熱氣也又音郝
消 水部滅也
瀟 水部風雨暴疾貌又水名
瀟 水部水名
烋 火部美也慶善也又音休和也又通作休

猇 犬部虎欲齧人聲也又音肴
痚 疒部喉病也
痟 疒部頭痛也
硝 石部硝硝葯名也
簫 竹部樂器舜所作
箾 同上舞者所執之物
綃 糸部生絲繒也
蕭 艸部蕭條寂寥

也又姓
虓 虎部虎鳴也
蛸 虫部蜱蛸也又音梢蠨蛸小蜘蛛也
蠨 虫部蠨蛸小蜘蛛也
逍 辵部逍遙猶翱翔也
銷 金部鑠金也又盡也又姓
鮹 魚部魚名

希傲 (HSIAO.)

上平

霄 雨部雲氣也又消也又姓

驍 馬部良馬也又勇捷也

魈 鬼部獨足鬼山精也又去声

鴞 鳥部鴟鴞也大如班鳩綠色

（下平）

學 此俗也也如俗話學手藝學買賣等類是也餘

（上聲） 詳二八六頁

小 部首物之微也細也

曉 日部明也旦也又開喻也

皛 白部顯也明也白也

皢 白部明也白也

筱 竹部箭屬又小竹也

篠 同上

（去聲） 詳一五七頁

傚 人部法也又叶音豪

効 力部與効同効驗也効力也

咲 口部同笑

嘯 口部吹声也

孝 子部善事父母為孝

恔 心部快也

效 攴部象也學也傚也法也功也驗也勉也致也又獻也進也

斅 攴部教也

校 詳二九七頁

歗 欠部同嘯

肖 肉部骨肉相似也又法也類也又小也

笑 竹部喜而解顏也

希昂 (HSIANG.)

（上平）

廂 广部廡也廊也東西室也

儴 彳部儴儴行疾貌

湘 水部水名又山名

瓖 玉部馬上飾也

相 目部省視也共也又去声輔助也

箱 竹部竹篋也

緗 糸部淺黄色
箱 艸部蘂名
薌 艸部穀氣也黍曰薌合梁曰薌其又地名
襄 衣部解衣也又上也除也成也駕也贊也
鄉 邑部向也衆所向也萬二千五百家為鄉又與嚮嚮同又通向

鑲 金部作型中腸也又俗話鑲邊鑲沿用此字
香 部首芳也芬芳也又姓
驤 馬部馬之低昂也又舉也遠也
麘 鹿部麝麘也

（下平）

庠 广部庠者詳也于以孝禮詳事也
痒 疒部病也又與瘍同創也
祥 示部福也吉也一云善也
翔 羽部回飛也
詳 言部審也備也悉也又善也詳三百頁
降

（上聲）

享 亠部獻也祭也歆也受也當也又享禮又宴享
想 心部思也
蠁 虫部知声虫也又去声蛹虫也
餉 食部饟也又饁也今俗軍粮曰餉
饗 食部設盛禮以飯賓也又鄉人飲酒也又祭名
饟 食部同餉又音商又音賞又音讓
響 音部声也又應声也
响 字典無此字俗同上
鮝 魚部鯗魚也
鯗 同上俗字
鱶 同上

（去聲）

像 人部形像也稍似也又摹做也
向 口部北出牖也又對也昔也
嚮 口部即向字又兩階謂之嚮又上声
巷 已部街巷也
曏 日部往時也
橡 木部橡樹也又音樣栩實也柔也
象 豕部大獸也又法也
闀 門部陌也備也
項 頁部頭後也又

大也又俗語錢項用項進項

（上平）

仙　人部神仙仙遷也遷入山也

僊　人部同仙又僊僊舞貌

先　儿部前進也又早也始也故也又去声先之也凡先事而爲曰先

孅　女部銳細也與纖通又孅趨巧佞也

忺　心部意所欲也

憸　心部利口也

掀　手部以手高舉也

杴　木部鍬屬

祆　示部官名

秈　禾部稉稻也

籼　米部同上

纖　糸部俗字也

纖　糸部細也又布也

襳　衣部小襦也衣之長帶也又同襂旌旗之旓也

襳　同上俗字

蹮　足部旋行貌又舞貌

躚　足部舞貌

暹　日部日升也又國名

銛　金部銛屬又利

也

鮮　魚部生魚也又潔也鮮明也又上声少也又姓

鱻　魚部新魚精也

鶱　鳥部飛舉貌

（下平）

咸　口部悉也同也皆也

銜　金部馬口勒也凡口含物曰銜又官吏階位曰

銜

㘅　口部同上

啣　同上俗字

衘　行部同上俗字

嫌　女部不平於心也又疑也

嫺　女部靜也雅也又嫻習也

嫻　同上

弦　弓部弓弦也又月半之名

涎　詳二六五頁

痃　疒部小腹病

癇　疒部小兒癇病也

絃　糸部八音之絲也

緘　詳三零三頁

胘　肉部牛百葉也

蚿　虫部馬蚿虫似蜈蚣而小

蝛　虫部虫似蛤出海中

舷　舟部船邊也

誠 言部和也
賢 貝部有德也又善也又姓
贒 古賢字
閒 詳三零三頁
閑 門部闌也又防也又習也
鷴 鳥部白鷴鳥名
鹹 詳三零四頁

(上聲)

僩 人部威嚴貌
尟 小部少也
尠 同上俗字
峴 山部山名在襄陽
廯 广部倉廩也
幰 巾部車幔也
憪 心部寬大貌又不安也
挄 手部撰挄手捻物也
撊 手部勁忿貌
㬎 古文顯字
㬎 同上
毨 毛部毛更生整理也
毨 同上
洗 詳六九頁
燹 火部野火兵燹也
獫 犬部犬長喙善獵也
獮 犬部殺也秋獵也
玁 犬部玁狁北狄也
睍 目部明貌又視也
瞯 目部眄也又音坎視也胡也
癬 詳二八四頁
筅 竹部與筅同帚也又狼筅兵器也
箲 竹部飯具
蘚 艸部苔蘚也
蜆 虫部小蛤又小黑虫也
跣 足部徒足履地
銑 金部金之最有澤者一曰小鑿也
轞 車部車行声也
轞 同上
險 阜部阻難也危也又邪也惡也又音嚴亦作巖或作嶮
顯 頁部先也明也著也又遠也又姓

(去聲)

俔 人部譬喻也又諜也即今之細作也
憲 心部法也又興盛貌又懸法示人曰憲
昡 日部日光也
晛 日部日氣也
獻 犬部呈也進也又姓
献 同上俗字

(HSIAN.) 希安 去声

現 王部王光又顯也露也又現在也

綫 糸部縷也縫綫也

線 同上

縣 糸部郡縣也又音懸繫也

羨 羊部羨慕也貪欲也又餘也

莧 艸部莧菜也

舀 臼部小拼也

見 詳三零五頁

鋧 金部小鏨也

鋗 金部車環也

閒 門部門閾也

限 阜部阻也界也度也又門楣也

陷 阜部高下也墜入地也又沒也隤也

霰 雨部俗謂之米雪也

霓 同上

餡 食部餅中實也

(HSING.) 希哼

(上平)

惺 心部惺憁了慧也又靜也

星 日部列宿名又姓

煋 火部火烈也

猩 犬部猩猩能言之獸也

腥 肉部生肉曰腥又腥臊也

興 臼部興起也舉也又動也盛也

醒 又去声興況意味也高興也酉部醉解也又上声夢覺也

觪 角部角弓調利也

鉎 金部鐵衣也又音生

鋥 同上

餳 食部餡也亦謂之餦餭

馨 香部香遠聞也又音信晉人以為語助寧馨是也又音心

(下平)

騂 馬部馬赤黃也又牲赤色也

鯹 魚部魚臭也

侀 人部即刑字刑者侀也侀者成也一成而不可變更也又通作形

下平 (HSING.) 希哼

刑 刀部剄也罰總名也又常也法也

娙 女部漢女官名又音經長好貌

形 彡部象形也容也狀也又現也又骨露曰形

型 土部模也鑄式以土曰型

硎 石部砥石也

蛵 虫部虰蛵即蜻蛉也

行 部首人之步趨也又行事也又去声德行也又音杭列也次第也輩行也

邢 邑部國名又姓

陘 詳三零八頁

（上聲）

惺 心部悟也又上平声

擤 手部捻鼻齈也

涬 水部溟涬大水貌一曰混茫貌

省 詳二三八頁

（去聲）

倖 人部儌倖也倖倖也又叶音與

姓 女部姓氏也又子姓姓生也子之所生孫也故子孫謂之子姓

幸 干部非所當得而得與不可免而免皆可幸又冀望也御也愛也寵也又姓

性 心部性理也性命也

悻 心部悻很怒也又上声

杏 木部菓名

脛 詳三零八頁

臖 肉部瘡腫也

荇 艸部接余也根生水底莖葉浮水面與水深淺等

莕 同上

(HSIN.) 希恩

（上平）

侁 人部與駪通馬羣行欲先也又衆多貌

心 部首火藏也身之主神明之舍也又宿名

忻 心部同欣

欣 欠部喜也又姓

昕 日部日將出也又大昕朔日也又姓

(HSIN)　(希恩)

新 斤部對舊之稱又初也鮮也

歆 欠部神饗而羨也

炘 火部熱貌又光盛貌

甡 詳二三七頁

莘 艸部地名又長貌又細莘葯名又姓

薪 艸部柴也

訢 言部喜也通欣

詵 言部致言也又和集貌

辛 部首言萬物之辛生又歲月日之名又辛辣味也又辛若

馨 詳三三三頁

駪 馬部馬衆多貌

(下平)

尋 此俗音猶借也借無須還也餘詳二八五頁

(上聲)

無

(去聲)

信 人部慤實也不疑也不差爽也又再宿為信又音申即古伸字

囟 囟部腦蓋也一曰頂門

顖 頁部古囟字

衅 血部同釁

釁 酉部牲血塗器祭也又瑕隙也爭端也又姓

迅 詳二八六頁

(HSIEH)　(希耶)

(上平)

些 二部少也又好些多也又上声又語辭也

揳 手部插也擊也又撅揳不方正也又撤也塞也又與絜同

搚 手部挺出物也一曰揲也

楔 木部木楔子門樞也棖也又櫻桃名

歇 欠部休息也氣洩也又姓又音翕

薛 詳二八六頁

蠍 虫部蠍子蠆尾虫也有毒

(下平)

偕 人部俱也又强力也又音皆

勰 力部古協字同心之謂也

叶　口部古文協字也叶韻也

協　十部合也同衆之和也

愶　心部恐迫也又怯也又

協　同上

挈　手部懸持也提挈也又去声缺也又絕也

挾　詳二九三頁

擕　詳六七頁

携　同上俗字

斜　詳三一七頁

脅　肉部腋下也

脇　同上

衺　衣部不正也或作衺通作斜

諧　言部和合也

龤　龠部樂和諧也今作諧

邪　邑部不正也又音耶疑詞

鞋　革部屐也本作

鞵　鞵詳六八頁

骸　骨部脛骨也又骨也百骸也又音孩

（上聲）

寫　宀部傾也除也盡也輸也又騰鈔又摹畫

血　詳二八六頁

（去聲）

卸　卩部舍車駕馬

契　脫衣解甲日卻詳六二頁

媟　女部嬻也狎也慢也又汚也

屑　詳二八六頁

屧　尸部屧中薦也又屐也

懈　心部息也

⿰扌戒　手部持也

枻　詳七四頁

械　木部桎梏也又器械也

榭　木部臺榭也

泄　水部漏也又歇也餘詳七四頁

洩　水部洩漏也又姓

瀉　水部以澮瀉水又吐瀉也

瀣　水部流瀣海氣一日露一日氣北方夜半氣也又與澼同

澥　水部海別支也

暬　日部日狎習相慢也

燮　火部和也

猲　犬部短喙犬也

獬　犬部獬豸似鹿一角一名神羊能別曲直者

疶　疒部疶痢也

⿸疒垂　疒部⿸疒衣也

⿸疒舄　同上

擷　手部捋取也以衣貯物扱其衽

(HSIEH.) 希耶 去声

絜 詳三一三頁
紲 糸部繫也又馬韁也
絏 同上又攣也
緤 同上
薤 艸部葷菜
蟹 虫部蟛蟹也
蠏 同上
褻 衣部私服也又狎也
褉 衣部襦也
解 詳三一三頁

謝 言部感謝也辭去也絕也又彫落也又姓
躞 足部蹀躞也
邂 辵部邂逅不期而會也
䩉 革部繫牛脛也
駭 馬部驚起也
駴 馬部雷擊鼓也又震擊也
㴬 水部水名

(HSIU) 希慪

(上平)
休 人部美善也慶也息也又李之無實者名休
修 人部飭也又飾也葺也理也又前修古之聖賢也
咻 口部噢咻痛念声又讙也
宿 詳二一頁
庥 广部庇庥蔭也

烋 詳三一八頁
脩 肉部脯也治也又長也又姓
脩 肉部進也致美味也
䐓 同上
羞 羊部獻進也又膳也又愧恥也
貅 豸部猛獸也
饈 食部膳也薦也
饈 同䐓
鵂 鳥部鵂鶹鳥名

(下平)
無

(上聲)
朽 木部木腐也
㱙 歹部腐也
滫 水部米泔也又溺也

(去聲)
嗅 口部以鼻取氣也
岫 山部山有穴曰岫

（希幅）（HSIU.）

琇 玉部玉名又音酉

秀 禾部美也又禾吐華也又與綉同又姓

綉 糸部錦成片也

繡 糸部五采備也又刺繡也畫也又姓

袖 衣部袂也又由也手所由出入也

臭 詳二三一頁

鏽 金部生鐵衣也即鐵鏽也又音肅

銹 同上俗字

齅 鼻部同嗅

（衣阿）（YA）

（上平）

丫 丨部木之岐頭者又俗話丫頭俾女也

呀 口部張口貌又俗話語助

壓 土部鎮也降也笮也覆也壞也塞補也又彈壓也

押 手部管拘也又俗語猶質也又

犽 下平又上声簽書文字也牙部吴人謂赤子曰孲犽

鵶 鳥部烏也純黑反哺者曰烏小而腹下白不反哺者曰鵶

鴨 鳥部家鶩也一名舒鳧

椏 木部江東謂樹之岐枝曰杈椏

（下平）

枒 木部車輪外輞也又木名

牙 部首牙齒也又姓也

芽 艸部萌芽也

衙 行部唐制天子居曰衙今官府所居亦曰衙

耶 耳部語助又疑詞又音爺又俗邪字

衣阿 (YA)

（上聲）

啞 口部声也又嘔啞小兒學語也又瘖也不能言也俗曰啞叭

瘂 疒部瘖也不能言也

雅 隹部風雅也又正也常也嫻雅也又上平同鴉

（去聲）

亞 二部醜也又亞次也又少也就也又姻亞又音惡與堊同塗飾牆也

婭 女部兩婿相謂為婭

枒 手部扠掙不正貌

揠 手部拔也

砑 石部碾也

訝 言部疑怪也

軋 車部車輾也又勢相傾也又刑名

迓 辵部相迎也

衣愛 (YAI.)

（上平）

無

（下平）

厓 厂部山邊也水邊亦曰厓

崖 詳八五頁

娾 女部醜也又音騃喜樂也

捱 手部延捱也又拒也俗語捱過去

涯 詳八五頁

衣傲 (YAO.)

（上聲）

無

（去聲）

無

（上平）

凹 詳八六頁此俗音

吆 口部吆吆声也又吆唱賣物声

喓 口部虫声

夭 大部夭夭和舒貌又少好貌又上声短折也又物髯曰夭

徼 遮也餘詳二九七頁

妖 女部巧也艷也好也娟也又異也孽也

幺 部首小也

么 同上俗字

腰 肉部身之中也

⿱要月 同上

葽 艸部草盛貌

䙅 衣部衣襻也

要 西部約也又求也又要會也又勒也劫也又劾也察也又去声凡要也槃要也

邀 辵部招也求也又通作要又俗權物之輕重亦曰邀

(下平)

僥 詳二九六頁

垚 土部土高貌

堯 土部翼善傳聖善行德義皆曰堯

媱 女部美好貌

姚 女部舜姓又善好貌

崤 山部崤函山名也

嶢 山部嶢嶢高貌也

徭 彳部役也

愮 心部愮愮憂無告也又悸也邪也惑也亂也

搖 手部撼也動也又搖光北斗第七星一名招搖

暚 日部日光也

榣 木部樹動也

殽 殳部與肴同嘉殽也又與淆同亂也又去声禮殽於地也

淆 水部濁也又亂雜也

爻 部首交也又效也

猺 犬部狗種

珧 玉部蜃甲也

瑤 玉部美玉也又瑤池

窯 穴部燒磚瓦之窯也又煤窯

窰 同上

䍃 缶部瓦器也瓶也又音由

肴 肉部啖也俎實也

謠 言部歌也徒歌曰謠又謠言也

繇 言部隨從也又與由同

軺 車部小車也

⿰車䍃 同上

餚 食部饌也與肴同

颻 風部上行風也

鰩 魚部文鰩也魚有翅能飛

(上聲)

杳 詳一三八頁

衣傲 (YAO.)

上声

拗 詳八六頁
㨳 手部很戾也
殀 歹部不壽也
窅 穴部深目也
窈 穴部幽靜也
[illegible] 詳一一六頁
鷕 鳥部雌雉鳴也
[illegible] 同上
咬 詳八六頁
齩 齒部同咬齧也齧骨也又音小義同

（去聲）

曜 詳二九一頁
樂 詳四五頁
燿 詳二九一頁
瘧 詳一九八頁
耀 詳二九一頁
葯 祥二九一頁
袎 衣部襪頸也俗曰襪袎子
鑰 詳二九一頁
藥 詳二九一頁
靿 革部靴靿也又

曲也

鷂 鳥部鷙鳥也俗曰鷂鷹又老鷂子

衣昂 (YANG.)

（上平）

咉 口部應声也又咉咉咽悲也俗曰咉告
坱 土部塵埃也又上声又坱圠冲融無迹也
央 大部中也又久也又已也又半也又盡也又央央鮮明皃
殃 歹部禍也

泱 水部深廣皃
祑 示部同殃
秧 禾部禾苗也
胦 肉部臍也
鞅 革部馬頸革也又上声頸組也牛鞯也又鞅掌事煩之狀也
鴦 鳥部鴛鴦也

（下平）

佯 人部詐也
崵 山部崵山在遼

西

徉 彳部彷徉徙倚之皃又徜徉
揚 手部發也顯也舉也稱說也明也飛也鉞也
昜 日部開也一日飛揚一曰長也又光也古陽字
暘 日部日出也
楊 木部木名
洋 水部水盛貌

衣昂 (YANG.)

下平

- **烊** 火部炎也
- **煬** 火部鑠金也又去声炎爍也
- **痒** 詳三百二十頁
- **瘍** 疒部頭瘡也
- **禓** 示部道上祭也一曰道神又音商逐強鬼也
- **羊** 部首祥也從子象頭角尾之形
- **羊** 羊本字
- **錫** 金部與鍚同鏤
- **鍚** 鍚馬額刻金飾同上
- **陽** 阜部高明也日也又氣凝聚為陰流行為陽又姓又通作陽
- **颺** 風部風所飛揚也又大言而疾曰颺又舟徐行貌

（上聲）

- **仰** 人部舉首望也
- **懩** 又心慕之辭心部心所欲也有藝欲達曰技懩
- **癢** 疒部同痒膚欲搔也俗曰癢癢
- **養** 食部育也畜也長也又取也又養養之不定貌又去声供養也

（去聲）

- **快** 心部懟也不服
- **恙** 不情不滿足也心部憂也病也今人云無恙謂無憂也
- **攁** 手部式攁法也
- **樣** 木部同樣法也又音象栩實也
- **漾** 水部水名又水動貌
- **羕** 羊部水長貌
- **鉠** 食部飽也滿也
- **餁** 食部餌也

衣安 (YEN.)

（上平）

- **嫣** 女部美也又巧笑態也
- **㤿** 心部愛也又㤿懨多意氣貌又音安甘心也
- **懕** 心部安也
- **淹** 水部水名又清也又留久也又水淹也又音安没也
- **渰** 水部雲興貌

(YEN.)　（衣安）　平上

煙 火部火鬱氣也又姓也又烟葉
烟 同上
[illegible] 同上
馬 火部語辭又下平声
燕 火部國名又姓又去声息也安也又烏名
胭 肉部喉也又胭脂與臙脂同
臙 肉部臙脂也

菸 艸部同烟餘詳五六頁
蔫 艸部菸也又物不鮮也又去声臭草也
[illegible] 肉部嗌也謂咽喉也
腌 肉部清肉也即腌肉也
醃 酉部鹽清菹也
鄢 邑部縣名又姓又地名

閹 門部豎也男無勢精閉者又上声
（下平）
嚴 口部教命急也又莊也謹也飭也又陰氣凄冷也
[illegible] 口部[illegible]弟貌也
厓 詳三二九頁
埏 土部地際也又

登也方也又墓道曰埏
姸 女部慧也媚也美好也
妍 同上
嵒 山部山巖也又嶃嵒山高貌
岩 同上俗字
崖 詳八五頁
巖 山部岸也
巗 同上
延 又部長也陳也

又遠也施及也又引也納也又進也又遷延掩久也
檐 木部與簷同屋檐也
簷 竹部同上
沿 水部順流而下曰沿又循也又沿猶因述也又去声俗曰河沿詳二六五頁
誕

炎 火部火光上也又熱也
研 石部礲也又窮究也又去声與硯字同
碞 石部同巖
芫 此俗音芫荽也餘詳二八八頁
莚 艸部草名又上声蔓莚不斷也
筵 竹部竹席也又[illegible]也

蜒 虫部虫名蚰蜒也又蜿蜒龍貌

言 部首宣也發端曰言答述曰語又姓

閆 門部同閻又姓

閻 門部里中門又姓

顏 頁部眉目之間也又容顏又姓

鹽 鹵部鹹也煮海為盐也又澤名

又姓

盐 同上俗字

（上聲）

偃 人部偃息仆也服也臥也靡也又偃蹇

儼 人部昂頭也恭也又好貌

剡 刀部銳利也又斬也又音冉

兗 儿部州名

匽 匸部匽也隱也

吮 詳三零二頁

埯 土部土覆物也

奄 大部平也忽也止也又取也藏也遮也大有餘也又同也又上平声淹留也

⿰女弇 女部女有心⿰女弇⿰女弇也

巘 山部山形如甑又山峯也

广 部首因广為屋

弇 廾部蓋也又器之口小中寬者曰弇

扊 戶部扊扅戶牡所以止扉也

掞 詳二三六頁

掩 手部遮也閉也又襲取也

揜 同上

晻 日部日無光也又音暗不明也

檿 木部山桑也

⿰木厭 同上

演 水部長流也又通也潤也又引也又廣也延也又與衍同又操演排演習演

琰 玉部璧之美者廟諱敬避

眼 目部目也

蝘 虫部蝘蜓守宮也

衍 行部水溢也又延也寬也又茂盛也又敷衍也

⿰忄匽 心部性狹也

靨 面部姿也又頰輔也又面黑子也又音夜

魘 鬼部夢驚也

黶 詳八八頁

鼴 鼠部大鼠也形如大牛好偃河而飲水

⿰鼠晏 同上

(YEN.) 衣安

（去聲）

傿 人部偽物也

厭 厂部足也滿也惡也又平上安又上聲閉藏貌又音迸鎮也壓也伏也

咽 口部呑也又哽咽悲塞也又上平声咽喉也

嚥 口部呑也

唁 口部吊生曰唁吊失國曰唁

喭 同口部粗唁又俗也

宴 宀部合飲也安也喜也閒也又息也

彥 彡部美士曰彥

堰 土部壅水為堰也

晏 日部安也又天清也又晚也又姓

灩 水部激灩水動貌

灧 同上俗字灩本字

灩 同上俗字

焰 火部火光也

焱 同上

餤 同上

硯 石部研也研墨使和濡也

諺 詳八八頁

讌 言部合語也又與讌同

讞 言部平獄也議刑也又音孽

豔 豆部好而美也又歆羨也又光彩也

豔 同上

艷 色部同上

豔 同上俗字

[illegible] 貝部物相當也

贗 貝部偽物也

贋 同上俗字

醼 酉部同宴

釅 酉部本作醶酢漿也又醲也酒醋荼等物味厚皆曰釅

醶 同上又音釅鹵味也

雁 隹部大雁也

鴈 鳥部大雁也大曰鴻小曰雁又姓

饜 食部飽也足也又飫也

驗 馬部證也效也又考視也

騐 同上俗字

（上平）

嚶 口部嚶嚶鳥声之和也

嬰 女部嬰孩女曰嬰男白孩人始生曰嬰兒又加也又觸也

攖 手部孩也

應 心部當也又料度之辭又小鼓謂之應又去声答也應物之感

櫻 也又天子之門正曰應門手部觸也廹近也又亂也

櫻 木部櫻桃也櫻花也

瑛 玉部玉光也

瓔 玉部石似玉者

罃 缶部備火長頸瓶也

甖 瓦部同上

罌 缶部缶也

膺 肉部胸也又親也當也

纓 糸部冠糸也又馬鞅也

英 艸部華而不實者謂之英又木名又俊也

譍 言部以言對問也

賏 貝部連貝飾頸曰賏女子飾也

霙 雨部雨雪雜下

鷹 也又白雲貌鳥部鷙鳥也以鷹擊故謂之鷹

鶯 鳥部黃鸝也

鸎 同上

鸚 鳥部鸚鵡能言也

（下平）

嬴 女部少昊氏之姓又秦姓

塋 土部墓也

楹 木部柱也

瀯 水部水洄貌

瀅 水部水澄也

瀛 水部大海也

熒 火部造也燈燭之光也

營 火部造也經營也又軍壘曰營又姓

瑩 玉部石似玉又潔也

盈 皿部滿也又國名又姓

籯 竹部箸篇也

籝 竹部籠也

螢 虫部火虫名腐草所化者一名熠燿亦名焰燐

蠅 虫部飛虫也青蠅即蒼蠅也

贏 貝部餘也賈獲利也輸之對也

迎 辵部逢也又逆也迓也

衣哼 (YING.)

（上聲）

影 彡部物之陰影也
癭 疒部頸瘤也
郢 邑部楚地名
潁 水部水名
頴 木部木名一曰錐柄一曰刀鐶又足几又篋也
熲 火部火光也輝也又古文耿字也
穎 禾部禾末也又鐶也又錐鋩也又警杭也又筆頭也又士才能拔類者亦曰頴

（去聲）

映 日部明相照也
暎 同上
硬 石部堅牢也鞕之對也
鞕 革部同上

衣恩 (YIN.)

（上平）

喑 口部兒泣不止曰喑又喑噫聚氣貌
嚚 口部語声也言不忠信為嚚
因 口部緣也就也襲也又依也
垔 土部上城具也又塞也
堙 土部塞也又土山也
姻 女部女曰婚妻曰姻婿以昏時而來女則因之而去
婣 女部同姻又和也
愔 心部安和貌
慇 心部慇勤也
殷 殳部盛也又衆也正也又商別號又姓
湮 水部塞也沒也
氤 气部氤氳元氣交密之狀
瘖 疒部不能言病又去声痛也
禋 示部精意以求也
絪 糸部絪縕元氣也亦作氤
茵 艸部蓐也車重席也又文茵虎皮也
裀 衣部衣身也

謹 言部敬也

醅 酉部醉声也

陰 阜部閽也陽之對也又姓又去声瘞藏也又與蔭通

陰 同上俗字

陻 阜部塞也與堙烟烋同

闉 門部城內曲重門也又塞也又姓

音 部首声也生於心有節於外謂之音又姓也又與蔭通

駰 馬部泥驄馬也

麐 鹿部牝鹿也

（下平）

吟 口部詠也又嘆也又長詠也

听 口部笑貌大口貌

唫 口部與吟同又口急也

垠 土部岸也崖也地埒也界也

夤 夕部恭也敬惕也又進也緣連也又腰絡

寅 宀部東方之辰一曰孟阪又演也敬也强也又同寅也

崟 山部嶔崟山貌也

淫 水部亂也溢也放也貪也過也甚也邪也久也

狺 犬部犬爭声

琅 玉部石似玉者

碒 石部磤碒深險連延貌

螾 虫部蚯螾也一名土龍又上声

蟫 虫部白魚也衣書中虫一名蛃魚又音覃

誾 言部和悅而諍也又姓

釿 詳三百一十頁

銀 金部白金也又姓

霪 雨部久雨也

⿰斤虎 斤部虎声也

齗 齒部齒本也又齗齗爭辯貌又音肯齒見貌一曰齧也又笑也又音釿犬爭吉

（上聲）

乙 乚部古文隱字匿也

尹 尸部治也誠也進也正也衆正官之長也

廴 部首長行也

引 弓部導也延也久也長也又開弓也

⿰引人 同上

蚓 虫部蚯蚓也

癮 疒部癮疹皮外小起也又癖也
瘾 同上
隱 阜部微也又蔽也匿也又痛也
隐 同上俗字
飲 食部咽水也亦歠也又漱也又去声以飲食之
繶 糸部繶衣裳也

(去聲)

印 卩部執政所持信也符印也印信也亦因也

媵 女部送女從嫁也諸侯一娶九女二國媵之又凡送皆曰媵
倭 人部同上
廕 广部屋宇相庇也
憖 心部問也敬謹也且也顏也强也又缺也
慭 同上俗字
窨 穴部地室也
縯 糸部引也又上声又音演長也
胤 肉部子孫相承續也 廟諱撥避
蔭 艸部草陰地又庇也又上平声
靷 革部引軸也駕斗具在胷曰靷又上声

(YEH) 衣耶

(上平)

噎 口部食窒氣不通也
擪 手部俗曰靴擪子又按也持也又去声
擨 同上

(下平)

揶 手部揶揄舉手相弄也又音俞胥揶殘餘也
捓 同上
擨 同上
梛 木部木名
椰 同上
爺 父部俗謂祖父曰爺爺又謂父曰爺又音跌亦謂父也
瑘 玉部瑯琊地名詳三二八頁
耶

(上聲)

也 乙部語終辭也又發語辭

上声

衣耶 (YEH.)

冶 二部鎔也銷也鑄也蚩尤造九冶又鑄匠謂之冶人又裝飾也又妖冶女態貌

埜 土部同野

野 里部郊外也又粗野又姓

（去聲）

哋 詳七三頁

⿰口夜 口部凡鳥朝鳴曰嘲夜鳴曰⿰口夜

夜 夕部日入為夜與晝對

嶭 山部山貌

拽 詳七三頁

掖 手部與腋同臂下也又掖門掖懸又音奕挾扶也誘掖也

暍 日部傷暑也

曄 日部震電貌又光也明也

曅 同上

枼 木部即葉字又薄也

枽 同上

業 木部基業事業學業功業也又業業危貌又姓也

液 詳七四頁

腋 詳七四頁

葉 詳二百四十二頁

詍 詳七四頁

謁 言部請也告也

⿰糹曷 又刺名也糸部繒壞也又音瘞急也一曰不成也

鄴 邑部魏郡縣名又姓

鍱 金部鍱也銅鐵椎鍊成片者曰鍱

頁 部首頭也从頁从几一曰頁即首也

靨 詳三三四頁

饁 食部餉田食也

黦 黑部色壞也又音玉黑有文也

衣慪 (YU)

（上平）

優 人部和也勝也饒也又優游又優劣又倡優又調戲也

呦 口部鹿鳴声又哎呦俗語口語也

嚘 口部咿嚘嘆声也

幽 幺部深香也幽雅也又幽州

悠　心部逺也遐也思也憂也又悠悠行貌又悠渺貌
怮　心部憂也又含怒不言也
憂　心部憂愁也
攸　攴部所也為女擇配曰相攸
櫌　木部打塊槌摩田器也
滺　水部水流貌

耰　耒部覆種也摩田器也
鞦　詳三一四頁
麀　鹿部牝鹿也麀麀鳴聲

(下平)

囮　詳八九頁
圝　口部同上
尤　尢部尤異也一曰甚也過也怨也又尤而效之又最也

槱　木部積柴燎祭天也又上聲
梄　同上
[illegible]　火部同上
油　水部雲盛貌又脂膏又香油
游　水部浮行也又自如貌又姓
斿　方部旌斿之末垂者
猶　犬部貜屬又似也尚也

猷　犬部謀也
由　田部經也從也自也又與猶同又姓
疣　疒部瘤也
繇　系部同由又道也喜也又音遥茂也抽也又同搖役也隨從也
肬　肉部贅瘤也
蕕　艸部水邊草又臭草也

蕕　同上
蘨　艸部草盛貌又音遙
蚰　虫部蚰蜒虫名喜入耳者也
蝣　虫部蜉蝣也有翅能飛朝生暮死
蝤　虫部蝤蠐也又音啾蝤蛑似蟹而大生海邊
訧　言部罪也過也

輶　車部輕車也
遊　辵部遨遊也又友也交遊也
郵　邑部境上行書舍也又驛也又姓

(上聲)

卣　卜部中尊盛鬱鬯者按尊有三品上曰彝中曰卣下曰罍又下平聲

(衣傴) (YU.)

友 又部同志為友相交為友又善與兄弟為友又叶音雨
有 月部無之對也又去聲與又通
羑 羊部導也又殷地名又去聲
莠 艸部草也似稷無實
酉 部首就也黍成熟也又飽也老

黝 也八月也黑部微青黑色也

(去聲)

佑 人部與祐同保佑也又上聲佐助也
侑 人部耦也配也又勸食也
又 部首更也再也
右 口部左右之右人道向

囿 右以右為尊口部苑有垣也有藩曰圃有牆曰囿
宥 宀部寬宥也
幼 幺部小也人生十年曰幼
柚 木部似橙俗曰柚子又音逐織具也
牖 片部窗也在牆曰牖又上聲

祐 示部神助也保祐也
褎 衣部袖也又服盛貌
褏 同上
誘 言部導也引也相勸也

(刳阿) (K'UA.)

(上平)

夸 大部奢也大也華言無實曰夸
姱 女部好也
侉 人部同夸驕淫矜夸又阿去聲痛呼也
誇 言部大言也矜誇也又大也譺也逞也
恗 心部心自大也又音枯怯也

三四三 (K'UA.) (刳阿)

(下平) 無

(上聲)

咵 口部言庋也俗曰咵子

骻 骨部腰骨又大股間也又去聲同胯

(去聲)

胯 肉部股也又音庫

跨 足部越也又兩

踝 股間也足部踊也又俗音懷名曰踝子骨

(KUA) (孤阿)

(上平)

剮 刀部剮也

刮 刀部刮削又摩也

瓜 部首瓜也

聒 耳部此俗音俗言耳聒子用此字本音括攪也又無知貌

蝸 虫部蝸牛也形似小螺首尾能藏殼中行則出

颳 風部惡風也又俗曰颳風風吹熱也

騧 馬部黃馬黑喙也

鴰 鳥部俗名烏鴉曰老鴰又音括鶬鴰也

(下平) 無

(上聲)

剮 刀部剮肉置骨

冎 冂部同上

咼 詳一一五頁

喎 同上

寡 宀部少也單獨也孤也又五十無夫曰寡又寡妻賢妻也寡有之妻也又諸倭自稱曰寡人言寡德也

(去聲)

卦 卜部筮也三變成畫六畫成卦卦掛也掛萬象於上也

挂 手部懸挂也

掛 同上置而不用

絓 糸部有行礙也又絲結也又上聲繭滓絓頭也

罣 网部掛礙也

褂 字典無此字俗謂單衣也

詿 言部誤也賦也

（刳愛）（K'UAI.）

（上平）無

（下平）無

（上聲）

擓 手部揩摩也又扶扻也或省作擓

蒯 艸部草名又姓也

（去聲）

儈 人部牙儈會合市人者

噲 口部咽也又與快同

塊 土部土塊又大塊天地也

快 心部稱意也又爽也喜也疾也

檜 木部木名又音貴

澮 水部水注溝也又音貴

獪 犬部狡也

筷 字典無此字俗曰筷子即箸也

膾 肉部細切肉也

禬 衣部帶所結也又音會衣緩帶也

駃 馬部駃騠良馬也

餯 食部食也

鱠 魚部細切肉也與膾通

（孤愛）（KUAI.）

（上平）

乖 丿部乖張不和也

乗 同上俗字

（下平）無

（上聲）

夬 大部決也

拐 手部拐騙也

枴 木部老人枴杖

（去聲）

怪 心部思也齊也非常之事也

恠 同上

鄶 邑部國名又姓

⿰犭夬 犬部狡也又音決獸走也

(K'UANG.)（刳昂）

（上平）

匡 匚部正也

劻 力部劻勷遽也又迫貌

恇 心部恐也

筐 竹部俗曰筐子又飯具又牀名

誆 言部誆騙也謬言也

（下平）

狂 犬部猛也躁妄也

誑 言部欺也詐也又上平又去聲

㤮 心部同上

（上聲）

無

（去聲）

況 二部况且發語辭也

况 冫部即況字

況 水部寒水也又剡水也又音晃

壙 土部墓穴也又野也

懬 心部廣也大也寬也虛也潤也

懭 心部恨也或又通作懬又音礦悍也

框 木部棺門也又門檔古借用框

曠 日部空也大也又姓

眖 目部視也

眶 目部目眶也

貺 貝部賜也與也

[門匡] 門部門周木也

(KUANG.)（孤昂）

（上平）

光 儿部明也暉也華采也

洸 水部水涌光也又音恍與滉同水深廣貌

胱 肉部膀胱水府也

觥 角部酒器以兕角為之又觥觥剛直貌又大也觵本字

觵

（下平）

無

（上聲）

廣 广部大也潤也闊也播也

（去聲）

桄 木部織機桄也又上平木名

纊 糸部絮之細者

絖 同上

逛 辵部走貌又遊逛又音誑欺也

(刳安) (K'UAN.)

(上平)
寬 宀部裕也緩也廣也舒也不猛也又屋寬大貌又愛也

(下平)
無

(上聲)
款 欠部衷曲也誠也又叩也又留也又條款又款項

欵 同上俗字

窾 穴部空也

(去聲)
無

(孤安) (KUAN.)

(上平)
倌 人部主駕者小臣也

冠 冖部冕弁總名元服也又去聲男子二十而冠又為衆之首曰冠

⿰口官 口部和嗚⿰口官⿰口官也

官 宀部官也職也公也法也司也

綰 糸部織繒以糸貫杼也又去聲

棺 木部所以掩屍也俗曰棺材

瘝 疒部病也又官曠職也

綸 詳一九五頁

莞 艸部東莞地名又蒲席也餘詳一一七頁

觀 見部視也又姓又去聲卦名示也通作館

關 門部以木橫持門戶也又塞也閉也又關津又姓

鰥 魚部大魚名又無妻曰鰥

(下平)
無

(上聲)
悹 心部悹悹無依也

悺 同上

斡 斗部轉也旋也運也

琯 玉部本作管如篪六孔也又姓

痯 疒部病也又罷貌

筦 竹部鐘鼓筦絃也又姓

管 竹部樂器如笛而小又筆管又總理其事曰管

三四七 (KUAN.) 孤安

脘 肉部胃府也又音桓骨脂也
䏆 同上
館 食部客舍也又飯館公館
舘 舌部同上俗字

（去聲）

丱 丨部束髮如兩角貌
慣 心部習慣也
懽 心部懽懽憂無告也又與歡同
摜 手部與慣同習也引也又摜帶也
毌 毌部同貫又上平與毌不同
灌 水部溉也澆也
爟 火部舉火也
盥 皿部以盆水洗手也
祼 示部祭酌鬯以灌也
鑵 缶部汲器也
礶 同上俗字
瓘 玉部玉名
貫 貝部穿也又中也又籍也又姓又同慣習也
鑵 金部同鑵
鸛 鳥部水鳥性好水將雨則鳴

(K'UNG.) 刳哼

（上平）

崆 山部山名
悾 心部誠也愨也又悾悾無知貌
空 穴部盡也虛也又去聲窮也又俗話無空謂無暇也
箜 竹部樂器漢武帝時所作

（下平）

無

（上聲）

孔 子部通也嘉美之稱也又穴也空也又甚也又要路曰孔道又姓也

（去聲）

恐 心部懼也疑也慮也億度也
控 手部引也又告也又操制也又止馬曰控

（剋哼）（K'UNG.）

倥 人部倥偬困貌又上平聲倥侗無知也與悾同又上聲倥偬事迫促也

（孤哼）（KUNG.）

（上平）

供 人部設也供給也又口供又去聲具養也又奉也進也

功 力部勩也勳也又功勞功課又喪服大功小功

公 八部無私也正也共也又爵名五等之首曰公又三公官名也又尊老皆曰公又官所曰公

宮 宀部宮室黃帝作以避風雨古者貴賤所居皆得稱宮室秦始定為至尊所居又五音中聲曰宮

工 部首官也匠也又巧力也又巧也

弓 部首六材所成

恭 心部肅也敬也

恭 同上

攻 攴部擊也伐也習也專也治也又堅也

肱 肉部臂上一節也又音洪

蚣 虫部蜈蚣也

躬 身部身也又姓

躳 同上

魟 魚部鰤魟江虫形似蟹可食又白魟魚名又音江

䱋 魚部魚名似鱟魚或作魟

龔 龍部給也又殼也與恭同又姓

（下平）

無

（上聲）

廾 部首拱手也

廾 同上

(KUNG.) (孤哼) 上聲

共 八部向也又同也皆也合也公也衆也又與恭同又去聲

㤨 心部戰栗也

懭 詳三四五頁

拱 手部叉手也兩手合持曰拱

拲 手部罪人兩手共一木曰拲

栱 木部大杙也又栱斗柱頭枓栱

獷 犬部犬也又粗惡貌又音纊

珙 玉部玉名又大璧也又上平又音洪

磺 石部銅鐵樸石也又音黃石名

礦 石部五金礦璞礦俗卝讀作曠

穬 禾部芒粟也一曰稃不熟

嗊 口部俗曰猪嗊嘴又用嘴嗊皆用此字此字本音洪上聲囉嗊歌曲也

鑛 金部同礦

⿱巩車 車部車輖也

鞏 革部以韋束也又固也又姓又州名又縣名

(去聲)

貢 貝部獻也又賦稅以貢上也

贛 貝部愚也又陽也又通作貢又音紺地名也

(K'UN) (刳恩)

(上平)

坤 土部與乾對地道也臣道也妻道也

堃 古坤字

崑 山部崑崙山名也

崐 同上

昆 日部兄也明也又姓

琨 玉部石次玉者

䖵 虫部蟲之總名

蜫 同上

褌 衣部褻衣也

錕 金部赤金也

閫 門部門限也

髠 髟部鬄髮也

髡 同上俗字

鯤 魚部魚子又大魚也

鵾 鳥部鳥名似鷄而大

(下平)

無

刳恩 (K'UN.)

（上聲）

- **壼** 士部宮中衖也
- **悃** 心部悃愊實情也
- **捆** 手部齊等也又猶叩椓也又逼而窋緻也又取也抒也纂組也俗曰捆綁
- **梱** 木部門橛也又去聲
- **稇** 禾部絭束也
- **綑** 糸部織也

（去聲）

- **困** 口部窮也病也又倦劇力乏也
- **睏** 字典無此字俗作欲睡也

孤恩 (KUN.)

（上平）

- **無**

（下平）

- **無**

（上聲）

- **丨** 部首上下通也
- **滾** 水部大水流貌
- **組** 糸部繡帶也又音魂縫也
- **衮** 衣部龍衣法服
- **袞** 同上
- **輥** 車部車輞動也
- **鯀** 魚部魚也又禹父名

（去聲）

- **棍** 木部棍棒也

刳危 (K'UEI.)

（上平）

- **刲** 刀部刺也割也
- **盔** 皿部盂器又鉢也俗呼首鎧曰盔
- **虧** 虍部氣損也又缺也
- **虧** 同上

（下平）

- **奎** 大部兩髀之間又星名二十八宿之一

夔 久部木石之怪曰夔又敬懼也
戣 戈部戟屬
揆 手部度也
睽 目部違也睽乖之睽从目睽違之睽从日俗多誤用
睽 目部乖也目不相視也
窺 穴部小視也窺視也

葵 艸部葵花也又菜名
鄈 邑部地名亦作葵
逵 辵部通道也本作馗
闚 門部閃也謂傾頭門中視也通作窺
馗 首部面頰骨也又與逵同又鍾馗人名

騤 馬部馬行威儀也又強不息也
魁 鬼部魁帥也又猶首也大也又星名又魁岸雄傑也又姓

（上聲）

傀 人部偉也大貌美也盛也怪異也又傀儡
跬 足部半步為跬舉一足也

（去聲）

匱 匸部乏也竭也又音貴匱也
喟 口部嘆息也
媿 女部同愧
愧 心部慚愧也
殨 歹部爛也又音卉
潰 水部水旁決曰潰又亂也怒也又音卉
瞶 目部目無精也又極視也又音卉

簣 竹部土籠也即土筐也
膭 肉部肥貌
蕢 艸部草器也又姓
餽 食部貽也餽送也與饋同又姓
饋 食部餉也又進食也
嬇 女部陸終之妻

憒 心部心亂也又音快

（上平）

圭 土部瑞玉也上圜下方以封諸侯又測日景之圭又圭田潔也以奉祭祀

珪 玉部同上

嬀 女部水名又姓

歸 止部入也還也又姓

皈 白部皈依與歸同佛道其始修心則依佛法僧謂之三歸

袿 衣部婦人上服曰袿又長襦也

規 見部為圓之法又箴規也

邽 邑部縣名又姓

閨 門部宮中小門曰閨又女稱閨秀所居亦曰閨

頍 頁部舉首也又弁貌

龜 部首甲虫之長外骨內內者也又文也進也又龜貝貨名又山名又音鳩龜茲西域國名

龜 龜本字

（下平）

無

（上聲）

匭 匚部匣也包裹也纏結也既包裹之又纏結也

垝 土部毀也

宄 宀部姦也外為盜內為宄

恑 心部變也悔也

晷 日部日景也又上平聲

氿 水部水涯也又水旁出曰氿

癸 癶部十干之末又姓

簋 竹部盛黍稷器

（去聲）

詭 言部責也欺也謾也異也怪也違也戾也又姓

軌 車部車轍也又法也

餜 食部本音杲餅也此俗音俗曰燒餅油炸餜

鬼 部首歸也人所歸為鬼又國名

劊 刀部斷也

劌 刀部傷也割也

匱 詳三五一頁

桂 木部花名又姓

檜 詳三四四頁

櫃 木部櫝也

澮 詳三四四頁

瑰 玉部火齊珠又石次玉又玫瑰

跪 足部拜跪也

蹶 詳二八二頁

貴 貝部尊也不賤

鱖 魚部魚名

(K'UO.) （刳俄）

（上平）無

（下平）無

（上聲）無

（去聲）佸 人部會計曰佸又音活會也

廓 广部開也又虛也又空大也

括 手部檢也根刷也結也又包括也又箭受絃處曰括

擴 手部張大也詳三四三頁

聒

适 辵部疾也又人名

闊 門部疏也遠也又廣也又迂闊

濶 同上俗字

鞹 革部去毛皮也

鞟 同上

(KUO.) （孤俄）

（上平）嘓 口部煩言也

幗 巾部婦人飾也又去聲

摑 手部批也打也

蟈 虫部螻蟈也俗曰蟈蟈

過 辵部經也又去聲度也越也又過失也又姓

郭 邑部姓也又上聲廓也廓落在城外也又國名

鍋 金部車釭也又盛膏器又俗謂釜為鍋

（下平）國 口部小曰邦大曰國邦者封也國者城也

国 同上俗字

虢 虍部虎所攫畫明文也又國名又姓又去聲

（上聲）果 木部果子木實也俗作菓非又勝也尅也又決也驗也又因果又果然獸名又同裸女侍也又通裸亦體也

菓 艸部俗果字

椁 木部外棺也

槨 同上

猓 犬部獸名

螺 虫部細腰蜂也取桑虫為己子

裹 衣部包裹也纏裹也

餜 詳三五二頁

（去聲）

聝 耳部軍戰斷耳也

馘 首部截耳也又軍戰斷首也

乎阿 (HUA.)

（上平）

𢄙 巾部裂帛聲也

花 艸部草木之葩也又姓

芲 同上俗字

華 艸部同花又下平聲榮也又中夏曰華又去聲山名又姓

（下平）

划 刀部划撥進船也

劃 刀部破聲

嘩 口部同譁

崋 山部華山西嶽頂有池生千葉蓮花

滑 詳七七頁

猾 犬部狡也亂也

磆 石部樂名

譁 言部喧譁也

鏵 金部鍫也劃地為坎也

驊 馬部駿馬名

（上聲）

無

（去聲）

劃 刀部以刀劃破物也又下平聲

化 七部造化中有一變化變者化之漸化者變之成又氣化形化神化又教化風化

㩇 手部擘裂也

擭 手部握也手取也又音獲

樺 木部木名

畫 田部點畫也計策也又界限也又繪畫也

画 同上

話 言部言也

譮 籀文話字

(HUAI.)　(乎愛)

(上平) 無

(下平) 懷 心部思也服也安也藏也又胸臆也　槐 木部木名又姓　淮 水部水名又地名　蘹 艸部艸名　褱 衣部袖也又藏也

褢 衣部藏挾于衣中也　踝 詳三四三頁

(上聲) 無

(去聲) 壞 土部物自毀也

(HUANG.)　(乎昂)

(上平) 巟 巛部水廣貌　肓 肉部心之上鬲之下　荒 艸部蕪也飢也又穀不熟也又荒張又姓　慌 心部慌慌昏也又慌惚不分明也又俗話語助如渴得慌餓得慌等類是也

(下平) 偟 人部仿偟　凰 几部雄曰鳳雌曰凰　喤 口部小兒泣聲又音橫和也　堭 土部堂堭合殿也又通隍城下池也　媓 女部母也　徨 彳部彷徨猶徘徊也

惶 心部惑也恐也遽也又愴惶　潢 水部積水池也又染紙也有裝潢紙法　煌 火部火煇貌　璜 玉部半璧也　癀 疒部疸病　磺 詳三四九頁　皇 白部大也天也君也又有天下者之通稱

乎昂 (HUANG.)

篁 竹部竹名又竹田也
簧 竹部笙屬
蝗 虫部蝗虫食苗為災
蟥 虫部甲虫
遑 辵部暇也又急也
鍠 金部鐘鼓聲也
隍 阜部城下池也又虛坑也
鰉 魚部魚名

鱑 同上
黃 部首中央色也又姓
䵍 黃部卵中黃也

（上聲）

幌 巾部帷帳也又俗謂商家之標曰幌子
㡛 巾部巾幕之屬又上平聲
𢅥 同上又治絲帛而熟之謂之𢅥

怳 心部狂貌又怳惚不明之貌又愴怳不得意也
恍 同上
愰 心部愰懩心不定也
晄 日部暉也明也又音廣光貌
晃 同上
況 詳三四五頁又去聲
滉 水部水深廣貌

詤 言部夢言也不實之言也
謊 同上俗字

（去聲）

貺 詳三四五頁
眖 詳三四五頁

乎安 (HUAN.)

（上平）

懽 詳三四七頁
歡 欠部喜也又音暄
爟 詳三四七頁
獾 犬部獸名
讙 言部譁也又鼓聲之又喜悅也又姓
貛 豸部野獸名
驩 馬部馬名又與歡同

（下平）

儇 人部慧也利也疾也又上平聲詳三五七頁
圜 土部同環環堵謂面一堵牆也
寰 宀部天子封畿內縣也又州名
桓 木部木名又威武貌又盤桓詳二八七頁
澴 玉部玉環也又
環 回繞也又姓

繯 糸部絡也糸也詳一八四頁
萑 辵部復也反也退也歸也又償也又音旋與旋同又俗話音孩作猶字解
還
轘 車部車裂人也又去聲
鍰 金部六兩為鍰又與環同

鐶 金部凡圜郭有孔可貫繫者謂之鐶
鍯 同上俗字
闤 門部市垣也
馬 馬部一歲馬也
⿰扌馬 同上
鬟 髟部總髮也又蝓山色又俗謂使女曰丫鬟

（上聲）

澣 水部濯垢也
浣 同上
晥 詳一一七頁
皖 白部明也又地名又去聲
緩 糸部舒遲貌又綽也
鯇 魚部鯶魚也似鱒而大又音混
鰀 同上

（去聲）

喚 口部呼也
圂 口部同豢

奐 大部大也又丈采燦明貌又輪奐言其居室之美也又伴奐閒暇之意
宦 宀部仕也閹宦也又學也
幻 幺部虛幻詭誕惑人也
患 心部憂也慮也病也惡也難也禍也

換 手部易也
⿰文奐 文部文采也
槵 木部木名
渙 水部散解也
愌 心部怑愌不順
煥 火部光明也
瘓 疒部癱瘓也又音曈
豢 豕部以穀飼犬豕也
逭 辵部逃也又音館易也轉也

（上平）

叿 口部呵也又叿叿市人聲也

哄 口部哄哄市人聲又上聲俗曰哄騙又去聲衆聲唱聲又騙哄呵喝聲

⿰忄訇 心部憪⿰忄訇好嗔貌

揈 手部手擊也俗作以手驅逐也

渹 水部水相激聲也

灴 火部火盛貌

烘 火部以火乾之也

硡 石部石聲

薨 艸部公侯卒也又羣飛之聲

訇 言部砰訇大聲也又駭言聲又姓

輷 車部車聲也

轟 車部羣車聲也

鍧 金部鏗鍧鐘鼓聲相雜又音恆

⿰共頁 頁部頭悶貌

⿰音共 音部大聲又下平聲

⿰音工 同上

（下平）

⿰口弘 口部牛聲

宏 宀部大也廣也屋深也

⿰山宏 山部山也

嶸 詳一百九十頁

洪 水部大也又姓

泓 水部水深貌

紅 糸部絳也南方間色又與工通

紘 糸部冠冕之繫下垂者為纓從下屈而上為紘

綋 同上

弘 弓部大也廟諱敬避

耾 耳部聲也又耳語也

肱 詳三四八頁

翃 羽部虫飛貌

葒 艸部水草馬蓼也

葓 艸部水草也又與葒同

虹 詳三百頁

閎 門部巷門也又門極也又大也

鴻 鳥部鴻鵠也大曰鴻小曰雁又通作洪大也又鴻濛元氣也又姓

黌 黃部學舍也

（上聲）

⿰口汞 口部鳥聲⿰口汞⿰口汞也

嗊 詳三四頁

汞 水部水銀汞水水部丹砂所化為水銀也又澒

澒 溶水深廣貌

乎哼 (HUNG.)

（去聲）

衖 行部同閧又同巷里中道也
訌 言部亂也敗也潰也
閧 門部兵鬪也又姓
鬨 門部鬪聲也

乎恩 (HUN.)

（上平）

婚 女部婚姻
惛 心部心不明也
惽 心部亂也癡也
昏 日部日冥也闇也
殙 歹部亡也病也又與惛同
殙 殙本字
睧 目部目暗也
腪 肉部肉腥俗皆謂之腪又音運

葷 艸部葱蒜韭俗亦謂之葷菜

（下平）

婫 女部女字
渾 水部水流聲又濁也又去聲
琿 玉部玉名
餛 食部餛飩
餫 同上又音運野饋也
魂 鬼部陽氣也又身之精神也
䰟 同上

（上聲）

無

（去聲）

慁 心部憂也悶亂也又汚辱也
慖 同上
掍 手部同也又音衮
混 水部水雜貌又混沌也
溷 水部亂也濁也又下平聲
焜 火部光也
焝 火部火貌
睴 目部大目也

（上平）

徽 彳部美也又純也

恢 心部大也又大之也

揮 手部奮也振也動也散也指揮也又揮霍也又湔也

撝 手部裂也又手指麾也

暉 日部日光也

灰 火部火過為灰

煇 火部火光又音渾

翬 羽部大飛也又人名

詼 言部譺也嘲也

豗 豕部相擊也又豕豗地也

⿰豕土 豕部豕也

輝 車部光也

麾 麻部旌旗之屬又與撝同以手指麾也

黖 黑部淡黑淺色

（下平）

回 口部轉也邪也又低回紆行貌

囬 同上俗字

囘 同上俗字

徊 彳部徘徊不進之貌

廻 廴部同回

恛 心部亂貌

洄 水部逆流上也

痐 疒部腹中長虫

佪 人部徘佪不進

茴 艸部茴香也

虫 部首鱗介總名俗作蟲字省文非

虺 虫部病也又蛇屬又上平聲

蚘 虫部人腹中長虫也又音尤蚩蚘也

蛔 虫部腹中長虫

蛕 同上

迴 辵部同回

（上聲）

悔 心部懊悔也知過改過之心也

燬 火部火焚壞也

毀 殳部壞也破也又毀譽也

隳 阜部與毀通又通墮又俗隓字

誨 言部訓也

⿰言⿱回土 言部謗也

譭 言部謗也譖也

（去聲）

匯 匚部匯兑也又器也一曰回也

滙 同上俗字

卉 十部草之總名

喙 口部口也又鳥喙又息也

噦 詳二九一頁

嘒 口部微貌明貌又小聲又和也

嚖 同上

(HUIˋ) （乎危） 去聲

彗 詳一六六頁

彙 ヨ部類也又茂也

恚 心部怒恨也

惠 心部恩也賜也順也又慈也

慧 心部性通解也了也妍也

㥣 心部謹也又音歲

憓 心部與惠同又不順也

晦 日部不明也

會 日部總也合也又上聲一俗曰會猶須曳也又音快計也

殨 詳三五一頁

潰 詳三五一頁

濊 水部水洋溢也

瘣 疒部病也

瞶 詳三五一頁

穢 禾部蕪也田中雜草也

繪 糸部畫也

翽 羽部飛聲也又音快

芔 艸部衆草也又音惘

蕙 艸部香草一幹一花為蘭一幹數花為蕙

薈 艸部草多也

薉 艸部蕪也與穢同又與獩通

獩 犬部國名

蟪 虫部蟪蛄也

襘 詳三四四頁

諱 言部忌也隱也

譓 言部多謀智也又辨察也

䜕 言部衆聲也

賄 貝部財帛也又贈送也

頮 頁部洗面也

潓 水部水名

嘒 口部聲小

(HUO.) （乎俄）

（上平）

劃 刀部裂也以刀劃也又同獲刈穀也或作穫

穫 禾部刈穀也

（下平）

活 水部生活也又俗作活即作工也又去聲水聲

（上聲）

夥 夕部多也又俗曰搭夥同夥

（乎俄）（HUO.）

伙 字典無此字俗曰傢伙用此字

火 部首化也消化物也亦言毀也物入中皆毀壞也又星名

癨 疒部癨亂吐病也

藿 艸部豆葉也又香草

霍 雨部揮霍又急貌又山名又姓

（去聲）

佸 詳三五三頁

惑 心部迷也疑也眩亂也又滿志多窮曰惑

或 戈部迷也疑也又未定之辭

掝 手部昏也與或惑通

攉 手部手反覆也搖手曰揮反手曰攉又攉弄也

攫 詳二八一頁

檴 木部椰榆也其材可為杯器

漷 水部水名又音廓

㶝 水部同活

濩 水部雨流霤下貌又煮也又樂名

獲 犬部得也又音懷獲鹿地名

擭 詳三五四頁

矱 矢部度也又與擭同

砉 石部皮骨相離聲又音畫

禍 示部害也災也

蒦 艸部草名又音約尺者蒦也

豁 谷部通谷也又疏通也

貨 貝部貨物也財也金玉也賂也

鑊 金部鼎鑊釜屬

魊 鬼部鬼魊旋風也又音蜮小兒鬼也

嚄 口部驚怛聲又上平聲

（科阿）（K'A.）

（上平）

哈 口部此字本音嚗又音歃今俗曰哈哈大呢喇此字用

（下平）

無

（上聲）

卡 詳二九二頁

（去聲）

無

三六三 (KA.)

(戈阿)

(上平)

嘎 此字已詳二九二頁俗曰嘎嘎的笑亦用此字

旮 此字音義已詳二九三頁俗謂屋之四隅曰旮囒或用此字

趷 詳八二頁

(下平) 無

(上聲) 無

(去聲) 無

(科愛) (KAI.)

(上平)

開 門部張也又闓也啟也又解也又姓也

(下平) 無

(上聲)

剴 刀部切也又近也又大鐮也又摩也

凱 几部與愷同樂也又善也又南風謂之凱風

嘅 口部嘆聲

塏 土部高爽也

愷 心部樂也又軍勝之樂

愾 詳六九頁

慨 心部忼慨壯士不得志也內自高亢憤激也又竭誠貌

楷 木部楷書又模也式也又木名又音皆

豈 詳六二頁

鎎 金部怒戰也本作愾

鎧 金部甲也

闓 門部開也

(去聲) 無

戈愛 (KAI.)

（上平）

- **侅** 人部奇侅非常也又音亥
- **垓** 土部兼垓八極地也又十京曰垓又垓下
- **晐** 日部日光也又與該同
- **胲** 肉部頰下也又足大指也
- **荄** 艸部草根
- **該** 言部備也兼也又軍中約也又俗借為該當之稱猶言宜也凡事應如此曰該
- **賅** 貝部贍也奇也非常也又俗曰賅錢言火錢也
- **陔** 阜部階次也又隴也又南陔笙詩名又通垓閡

（下平） 無

（上聲）

- **改** 攴部更也革也易也

（去聲）

- **丐** 一部乞也取也又與也又音葛
- **匃** 勹部同上
- **匄** 同上
- **槩** 木部平斗斛木又節槩又一槩又大槩大率也
- **概** 同上
- **溉** 詳六六
- **蓋** 艸部苫也又掩也又發語詞也又姓
- **盇** 皿部同上
- **盖** 同上俗字
- **顝** 頁部頭骨也俗曰天靈顱

科傲 (K'AO.)

（上平）

- **尻** 尸部脽也脊梁盡處是也
- **髛** 骨部同上

（下平） 無

（上聲）

- **拷** 手部打也
- **攷** 攴部成也又叩也稽察也
- **栲** 木部山樗也亦類漆樹又音杲

烤 字典無此字俗曰烤肉烤麪包皆用此字

熇 火部燥也又音臛火熱也熾也熇也

考 老部老也成也又稽察也校也擊也又考妣

(去聲)

犒 牛部餉軍也

焅 詳七六頁

靠 非部相違也今俗椅附曰倚靠

(戈傲)　(KAO.)

(上平)

咎 皐陶古作咎繇又國名餘詳三一五頁

槔 木部以機汲水也

櫜 木部弓衣也

臯 白部从本从白禮祝曰皐登謌曰奏又皐之言高又城名經傳作皐

皐 自部同上俗字

篙 竹部刺船竿也

糕 米部同餻粉餌也糕餅也

羔 羊部小羊也

美 同上

膏 肉部脂也又澤也肥也又膏藥又去聲膏車秣馬

餻 食部同糕

鎬 同上又音靠鎬

勞也同搞

高 部首崇也象臺觀高之形又姓俗作高

(下平)

鼛 鼓部車鼓也

無

(上聲)

夰 大部放也

暠 日部明白貌

槀 木部木枯也

槁 同上

𤺊 疒部疥病

皜 白部白也

稾 禾部禾稈也又草稾

稿 同上

杲 木部明也

縞 糸部白色繒也

藁 艸部俗稾字木枯也又稾席以稾為席賓賤人之居也

郜 邑部國名又姓

戈傲 (KAO.)

（去聲）

告 口部語也報也告上曰告發下曰誥又請告也又休假曰告又音谷

誥 言部告也以文言曉之也

科昂 (KANG.)

（上平）

康 广部安也寧也又道五達謂之康又豐年謂之康年

穅 禾部穀皮也

糠 米部米皮也

躿 身部躴躿身長貌

（下平）

扛 手部橫關對舉也搘荷也又俗二人曰擡一人曰扛

（上聲）

忼 心部忼慨竭誠也又慼傷也又倜儻也

慷 同上

（去聲）

伉 人部伉儷配偶也又敵也與抗同又直也

亢 上部過也高也抵也敵也禦也又蔽也極也又旱曰亢陽又無所卑屈曰亢又音岡人頸也又亢卽咽也

抗 手部扞也抗禦也又以手舉物也又振也蔽也又抵也敵也

炕 火部火坑也惟北方有之

閌 門部高門也又同伉

三六七 (KANG.) (戈昂)

(上平) 亢 詳三六六頁 剛 刀部勁也堅也強也 堈 土部甕也 岡 山部山脊曰岡又上聲 崗 同上俗字 杠 木部橋也牀前橫木也又音公地名 綱 糸部維紘繩也

又綱紀又綱常又綱綱之大繩詳二九九頁 繮 缸 缶部俗音也本音降坻也缶部缾 䍧 也罓部天 罡 罝星名即北斗也 肛 肉部腫也脹大也又肛門大腸端也又音江 釭 金部車轂中鐵

也又音江 鋼 金部鍊鐵也 韁 詳二九九頁 (下平) 無 (上聲) 罔 詳上平 (去聲) 槓 字典無此字俗曰槓房口曰槓角或曰撬槓 虹 詳三百頁

(K'AN.) (科安)

(上平) 刊 刀部削也剟也又不刊之書言不可削除也今俗誤作刻梓之用 堪 土部勝也又任也可也又堪輿天地總名 嵁 山部嵁巖不平貌 戡 戈部剌也殺也

勝也克也又通作堪又通龕 栞 木部同刊 看 目部看守也又去聲視也 龕 龍部龍貌又受也盛也又浮圖塔一曰塔下室今曰佛龕又取也同戡 (下平) 無

科安 (K'AN.) 二六八

(上聲)

侃 人部剛直也

凵 部首張口也又去聲

坎 土部險也陷也又穴也又卦名又小罍又擊鼓聲又用力聲

埳 同上

壈 同上亦同轗壈坷也

扻 手部擊也又音

藏治髮也

檻 詳三零五頁

欿 欠部不足貌又愁貌

瞰 目部俯視曰瞰

矙 目部窺也

砍 石部砍斫也

轗 車部車行不利也

闞 門部望也視也又姓又音獵又音喊

(去聲)

勘 力部校也覆定也鞫囚也又上平聲能也

墈 土部險岸也

磡 石部山岩也

衎 行部樂也

戈安 (KAN.)

(上平)

乾 詳三零一頁

干 部首盾也又求也又犯也又若干數始于一而成于十干字从一从十故言若干謂或如一或如十取數足之辭也又水涯也

忓 心部極也擾也又豫也

杆 木部盾也又去聲木名又俗作欄杆之杆字

柑 木部橘屬又音鉗以木銜馬口也

桿 木部同竿

泔 水部泔水米汁也

甘 部首音也甜也苦之對也又州名又姓

玕 玉部琅玕也
玵 玉部美玉也
疳 疒部小兒食物多病也
竿 竹部竹竿也
肝 肉部幹也木藏也
苷 艸部甘草也
⿱雨甘 雨部霜也
⿰飠甘 食部餌也
鳱 鳥部鸛也一作雅又音翰鳱䳚

馯 同上
(下平) 無
(上聲)
感 心部動也又感應感激感格感觸感傷
擀 手部以手伸物也又擀麪杖
敢 攴部果敢勇貌又不敢

桿 木部俗曰鎗桿煙袋桿用此字本音汗木也
橄 木部橄欖也
秆 禾部禾莖也
稈 同上
簳 竹部小竹也又去聲
赶 走部追也
趕 同上
(去聲)
幹 干部能事也又木旁生者為枝正者為幹

旰 日部日晚也又音旱
榦 木部築牆版也又楨幹也今作幹非
漬 水部同贛
淦 水部泥也
灨 水部灨江也
紺 糸部深青赤色也

詌 言部口閉也
贛 詳三四九頁
骭 骨部脚脛也又脇也
黚 黑部面黑也
(科哼) (K'ENG.)

(上平)
坑 土部塹溝也又陷也
摼 手部擣頭也又撞也又古牽字
挳 同上
牼 牛部牛膝下骨也又人名
硜 石部石聲又硜硜小人貌又通作踁
硻 同上

三百十

（科哼）（KENG.）

鏗 金部鏗鏘金石聲又琴聲又撞也又人名
阬 阜部同坑
（下平）無
（上聲）無
（去聲）無

（戈哼）（KENG.）

（上平）
庚 广部十干名也又强貌又庚猶更也又長庚星名又年庚
畊 田部古耕字詳三零七頁
秔 同上
稉 同上
粳 同上
耕
羹 羊部五味調和也羹湯也
賡 貝部續也
鶊 鳥部鶬鶊鳥名
（下平）無
（上聲）
哽 口部語為舌所介也又哽咽悲塞也
埂 土部小坑也
梗 木部本也又直也又藥名
綆 糸部汲水索也
耿 詳三零七頁
莄 同上
頸 同上
骾 骨部食骨留咽中也又通作鯁
鯁 魚部魚骨又骨鯁謇諤之臣喻正直也又與梗通
挭 手部撓也
（去聲）
更 詳三零七頁

（科恩）（KEN.）

（上平）無
（下平）無
（上聲）
墾 土部闢也治也又傷也如鋤墾之傷物也
懇 心部懇測至誠也
掯 字典無此字俗曰一掯子猶一

硍 束也石部石有痕也又音限石聲
肯 肉部可也又音愷著骨也
肎 同上俗字
齦 齒部齧也又音齦齒根肉也
（去聲）
裉 字典無此字俗衣有擡裉腰裉等名目

（戈恩）（KEN.）

（上平）
根 木部本也
跟 足部足踵也足後曰跟又俗作跟隨
（下平）無
（上聲）
詪 言部戾也又難語貌
（去聲）
亙 二部極也通也

（戈危）（KEI）

堩 土部道也
艮 部首很也止也限也又難也又卦名
茛 艸部鉤吻也

（上平）無
（下平）無
（上聲）
給 糸部與也此俗音也餘詳六五頁
（去聲）無

（上平）

剾 刀部剜也

彄 弓部弓弩耑弦所居也又環屬

摳 手部挈衣使不蹢步也

瞘 詳九一頁

⿰目堯 目部深目貌又音拗

芤 艸部草名

（下平）

無

（上聲）

口 部首言語所由出飲食所由入

⿰牛口 牛部牛名

⿰牛后 同上

（去聲）

叩 口部叩問也又發也又叩頭稽顙也

寇 宀部羣行攻刼曰寇又仇也暴也又凡物盛多謂之寇

扣 手部擊也又扣留也

敂 攴部同上

簆 竹部織具也

⿰糸口 字典無此字俗曰紮拉繅紐皆女工也

蔻 艸部荳蔻也

釦 金部金飾器口也又俗謂衣紐曰釦

鷇 鳥部哺也鳥初生者又音垢

（戈慪）　(KOU.)

（上平）

⿰句刂 刀部鎌也

⿰句刂 同上

勾 勹部勾曲也拘也

拘 詳五二頁

抅 同上俗字

溝 水部水瀆也田閭水溝也

畇 田部畦也

篝 竹部薰籠用以薰衣者

緱 糸部刀劍纏絲也又姓

鉤 金部鐵曲也又兵器又致也

鈎 同上俗字

（下平）

無

（上聲）

岣 山部岣嶁山名

枸 木部俗曰蒺藜枸子又去聲同構栲木也

戈慪 (KOU.)

狗 大部犬也

笱 竹部曲竹捕魚笱也

耇 老部老人面色如浮垢也

苟 艸部草也又誠也又且也又但也

去聲

冓 冂部交積材也又數也千秭曰冓又中冓宮中構結深密之處別作構非

垢 土部塵垢也

夠 夕部多也今人謂多曰夠又足夠

够 同上

姤 女部遇也陰陽相遇也

媾 女部重婚也合也和也寵也與構同

彀 弓部弓矢持滿也

搆 手部攜也即手進物而搆之也又上平牽也

構 木部架也造也又木名

覯 見部遇見也

詢 言部耻辱也

詬 言部罵也耻辱也

購 貝部購買也以財有所求也

遘 辵部遇也又與覯通

雊 隹部雄雉鳴也

禾阿 (HA.)

(上平)

哈 此俗音哈哈笑也又打哈又哈上聲哈一聲餘詳三六二頁

(下平)

蛤 此俗音蛤蟆也餘詳八二頁

(上聲)

哈 詳上

(去聲)

無

（禾愛）(HAI.)

（上平）

咳 咳聲嘆氣也餘詳八十頁

（下平）

孩 子部幼稚也該三五七頁

還 詳八十頁

頦 詳三二六頁

骸

（上聲）

海 水部滄溟也海者晦也水濁黑如晦也又姓

醢 酉部肉醬也

（去聲）

亥 亠部辰名又姓又豕亥

和 此俗音我和你猶予與爾也又或音汗餘詳八三頁

嗐 口部聲也又大開口也又音轄

害 宀部傷也嫉也忌也殘也防也禍也不利也又與曷同

㤥 心部苦也一曰愁畏也

（禾傲）(HAO.)

（上平）

嚆 口部大呼也

蒿 艸部蔽也蓬蕭之屬又香蒿可食又耗也

薅 艸部拔去田間草也

（下平）

嗥 口部同號又熊虎狐狸之聲

嚎 同上

壕 土部城下之也

濠 水部水名

毫 毛部長毛也

號 虍部大呼也又大哭也又嗚號弓名又去聲令也名也

蠔 虫部蚌屬

豪 豕部俠也英也彊也又豕名又姓又與毫通

鶴 此俗音已詳八四頁

（上聲）

好 女部美也佳也相善也又去聲愛也嗜也

郝 詳八四頁

（去聲）

悎 心部心動也又懼也

昊 日部夏為昊天昊者元氣博大之貌又與皡通也

浩 水部大水貌又饒也

涸 此俗音俗曰水涸乾了即此字餘詳八三頁

灝 水部曠也又水勢遠也

皓 白部白也又精瑩貌

皞 白部明也白貌廣大自得之貌

皡 同上俗字

耗 耒部本作秏稻屬又無也盡也虛也減也又通作毛又謂鼠曰耗子

鎬 金部温器也又地名周武王所都

鰝 魚部大蝦也

晧 日部光也日出貌

(HANG.) （禾昂）

（上平）

夯 大部此俗音打夯也打夯所以築地基也本音扛用力以肩舉物也

（下平）

杭 木部州名又姓也

桁 木部械也又去聲樹桁子也又音衡屋横木也

航 舟部方舟也

笐 竹部竹也

行 詳三二四頁

䘕 行部俗呼䘕䘕樂人也

頏 頁部鳥飛貌本作翃上曰頡下曰頏又音剛又頸也又去聲鳥咽也

（上聲）

吭 口部俗作吭吭

鸕鳴也[illegible]下平聲鳥嚨也又去聲聲也

（去聲）

項 此俗音俗曰項圈以銀為之挂於小兒之頸也餘詳三百二十頁

（上平）

憨 心部愚也又癡也

邯 邑部縣名又下平聲

酣 酉部酒樂也又音顚飲酒未既也

頇 頁部顢頇大面貌又音岸頭無髮也

鼾 鼻部臥息也

（下平）

函 山部容也包也又甲也又函谷關名又書函

凾 同上

含 口部包也容也又銜也俗音痕曰嘴裏含着

寒 冫部暑之對也寒捍也捍格也

浛 水部船沒也又去聲水泥也

涵 水部水澤多也又涵況也容也

邗 邑部水名

錎 金部甲也鎧也又音咸匱也本作凾

韓 韋部井垣也又國名又姓

（上聲）

喊 口部勇聲

罕 网部少也又旌旗也又姓

罕 同上

菡 艸部菡萏也

闞 詳三六八頁

頷 頁部面黃也又頷頤領也低頭又搖其頭

（去聲）

闞 門部虎聲

厂 部首山石之巖人可居者

悍 心部性勇急也強狠也

憾 心部恨也

捍 手部抵也衛也

扞 同上

撼 手部搖動也

暵 日部乾也曝也又上聲

汗 水部人液也

漢 水部天河也又水名又姓

瀚 水部海名又廣大也

旱 日部乙 旧

焊 火部火乾也炙也

熯 同上

犴 詳八七頁

琀 玉部送死口中玉也

矸 石部山石貌

翰 羽部天雞赤羽也又高飛也又白色馬也又翰榦也又筆也又書翰

三七 (HAN.) (禾安) ㄏㄢ

去聲

犴 詳八八頁

銲 金部銲鍇也同上

閈 ㄏㄢ 門部門也里也居也垣也又閈也

哻 ㄏㄢ 口部哻睚也

唅 ㄏㄢ 口部俗唅又唷含字

(HENG.) (禾哼) ㄏㄥ

(上平)

哼 ㄏㄥ 口部俗曰哼哼伸吟也又下年聲喑哼愚怯貌

(下平)

亨 ㄏㄥ 亠部通也

姮 ㄏㄥ 女部女字又俗作姮娥

恆 ㄏㄥ 心部常也久也又恆山北嶽也

恒 ㄏㄥ 同上俗字

桁 詳三七五頁

横 ㄏㄥ 木部縱之對也又姓又去聲橫逆也不順理也

珩 ㄏㄥ 玉部佩上玉也又音杭

蘅 ㄏㄥ 艸部香草也

衡 ㄏㄥ 行部權衡也平也又縱橫也又勻柄龍頭也

鋿 ㄏㄨㄥ 詳三五八頁

(上聲) 無

(去聲)

横 ㄏㄨㄥ 詳下平

(HEN) ㄏㄣ (禾恩)

(上平) 無

(下平)

含 詳三七六頁

拫 ㄏㄣ 手部急引也又吳楚俗謂牽引前卻爲拫格又排擠也

痕 ㄏㄣ 疒部瘢也凡物有跡者曰痕

鞎 ㄏㄣ 革部車前以革爲飾

ㄏㄣ（痕）(HEN.)

（上聲）很 ㄏㄣ 彳部不聽從也一曰行難也違也又諍訟也俗作狠又俗作甚字解如很好是甚好也

狠 ㄏㄣ 犬部俗同很又獸名又音銀又音狠齧也

（去聲）恨 ㄏㄣ 心部怨之極也

ㄏㄟ（黑）(HEI.)

（上平）嘿 ㄏㄟ 此俗音嘿嘿俗話口語也餘詳一一三頁

黑 ㄏㄟ 此俗音也已詳八四頁

（下平）無

（上聲）黖 ㄏㄟ 黑豆也

（去聲）無

ㄏㄡ（侯）(HOU.)

（上平）齁 ㄏㄡ 鼻出氣齁鼻息也又俗話齁鹹齁苦齁酸等類亦用此字

（下平）侯 ㄏㄡ 人部公侯君也又五等爵之次曰侯又侯射布也又美也

喉 ㄏㄡ 口部咽喉也

猴 ㄏㄡ 犬部猿也

瘊 ㄏㄡ 疒部疣瘊疣也俗曰瘊子

睺 ㄏㄡ 目部半盲也

睺 ㄏㄡ 同上

篌 ㄏㄡ 竹部箜篌樂器也

糇 ㄏㄡ 米部糧也

鍭 ㄏㄡ 金部箭也

餱 ㄏㄡ 食部乾食也

（上聲）㖃 ㄏㄡ 口部嗥怒聲也

吼 口部虓聲一曰牛鳴又怒聲又厚怒聲

犼 犬部獸似犬者

（去聲）

候 人部訪也又氣候證候伺候又侯人道路迎送賓客之官

厚 厂部對薄之稱又重也廣也醲也

后 口中后也又妃后也

堠 土部堠土堡也五里一堠又斥堠斥度也堠望也以望烽火也

後 彳部遲也前後也先後也

逅 辵部不期而會曰邂逅又音遘

郈 邑部魯邑名又姓

鱟 魚部魚名似蟹有子可為醬

京音字彙終